Burgen, Schlösser, Gutshäuser in Mecklenburg-Vorpommern

Herausgegeben von
Bruno J. Sobotka

Photographien von
Jürgen Strauss

Schirmherren des Projekts (Ausstellung und Begleitbuch):

S. K. H. Henrik Prinz von Dänemark
Präsident von Europa Nostra vereinigt mit dem
Internationalen Burgen-Institut, Den Haag

S. D. Alexander Fürst zu Sayn-Wittgenstein-Sayn
Präsident der Deutschen Burgenvereinigung e. V., Braubach

Dr. Berndt Seite
Ministerpräsident des Landes Mecklenburg-Vorpommern

Theiss

Umschlagseiten
vorn: Schloß Bothmer bei Klütz/Mecklenburg
hinten: Landeswappen von Mecklenburg-Vorpommern
Umschlaginnenseiten
Photos um 1900 mit dem Wappen der Großherzogtümer
vorn: Schloß Schwerin
hinten: Schloß Neustrelitz (abgetragen)

Ausstellung
der Deutschen Burgenvereinigung e. V., Braubach

Ausstellungsorte:
Schwerin, Güstrow, Neubrandenburg, Greifswald, Granitz

Das Projekt wurde finanziert aus Spenden und Zuschüssen u. a. der ARAN Holding GmbH, Bad Schwartau,
der BAU-UNION Schwerin AG, Schwerin, des Kultusministeriums des Landes Mecklenburg-Vorpommern
und der Deutschen Bank AG.

Die Deutsche Bibliothek – CIP-Einheitsaufnahme

Burgen, Schlösser, Gutshäuser in Mecklenburg-Vorpommern /
hrsg. von Bruno J. Sobotka – Stuttgart: Theiss, 1993
Ausstellungskatalog
ISBN 3-8062-1084-5
NE: Sobotka, Bruno J. [Hrsg.]

Idee und Organistation:
Bruno J. Sobotka

Redaktionsschluß Februar 1993

Layout:
Fritz A. Jahrmarkt

© Bruno J. Sobotka, Witten 1993 (2., unveränderte Auflage 1995)
Konrad Theiss Verlag GmbH & Co., Stuttgart
Alle Rechte vorbehalten
Satz: Data System, Wuppertal
Lithos: Grafische Betriebe Süddeutscher Zeitungsdienst, Aalen
Druck: Gulde-Druck GmbH, Tübingen
Printed in Germany
ISBN 3-8062-1084-5

Inhalt

Dokumentation

JÜRGEN STRAUSS (Photographien)
BRUNO J. SOBOTKA (Texte)

Beiträge

BRUNO J. SOBOTKA
Zur Einleitung

„Die neuen Länder müssen sich ihrer Identität verge-
wissern. Sie müssen an die zu DDR-Zeiten bewußt
abgeschafften und totgeschwiegenen jahrhunderte-
alten regionalen und historischen Traditionen wie-
der anknüpfen, um zu selbstbewußten Ländern im
geeinten Deutschland zu werden. Die Zerschlagung
von regionalen Einheiten, in denen die Menschen
beheimatet sind, bedeutete in der Geschichte stets
Zentralismus, politische und kulturelle Verarmung
und oft Unfreiheit und Diktatur. Die Wiedervereini-
gung, Belebung und Stärkung dieser regionalen Be-
sonderheiten, das Einbringen dieser Vielgestaltig-
keit in das eine Deutschland, das scheint mir ein
ganz wesentlicher Beitrag bei der Gestaltung der
inneren Einheit unseres Vaterlandes zu sein. Hei-
matbewußtsein, das Aufgehobensein in einem ver-
trauten kulturellen Raum, das schafft Bindung."

Mit diesen Worten umriß Dr. Berndt Seite, Ministerpräsident des Landes Mecklenburg-Vorpommern, in seiner Eigenschaft als Präsident des Bun-
desrates im Verlaufe seiner Rede anläßlich des zentralen Festaktes der Bundesrepublik Deutschland
zum Tag der Deutschen Einheit am 3. Oktober 1992
in Schwerin eine der wichtigsten Aufgabenstellun-
gen der neuen Länder. Mecklenburg-Vorpommern,
dieses junge und doch so traditionsreiche Bundesland, hierbei zu unterstützen, dienen auch die Fotoausstellung „Burgen, Schlösser, Gutshäuser in
Mecklenburg-Vorpommern" und dieses Buch.

Mecklenburg

Die deutsche Geschichte Mecklenburgs beginnt mit
der deutschen Ostkolonisation im 10. und 11. Jahrhundert. Im Zuge der Völkerwanderung hatten die

germanischen Völker um 500 nach Christi Geburt
das Gebiet zwischen Elbe, Saale und Oder verlassen. In den nördlichen Bereich dieses Gebietes gelangten um 600 Wikinger und slawische Volksstäm-
me, Obotriten im Westen, Liutizen, auch Wilzen
genannt, in der Mitte und Pomoranen im Osten.
Wiederholt versuchten die fränkischen und später
die deutschen Könige, diese Stämme unter ihre
Oberhoheit zu bringen. Diesen militärischen Vor-
stößen folgte im 12. Jahrhundert die Besiedelung
mit deutschen Bauern aus Westfalen, Niedersachsen und Thüringen, gleichzeitig begann die Christianisierung. Unter dem sächsischen Welfenherzog
Heinrich der Löwe wurden die Grafschaften und
Bistümer Schwerin und Ratzeburg sowie die Grafschaft Dannenberg gegründet. Seinen Namen erhielt das spätere Land Mecklenburg nach der 995
erstmals erwähnten Michelenburg südlich von Wismar, einem der Hauptsitze der obotritischen Fürsten. Stammvater der das Land bis 1918 regierenden
Herrscherfamilie ist der obotritische Fürst Niklot
(geb. um 1125, gest. 1160).

Nach dem Tode Niklots kam es unter seinen Nachkommen immer wieder zu Erbauseinandersetzun-
gen und Landesteilungen. Der Herrschaftsbereich
der mecklenburgischen Fürsten umfaßte im
13. Jahrhundert neben den Grafschaften Schwerin,
Ratzeburg und Dannenberg sowie den Bistümern
Schwerin und Ratzeburg die Teilfürstentümer
Mecklenburg, Parchim, Rostock und Güstrow
(Werle) als sächsische Lehen. Die Herrschaft Mecklenburg gewann in der Folgezeit immer mehr an
Bedeutung. Albrecht II. von Mecklenburg (geb.
1318, Fürst seit 1329, gest. 1379) erwarb die Grafschaft Schwerin und baute die Stadt Schwerin zu

seiner Residenz aus. Nachdem sich Mecklenburg aus der sächsischen Abhängigkeit gelöst hatte, wurde es 1348 zu einem erblichen, reichsunmittelbaren Lehen, Herzog Albrecht II. und sein Bruder Johann wurden zu Herzögen und somit zu Reichsfürsten ernannt.

Im 14. Jahrhundert wurde das Herzogtum Mecklenburg unter die Linien Schwerin und Stargard geteilt. Die 1471 wiederhergestellte Einheit des Landes dauerte nicht lange an, schon im 16. Jahrhundert kam es zu immer erneuten Teilungen. Erst 1701 wurden im sogenannten Hamburger Vergleich die Herzogtümer Mecklenburg-Schwerin (Größe 13 000 qkm) und Mecklenburg-Strelitz (Größe 3 000 qkm) gebildet. Diese staatliche Organisation hielt bis 1934. Um zukünftigen Erbstreitigkeiten vorzubeugen, legten sich beide herzoglichen Linien auf die salische Erbfolge fest, d. h. der jeweils älteste Sohn wurde Nachfolger und bestimmte für den Fall des eigenen Erlöschens die andere Linie zum Erben.

Seit dem 15. Jahrhundert hatten die Herzöge zentrale Verwaltungseinheiten geschaffen. Als weitere wichtige politische Kraft bildeten sich die Landstände heraus, getragen vom Adel und den Städten. Sie waren als Ritterschaft und Landschaft organisiert und versuchten, auf die Entscheidungen des Staates so weit wie möglich Einfluß zu nehmen. Die Städte Wismar, Rostock, Stralsund, Greifswald und Anklam gewannen erheblich an wirtschaftlicher Stärke und zudem an Einfluß durch den Zusammenschluß mit einigen Städten Holsteins, insbesondere mit Lübeck, in der Hanse. Dieses alles führte dazu, daß sich im Gegensatz zu den Regenten der weitaus meisten europäischen Staaten die Herzöge von Mecklenburg nicht gegenüber ihren Landständen durchzusetzen vermochten.

Die Reformation fand 1549 in Mecklenburg ihren Abschluß. Zum geistigen Zentrum des Landes hatte sich die 1419 gegründete Universität Rostock entwickelt. Im Dreißigjährigen Krieg erlitt Mecklenburg schwere Verluste an Menschen und Vermögen. Aufgrund ihrer schwankenden Neutralitätspolitik verbannte der Kaiser 1627 die mecklenburgischen Herzöge und entzog ihnen das Reichslehen. Als Regent setzte er Albrecht von Wallenstein ein, der das Land von 1628 bis 1630 regierte. Durch das siegreiche Eingreifen Gustav Adolfs II. von Schweden endete Wallensteins Herrschaft. Im Westfälischen Frieden mußten die Herzöge die Stadt Wismar mit den Ämtern Poel und Neukloster an Schweden abtreten, erhielten dafür zum Ausgleich die säkularisierten Bistümer Schwerin und Ratzeburg. Auch im Siebenjährigen Krieg, zu dessen Beginn preußische Truppen 1757 in Mecklenburg eindrangen, und im Verlaufe der napoleonischen Besetzungen erlitt Mecklenburg große Verluste. 1808 traten die beiden Herzogtümer dem Rheinbund bei. Auf dem Wiener Kongreß wurden die Herzogtümer Mecklenburg-Schwerin und Mecklenburg-Strelitz zu Großherzogtümern erhoben.

Bereits im 16. Jahrhundert war es der Ritterschaft gelungen, den Bauern zur Pacht überlassenes Land zurückzufordern (sogenanntes Bauernlegen). Auch wenn zu Beginn des 19. Jahrhunderts die Bauern ihre persönliche Freiheit wiedergewannen, wurde noch 1862 das Recht zum Bauernlegen bestätigt. Bis 1918 behielten die beiden Großherzogtümer eine landständische Verfassung. Das Staatsgebiet gehörte zu 4/9 den Herzögen, deren Teil als Domanium bezeichnet wurde, zu 4/9 der Ritterschaft und zu 1/9 den Städten. Waren die Güter ursprünglich ohne Ausnahme im Eigentum von Adeligen, so überwogen bereits 1840 Familien bürgerlicher Herkunft unter den Gutsbesitzern.

Am 14. November 1918 dankte Großherzog Friedrich Franz IV. von Mecklenburg-Schwerin, der zuvor nach dem Selbstmord seines Vetters, des Großherzogs Adolf Friedrich VI. von Mecklenburg-Strelitz, die Regierung in Strelitz übernommen hatte, ab. Seit 1918/19 waren Mecklenburg-Schwerin und Mecklenburg-Strelitz bürgerlich-demokratisch regierte Freistaaten. 1934 vereinigten die Nationalsozialisten, die bereits seit 1932 die Landesregierung stellten, die beiden Länder zum Land Mecklenburg.

1945 besetzten sowjetische Truppen weite Teile des Landes. Neben schweren Zerstörungen wurde auch die Innenstadt von Neubrandenburg in den letzten Kriegstagen in Schutt und Asche gelegt. Bis zum 8. Mai 1945 waren die Briten und die Amerikaner bis Schwerin vorgestoßen. Im Juli darauf räumten sie das Gebiet; Mecklenburg und Vorpommern wurden Teil der sowjetischen Besatzungszone. Am 20. Oktober 1946 wurde eine Landtagswahl durchgeführt, und am 16. Januar 1947 trat die vom Landtag verabschiedete Verfassung in Kraft. Hierdurch wurde aus der 1945 eingeführten Bezeichnung Mecklenburg-Vorpommern der Name Vorpommern entfernt. 1952 hob die DDR das Land Mecklenburg auf und teilte es unter Einbeziehung wesentlicher Teile Vorpommerns und der zu Brandenburg gehörenden Uckermark und Westprignitz in die Bezirke Rostock, Schwerin und Neubrandenburg auf.

Die „friedliche Revolution" führte 1990 zum Ende der DDR und zur Wiedereinrichtung des Landes Mecklenburg-Vorpommern, wobei die Uckermark und Westprignitz nach Brandenburg zurückkehrten. Mit Wirkung vom 3. Oktober 1990 trat Mecklenburg-Vorpommern zusammen mit den Ländern Brandenburg, Sachsen, Sachsen-Anhalt und Thüringen dem Geltungsbereich des Grundgesetzes der Bundesrepublik Deutschland bei.

Vorpommern

Wie Mecklenburg wurde auch Pommern um 600 nach Christi Geburt von slawischen Völkern besiedelt. Unter polnischer Oberherrschaft schuf Fürst Wratislaw I. aus der Dynastie der Greifen nach 1100 ein geordnetes Staatswesen. Zusammen mit Bischof Otto I. von Bamberg leitete er die Christianisierung seines Landes ein. Kaiser Friedrich I. Barbarossa erkannte Herzog Bogislaw I., Wratislaws Sohn, als rechtmäßigen Herrscher in Pommern an. Reichsunmittelbare Lehen wurden Pommern wie Mecklenburg im Jahre 1348. Hierüber kam es zu Streitigkeiten mit Brandenburg, bis Brandenburg 1529 im Grimnitzer Vertrag eine Garantie für die Erbfolge in Pommern erhielt. Nach dem Tode Bogislaws XIV., des letzten Herrschers aus dem pommerschen Herzogshaus, erhob Brandenburg 1637 Erbansprüche. Doch im Westfälischen Frieden erhielt Schweden Vorpommern, Rügen und die Oderniederung als Generalgouvernement, Brandenburg lediglich den Großteil Hinterpommerns. Im Frieden von Stockholm 1720 wurde Vorpommern geteilt, der südliche Teil fiel an Preußen. Erst infolge des Wiener Kongresses wurde 1815 diese Teilung wieder rückgängig gemacht, und Preußen erhielt das gesamte Gebiet.

Bis zum Ende des Zweiten Weltkrieges war Pommern Bestandteil des preußischen Staates. Mit dem Ende des Zweiten Weltkrieges 1945 wurde Vorpommern vom östlich der Oder gelegenen Teil der Provinz Pommern abgetrennt, der Polen zugesprochen wurde. Gleichzeitig wurden Vorpommern und Rügen zusammen mit Mecklenburg Teil der sowjetischen Besatzungszone.

Mecklenburg-Vorpommern

Mecklenburg-Vorpommern ist Teil der norddeutschen Tiefebene. Mit seiner 1 470 km langen Ostseeküste hat das Land eine Größe von 23 200 qkm, das sind 6,7 % der Bundesrepublik Deutschland. Hier leben rund 1 960 000 Einwohner. Die größten Städte des Landes sind Rostock mit 250 000 Einwohnern, Schwerin mit 130 000 Einwohnern, Neubrandenburg mit 85 000 Einwohnern, Stralsund mit 75 000 Einwohnern, Greifswald mit 65 000 Einwohnern, Wismar mit 59 000 Einwohnern, Güstrow mit 39 000 Einwohnern und Neustrelitz mit 27 000 Einwohnern (Stand 1990). Insgesamt gibt es 1 117 Gemeinden. Mehr als 70 % der Bürger leben in Stadtgemeinden mit mehr als 2 000 Einwohnern.

Das Gesicht Mecklenburg-Vorpommerns ist geprägt von der Ostsee, den zahllosen Seen, Bergkuppen (höchste Erhebung die Helpter Berge mit 179 m) und weiten Flächen von Wiesen, Feldern und Wäldern. Das Wasser nimmt 5,4 % der Landesfläche ein, der Wald 21 %. Die Industrie des Landes konzentriert sich auf wenige große Städte und umfaßt Schiff- und Maschinenbau, Elektrotechnik, Leichtindustrie, Chemie, Bauindustrie und Lebensmittelindustrie. Traditioneller Wirtschaftszweig des Landes ist die Landwirtschaft. 63,3 % der Gesamtfläche des Landes waren 1990 als landwirtschaftliche Nutzfläche ausgewiesen, davon 75 % als Ackerland.

Die Silhouetten von Wismar, Rostock, Stralsund und Greifswald sind geprägt von den mächtigen gotischen Backsteinkirchen. Als eines der schönsten Bauwerke der Hochgotik im gesamten Ostseeraum gilt die Pfarrkirche St. Nikolai in Stralsund aus dem späten 13. Jahrhundert. Direkt vor der Kirche am Alten Markt steht das Rathaus, ein anderes herausragendes Beispiel mittelalterlicher Backsteingotik (um 1450). Als weitere Beispiele der für Mecklenburg-Vorpommern so typischen Backsteingotik seien hier die nur wenige Kilometer von Greifswald entfernt liegende Ruine des Zisterzienserklosters Eldena und die Klosterkirche dieses Ordens in Bad Doberan genannt.

Die Zugehörigkeit zur Hanse brachte den Kaufleuten während des Mittelalters einen Reichtum, der ihnen die Finanzierung repräsentativer Bauten erlaubte. In diese Phase fallen auch die Gründungen der Universitäten in Rostock (1419), der ältesten in Nordeuropa, und in Greifswald (1456).

Schon früh gewann der Tourismus für das Land besondere Bedeutung. Herzog Friedrich Franz I. gründete im Jahre 1793 in dem unweit von Doberan gelegenen Küstenort Heiligendamm das erste Seebad in Deutschland. Für die Badegäste und die herzogliche Familie ließ er in Doberan die dazu notwendigen Logier- und Gesellschaftsbauten errichten. Wenige Jahre später folgte Fürst Malte von Putbus auf der Insel Rügen diesem Beispiel und verband den Neubau seiner Residenz mit den Einrichtungen eines Badeortes. Auf Rügen gewannen schon kurz danach Binz, Sellin und Göhren ihre Bekanntheit als Ferienorte. Ihr Bild wird geprägt von den Pensionen und Logierhäusern mit ihren weißen Holzveranden aus der Gründerzeit.

Berühmt wurde Rügen auch durch den Maler Caspar David Friedrich, der sich hier häufig aufhielt und die Kreidefelsen des Königsstuhles an der Nordspitze der Insel auf einem seiner Bilder verewigte. Zahlreiche Künstler aus Mecklenburg oder Pommern hielten sich als Gäste und Urlauber hier auf, unter ihnen der Schriftsteller und Dramatiker Gerhart Hauptmann. Er verbrachte seine letzten Jahre auf der Nachbarinsel Hiddensee und wurde dort auch beigesetzt. Am Inselsee bei Güstrow richtete der Bildhauer und Dichter Ernst Barlach sein letztes Atelier ein. Der pommersche Schriftsteller und Historiker Ernst Moritz Arndt, geboren 1769 auf Rügen, trug mit seinen Streitschriften zur Beseitigung der bäuerlichen Leibeigenschaft bei. Von 1805 an war er für einige Jahre Professor an der Universität in Greifswald. Besonders stolz sind die Mecklenburger auf Fritz Reuter, der 1810 in Stavenhagen geboren wurde. In seinen Erzählungen und Gedichten in plattdeutscher Sprache hielt er die Menschen seiner Heimat, ihre Charaktere und ihre Lebensumstände fest.

Wesentlicher Bestandteil der Kulturgeschichte Mecklenburg-Vorpommerns sind neben den Bauten des frühen Kaufmannsstandes in den Hansestädten und der bäuerlichen Landbevölkerung die Burgen, Schlösser und Gutshäuser der Landesherren und des Adels. Neben den Residenzen in Schwerin, Güstrow, Ludwigslust und Neustrelitz gibt es eine Vielzahl von Objekten, verteilt über das ganze Land, eingebettet in die reizvolle Landschaft und untrennbar mit ihr verbunden.

Soweit diese Häuser und die zumeist zugehörigen Park- oder Gartenanlagen nicht bereits dem Zweiten Weltkrieg zum Opfer gefallen sind, wurden einige später aus ideologischen Gründen absichtlich vernichtet, dem Verfall preisgegeben oder verwohnt. Andere wurden zu öffentlichen Zwecken oder als Wohnungen genutzt. In der Regel ist ihr baulicher Zustand heute als dringend renovierungsbedürftig, wenn nicht gar als katastrophal zu bezeichnen. Als weitere Probleme kommen in vielen Fällen die offene Eigentumsfrage und fehlendes Investitionskapital hinzu.

Diese Probleme einer breiten Öffentlichkeit bewußt zu machen, Denkanstöße zu liefern und soweit als möglich zu helfen, dazu dienen dieses Buch und die gleichnamige Fotoausstellung. Anhand von 60 ausgewählten Objekten soll ein Querschnitt durch das bauliche Erbe Mecklenburgs und Vorpommerns gezeigt werden. Der Potsdamer Photograph Jürgen Strauss beläßt mit seinen impressionistisch anmutenden Bildern den einzelnen Objekten trotz ihres teilweise schlechten baulichen Zustandes ihre Würde.

Dieses Buch und die Ausstellung entstanden im Auftrage der Deutschen Burgenvereinigung e. V., Braubach. Nach dem großen Erfolg des gleichgelagerten Projektes „Burgen, Schlösser, Gutshäuser in Brandenburg und Berlin" kamen wir überein, diese Arbeit zunächst für Mecklenburg-Vorpommern fortzusetzen. Vergleichbare Projekte sind für Sachsen-Anhalt, Thüringen und Sachsen geplant.

Die Präsidenten von Europa Nostra vereinigt mit dem Internationalen Burgeninstitut, Den Haag, S. K. H. Prinz Henrik von Dänemark, und der Deutschen Burgenvereinigung e. V., Braubach, S. D. Fürst Alexander zu Sayn-Wittgenstein-Sayn, haben dankenswerterweise die Schirmherrschaft über das Gesamtprojekt übernommen. Schirmherr des Teilprojektes Mecklenburg-Vorpommern ist der Ministerpräsident des Landes Dr. Berndt Seite, dafür sei ihm gedankt.

Neben einer neuen grundlegenden Dokumentation der Burgen, Schlösser und Gutshäuser Mecklenburg-Vorpommerns war es auch dieses Mal, wie im Fall Brandenburgs und Berlins, Absicht, die einzelnen zum Thema gehörenden Aspekte durch Beiträge kompetenter Persönlichkeiten deutlich werden zu lassen. Neben den Aufsätzen „Betroffener", die gleichzeitig einen repräsentativen Querschnitt durch die über Jahrhunderte hinweg mit dem Land verbundenen Familien darstellen, stehen Beiträge, die die unterschiedlichsten geschichtlichen wie kunsthistorischen Betrachtungen beinhalten. Einen breiten Raum nehmen auch die „politischen" Aufsätze ein. Es kommen sowohl die unmittelbar am Einigungsvertrag und am Bodenreform-Urteil des Verfassungsgerichts Beteiligten als auch Kritiker zu Wort. Namhafte Politiker nehmen Stellung zum Thema „Rückgabe vor Entschädigung" und zur Zukunft Mecklenburg-Vorpommerns. Ich bin dankbar, daß sie alle durch ihre Beteiligung diese Arbeit so nachdrücklich unterstützt haben.

Für ihre fachliche Beratung und ihre Hilfe, ohne die das Projekt in der vorliegenden Form nicht hätte erscheinen können, danke ich sehr herzlich Dr. Gerd Baier, Landesamt für Denkmalpflege Mecklenburg-Vorpommern, Schwerin, Detlev Werner von Bülow, Gudow, Franz Sigismund Freiherr von Elverfeldt-Ulm, Präsident des Adelsrechtsausschusses der Deutschen Adelsverbände, Marburg, Dipl. phil. Horst Ende, Landesamt für Denkmalpflege Mecklenburg-Vorpommern, Schwerin, Prof. Dr. Manfred F. Fischer, Vorsitzender der Vereinigung der Landesdenkmalpfleger in der Bundesrepublik Deutschland, Hamburg, Martina Kerber M. A., Deutsche Burgenvereinigung e. V., Braubach, Dr. Lothar Moritz, Vorstandsmitglied des Vereins pro Brandenburg e. V., Potsdam, Dr. Oscar Schneider, MdB, Bundesminister a. D., Bonn, und Dipl.-Bibliothekar Hans Rudi Vitt, Witten.

Hilde Walkewitz, Witten, übernahm die Bearbeitung nahezu aller Beiträge. Grafische Arbeiten und das Layout entstanden in gewohnt freundschaftlicher Zusammenarbeit mit Fritz A. Jahrmarkt, Witten. Die konstruktive Zusammenarbeit zwischen Jürgen Strauss und mir fand bei dieser Arbeit eine inzwischen bewährte Fortsetzung. Die gute Kooperation mit Dr. Busso von der Dollen, Deutsche Burgenvereinigung e. V., Braubach, und Hans Schleuning, Konrad Theiss Verlag, Stuttgart, gewährleistete die Herausgabe des Buches. Hierfür danke ich allen Genannten.

Doch ohne die weitreichende Unterstützung des Kultusministeriums des Landes Mecklenburg-Vorpommern hätte das Projekt nicht verwirklicht werden können. Dank der großzügigen Zuschüsse von Sponsoren, unter anderem der Deutschen Bank AG, ist das Erscheinen des Begleitbuches ermöglicht worden. Hierfür gebührt allen ganz besonderer Dank.

Mit dem Gesamtprojekt, Ausstellung und Begleitbuch, verfolgen die Veranstalter mehrere Ziele:
- Die Aufmerksamkeit einer breiten Öffentlichkeit wird auf das reiche kulturelle Erbe der neuen Bundesländer gelenkt, und gleichzeitig werden Intentionen und Probleme des Denkmal- und des Naturschutzes deutlich.
- Unseren Landsleuten insbesondere im Osten wird ein vielen fast unbekannter Teil der Geschichte und Kultur der östlichen Bundesländer vorgestellt.
- Die Beiträge der in einigen Fällen auch persönlich betroffenen Autoren sowie die Hilfe und Unterstützung engagierter Institutionen wollen Mut und Vertrauen der Menschen in den neuen Bundesländern stärken, wollen in den alten Bundesländern das Interesse der Menschen wecken und so beitragen zur inneren Wiedervereinigung.

HENRIK PRINZ VON DÄNEMARK

Kulturlandschaft Europa

Zu den wichtigsten Aufgaben unserer Zeit gehören der Schutz und die Pflege des reichen Landschafts- und Architekturerbes überall in Europa. Allzu großzügig und sorglos ist man in den beiden letzten Jahrhunderten, insbesondere im Zuge der Industrialisierung, mit der Natur umgegangen. Und auch dem Erhalt von Denkmälern wurde in dieser Zeit nicht die notwendige Aufmerksamkeit geschenkt. Dieses Verhalten hat sich in den Jahrzehnten nach dem Ende des Zweiten Weltkrieges in den westlichen Ländern durch die anwachsende Freizeitgesellschaft und in den östlichen Ländern mangels finanzieller Möglichkeiten noch verstärkt. Auf Vorschlag von Europa Nostra stellte der Europarat das Jahr des kulturellen Erbes 1975 unter das Motto „Eine Zukunft für die Vergangenheit". Hierdurch wurde – vor allem in den achtziger Jahren – ein allgemeines Umdenken ausgelöst. In allen europäischen Ländern fördern seither nationale Organisationen den Schutz hochwertiger Baudenkmäler und die Verbesserung der Umwelt. 400 dieser Organisationen und 750 natürliche Mitglieder aus 28 europäischen Ländern sind zusammengeschlossen in Europa Nostra vereinigt mit dem Internationalen Burgeninstitut, Den Haag, darunter auch die Deutsche Burgenvereinigung.

Wie wichtig die Aufgaben sind, die sich Europa Nostra/IBI gestellt hat, wie vielfältig und zahlreich die erhaltenswerten Zeugnisse aus vielen Jahrhunderten europäischer Geschichte sind, mag ein Streifzug durch Zeiten und Räume anhand weniger Beispiele der höfischen Baukunst verdeutlichen.

Der Bogen spannt sich von den griechischen und römischen Palästen bis zu den Burgen des Mittelalters. Dem 16. Jahrhundert verdanken wir einige der schönsten Schlösser der Loire sowie in der Ile de France. In Italien wurden in dieser Zeit Gärten angelegt, die zu den herausragendsten Werken der europäischen Gartenkunst gehören.

Im 17. Jahrhundert entstand in Frankreich das architektonische Hauptwerk dieser Epoche. König Ludwig XIV. ließ sich das kleine Jagdschlößchen in Versailles prachtvoll ausbauen und die großartigste Gartenanlage Europas gestalten.

Die Architektur des 18. Jahrhunderts ist geprägt vom Repräsentationswillen der einzelnen Herrscherhäuser. Einem entscheidenden Wandel unterliegt in dieser Zeit die Gartenkunst. Die französische Gartenkunst wird weitgehend abgelöst vom englischen Landschaftsstil. Wie bereits in dem von Bruno J. Sobotka herausgegebenen Buch „Burgen, Schlösser, Gutshäuser in Brandenburg und Berlin" vorgestellt, ist als herausragende europäische Leistung die um die Mitte des 19. Jahrhunderts aufgestellte Gesamtplanung der „Verschönerung der Umgebung von Potsdam" zu nennen.

Auch das Gebiet von Mecklenburg-Vorpommern, in jüngerer Zeit wegen seiner Randlage möglicherweise oft unterbewertet, hat großartige Beispiele der Bau- und Gartenkunst vor allem aus dem 18. und 19. Jahrhundert aufzuweisen. Die Schönheit der organisch geprägten Landschaft aber mit ihren unberührten Seen, ihren Alleen, ihren Dörfern mit den eingeschossigen Häusern und den noch immer gepflasterten Straßen stellt den besonderen Wert dieser Region dar.

Infolge der Politik der letzten 40 Jahre ist jedoch das bauliche Erbe, sind insbesondere die Gutsanlagen vernachlässigt worden. In Anbetracht der wirtschaftlichen Situation – als Haupteinnahmequelle wird die Landwirtschaft im Wettbewerb der Europäischen Gemeinschaft Einbußen erleiden – wird dieses deutsche Bundesland in hohem Maße auf den Massentourismus angewiesen sein. Hierdurch und durch die langwierige Klärung der Eigentumsfragen sowie den Mangel an Geld droht dem kulturhistorischen Erbe Mecklenburg-Vorpommerns Gefahr.

Deshalb hat der Rat von Europa Nostra/IBI auf seiner Tagung in Dublin am 15. September 1991 eine Resolution verabschiedet, die alle öffentlichen Stellen auffordert,

1. die historischen Gutsanlagen in ihrem Wesen zu bewahren und, wo immer möglich, zu restaurieren,
2. bei allen Vorhaben vorhandene Gebäude behutsam in die Planung einzubeziehen und jeglichen Neubauten vorzuziehen,
3. den Charakter von kleinen Städten und Dörfern zu erhalten und Bauvorhaben diesem Charakter anzupassen und
4. den Charakter der Landschaft zu bewahren.

Dem Land und seinen Menschen wünsche ich mit Gottes Hilfe eine gute Zukunft.

ALEXANDER FÜRST ZU SAYN-WITTGENSTEIN-SAYN
Denkmalschutz ist Bürgerpflicht

Die Deutsche Burgenvereinigung als ein Verband von Denkmalschützern und Denkmalpflegern setzt sich seit nun fast 100 Jahren mit großem Engagement für den Erhalt unserer Burgen und Schlösser ein. Wir wollen dabei vor allem unseren Mitbürgern das Thema Denkmalschutz näherbringen, also eine breite Öffentlichkeit über den kunstgeschichtlichen Wert und die kulturgeschichtliche Bedeutung unserer Denkmale aufklären und ihr klarmachen, daß ohne ihren aktiven Einsatz diese Zeugnisse unserer Vergangenheit allmählich aber sicher untergehen würden.

„Denkmalschutz ist Bürgerpflicht", heißt also die Nachricht, die wir vermitteln möchten. Während ein Engagement für den Landschafts- oder Umweltschutz heute ganz selbstverständlich als „res publica", als Thema von breitem öffentlichen Interesse aufgenommen wird, möchte man die Pflicht zum Denkmalschutz allzu gerne dem Staat alleine aufbürden, allenfalls noch dem vereinzelt in seinen Burgen und Schlössern residierenden Adel. Es ist auch ganz richtig, wenn sich der Staat und wenn sich begüterte Besitzer historischer Häuser um ihre Objekte vorrangig selbst kümmern. Aber läßt sich die große Aufgabe des Denkmalschutzes damit lösen?

Auf dem Gebiet der alten Bundesrepublik allein soll es 1,5 Millionen denkmalschutzwürdiger Gebäude geben. Eine entsprechende Zahl für die neuen Bundesländer kennen wir noch nicht. Aber es werden sicher einige Hunderttausend sein, vielleicht eine halbe Million, die den letzten Krieg und die ideologisch bedingten Zerstörungen durch das kommunistische Regime überdauert haben.

Beim Denkmalschutz geht es also nicht nur um den Erhalt der großen ehemals landesherrlichen Residenzen hier in Mecklenburg und Vorpommern. Es geht nicht nur um die 20 oder 30 Objekte, die jetzt z. B. das Land Brandenburg oder der Freistaat Sachsen in Landesbesitz, d. h. in staatliche Schlösserverwaltungen, übernehmen möchten, oder, bleiben wir in Sachsen, nicht nur um den ebenso erfreulichen wie teuren Wiederaufbau einer Reihe bedeutender Bauten in Dresdens Altstadt und auch nicht nur, um ein Beispiel aus dem Süden Deutschlands zu nennen, um die bayerischen Königsschlösser, so anziehungskräftig sie auch sein mögen.

Unter Denkmalschutz müssen wir vielmehr das Bemühen um die Bewahrung möglichst der ganzen wertvollen baulichen Erbmasse verstehen, die uns unsere Vorväter hinterlassen haben und zu deren Weitergabe an unsere Kinder wir verpflichtet sind. Es geht uns also nicht nur um die „Sonntagsdenkmale", die zumeist beim Staat oder bei wirtschaftlich gesunden Familien in bester Hand sind. Uns, der Deutschen Burgenvereinigung, geht es vor allem auch um den Erhalt der großen Fülle an „Alltagsdenkmalen", die in ihrer zeitgeschichtlichen und regionalen Vielfalt unsere Landschaft, unsere Dörfer und unsere Städte prägen.

Für die Pflege und den Schutz dieser unzähligen vielleicht etwas weniger bekannten, aber dennoch sehr erhaltenswerten Objekte kann der Staat zumeist nur Wegbegleiter sein. Diese Bürde müssen wir uns alle teilen, vor allem die privaten Eigentümer, aber auch Firmen und Verbände, Institutionen, Bürgervereine und natürlich auch die Kommunen. Diese verschiedenen Gruppen haben sich in der Vergangenheit bestens als Träger der Denkmallast bewährt. Dort aber, wo der Staat den Privateigentümer vertrieben, wo er also den Bürger aus der Verantwortung für den Denkmalschutz entlassen hat, kam es zur Katastrophe. Die große Bürde der Denkmallast kann kein Staat alleine tragen.

Aber auch das Gegenteil wäre fatal, nämlich wenn der Staat eine öffentliche Verantwortung für den Denkmalschutz ablehnen, wenn er sich gerade eben nur um den Denkmalbesitz des Fiskus kümmern wollte. Die Privaten brauchen den Staat ebenso wie er sie braucht. Sie brauchen die staatlichen Denkmalämter als Fachaufsichtsbehörden, und sie brauchen die finanzielle Unterstützung der öffentlichen Hand, wenn es um die denkmalbedingten Mehraufwendungen geht. Nur so ist ein denkmalpflegerisch richtiger Umgang mit unserem baulichen Erbe gewährleistet, und nur so wird der Privatbesitzer ermuntert, die Mühen und Lasten der Denkmalpflege im Interesse der Allgemeinheit weiter zu tragen.

Die Rolle des Staates als hilfreicher und verantwortungsbewußter Wegbegleiter des zum Denkmalschutz aufgerufenen Bürgers ist heute aber auch in einer ganz anderen Beziehung aktuell gefordert – bei der durch die Wiedervereinigung möglichen, oder besser gesagt, nötigen Umverteilung des Denkmaleigentums in den neuen Bundesländern.

Einige Länder folgen bereits dem Beispiel westlicher Bundesländer und gründen derzeit staatliche Schlösserverwaltungen zur Übernahme der für die Geschichte des Landes besonders wichtigen Denkmale, zumeist der ehemals landesherrlichen Residenzen. Andere sehr bedeutende Denkmale, vor allem in dem zukünftigen Regierungssitz Berlin, sollen für die Bedürfnisse des Bundes mit sehr beachtlichen Summen renoviert, das Berliner Stadtschloß soll vielleicht sogar gänzlich rekonstruiert werden.

Was passiert aber mit den knapp 2 000 Schlössern, den Gutsanlagen und Herrenhäusern in Mecklenburg-Vorpommern, die nicht von einer staatlichen Schlösserverwaltung übernommen werden können? Was passiert mit all den wertvollen historischen Häusern in dem Gebiet der ehemaligen DDR, die unser Staat und unsere Gerichte den Familien nicht mehr zurückgeben möchten, die sie jahrhundertelang bewohnt, gepflegt und mit kulturellem Leben erfüllt haben? Und was wird aus den vielen Burgen und Stadtschlössern, die seit vielen Jahrzehnten als Museen, Theater oder Konzertsäle der kulturelle Mittelpunkt einer Gemeinde waren und heute nicht mehr von ihr finanziert werden können?

Es entsteht vielerorts der bittere Eindruck, als würden sich unsere Politiker hier aus der Verantwortung stehlen – als wären sie ganz froh, daß diese Verantwortung bei der Treuhandanstalt oder so mancher völlig überforderten Kommune liegt, und als wären auch diese ganz froh, wenn sie unsere vielen schönen notleidenden Denkmale so schnell als nur irgend möglich wieder loswerden. Wir wissen, daß Schlösser und Burgen versteigert werden, daß mit den Objekten seit vielen Generationen eng verbundenes Inventar verschwindet und die Umbauwünsche investitionsfreudiger neuer Nutzer Vorrang vor den Tabus des Denkmalschutzes erhalten.

Und das passiert alles in einem Augenblick, auf den sich jeder Denkmalfreund in Deutschland seit Jahrzehnten gefreut hat und für den so mancher Bürger der ehemaligen DDR Kopf und Kragen riskierte – in einem Augenblick, wo ein reicher Staat mit freien Bürgern endlich die Chance hat, sich um die trostlos verkommenen Zeugnisse seiner Geschichte zu kümmern, und wo Denkmalbesitz und Denkmallast vernünftig und verträglich neu verteilt werden könnten.

Der Wiederaufbau der Wirtschaft in den neuen Bundesländern beschäftigt verständlicherweise vorrangig uns und unsere Politiker genauso wie die Schaffung lebenswerter Umweltbedingungen und der Aufbau neuer Verwaltungsstrukturen. Dabei dürfen wir alle aber die vielen, oft sehr diffizilen Probleme des Denkmalschutzes nicht aus den Augen verlieren, mit denen wir im ganzen Lande konfrontiert werden, und wir dürfen nicht unser Alibi in der noch so teuren und öffentlichkeitswirksamen Restaurierung einzelner weniger „Sonntagsdenkmale" suchen.

Die Deutsche Burgenvereinigung hat schon im Herbst 1990 einen Appell an die Landesregierungen der neuen Länder gerichtet, sehr schnell eine größere Zahl akut gefährdeter Objekte vorübergehend in ihre treuhänderische Obhut zu nehmen, um dann ganz in Ruhe und gut beraten daranzugehen, langfristig vernünftige Nutzungskonzepte und denkmalfreundliche Besitzer für sie zu finden. Wir sind froh, daß einige Bundesländer, auch Mecklenburg-Vorpommern, für dieses Konzept Interesse zeigen. Wir dachten bei diesem Appell nicht an die Gebäude, die der Staat ohnehin früher oder später in seine Schlösserverwaltungen nehmen würde, wir dachten in großer Sorge an die vielen praktisch herrenlosen Objekte – an die Waisenkinder des Denkmalschutzes. Es ist sicher für die meisten noch nicht zu spät, vor dem Verfall oder einer das Denkmal zerstörenden Nutzung gerettet zu werden. Aber ohne die schützende Hand des Staates werden zu viele diese bedrohliche Phase nicht überdauern. Vielleicht kommt man bei einigem Nachdenken über denkmalfreundliche Nutzungsmöglichkeiten dann auch zu der Erkenntnis, daß es wirtschaftlich und denkmalpflegerisch ganz vernünftig wäre, so manchem zum Engagement bereiten Alt-Eigentümer eine bessere Chance zur Heimkehr zu bieten.

Jeder Denkmalfreund ist unserem Staat dankbar, daß er bereit ist, in den neuen Bundesländern Beträge in sehr beachtlicher Höhe einzusetzen für die Sanierung historischer Stadtkerne, für die Behebung von Gebäudeschäden durch die hier stark verschmutzte Luft und für den Erhalt von Bauwerken von besonderer nationaler kultureller Bedeutung. Und wenn dabei schon alleine für den Wiederaufbau eines einzelnen Gebäudes, des Dresdner Stadtschlosses, eine Milliarde, d. h. eintausend Millionen Mark bereitgestellt werden, sollten wir uns freuen. Dann dürfte den Ländern aber auch die Finanzierung der von uns empfohlenen Denkmal-Treuhandverwaltungen, deren wichtige Aufgabe in wenigen Jahren erfüllt sein sollte, nicht allzu schwer fallen.

Hier brauchen wir, nein, hier brauchen unsere Baudenkmale den Staat als Wegbegleiter. Hier zeigt sich sehr deutlich, daß der Bürger seine Pflicht zum Denkmalschutz nur wirkungsvoll erfüllen kann, wenn sich das politische Umfeld ebenfalls der Verantwortung für alle Zeugnisse unserer Vergangenheit bewußt ist und der Bürger Hilfe zur Selbsthilfe erhält. So möchte sich die Deutsche Burgenvereinigung als die älteste bundesweit tätige Bürgerinitiative für den Denkmalschutz auch weiterhin Hand in Hand mit den engagierten Bürgern vor Ort, mit den vielen amtlichen und ehrenamtlichen Denkmalpflegern und mit dem Staat in die Pflicht nehmen lassen, für den Schutz eines wichtigen Teils unseres kulturellen Erbes zu kämpfen, für den Erhalt unserer vielen schönen Baudenkmale.

BERNDT SEITE
Kulturerbe in Mecklenburg-Vorpommern

Ich freue mich sehr darüber, daß es nach Brandenburg und Berlin nun auch in Mecklenburg-Vorpommern zu einer Ausstellung über die Burgen, Schlösser und Gutshäuser in unserem Land gekommen ist. Sicherlich wird auch diese Ausstellung ein großes Echo finden, so daß die Öffentlichkeit auf eine Gruppe von Denkmälern aufmerksam gemacht wird, die das Bild der Kulturlandschaft Mecklenburg-Vorpommerns entscheidend mitbestimmt.

In den zurückliegenden fünfzig Jahren ist nur wenig für den Erhalt dieser Kulturgüter getan worden. Die anerkennenswerten Restaurierungen von Schlössern wie Güstrow, Schwerin, Spyker oder die schon mehrere Jahre vor der Wende begonnenen Sicherungsmaßnahmen an den Schlössern in Mirow und Vietgest können nicht darüber hinwegtäuschen, daß Schlösser und Gutshäuser zu den in der DDR ideologisch unerwünschten Zeugnissen der Vergangenheit gehörten und damit dem Verfall preisgegeben wurden. Dies wird ganz besonders dann deutlich, wenn man sich vor Augen führt, daß zu den erhaltenswerten Gebäuden nicht nur die weithin bekannten Schlösser in Schwerin, Güstrow, Ludwigslust und Putbus gehören, sondern auch die mehr als tausend weniger bekannten Gutshäuser und Schlösser, die zusammen mit den sie umgebenden Parkanlagen zu dem Bild von Städten und Dörfern in unverzichtbarer Weise beitragen.

Die große Anzahl renovierungsbedürftiger Anlagen macht deutlich, wie groß die vor uns liegenden Aufgaben sind. Gegenwärtig wird vom Landesamt für Denkmalpflege eine Erfassung des Denkmalbestandes vorgenommen. Dabei werden alle diejenigen

Schlösser und Gutshäuser für die Denkmalliste vorgeschlagen, die aus historischen, künstlerischen oder wissenschaftlichen Gründen unbedingt zu bewahren sind. Die Eintragung als geschütztes Denkmal ist ein erster Schritt auf dem Wege zu einer Bestandssicherung der Schlösser, Burgen und Gutshäuser.

Es ist selbstverständlich, daß das Land für die Bewahrung der kulturellen Identität Verpflichtungen übernehmen muß. Angesichts knapper Haushaltsmittel wird es aber nicht möglich sein, eine derart große Anzahl von Gebäuden dadurch zu sichern, daß sie alle vom Land übernommen werden. Aus diesem Grund müssen unkonventionelle Wege gesucht werden, um die Aufgabe des Erhalts so wichtiger Kulturgüter zu bewältigen. So wird nach dem Vorbild anderer Regionen die Einrichtung einer Stiftung oder auch die Gründung einer Art Betriebsgesellschaft mecklenburgisch-vorpommerscher Schlösser geprüft. Nach der Ausarbeitung konkreter Konzepte wird der Landtag Mecklenburg-Vorpommerns im März 1993 über diese Angelegenheit beraten. Die dann geschaffene Einrichtung könnte Gelder von Bund, Land und vermutlich auch von der Deutschen Stiftung Denkmalschutz erhalten. Ihr Ziel wäre es, die Erhaltung der Gebäude auf Dauer zu sichern; die Beteiligung öffentlicher Geldgeber würde gleichzeitig garantieren, daß die Denkmäler auch weiterhin der Öffentlichkeit zugänglich blieben. Im Rahmen eines Notfonds könnten dann auch Gelder bereitgestellt werden, um unaufschiebbare Sofortmaßnahmen an unbedingt erhaltenswerten Gebäuden vorzunehmen. In dieser Einrichtung sollten die wertvollsten Gebäude von überregionaler, ja sogar bundesweiter

Ausstrahlung wegen ihres hohen Denkmalwertes und der Forderung nach allgemein öffentlicher Zugänglichkeit aufgenommen werden.

Dabei wäre zum einen an solch bedeutsame Anlagen wie das Schloß Mirow mit seiner wertvollen spätbarocken Ausstattung, den weitläufigen barokken Schloßkomplex von Bothmer/Klütz, den touristisch bereits jetzt gefragten Schloß-/Klosterkomplex von Dargun, das am Rande des großen, von Lenné geprägten Parkes stehende Schloß Basedow mit Dorf und Park oder an das als bekanntestes Baudenkmal der Insel Rügen geltende Jagdschloß Granitz zu denken. Zum anderen könnten solche Schlösser und Gutshäuser einbezogen werden, deren Substanz eine kommerzielle Nutzung verträgt und die durch ihre landschaftliche Einbindung, ihre architektonisch künstlerische Gestaltung und durch eine gute Verkehrsanbindung attraktiv für eine Nutzung als Hotel, Tagungsstätte, Erholungs- und Kureinrichtung oder als Künstleratelier sind. Dort, wo denkmalpflegerische Aspekte nicht die oberste Priorität haben, sollen die Städte und Gemeinden nach Nutzungsmöglichkeiten suchen, die jene Bauten als Zeugnisse der Vergangenheit im Bild der Orte bewahren und ihren Fortbestand durch die Verwendung als Wohnungen, Verwaltungen, Schulen und Bürgerhäuser oder auch als gewerbliche Einrichtungen gewährleisten.

Dabei möchte ich die Verantwortlichen ermutigen, die bestehenden vielfältigen Fördermöglichkeiten zu nutzen, um die häufig fehlende Anschubfinanzierung zu sichern. In einigen Gemeinden ist es gelungen, mit ABM-Kräften die seit Jahrzehnten notwendigen Pflegearbeiten in den schönen, viel zu wenig beachteten Garten- und Parkanlagen zu beginnen; allerdings darf hier – wie auch in den anderen Fällen – auf die fachkundige Begleitung durch das Landesamt für Denkmalpflege nicht verzichtet

werden, um nichtwiedergutzumachende Schäden auszuschließen.

Darüber hinaus ist es sehr begrüßenswert, wenn sich vielerorts Bürgerinitiativen zur Rettung von Schlössern und Gutshäusern bilden. Meine besondere Anerkennung gilt dem Engagement ehemaliger Eigentümer, die sich für die Erhaltung und Restaurierung historischer Gebäude und Parks einsetzen, wie es beispielsweise die Familie von Maltzahn bei der Renovierung des Hauses Vanselow bewiesen hat.

In diesem Zusammenhang denke ich aber auch an die Bemühungen um die Rettung der Ruine des Schloß- und Klosterkomplexes Dargun, die mit der Enttrümmerung des gesamten Geländes, der bereits wieder geschaffenen Besichtigungsmöglichkeit und ersten Konzerten innerhalb der Ruine einen sehr vielversprechenden Verlauf nehmen. Zu verdanken ist dies den gemeinsamen Bemühungen des eigens dafür gegründeten Vereins, mehrerer Privatpersonen, der Stadtverwaltung und der Deutschen Stiftung Denkmalschutz.

In Below im Landkreis Röbel hat ein Berliner Ehepaar das stark in Verfall geratene frühbarocke Gutshaus erworben und es in den beiden vergangenen Jahren mit großen persönlichen Anstrengungen zu einem künftigen Wohnsitz, aber auch zu einem Raum für kulturelle Aktivitäten umgestaltet.

Weitere Beispiele ließen sich nennen. Sie zeigen die Bedeutung der Eigeninitiative für den Erhalt von Kulturgütern ganz besonders in Zeiten, in denen die öffentlichen Mittel einfach nicht ausreichen, alle Gebäude schnell und ausreichend zu renovieren.

Daher ist die Bedeutung dieser Ausstellung gar nicht hoch genug einzuschätzen. Ich bin überzeugt, daß die Ausstellung ihr Anliegen erfüllen und das allgemeine Bewußtsein für den Wert von Schlössern und Gutshäusern in unserem Bundesland neu schärfen wird. Dadurch fördert sie das notwendige Engagement, sich für den Erhalt dieser Denkmäler einzusetzen. Das Land wird diese Aktivitäten nach Kräften unterstützen.

Gerade in dieser Umbruchsituation, in einer Zeit, in der sich viele Bürger um eine Orientierung bemühen, in einer Zeit, in der es gilt, die innere Teilung Deutschlands zu überwinden und das gemeinsame Kulturerbe zu entdecken, kommt es darauf an, die Manifestation unserer gemeinsamen Geschichte zu bewahren.

ANGELA MERKEL

Mit der Freiheit neue Chancen zur Bewahrung der kulturellen Identität Mecklenburg-Vorpommerns

Deutschland ist wieder vereint. Nach vier Jahrzehnten schmerzlicher Teilung ist es gelungen, in Freiheit wieder zueinanderzukommen. Dies ist ein großes Geschenk, für das wir – bei allen berechtigten und großen Sorgen und Problemen, die der Alltag in dieser Zeit des Übergangs bringt – dankbar sein müssen. Nicht nur Deutschland ist wiedervereint, sondern mehr noch: Der Klammergriff, in dem die kommunistischen Herrscher Mittel- und Osteuropa über Jahrzehnte gefangen hielten, ist verschwunden. Europa ist wieder frei.

Wir sind in Westeuropa jetzt auf dem Weg zu einer politischen Union. Das hat Modellcharakter für unseren ganzen Kontinent. Schon blicken die Länder Mittel- und Osteuropas mit großem Interesse und mit großer Spannung auf uns. Denn sie verstehen den europäischen Zusammenschluß zu Recht auch als ein Bekenntnis zur gemeinsamen europäischen Kultur. Und dazu gehören nicht nur Paris, Madrid, Frankfurt/Main und Dresden, sondern auch Leningrad und Krakau, Bukarest und Prag, Budapest und Riga, Stettin ebenso wie Königsberg. Dazu zählen nicht nur große Metropolen, sondern auch kleinere Kulturstätten, wie wir sie in Mecklenburg-Vorpommern finden.

Das neue Europa wird ein Europa der Regionen sein und aus deren Vielfalt und Eigentümlichkeit leben. Deshalb kann Europa nur werden, wenn es sich zu seinen jeweiligen Besonderheiten und zu seinem kulturellen Erbe bekennt. Die Pflege der Kultur und der kulturellen Denkmäler einer Region wie Mecklenburg-Vorpommern ist darum von großer Bedeutung.

Der Geist und das Schaffen von Persönlichkeiten, die in diesem heutigen Bundesland geboren wurden oder bedeutsame Werke schufen, ist nicht einfach Teil der Vergangenheit, sondern gehört zum kulturhistorischen Erbe der Deutschen und Europäer dazu. Ich erinnere nur an den Dichter Gerhart Hauptmann, an die Künstler Ernst Barlach und Caspar David Friedrich, den Schriftsteller Ernst Moritz Arndt und den Komponisten Friedrich von Flotow, die in Mecklenburg oder Vorpommern gelebt und gearbeitet haben. Dazu zählen auch die früheren Landesherren und Kaufleute, die uns viele prächtige Bauten hinterlassen haben. Das Münster in Bad Doberan und das Schloß von Güstrow sind nur zwei Beispiele dafür. Wenn wir unsere Identität bewahren wollen, muß dieses Erbe bewahrt werden.

Wir dürfen diese Aufgabe nicht vernachlässigen, auch wenn für die meisten Menschen in Mecklenburg-Vorpommern jetzt andere Fragen im Vordergrund stehen.

Es sind Fragen nach der eigenen Zukunft, nach der Schaffung von neuen Arbeitsplätzen, nach neuen und besseren Wohnungen, nach der Rettung der historischen Substanz der Städte.

45 Jahre kommunistische Herrschaft haben dieses einstmals blühende Land heruntergewirtschaftet und nahezu ruiniert. Der Aufbau ist mühsam und schwierig. Oft fehlt auch die Geduld. Nicht wenige Menschen in Mecklenburg-Vorpommern haben nach der Wende ihre Heimat verlassen, um sich im Westen eine neue Existenz aufzubauen. In der Tat scheinen die Probleme manchmal übergroß: in der

Landwirtschaft, bei den Werften, in der Fischerei und auch in vielen anderen Branchen.

Aber dennoch bin ich fest davon überzeugt: Mecklenburg-Vorpommern ist nicht dazu verurteilt, das Schlußlicht unter den deutschen Regionen zu sein. Wir haben mit der Freiheit auch neue Chancen gewonnen. Zur Wahrheit gehört eben auch, daß sich vielerorts schon weit mehr getan hat, als manche glauben. Viele Betriebe sind neu gegründet worden, die Verbesserung der Infrastruktur wird in Angriff genommen, es gibt endlich Geld und Material zum Erhalt unserer historischen Innenstädte und Kulturdenkmäler, der Tourismus kommt in Gang, zahlreiche Initiativen sind entstanden, um Probleme vor Ort konkret aufzugreifen und nach Lösungen zu suchen.

Natürlich ist die Zeit des Übergangs von der sozialistischen Planwirtschaft zur Sozialen Marktwirtschaft schwierig. Dieser Übergang ist auch mit Enttäuschungen verbunden. Aber gerade in dieser Zeit sollten wir uns an das Beispiel derjenigen erinnern, die nach 1945 so gut wie alles verloren hatten. Sie blieben nicht beim Blick auf die Verluste und auf erlittenes Unrecht stehen. Vielmehr halfen sie in schwieriger Zeit beim Wiederaufbau Westdeutschlands, wo sie nur konnten. Sie halfen tatkräftig mit, Freiheit, Demokratie und soziale Gerechtigkeit in Westdeutschland aufzubauen und zu sichern. Ihre Bereitschaft zum Neuanfang hat sich damals vielfach auch motivierend auf andere ausgewirkt.

In mancher Hinsicht ist die Situation von damals vergleichbar mit der heutigen Lage hier in Mecklenburg-Vorpommern. Auch hier sind jetzt der Fleiß und der Aufbauwille, aber auch der optimistische Blick nach vorn die wichtigsten Voraussetzungen, um Übergangsprobleme zu bewältigen und eine erfolgreiche Zukunft zu sichern. Mecklenburg-Vorpommern steht nicht alleine da. Es kann mit der Unterstützung der ganzen Bundesrepublik Deutschland und auch der Europäischen Gemeinschaft rechnen. Ich bin deshalb sicher, daß es uns gelingen wird, dieses Land zu einer Region mit einer aussichtsreichen Zukunft zu machen.

BUSSO VON DER DOLLEN

Wehr- und Wohnbauten des niederen Adels in Mecklenburg-Vorpommern – Zur bau- und siedlungsgeschichtlichen Wirksamkeit eines sozialen Standes

Wohl an keiner Stelle im Land wird der Übergang von der mittelalterlichen Burg einer Familie zum Herrenhaus im Gutshofverband so deutlich wie in Galenbeck, Kreis Neubrandenburg. Die 1978 bis 1985 ausgegrabene Anlage am Ufer des Galenbecker Sees beeindruckt durch ihren schiefen, geborstenen Bergfried aus Backstein mit Findlingen, für dessen Errichtung ein älterer Viereckstum reduziert werden mußte.[1] Südwestlich davon (s. Abb. 1), auf höhergelegenem Terrain, steht das zweigeschossige Herrenhaus zu zwölf Achsen mit Mansarddach aus dem 18. Jahrhundert, ein hübscher Fachwerkbau, der als „ausgewohnt" seit mehreren Jahren leer steht und zusehends verfällt. Südöstlich der Burgstelle liegt das Dorf, dessen Kirche einen neugotisch überformten Westgiebel aus dem 14. Jahrhundert aufweist. Der Bergfried verdankt seine Schräglage nicht „ungleicher Bodenfestigkeit", wie in „Kunst- und Geschichtsdenkmäler Mecklenburg-Strelitz"[2] angeführt, sondern dem vorsätzlichen Akt der Brechung im Jahre 1453. Zwischen 1434 und 1491 wurden die Burgen Müggenburg, Kreis Anklam, Wrechen, Kreis Neustrelitz, Ihlenfeld, Kreis Neubrandenburg und Wolde, Kreis Altentreptow gebrochen, um nur die wichtigsten des vormaligen Bezirks Neubrandenburg zu nennen.[3] Dieses Beispiel kann den sozial- und siedlungsgeschichtlichen Wandel erhellen, der sich im Übergang vom Mittelalter zur Neuzeit vollzieht. Er ist Ursache für die Veränderungen der Behausung des Adels im einzelnen und der Siedlungslandschaft im ganzen. Mehr als ein Streiflicht läßt sich hier jedoch nicht auf die komplexen Vorgänge werfen.

Es ist zu fragen, ob das Beispiel Galenbeck für den niederen Adel typisch ist. Unter diesem Stand ist die landsässige Ritterschaft zu verstehen, die im Verlauf der Geschichte Mecklenburgs zu bedeutendem Einfluß gelangte und den Ständestaat Mecklenburg bis zum Zusammenbruch der Monarchie wesentlich bestimmte. Es handelt sich um die homogene Schicht von ritterlichen Vasallen, die in der Regel durch das Lehnsband mit ihrem Landesherrn verbunden sind. Zu Adelsherrschaften von Dauer, deren Inhaber lehnsrechtlich vom Landesherren unabhängig sind, ist es im gesamten Neusiedelland meist nicht gekommen. Für andere Kategorien des Adels wie Freiherren und Grafen boten die geschlossenen Territorien des Neusiedellandes deshalb im Gegensatz zu den Territorien westlich der Elbe-Saale-Linie während des Mittelalters keinen Platz.[4] Lediglich ein Zweig der Familie von Dewitz wurde 1349 von Kaiser Karl IV. als Grafen von Fürstenberg zu einer unabhängigen Reichsstandschaft erhoben.[5]

Die mittelalterliche Ostsiedlung hat östlich der Elbe im gesamten nordostdeutschen Bereich verhältnismäßig gleichartige Zustände hinsichtlich des Landbesitzes geschaffen, die sich erst im Lauf des späten Mittelalters und der frühen Neuzeit wandeln. Der herrschaftliche Eigenbetrieb des Ritters ist ursprünglich nicht viel größer als der eines großen Bauern. Die kleinste landwirtschaftliche Betriebseinheit ist die Hufe, deren Größe danach bemessen ist, ob sie einen Bauern mit seiner Familie ernähren kann, und deshalb schwankt.[6] Besitzt der Bauer gewöhnlich eine Hufe, der Dorfschulze deren zwei und mehr (erblich), der Pfarrer etwa ebenso viele, so verfügt kaum ein Ritter in der Besiedlungszeit des

12./13. Jahrhunderts über mehr als sieben Hufen. Im Durchschnitt sind es etwa drei bis vier, was auch den Verhältnissen in Brandenburg entspricht. Die selbständig und auf eigene Kosten die Dorfsiedlung leitenden Lokatoren erhalten bei der Dorfgründung vom Landesherrn eine größere Anzahl. Sind diese Unternehmer ritterliche Vasallen, verfügen sie bis in die Neuzeit über grundherrliche Rechte und die Gerichtsbarkeit über das Dorf, gehören sie nicht dem Adel an, so üben sie lange als Schulzen (Lehnschulzen) des Dorfes die niedere Gerichtsbarkeit aus.[7] Die ritterlichen Hufen liegen in Gemengelage mit denen der Bauern, da in diesen planmäßig angelegten Dörfern aufgrund der Dreifelderwirtschaft Flurzwang besteht. Das heißt, die drei Gewanne (Winter-, Sommerfeld und Brache) sind in die Streifen der einzelnen Besitzer eingeteilt, zu denen bei der Bearbeitung nur gemeinsamer Zugang möglich ist, weil man sonst den Nachbarn schädigt. Wenn die ritterlichen Streifen, der mehrfachen Hufenzahl entsprechend, auch eine mehrfache Breite der bäuerlichen aufweisen, so unterliegen sie doch der kollektiven Bewirtschaftung und führen damit zu einer engen Einbindung des Ritters in die Dorfgemeinschaft. Das drückt sich selbstverständlich auch im Ortsbild, d. h. in der Lage des ritterlichen Hofes im Dorf, aus.

Über das Aussehen der ritterlichen Sitze ist viel gemutmaßt worden, ohne daß man darüber nun treffende Aussagen machen könnte, da sich nur spärliche Überreste im Boden erhalten haben und beschreibende oder bildliche Quellen nicht vorliegen. Der größeren Hufenzahl des ritterlichen Vasallen, der davon sein Lehnspferd stellen muß, entspricht ein größeres Gehöft mit größeren Gebäuden. Im Grundsatz werden es jedoch keine anderen Haustypen gewesen sein als die der Bauern.[8] Es wird sich nur in wenigen Fällen durch Grabungen klären lassen, ob der ritterliche Wohnsitz von Anfang an vom Wirtschaftshof getrennt war, oder ob der Ritter zunächst auf seinem Hof saß und sich nur für Notfälle in unzugänglichem Gelände in der Nachbarschaft des Hofes einen Wehrturm oder Wehrspeicher anlegte, um Angriffe zu überleben.

Sicherlich ist eine solche Entwicklung im Zusammenhang mit sozialgeschichtlichen Veränderungen zu sehen. Betrachtet man die topographische Lage der alten Angerdörfer auf eiszeitlichen Geschieberücken, so kann man nicht umhin, ihnen einen gewissen Wehrcharakter zuzusprechen. Ihr befestigter Kern besteht in allen Fällen aus der massiv aus Feldstein errichteten Kirche mit einem ebenso befestigten Kirchhof, der etwa in der Mitte des Angers liegt, des großen spitzovalen Platzes, um den die Bauerngehöfte regelmäßig angeordnet sind. Eines der wenigen erhaltenen Torhäuser, wie das in Kotelow, Kreis Neubrandenburg, überliefert uns die Befestigung des gesamten Dorfes, die durch Bearbeitung des Hanges und Bepflanzung mit einer Hecke, meist durch Hackelwerk verstärkt, einen gewissen, wenn auch militärisch geringen Verteidigungswert erhält. Es ist schwer vorstellbar, daß sich der ortsansässige Ritter oder die Ritter – es sitzen auch mehrere Vasallen in einem Dorf – aus der Verteidigungs- und Dorfgemeinschaft ausgeschlossen haben. Erst die im späten Mittelalter eintretende soziale Segregation, die Absonderung des niederen Adels von der ländlichen Bevölkerung, hat auch zu einer topographischen Separation geführt, die sich in der Errichtung eines autonomen Wehrbaus in geschützter Lage am Rande des Dorfes ausdrückt.[9] Das im 15. Jahrhundert überhandnehmende Fehdewesen hat das seinige dazu beigetragen.

Mehr oder weniger gut erhaltene Bodendenkmäler überliefern uns derartige Befestigungen des niederen Adels. Ein in sumpfiges Gelände oder in einen See auslaufender Sporn bot sich an, diesen an der Landseite durch Graben (Halsgraben) und Wall abzutrennen. Der bei der Herstellung des Grabens gewonnene Aushub wurde zum Hügel angeschüttet. Man verwendet dafür auch den Ausdruck Motte. In Mecklenburg wurden rechteckige Formen bevorzugt, auf denen man den Turm errichtete. Wohl in den seltensten Fällen wird dieser bereits ganz aus Stein ausgeführt worden sein; sicherlich bestand er oft genug nur aus Holz oder Fachwerk auf steinernem Sockel. Palisaden und Hackelwerk mußten die steinerne Mauer ersetzen. Das Beispiel Forst Lüttenhagen (Abb. 2) zeigt uns, wie einfach eine solche Anlage gestaltet ist. Uwe Schwarz[10] bezeichnet diesen Haupttyp niederadeliger Befestigungen als Turmhügel. Diese Turmhügel befinden sich überwiegend in den Niederungen in unmittelbarer Nähe mittelalterlicher Dörfer. In Dewitz, Kreis Neubrandenburg (Abb. 3) begegnet uns der seltene Fall, daß hier lange zwei Turmhügel im Dorfverband des Angerdorfes erhalten blieben. Unmittelbar am Zugang zum Gutshof, südöstlich der Kirche, befand sich der kreisrunde Turmhügel innerhalb eines Ringgrabens von etwa zehn Metern Durchmesser, der nach den Einebnungsarbeiten der 1960er Jahre nur noch etwa ein Meter über dem Hofniveau liegt. Ein zweiter, gleichartiger Turmhügel ist nordwestlich des Dorfes im ehemaligen Pfarrgarten, unmittelbar am Übergang zum Ackerland zu Teilen erhalten. Auf der Originalkarte von 1758[11] ist der Turm auf der Insel eingezeichnet: ein rechteckiger Bau mit einem allseitig abgewalmten Satteldach. Das im Grundriß als Dreiflügelanlage erscheinende Herrenhaus war zweistöckig unter einem Satteldach. Bereits in der Direktorialkarte von 1758 ist zu erkennen, daß der Anger von den Gutsgebäuden geschmälert wird.

Aber auch hochgelegene Befestigungen werden angelegt, soweit es das Gelände zuläßt wie in Weisdin, Kreis Neustrelitz, wo der trockene Graben aus dem Hang herausgearbeitet worden ist. Abb. 4 zeigt sehr schön die historische Sequenz der Siedlungsentwicklung. Das hier kartierte Dorf wurde nach einem Brand um 1750 vollständig nach einheitlichem Plan wiederaufgebaut. Rechtwinklig zur Straße spannte man gleichzeitig den Wirtschaftshof mit dem Gutshaus an dessen Ende zwischen Kirche im Norden und Burgberg im Süden ein.[12] Dieser trägt noch immer die Ruine eines starken Wohnturms von 10 x 9 m mit 3 m dicken Mauern. Der See trennt Gutshaus und Burg, wie er im Mittelalter das (vermutlich Anger-) Dorf und die Burg getrennt hat.

Mit der Schwächung der Landesherrschaft ging eine Vermehrung und eine Vergrößerung dieser Befestigungen einher. Zu den Turmhügeln wurden Vorburgen angelegt. So entstand die aus zwei Teilen bestehende Anlage unabhängig von der nahegelegenen dörflichen Siedlung. Schwarz nennt sie Turmhügelburg.[13]

Von diesen Wehranlagen des niederen Adels, die strenggenommen die Bezeichnung „Burg" nur in wenigen Fällen (wie Weisdin) verdienen, weil sie nur geringen militärischen Wert besitzen, sind die vollentwickelten Niederungsburgen[14] zu unterscheiden. Ihre Größe und ihr Baumaterial zeigen an, daß es sich bei dieser Gattung um ursprünglich landesherrliche Burgen handeln muß. Durch Pfandschaften oder durch besonders günstige politische und wirtschaftliche Umstände gelangten manche Adelsgeschlechter in ihren Besitz. So finden wir die Ritter von Rieben seit Ende des 14. Jahrhunderts auf Burg Galenbeck, gleichfalls eine landesherrliche Burg, die von den Markgrafen von Brandenburg angelegt und von den Fürsten bzw. Herzögen von Mecklenburg weiterhin bis in die Mitte des 15. Jahrhunderts als Landesburg verwendet wurde.[15] Die Lage der Burg auf Aufschüttungen im sumpfigen Gelände am Rande des Galenbecker Sees (s. Abb. 1) erforderte besondere Vorarbeiten für die Fundamentierung, nämlich die Herstellung eines Pfahlrostes aus Eichenholz, der mit Sandpakkungen überdeckt wurde, um darauf den eigentlichen Steinbau zu errichten. Die Burg besteht aus einer kleineren, massiv gebauten Hauptburg und einer ausgedehnten, geringer befestigten Vorburg, die nirgends höher als 2 m über dem Niveau der Umgebung liegt. In Galenbeck ist die Hauptburg, bestehend aus Wohnturm, Bergfried, Palas, Ringmauer und Torbau, zur Landseite sogar durch eine zusätzliche Zwingermauer geschützt.[16]

Eine von Anfang bis zum Ende im landesherrlichen Besitz befindliche Burg ist die Burg Stargard, Kreis Neubrandenburg, die dem Lande Stargard den Namen gab, mit dem 1304 die askanischen Markgrafen von Brandenburg Heinrich II. von Mecklenburg belehnten.[17] Die seit Beginn der markgräflichen Herrschaft 1236 sicherlich schon auf alter Stelle ausgebaute Burg verfügt über alle Gebäude und Anlagen, die wir auch von Höhenburgen im Altsiedelland kennen. Die in Spornlage und von aufgeschütteten Wällen geschützte Wehranlage ist weithin erkennbar durch ihren Bergfried aus dem 13. Jahrhundert. Die Gebäude der Kernburg ordnen sich konzentrisch um einen Innenhof, so daß man von einer Randhausburg sprechen kann.

Dauernd stationierte Mannschaften im Sinne von neuzeitlichen Garnisonen gab es im Mittelalter nicht. Vielmehr waren die ritterlichen Vasallen dazu verpflichtet, im Ernstfall die Burg zu verteidigen. Man spricht von Burgmannschaft oder Burggesessenen, lat. castellani.[18] Entweder besaßen sie im unmittelbaren topographischen Anschluß an die Burg (so in Wittstock noch gut erkennbar) Burgmannenhäuser, oder sie saßen auf Dienstmannensitzen, verbunden mit Ritterhufen, in den Dörfern der Umgebung. Diese Ausstattung mußte reichlich genug sein, um eine entsprechende Bewaffnung und Ausrüstung des Vasallen zu gewährleisten. Das war im Osten des Deutschen Reiches nicht anders als im Westen.[19]

Für diesen Dienst setzten die Landesherren mit Vorliebe Ministeriale ein, ursprünglich unfreie Dienstleute, die aufgrund dieser Aufgabe sozial aufstiegen und bereits im hohen Mittelalter mit den Edlen (nobiles), die ursprünglich Freie waren und auch über freies Eigentum verfügten, zur ritterlichen Vasallenschaft verschmolzen. Sie wurden damit zum Stand des niederen Adels. Es ist anzunehmen, daß die in „Kunstdenkmälern Mecklenburg-Strelitz" abgebildeten 12 Wappen im Rundbogenfries des oberen Burgtors der Burg Stargard eben diese Burgmannenfamilien festhalten sollten. [20]

Was damit gesagt werden soll: Die oft mit dem landläufigen Begriff „Ritterburg" bezeichnete, voll entwickelte Burg konnte nicht von einem Ritter allein erbaut und unterhalten werden. Galenbeck ist ein Beispiel für die Entfremdung eines solchen landesherrlichen Wehr- und Wohnbaus, die verschiedene Gründe haben konnte. Sehr oft kam es vor, daß der Landesherr Kredit bei seinen Vasallen nehmen mußte und dafür ein produktives Pfand zur Verfügung stellte. Da es mit der christlichen Lehre nicht vereinbar war, Zinsen zu nehmen, stellten die während der Pfandschaft abfallenden Erträge der verpfändeten Güter die Zinsleistung dar. Häufig erfolgte niemals eine Einlösung des verpfändeten Gutes bzw. der verpfändeten Burg, so daß eben auch Vertreter des niederen Adels wie die o.g. Rieben im Besitz einer solchen Burg blieben, die damit zum Kern einer kleinen Herrschaft im Lande wurde. (Im 16. Jahrhundert hatten die Rieben 16 Lehnpferde zu stellen.) Daraus entwickelte sich ein sozialer Unterschied innerhalb des niederen Adels, der beispielsweise in Brandenburg und in Pommern durch die Unterscheidung von „schloßgesessenen" von den übrigen adeligen Familien auch standesrechtlich fixiert wurde. In Brandenburg z. B. mußten die schloßgesessenen oder beschlossenen Familien durch einen eigens an sie gerichteten Brief zum

Landtag eingeladen werden, während die übrigen Vasallen dem Aufruf ohne Extraeinladung zu folgen hatten.[21]

Es liegt auf der Hand, daß ein Territorium nur eine gewisse Anzahl solcher Landesburgen benötigte, um Herrschaft und Grenzen zu sichern bzw. von diesen Burgen aus zu verwalten. Unter den in diesem Band aufgeführten 303 Objekten sind 21 vollentwickelte Burgen, davon vier Höhenburgen, nämlich neben Burg Stargard Fahrenwalde, Neuburg-Steinhausen, und Quadenschönfeld. Schwarz zählt auch die Anlagen in Weisdin, Kreis Neustrelitz, und in Utzedel, Kreis Demmin (wenig Reste), zu den Höhenburgen; auch Schloß Gadebusch war einst eine Höhenburg, deren spätgotisches Neues Haus in das Renaissancegebäude von 1571 einbezogen worden ist.[22]

Wichtige Landesburgen waren Niederungsburgen. Die dem Land den Namen gebende Mecklenburg bei Wismar diente dem slawischen Obodritenfürsten Niklot als Hauptsitz, der von Heinrich dem Löwen 1164 erobert wurde. Doch die Fürsten von Mecklenburg erhielten ihn 1171 zurück. Er blieb bis in die Mitte des nächsten Jahrhunderts Sitz des bis 1918 regierenden, angestammten Fürstenhauses. Es handelte sich dabei nur um eine Holz-Erde-Anlage. Die ebenfalls bei den Kämpfen mit Heinrich dem Löwen zerstörte Inselburg Schwerin wurde als Mittelpunkt einer deutschen Grafschaft wiederaufgebaut und ist seitdem mit einer nur um wenige Jahrzehnte unterbrochenen Kontinuität Herrschaftszentrum geblieben. Auch die Burgen Gadebusch, Boizenburg, Dömitz und Stavenhagen sind Anlagen, die auf alten slawischen Ringburgen entstanden sind. Bei den Städten, die zeitweilige Sitze verschiedener Linien der Fürsten von Mecklenburg waren, wie Parchim, Rostock, Güstrow, bestanden gleichfalls Burgen. Weitere Landesburgen sind Goldberg, Waren, Wittenburg und Grabow. Im

einstigen Vorpommern kennen wir die Burgen Putbus auf Rügen, Wolgast, Demmin und Ueckermünde.

Auch die früher zu Mecklenburg (jetzt Schleswig-Holstein) gehörende Ratzeburg sei in diesem Zusammenhang genannt. Es wird gemutmaßt, daß die alte Grundform aus slawischer Zeit vielen dieser Burgen ebenfalls die Rundform vorgegeben habe.[23] Nur wenige Anlagen spiegeln den Kastelltyp auf nahezu quadratischem Grundriß wider wie z. B. Burg Plau. Auch Stavenhagen, Strelitz und Wredenhagen lassen sich aus Resten und anderen Überlieferungen als Randhausburgen bezeichnen.[24]

Die Landesherren bleiben auch in der frühen Neuzeit Träger der größten und bahnbrechenden Baumaßnahmen, obwohl sich 1523 die Landstände, nämlich der landsässige Adel und die Städte, zur Union zusammenschließen und ihren Einfluß auf Gesetzgebung und Finanzverwaltung des Landes laufend verstärken. Eine ähnliche politische Entwicklung ist im benachbarten Pommern festzustellen, wo die Herzöge um 1560 dem Adel ebenfalls weitgehende Rechte zubilligen müssen. Mit mehreren um die Mitte des 16. Jahrhunderts errichteten Schlössern zieht die Renaissance mit starken italienischen Elementen in die nordostdeutschen Herzogtümer ein. Auffallend ist der reiche Terrakottaschmuck an Fenstern, Friesen und Pilastern. In dieser Weise werden als erste der Fürstenhof in Wismar und das Schloß zu Schwerin umgestaltet bzw. neu erbaut. Lieferant für die „gedruckten Steine" war der aus den Niederlanden stammende Ziegelbrenner Statius von Düren in Lübeck. Es fällt auf, daß dieser Baudekor in den Gebieten des vormaligen gotischen Backsteinbaus Verbreitung findet. Das letzte große Schloß mit Terrakottaschmuck entsteht 1570 bis 1571 in Gadebusch. Eine Sonderstellung im mecklenburgischen Schloßbau der Renaissance nimmt das seit 1558 im Auftrag von Herzog Ulrich errichtete Schloß in Güstrow hinsichtlich seiner erstrangigen Baumeister, seiner architektonischen Gestaltung der Baumassen und seiner reichen Innendekoration ein.

Zum Renaissanceschloßbau in Mecklenburg faßt Adamiak[25] zusammen: „Die Gebäude wurden zwar als gelagerte Baublöcke verstanden und mit dekorativen Mitteln, wie in Friesen und Pilastern, entsprechend gegliedert, doch hebt man diese Wirkung durch steile Dächer und Giebel – worin ein Fortleben des gotischen Vertikalismus zu sehen ist – weitgehend wieder auf." Das System der Raumeinteilung hat im Vergleich zur Spätgotik keinen prinzipiellen Wandel erfahren. Die in der Regel gleich hohen Geschosse werden über den asymmetrisch angeordneten Treppenturm an der Hofseite erschlossen. Die unterschiedliche Größe und Ausstattung der einzelnen Räume, die ohne Flurerschließung untereinander zugänglich bleiben, unterscheiden sich nur durch Größe und Ausstattung, nicht etwa durch eine bestimmte Folge wie später im Barock, als man das Hofzeremoniell in raffinierter Weise ausklügelte. Im Erdgeschoß, das meist aus gewölbten Räumen besteht, dient nach wie vor die Hofdornitz als Gesindeunterkunft, während der Festsaal sich immer im ersten Obergeschoß befindet. Sowohl in Mecklenburg als auch in Pommern findet aufgrund der durch die Reformation entstandenen Beziehungen ein Austausch von Baukünstlern und Baumeistern mit dem Kurfürstentum Sachsen statt. Leider sind die größten Beispiele für den Schloßbau der Renaissance in Vorpommern – in Ueckermünde, Loitz, Wolgast, Franzburg – im Lauf der Geschichte zerstört worden. Nur Pudagla und Ludwigsburg haben sich als bescheidenere Beispiele dieser Architekturrichtung erhalten.

Selbstverständlich übten diese Architekturvorbilder ihren Einfluß auf die Herrenhäuser des niederen Adels aus. Aufgrund der verheerenden Kriegs-

züge des 17. und 18. Jahrhunderts existieren jedoch nur sehr wenige Beispiele davon, so daß echte Genealogien architektonischer Einflüsse nicht vorgeführt werden können. Als Beispiel für diesen Typ wird gerne Ulrichshusen bei Malchin genannt.[26] Der verstärkte Anspruch auf architektonische Wirkung führte dazu, den ursprünglichen Fachwerkbau nun massiv aus Stein auszuführen. Im dritten Kapitel seiner „Beschreibung des Pommerlandes" von 1611 schreibt der Kartograph Lubin: „So haben auch die von Adel insgemein itzo wohl erbaute steinerne Häuser und Höfe, etliche auch Schlösser mit Wassergraben mit Mauern oder Wällen umgeben."[27]

Jacobs[28] geht davon aus, daß es sich bei den Herrenhäusern ursprünglich um ein Niedersachsenhaus mit Längserschließung (Durchgangsdielenhaus)[29] gehandelt hat. Dieses werde im 16. Jahrhundert durch ein Haus ersetzt, das mittig von einer Querdiele geteilt wird, wie das im mitteldeutschen Querhaus der Fall ist. Aufgeschlossen wird es von der Längsseite, es besitzt keine betonte Giebelfront mehr.[30] Auf der Hofseite steht der Treppenturm, der Windelstein. Jacobs bezieht diesen Herrenhaustyp auf das alte Wohnhaus der Burg Stavenhagen[31] und vermutet, daß in anderen Häusern in späterer Zeit die Windelsteine einem Treppeneinbau in der Diele weichen mußten. Die Frage, ob dieser Wechsel vom niederdeutschen Hallenhaus zum mitteldeutschen Querhaus mit Einflüssen von mitteldeutschen Renaissancebaumeistern in Zusammenhang zu bringen ist, kann hier nur gestellt, aber nicht beantwortet werden.

Dieser erste neuzeitliche Herrenhaustyp steht zunächst nur auf rechteckigem Grundriß. Es gibt jedoch auch Winkelbauten. Adamiak verweist auf die Schlösser Putzar und Penkun[32]; auch das Schloß Maltzan in Penzlin ist hier zu nennen.[33] Vorspringende Bauteile mit eigenen Dächern bringen Bewegung in die Fassade, Zwerchhäuser und Schmuckgiebel gehören zur architektonischen Ausstattung. Durch Anfügen eines zweiten Winkels entsteht die Wirkung einer Dreiflügelanlage wie Mellenthin. Eine Variante, deren Ursprung Adamiak auf schleswig-holsteinische Vorbilder zurückführt, stellt Schloß Spyker auf Rügen dar, das in der zweiten Hälfte des 16. Jahrhunderts als dreigeschossiger Bau mit zwei parallelen Satteldächern und zwei Türmen an den Enden der Hofseite errichtet wird. Zwischen 1650 und 1655 läßt der schwedische Feldmarschall Karl Gustav von Wrangel diesem ein einheitliches Satteldach auf- und an den Ecken der Rückfront zwei weitere Ecktürme ansetzen; erst jetzt erhält die Vorderfront den quadratischen Treppenturm. Wrangel zeigt auch in seinem Schloß Skokloster in Mittelschweden eine Vorliebe für die eher der Renaissance zuzurechnenden Vierflügelanlagen mit vier, in Skokloster nun wesentlich stärker betonten Ecktürmen. Sein Baumeister Caspar Vogel aus Erfurt hatte seit 1635 als Baumeister des Herzogs Ernst von Gotha an dessen Schloß Friedenstein mitgewirkt[34]. Die Veste Landskron, Kreis Anklam (erbaut 1576 für Ulrich von Schwerin), ist ein früheres Beispiel jener Architekturrichtung mit vier starken Rundtürmen an den Ecken.

Die durch Reformation und Renaissance in Gang gesetzte Säkularisation ist auch in der Baukunst wirksam, denn damit fallen in der Neuzeit Kirchen und Klöster in Mecklenburg weitgehend als Bauherren aus. Bis ins 19. Jahrhundert bleiben im wesentlichen Schloß und Gutshaus die bestimmenden Bauaufgaben, für die eine neue Architektur ersonnen und umgesetzt wird. Dabei lassen sich drei Epochen unterscheiden: die Renaissance, die bis in den Dreißigjährigen Krieg hinein ausläuft, dessen Folgen jedoch im 17. Jahrhundert keine baulichen „Leistungen" bemerkenswerter Art zulassen, das 18. Jahrhundert mit Barockbauten und das beginnende 19. Jahrhundert, dessen Herrenhäuser stark

vom Berliner Klassizismus beeinflußt werden. Bei den heutigen Versuchen zur Revitalisierung leerstehender und ungenutzter Herrenhäuser auf dem Land wird allzu leicht vergessen, daß diese großen Gebäude nur auf der Basis einer leistungsfähigen Wirtschaft entstehen konnten und zu erhalten sind. Oft haben sich die Bauherren finanziell übernommen, wovon zahlreiche Konkurse zeugen.

Seit dem Ende des Mittelalters ist in der Landwirtschaft Ostdeutschlands der Zug zur Großbetriebsbildung zu beobachten. Dieser entwickelte sich im Zusammenhang mit einer gesamteuropäischen Verflechtung, in der gewisse Regionen Europas auch gewisse Versorgungsgüter rationell zu produzieren versuchten. So wurden große Rinderherden aus Ungarn nach Mittel- und Nordwesteuropa getrieben; die großen Ebenen des Nordostens sind für die Getreideproduktion prädestiniert, Danzig und Stettin die großen Umschlaghäfen. Der wachsende Bedarf des frühindustrialisierten und dicht besiedelten Nordwesteuropas (Flandern, Niederlande) erzeugte eine wachsende Nachfrage nach Getreide; dementsprechend stiegen die Getreidepreise gerade im 16. und zu Beginn des 17. Jahrhunderts.

Die Ausbildung des Großgrundbesitzes hat neben den gestiegenen Getreidepreisen mehrere Faktoren. Zuerst ist die Wüstungsperiode des 14. und 15. Jahrhunderts anzuführen. Die in der Mitte des 14. Jahrhunderts Europa heimsuchende Pest raffte etwa ein Drittel der Bevölkerung hinweg. Konzentration der Bevölkerung war die Folge, mit der die Aufgabe von Siedlungen in ungünstiger Lage verbunden war. Es entstanden dabei nicht nur Ortswüstungen an der Stelle verlassener Dörfer, sondern auch Flurwüstungen, d. h. einst unter dem Pflug liegende Ackerflächen wurden von Busch und Wald überwuchert. Ähnliche Folgen zeitigte auch der Dreißigjährige Krieg. Beide Male ergriffen die leistungsfähigen Großgrundbesitzer, also der mit größeren Landwirtschaften und deshalb auch mit besseren Investitionsmöglichkeiten ausgestattete Adel, Maßnahmen, um ihre Wirtschaftsfläche zu vergrößern.

In gewisser Weise hat auch die Säkularisation der Klöster, d. h. ihre Auflösung und die Übernahme des Grundbesitzes durch die Landesfürsten und Städte (in Mecklenburg wurden 20 Klöster mit 1 200 Insassen aufgelöst[35]), das Bestreben des Adels erhöht, die wirtschaftliche Grundlage zu vergrößern, da nun die Versorgungsinstitute für nachgeborene Söhne und Töchter weitgehend wegfallen (wenn auch die Klöster Dobbertin, Malchow und Ribnitz als reformierte Stifte für adelige Damen bestehen bleiben). Entscheidend für die Vergrößerung des Großgrundbesitzes und die Einrichtung von großen Gütern sind jedoch die Stärke und die Rechte des Adels im Dorf, dem der ursprünglich zu Erbzins ansässige Bauer damit unterliegen muß. Vielfach werden nach der Entvölkerung durch den Dreißigjährigen Krieg vom adeligen Gutsbesitzer neue Bauern zu schlechterem Recht angesetzt, um die nötigen Hand- und Spanndienste für den eigenen Betrieb zurückzugewinnen. Es handelt sich also dabei um ein Wiederaufbau- und Wiederbesiedlungswerk durch den örtlich ansässigen Adel, das von der Zentrale, also von der Landesherrschaft, unter den damaligen Umständen nicht hätte durchgeführt werden können. Daß sich dieser Unternehmer die besten Konditionen dabei sichert, ist erklärlich.

Es scheint sich für den Gutsbetrieb herausgestellt zu haben, daß die alte Form der Hand- und Spanndienste, auch wenn man sie extrem erweitert hat, für eine rationale Bewirtschaftung im Sinne einer modernen Landwirtschaft nicht die besten Ergebnisse zeitigt. Aus diesem Grunde wird versucht, die Bauernstellen zu „legen", d. h. das Gutsland auf Kosten des Bauernlandes zu vergrößern und den Gutsbetrieb durch abhängige Arbeitskräfte zu bewirtschaften.[36] Dabei fallen die einst freien Bauern in eine „schollengebunden"genannte neue Leibeigenschaft. Das ist ein Vorgang, wie man ihn im gesamten deutschen Nordosten beobachten kann. Voraussetzung für einen intensiveren Getreideanbau ist die Beseitigung des Flurzwangs der unterdessen überalterten Dreifelderwirtschaft. Seit Anfang des 18. Jahrhunderts wird in Mecklenburg die holsteinische Koppelwirtschaft eingeführt, in der sich das Verhältnis zwischen bestelltem Acker und der Weide plus Brache verändert, so daß man weniger Pflugdienste bzw. Dienstbauern benötigt. Es erfolgen Umlegungen von Bauernhöfen oder aber auch die Legung, d. h. die Aufhebung der Bauernstelle insgesamt. Zweifellos ist die Separation oder Verkoppelung der gerechtere Weg, soweit man die Bodengüte dabei berücksichtigt. Dabei wird das Gutsland in eine geschlossene Fläche zusammengelegt. Das ebenfalls zusammengefaßte Bauernland gliedert man in kleinere Gewanne, die unter die Bauern nach ihren bisherigen Besitzanteilen aufgeteilt werden. In der ersten Hälfte des 19. Jahrhunderts führt der Staat eine flächendeckende Separation nach festen Vorschriften durch. Dabei wird auch die Gemengelage des Bauernlandes beseitigt, wobei jedem Bauern sein Land in zwei bis vier Schlägen zugeteilt wird. In diesem Zusammenhang werden die bäuerlichen Dienste für die Gutsherrschaft restlos abgelöst, meist unter Abgabe von Land an den Gutsbesitzer zur Kompensation.

Diese grundlegenden Veränderungen im Wirtschafts-, Sozial- und Flurgefüge wirken sich selbstverständlich auch auf das Ortsbild aus. Im Extremfall sind ganze Angerdörfer der Ostsiedlungszeit verschwunden, das Dorf wird nur noch vom Gutshof beherrscht. Durch den Wegfall von einer großen Anzahl von Bauernstellen fallen auch deren Höfe weg, so daß sich der Gutshof in das Dorf hinein entwickeln kann, wie z. B. in Dewitz zu beobachten (Abb. 3). Ist hier der Anger noch sehr gut zu erkennen, so ist beispielsweise in Ihlenfeld der halbe Anger systematisch von der Gutssiedlung überbaut worden. Vielfach werden durch die Gutsherrschaft neue Wohnhäuser mit kleinen Höfen für die Kätner genannten Landarbeiter gebaut. Ein extremes Beispiel dieser Art begegnet uns in Criewen an der Oder, Mark Brandenburg, wo ein Graf Arnim das gesamte Dorf verlegte, um sein Schloß unmittelbar an den von Peter Joseph Lenné geplanten Landschaftspark anzuschließen. Nur der Pastor wehrte sich gegen den Abbruch der Kirche, die auf diese Weise bis heute als Relikt des alten Angerdorfes gewissermaßen als romantische Landschaftsparkausstattung stehengeblieben ist. Hier ist jedoch zu betonen, daß die wiedererbauten Häuser der Dorfbewohner einen hervorragenden baulichen Standard aufweisen.

Es entspricht der Regelhaftigkeit der Renaissance und erst recht des Barock, Siedlung und Landschaft geometrischen Vorstellungen unterzuordnen. Dementsprechend werden auch die Schloß- und Gutsanlagen reguliert. In der Barockzeit ist eine Separierung des Gutshauses vom Wirtschaftshof zu beobachten, wie bei Schloß Bothmer in Klütz oder Schloß Diekhof bei Güstrow (s. Abb. 5) mit Konsequenz durchgeführt. Die Gestaltung der Auffahrt auf das Schloß zu mittels axial angelegter Alleen, Abpflanzungen und Parkeinbindung läßt den Wirtschaftsbetrieb vergessen. Das sind jedoch nur seltene Fälle. Da der Gutsbesitzer betriebsnah bleiben muß, will er nicht Gefahr laufen, den Boden im wahrsten Sinne des Wortes unter den Füßen zu verlieren. So profitieren die Wirtschaftsgebäude von dem gestalterischen Bestreben architektonischer Zusammenfassung nach einem Konzept. Die Anordnung der Wirtschaftsgebäude auf der Längsseite des Wirtschaftshofes, der sich axial auf das abgesetzte Herrenhaus öffnet und von einem Torhaus auf der gegenüberliegenden Seite gleichfalls kontrolliert werden kann, ist ein vielgebrauchtes Schema. Es wird auch in anderen Regionen der

norddeutschen Tiefebene verwendet und weist meisterhafte Lösungen in Schleswig-Holstein auf.[37]

Oft liegt das Herrenhaus auf einer künstlichen Insel in einem Teich oder zwischen Gräben. Wie auch im Niederrheingebiet oder im Westfälischen wird manchmal auch der Park noch von einem Graben eingefaßt.[38] Die Gräben haben ihre Wehrfunktion weitgehend verloren – ebenso wie das Herrenhaus –, sie grenzen lediglich noch ab. Die Wasserflächen sind zu Spiegelteichen geworden, um die Wirkung der Architektur zu erhöhen. Gerade der Blick auf die älteren Anlagen im Altsiedelland macht bewußt, daß es sich in Nordostdeutschland um einheitlich geplante Anlagen handelt, auch wenn Herrenhäuser und Wirtschaftsgebäude in verschiedenen Epochen entstehen. Was im Altsiedelland noch deutlich als Vorburg zu erkennen ist, wird im Neusiedelland einzig und allein Wirtschaftshof, der seine späte Anlage nicht verleugnen kann. Die Fülle der als Bodendenkmäler liegengebliebenen Wehranlagen, wie sie von Uwe Schwarz zusammengestellt worden sind, beweist eindeutig, daß in der Regel ein Platzwechsel des Wohnsitzes stattgefunden hat. Die ursprüngliche Schutzanlage des alten Wehrbaus, Turmhügels oder der Turmhügelburg ist topographisch ungünstig geworden und wird aufgegeben, und Neubauten bestimmen das Bild. Das oben genannte Dewitz bildet dabei die Ausnahme.

Verriet der Renaissancebau auf dem Lande noch etwas von der in der Spätgotik bevorzugten Vertikalen, so kann man sich jetzt nach dem Wegfall der Wehrfunktionen eine größere Ausdehnung leisten. Der neue ländliche Herrensitz des 18. Jahrhunderts wirkt gestreckter, die Zweigeschossigkeit wird bevorzugt. Nicht mehr die Giebelfront, sondern die Längsseite wird zur Schauseite. Die in der Renaissance beliebte Asymmetrie wird zugunsten einer streng eingehaltenen Symmetrie vergessen. Die Mitte wird betont, das kann durch risalitartigen

Vorsprung oder die Abtrennung durch Lisenen oder Pilaster erfolgen. In jedem Fall bekrönt ein Giebel die mittleren drei Achsen, dessen Giebelfeld Raum für Rundfenster, Wappen oder Embleme gibt.

Der einfache, gestreckte, querrechteckige Grundriß wird, je nach finanziellen Möglichkeiten und Repräsentationsvorstellungen des Bauherrn, durch Vorziehen von Seitenrisaliten oder durch Anbauten von Flügeln erweitert. Die dadurch verursachte Belebung der Fassade ist bei langgestreckten Gebäuden höchst willkommen. Ein frühes Beispiel ist der wohl bedeutendste Barockbau Mecklenburgs, Schloß Rossewitz, Gemeinde Recknitz im Kreis Güstrow, in den Jahren 1657 bis 1680 von Charles Philippe Dieussart als viergeschossiger Bau für den in schwedischen Diensten stehenden Generalmajor von Vieregge errichtet.[39] Hier wird uns auch musterhaft die innere Einteilung des mecklenburgischen Herrenhauses vorgeführt: Der Eingang über eine Treppe erfolgt in die Diele, aus der heraus – hier seitlich angeordnet – die Treppe in das Obergeschoß führt, um von der Seite her den von Vorder- bis Hinterfront verlaufenden dreiachsigen Saal zu erschließen. In den späteren Gutshäusern wird die Treppe nicht mehr versteckt, sondern sichtbar dem Eingang gegenüber in der Diele angeordnet – sie ist in barocker Manier zur Festtreppe geworden. So erweist sich der durch Giebel betonte, meist dreiachsige Mittelrisalit dieser Gebäude als eine Art von Querhaus unter eigenem Dach, das oft genug dazu verwendet wird, die für den Saal benötigte, über das Geschoß hinausgehende Höhe von eininhalb oder auch zwei Geschossen zu erreichen. Der Grundriß insgesamt ist der französischen Maison de Plaisance verpflichtet, deren Grundriß aus zwei hintereinander gelegten Raumfolgen besteht, die untereinander ohne Flur verbunden sind. Rossewitz hat seine Nachahmer gefunden, wie z. B. in dem 1707 erbauten Hohen Luckow, hat aber auch auf die Masse der in ihrem Duktus einfach gebliebenen Gutshäuser Einfluß ausgeübt.

Bleiben die kleinen Renaissancegärtchen zunächst vorwiegend auf die Schlösser der Landesherren beschränkt, so findet das barocke Gartenparterre in Form von den Herrenhäusern vorgelegten Gärten schon weitere Verbreitung. Seit dem ersten Drittel des 18. Jahrhunderts gelangt auch die Idee des Landschaftsgartens nach Mecklenburg. Das ist der Anlaß zu Erweiterungen des Garten- und Parkareals um die Gutshäuser. Vielfach bleiben barocke regelmäßige Anlagen daneben bestehen. Die Landschaft mit ihren Seen und Tümpeln, leichten Bodenwellen und eingestreuten Wäldchen bot sich zu einer derartigen Gestaltung förmlich an. Mit der Entcignung der alten Gutsbesitzerschicht entfiel auch das Interesse an diesen Parks, soweit nicht Wege gefunden wurden, sie als Teil eines Reiseziels für Touristen zu pflegen und zu erhalten. Die neuen landwirtschaftlichen Produktionsgenossenschaften (LPG) der DDR übernahmen die Rolle als landschaftsgestaltender Kulturträger nur in den seltensten Fällen. Das Verständnis für das Gewachsene war mit dem Abbruch der historischen Tradition und der Umschreibung der deutschen Geschichte unterdrückt und verlorengegangen, das bekamen auch die alten Bäume zu spüren.

Die großen Würfe des Klassizismus in Mecklenburg sind wiederum fürstlichen Ursprungs; zu Beginn des 19. Jahrhunderts entstehen Karl Theodor Severins Bauten in dem 1793 gegründeten Seebad Doberan-Heiligendamm. Unter gleichen Zielsetzungen läßt Fürst Malte von Putbus seinen Residenzort Putbus auf Rügen zum Badeort umgestalten. In Neustrelitz wird der Umbau der Orangerie nach Anregungen von Karl Friedrich Schinkel und Daniel Rauch vorgenommen. Der daraus wachsende Einfluß auf den ländlichen Herrenhausbau beschränkt sich auf die Fassadengestaltung. Beliebt wird der Portikus auf vorgestellten Säulen wie beim Gutshaus Lehsen. Auswirkungen auf die innere Raumfolge und Gestaltung sind nur dekorativer Art.

Seit den 1840er Jahren dringt, wohl unter englischem Einfluß, auch in Mecklenburg die Mode romantischer Dekoration ein, die auf klassizistisch streng geformtem Baukörper mittelalterlichen Dekor zeigt wie z. B. das von Fürst Putbus erbaute Jagdschloß Granitz auf Rügen. Hier wie in Neetzow oder Kittendorf kommt das alte Wahrzeichen der Burg, nämlich der Bergfried, wieder zu Ehren. Häufig werden bescheidene barocke Gebäude in dieser Weise romantisch überformt. So verfährt auch die in der zweiten Hälfte des 19. Jahrhunderts dominierende Architekturrichtung des Historismus, unter dessen Einfluß verschiedene Stilarten an einem Gebäude verwendet und miteinander verschmolzen werden. Dabei löst man die den Zeitgenossen nun zu regelmäßig und langweilig erscheinenden Grundrisse durch asymmetrisch aufgesetzte Vorsprünge, Turmbauten und Erker auf und verleiht den Baumassen somit Bewegung.

Aufgabe dieser Ausführungen war es, die geschichtliche Entwicklung der Kulturlandschaft von Mecklenburg und Vorpommern, das hier nicht gleichgewichtig behandelt werden konnte, unter dem thematischen Gesichtspunkt „Wehr- und Wohnbauten des Adels" nachzuzeichnen. Dabei konnten die bestimmenden Faktoren nur angesprochen, ihre wirtschaftlichen und sozialen Folgen für die bäuerlichen Schichten aber nicht erörtert werden. Bei dem Gang durch die Siedlungsgeschichte stoßen wir nicht nur auf wissenschaftliche Kontroversen, sondern auch auf politische Wertungen, die aus dem Geist der Zeit entstanden sind – und zwar jeder Epoche. Es läßt sich feststellen, daß die im 20. Jahrhundert von den jeweiligen Machthabern verordnete Empörung über den Rückgang bäuerlichen Besitzes und bäuerlicher Betriebe (Bauernlegen) sowohl

in den weltanschaulichen Rahmen des Dritten Reiches (mit seiner Blut- und Bodenideologie) als auch der DDR (als vorgeblichem Arbeiter- und Bauernstaat) paßte. So wurde dieser vorgegebenen Meinung zumindest verbal entsprochen. Zur Ehre der Wissenschaftler sei angemerkt, daß sie dabei die Quellen nicht verfälscht, sondern neben den pflichtgemäß verfaßten Kommentaren exakt historische Zustände beschrieben haben.

Nicht immer kann der Historiker der Wertung entsagen, aber er begibt sich dabei auf schwankenden Boden. Das wird offenbar in den materialreichen Arbeiten von Mager, Steinmann, Clasen u. a., die verfaßt wurden, als der Propagandaspruch „Junkerland in Bauernhand" noch die ökonomische Praxis bestimmte. Mager spricht resümierend und ästhetisch wertend sogar von „Kultursteppe", die durch das Wirken des Adels bei der Bildung großer Güter entstanden sei. Doch jede Änderung der Betriebsformen hat eine Umgestaltung der Flurformen und damit der Kulturlandschaft zur Folge. Hier stellt sich ganz nüchtern die Frage, mit welcher Berechtigung die vorhergehende Landschaftsausformung optisch angenehmer oder sogar moralisch gerechtfertigter gewesen sein soll als die neue, die ebenso von ökonomischen Zwängen diktiert wird. Man darf wohl erst von „Vergewaltigung" sprechen, wenn durch die neuen Nutzungsformen ökologische Schäden entstehen.

Empfand nicht der Besucher aus dem Westen Deutschlands auch den großen Reiz einer vielfach parkartig gestalteten Landschaft, der gerade der Großgrundbesitz ihren Charakter aufgeprägt hatte? Noch deutlich klingt dem Autor das enttäuschte Wort einer Rheinländerin im Ohr, die 1976 mit ihrem Mann erstmals dieses Land bereiste: „Es fehlen einfach die Koppeln mit Pferden und die hellgestrichenen Gutshäuser zwischen den Seen, auf die gepflegte Alleen zuführen." Vielmehr fanden beide eine durch Riesenbetriebe von bis zu 30 000 ha – von deren Größe die Junker wohl nicht einmal geträumt hätten – veränderte Landschaft vor, die zum Zwecke einer rationell betriebenen Agrarindustrie glattgebügelt worden war. Deutlich stehen ihnen noch die entlaubten Bäume von Alleen und Friedhöfen vor Augen, weil der von Flugzeugen abgesprühte Unkrautvertilger durch Windböen an die falschen Stellen getragen worden war. Die in der ganzen DDR als agrarökonomische Maßnahme des Sozialismus gepriesene Trockenlegung der Großen Friedländer Wiesen und die damit verbundene Austrocknung und Verarmung eines für Nordostdeutschland typischen Ökotops sei als Beispiel angeführt. Die hier zitierten Autoren der 1950er Jahre wußten noch nichts davon und konnten sich nicht vorstellen, wie schnell Neubauern und nicht von der Bodenreform enteignete Altbauern aufgrund neuer ökonomischer „Wege" der kommunistischen Machthaber aus der Landwirtschaft und damit aus der Landschaft verschwinden mußten.

Die Landwirtschaft ist, gerade wieder in unserer Zeit, unter dem Druck der wirtschaftlichen Einigung Europas und internationaler Abmachungen ein Problem ersten Ranges geworden. Die gegenwärtig auf das Land und seine Bevölkerung einwirkenden wirtschaftlichen Zwänge werden erneut das Landschaftsbild verändern – wir wissen noch nicht, wie es einmal aussehen wird. Wen oder welche Schicht wird die Geschichtswissenschaft späterer Epochen zum Übeltäter und Schuldigen stempeln? Es kann doch nur die ganze Gesellschaft sein, vor allem, wenn es sich um eine demokratisch verfaßte handelt. Die in der DDR überdauernden Relikte der sogenannten „Feudalzeit", eben die Schlösser, Herren- und Gutshäuser, wurden umgenutzt, meist aus-genutzt[40], aber es stehen noch so viele, daß von einer Verödung der Landschaft und der ländlichen Siedlungen noch nicht gesprochen werden darf. Gerade deswegen sind wir aufgerufen, Wege zur Erhaltung dieser Kulturlandschaft zu finden. Allerdings müssen wir erst noch beweisen, daß wir es besser machen.

Anmerkungen

1 Vgl. Uwe Schwarz, Mitteilungen des Bezirksfachausschusses für Ur- und Frühgeschichte Neubrandenburg 26, 1979 – 30, 1983 und 32, 1985, pass.

2 S. Kunst- und Geschichtsdenkmäler des Freistaates Mecklenburg-Strelitz, I. Bd.: Das Land Stargard, bearb. von Georg Krüger, Neubrandenburg 1929, S. 426

3 Uwe Schwarz, Die niederadeligen Befestigungen des 13. – 16. Jahrhunderts im Bezirk Neubrandenburg, Berlin 1987, S. 9f.

4 Mit Standeserhöhungen und Wappenbesserungen kommt man erst seit der Barockzeit dem wachsenden Bedürfnis nach Repräsention nach. In Mecklenburg ist aber auch die Unabhängigkeit des Adels gewachsen.

5 Paul Steinmann, Bauer und Ritter in Mecklenburg, Schwerin 1960, S. 122

6 In der Mark etwa zwischen 15 und 20 ha (s. Herbert Helbig, Gesellschaft und Wirtschaft der Mark Brandenburg im Mittelalter, New York 1973, S. 76. Friedrich Mager, Geschichte, des Bauerntums und der Bodenkultur im Lande Mecklenburg, Berlin 1955, S. 55, gibt ähnliche Größen für Mecklenburg an. Im Land Stargard betrug sie nur 10,4 ha. Paul Steinmann (wie Anm. 5), S. 137. Auf diese Autoren stützen sich auch die Angaben zur Rechts-, Wirtschafts- und Sozialverfassung.

7 Es fehlen Quellen, die klare Verhältnisse im Sinne einer Verfassung wiedergeben. Auf die diesbezüglichen Kontroversen der Forschung kann hier nicht eingegangen werden. Zusammenfassend dazu vgl. Hartmut Harnisch, Grundherrschaft oder Gutsherrschaft. In: Adel in der Frühneuzeit. Ein regionaler Vergleich, hsg. v. Rudolf Endres, Köln, Wien 1991, S. 73-98.

8 Edgar Jacobs, Mecklenburgische Herrenhöfe, Sternberg 1937, entwickelt in seiner Dissertation, (TH Berlin) durchaus einleuchtende Hypothesen zu Gestalt und Werden der Herrensitze im Mittelalter und ihrem Wandel in der Neuzeit, ohne diese jedoch anhand von Quellen oder Bauuntersuchungen genügend nachzuweisen.

9 Auch Joachim Herrmann, Die vor- und frühgeschichtlichen Burgwälle Groß-Berlins und des Bezirkes Potsdam, Berlin 1960 (Hdb. vor- und frühgeschichtlicher Wall- und Wehranlagen, Teil 2. Deutsche Akademie der Wissenschaften zu Berlin. Schriften der Sektion für Vor- und Frühgeschichte, Bd. 9), S. 95, stellt in seinen Untersuchungen fest, daß diese Wehrbauten meist sekundär sind.

10 Schwarz, (wie Anm. 3), S. 13 f.; zu Forst Lüttenhagen: S.45

11 Kunst- und Geschichtsdenkmäler (wie Anm. 2), S. 238 f.

12 Dazu Adamiak (wie Anm. 20), S. 290 und Schwarz (wie Anm.3) S. 48 f.

13 Schwarz (wie Anm. 3), S. 14. Diese sind gekennzeichnet durch den „steil geböschten, meist über 5 m hohen Hügel", mit einem Plateau von durchschnittlich 14 x 14 m. Die Vorburg bildet eine Bodenterrasse von etwa 1 – 1,5 m Höhe. Ein unterschiedlich breiter Graben der sich zu einem Teich ausweiten kann, umschließt die Gesamtanlage. Schwarz (wie Anm. 3), ebd.

14 Schwarz (wie Anm. 3), S. 12 f.

15 S. Kunst- und Geschichtsdenkmäler (wie Anm. 2) S. 418 ff.

16 Vgl. Uwe Schwarz, Mitteilungen (wie Anm. 1) pass.

17 Zur Landesgeschichte vgl. F. Boll, Geschichte des Landes Stargard bis zum Jahre 1471, Neustrelitz 1846, pass. Zur Burg s. Kunst- und Geschichtsdenkmäler (wie Anm.2), S.88 ff.

18 Vgl. dazu auch die Forschungen von Wolfgang Podehl, Burg und Herrschaft in der Mark Brandenburg, Köln, Wien 1975 (Mitteldeutsche Forschungen, Bd. 76), S. 116 ff.

19 Vgl. als Beispiel Johannes Mötsch, Die Lehnsleute der Grafen von Sponheim und ihre Kreuznacher Burglehen. In: Landeskundliche Vierteljahrsblätter 36, 1990, S. 181-186

20 Kunst- und Geschichtsdenkmäler (wie Anm. 2), S. 97 f. Dort sind auch die Burgmannenfamilien aufgeführt: die Dangarz, Falkenberg, Manteuffel, Munt, Maltzan, Rieben, Bere, Gudenswege, Warbende, Dollen, Zernin. Ebd. S. 89. Die Wappen im Putz sind jetzt restlos verschwunden, dazu führten wohl auch die Zielübungen mit Steinen der in der Jugendherberge untergebrachten Jugendlichen, wie der Autor 1976 selbst beobachten mußte.

21 Gerd Heinrich, Der Adel in Brandenburg-Preußen. In: Deutscher Adel 1555 – 1740, Büdinger Vorträge 1964, hsg. von H. Rössler, Darmstadt 1965 (Schriften zur Problematik der deutschen Führungsschichten in der Neuzeit, Bd. II), S. 268. Zit. ebd. G. Kratz, Die pommerschen Schloßgesessenen , Berlin 1865.

22 Zu Utzedel und Weisdin s. Uwe Schwarz, Niederadelige Befestigungen (wie Anm. 3), Nr. 59 und 125, zu Gedebusch s. Josef Adamiak, Schlösser und Gärten in Mecklenburg, Leipzig 1977, S. 12 und 258 f.

23 So Adamiak (wie Anm. 22), S. 12 ff. und Karl-Heinz Clasen, Die Baukunst an der Ostseeküste zwischen Elbe und Oder, Dresden 1955, S. 26 f.

24 Clasen (wie Anm. 23), S. 27

25 Adamiak (wie Anm. 22) S . 27

26 Jacobs (wie Anm. 8), S. 25, aber auch Basedow (Mittelbau), Quilow, Spantekow und Löcknitz. Adamiak (wie Anm. 22, S. 35)

27 Die große Lubinsche Karte von Pommern. Aus Anlaß des Neudruckes der Karte verfaßt von Prof. Dr. A. Haas, Stettin 1926, S. 67

28 Jacobs (wie Anm. 8) S. 24 ff.

29 Vgl. auch Clasen (wie Anm. 23) S. 19 ff.

30 Vgl. Clasen (wie Anm. 23), S. 22

31 Nach der Rekonstruktionszeichnung von Lorenz, Jacobs ebd.

32 Adamiak (wie Anm. 22), S. 35

33 Dieter Nolden, Geschichte und Geheimnisse der Burg Maltzan oder Die unendliche Geschichte einer Ritterburg Schwerin 1991, Abb. 25

34 S. Reclams Kunstführer Schweden von Rudolf Zeitler, Stuttgart 1985, S. 195 ff.

35 Adamiak (wie Anm. 22), S. 19

36 Vgl. Mager (wie Anm. 6), S. 143 ff.

37 Vgl. Johannes Habich, Gutsanlagen als Zeugnisse Schleswig-Holsteinischer Landeskultur. In: Burgen und Schlösser 1991/1, S. 17-21, pass.

38 Vgl. Hans Kisky, Burgen, Schlösser und Hofesfesten im Kreise Euskirchen, Euskirchen 1961 (Veröffentlichungen des Vereins der Geschichts- und Heimatfreunde des Kreises Euskirchen, A-Reihe, H. 6), pass. und Karl E. Mummenhoff, Wasserburgen in Westfalen, o. O. o. J. (Westfälische Kunst), pass.

39 Vgl. Jacobs (wie Anm. 8), Seite 26, 29, 36 und Adamiak (wie Anm. 22) Seite 282 f.

40 Vgl. Dieter Zander, Ausgewählte Herrenhäuser und Gutsanlagen in Mecklenburg. Nutzung und denkmalpflegerische Sicherung. In: „Burgen und Schlösser" 1991, Sonderheft, S. 63-68 pass.

Abbildungsnachweis der Grundrisse auf der folgenden Seite

Abb. 1: Aus: Kunst- und Geschichtsdenkmäler … Mecklenburg-Strelitz (wie Anm. 2), S. 420

Abb. 2: Aufnahme U. Schoknecht. Aus: Uwe Schwarz, Die niederadeligen Befestigungen (wie Anm. 3), Abb. 41.

Abb. 3: Aus: Kunst- und Geschichtsdenkmäler … Mecklenburg-Strelitz (wie Anm. 2), S. 239

Abb. 4: Aus: Uwe Schwarz, Die niederadeligen Befestigungen (wie Anm. 3), Abb. 50.

Abb. 5: Aus: Edgar Jacobs, Mecklenburgische Herrenhöfe (wie Anm. 8), S. 22.

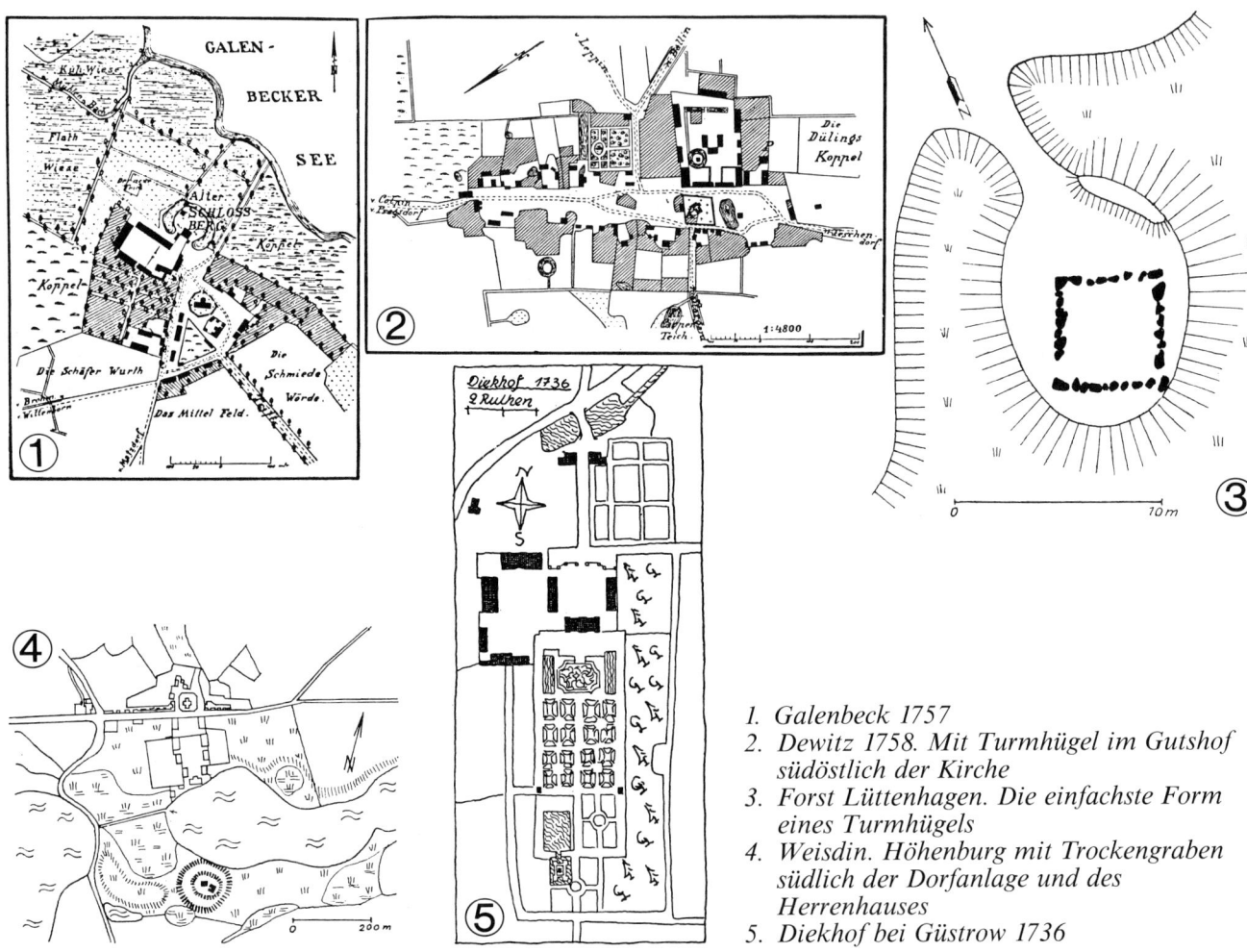

1. Galenbeck 1757
2. Dewitz 1758. Mit Turmhügel im Gutshof südöstlich der Kirche
3. Forst Lüttenhagen. Die einfachste Form eines Turmhügels
4. Weisdin. Höhenburg mit Trockengraben südlich der Dorfanlage und des Herrenhauses
5. Diekhof bei Güstrow 1736

DIETER ZANDER

Schlösser und Gutshäuser in Mecklenburg-Vorpommern – Eine Bilanz der Jahre von 1945 bis 1992

Unter den denkmalpflegerischen Aufgaben der Gegenwart genießen der Schutz, die Erhaltung und Pflege sowie die Suche nach sinnvollen Nutzungen von Schlössern und Gutshäusern oberste Priorität. Wie kaum eine andere Gruppe von Denkmalen sind die Bauten und Anlagen dieses Genres zur Zeit von Verfall, Abriß, Veränderungen und zweckentfremdeter Nutzung bedroht.

Wer um die Bedeutung der Schlösser und Gutshäuser für die Geschichte und Kultur Mecklenburg-Vorpommerns weiß, muß sich dieser Entwicklung entschieden entgegenstellen. Schlösser und Gutshäuser spiegeln in eindrucksvoller Weise die gesellschaftliche Entwicklung der zurückliegenden Jahrhunderte wider, sie illustrieren wirtschaftliche, künstlerische und historische Zusammenhänge; sie sind ein Stück kultureller Identität dieses Landes. Vor allem die landesherrlichen Schlösser in den herzoglichen Residenzen Schwerin, Güstrow, Ludwigslust, Bad Doberan und Neustrelitz sind Beispiele hervorragender architektonischer und künstlerischer Leistungen. Eine Vielzahl von Bauherren aus dem Bereich des Landadels hat sich an diesen Vorbildern orientiert und Schlösser und Gärten entstehen lassen, die den großen Vorbildern oft nur wenig nachstehen. Dazu kommt eine Fülle von Anlagen, die bescheidener ausgestaltet wurden, für die norddeutsche Landschaft aber ebenso unverzichtbar sind. Gutshäuser und Kirchen stehen in den meisten Dörfern nahe beieinander oder sind gar gestalterisch aufeinander bezogen – auch dies ist ein Sinnbild historischer Zusammenhänge ebenso wie der Kontrast von Gutshaus und Bauernhof oder Landarbeiterkaten, der die sozialen Zustände in den früheren Dörfern widerspiegelt.

Sieht man von den großen landesherrlichen und einigen wenigen kunstgeschichtlich bedeutsamen Gutshäusern ab, die als Denkmale bereits seit dem 19. Jahrhundert ihren Stellenwert besaßen, so ist die Situation der ca. 1500 größeren und kleineren Schlösser und Gutshäuser und der ihnen zumeist zugeordneten Garten- und Parkanlagen bereits schon früher nicht immer unproblematisch gewesen. Nach dem Ersten Weltkrieg, als mit der Weltwirtschaftskrise auch zahlreiche Gutsbetriebe in Konkurs gerieten und ihr Landbesitz von eigens dafür geschaffenen Siedlungsgesellschaften vermarktet wurde, boten die sogenannten Restgüter nur ungenügende Möglichkeiten zur sachgerechten Erhaltung der mitunter ausgedehnten baulichen Anlagen, so daß Verfallserscheinungen bereits damals auftraten. Als 1929 das mecklenburgische Denkmalschutzgesetz erlassen wurde, hagelte es von seiten der Gutsbesitzer Einsprüche gegen die Unterschutzstellungen mit der Begründung, das Gesetz schränke das freie Verfügungsrecht der Eigentümer ein und schädige deren kommerzielle Interessen.

Mit dem Ende des Zweiten Weltkrieges und dem damit verbundenen Umsturz der bisherigen gesellschaftlichen Verhältnisse kam es allerdings zum nachhaltigsten Einschnitt in die Existenz der Schlösser und Gutshäuser. Verließen schon vor der endgültigen Besetzung Mecklenburg-Vorpommerns durch die sowjetischen Truppen im Sommer 1945 zahlreiche Eigentümer ihren angestammten Besitz, so brachte die auf Weisung der sowjetischen Verwaltung und der mit ihr zusammenarbeitenden deutschen Behörden 1946 durchgeführte Bodenreform die historisch gewachsenen Strukturen endgültig zum Einsturz. Jeglicher mehr als 100 ha umfassender Grundbesitz wurde damals einschließlich der zugehörigen Baulichkeiten enteignet, und die bisherigen Bewohner wurden in der Regel ausgewiesen. An mehreren Orten wurden Schlösser und Gutshäuser wirklicher oder vermeintlicher Nazigrößen oder Kriegsverbrecher zerstört. Andere gingen in den Wirren des Umsturzes zugrunde. Von der Bodenreform betroffen waren auch jene Besitzungen, die das vormalige großherzogliche Haus im Zuge der Fürstenabfindung von 1920 zur privaten Verfügung erhalten hatte.

Während die großen, überwiegend in den Städten stehenden landesherrlichen Schlösser zumeist für Verwaltungen, Schulen, als Sitze von gesellschaftlichen Organisationen u. ä. in Anspruch genommen wurden, wies man in die herrenlos gewordenen ländlichen Adelssitze die zu Tausenden ins Land gekommenen Flüchtlinge aus den unter polnische Verwaltung gestellten deutschen Ostgebieten ein. Die Adaption der für die Bedürfnisse einer einzelnen Familie mit meist gehobenem Lebensstandard eingerichteten Schlösser und Gutshäuser für das Leben der neuen Bewohner ließ sich nur mit mehr oder weniger tiefen Eingriffen in die bauliche Substanz und die überkommene räumliche Situation realisieren. Meist wurden damals, von den Treppenhäusern abgesehen, alle Räumlichkeiten für die neuen Mieter hergerichtet, und da der Platz im Hause oft nicht ausreichte, mußten sanitäre Anlagen, Schuppen und Ställe im unmittelbaren Umfeld des Schlosses oder Gutshauses angelegt werden. In diesem Zusammenhang gingen sämtliche beweglichen Ausstattungen der oft mit historischen Möbeln und Kunstgegenständen reich ausgestatteten Häuser zugrunde; man bedurfte ihrer als Ersatz für das in der Heimat zurückgelassene Mobiliar, man nutzte sie aber auch als Brennmaterial, überließ sie aus Unkenntnis der Vernichtung oder einzelnen Sammlern, die bereits damals den Wert solcher Stücke zu schätzen wußten. In Einzelfällen, etwa in

Ludwigslust, vernichtete man die Zeugnisse „feudaler Unterdrückung" in speziellen Aktionen, indem man sie öffentlich verbrannte. Die Verluste an Möbeln, Gemälden, Textilien, Kunsthandwerk, Büchern usw. sind schwer einzuschätzen, aber sie waren immens. Lediglich Teile von Raumausstattungen wie Stuck, Wandbespannungen, Paneele und Fußböden überdauerten in einigen Häusern diesen Sturm. In den bereits vor 1945 museal genutzten Schlössern von Schwerin und Ludwigslust blieben glücklicherweise wenigstens Teile der Möblierung und andere Inventarstücke erhalten.

Eine große Gefahr bedeutete der 1946 erlassene Befehl Nr. 209 der Sowjetischen Militäradministration, der den Abbruch von Gutshäusern und Schlössern zur Gewinnung von Baumaterialien für Neubauernhöfe legalisierte. Um einige besonders wertvolle Anlagen zu retten, beauftragte die damalige Landesregierung Mecklenburg-Vorpommerns das bereits seit 1946 wieder arbeitsfähige Landesamt für Denkmalpflege in Schwerin mit der Aufstellung einer Liste der unbedingt unter Denkmalschutz zu stellenden Objekte. Für diese sah man zugleich eine Nutzung durch gesellschaftliche Einrichtungen vor. Der Leiter der Erfassungsgruppe, Dr. Walter Ohle, hat im „Jahrbuch der Denkmalpflege 1951/52" anschaulich berichtet, wie kompliziert diese Arbeit war, denn es existierte weder eine Zusammenstellung der bereits als schutzwürdig erkannten Anlagen noch die Möglichkeit, im Rahmen von Bereisungen weitere Gebäude in Augenschein zu nehmen. So wurden letztlich 21 Häuser ausgewählt, die seit längerem wegen ihres historischen und künstlerischen Wertes bekannt waren und die wichtige Bauten aus dem 16. bis zum frühen 19. Jahrhundert repräsentierten. Ganz aus dem Geist der damaligen Zeit heraus, die Gebäude aus der Ära des Historismus als minderwertig abqualifizierte, blieben Schöpfungen aus der Zeit nach 1870 von vornherein unberücksichtigt. Selbst das Schweriner Schloß war den Denkmalpflegern noch über lange Zeit hinweg kaum einer eingehenden Würdigung wert. Im nachhinein ist festzustellen, daß die damals aufgestellte Liste den dort genannten Schlössern und Gutshäusern wohl kurzzeitig Schutz bot, daß sie aber nicht verhindern konnte, daß auch diese Anlagen wie so viele andere in einen allmählichen und unaufhaltsamen Verfall gerieten.

Nur in Einzelfällen gelang es, denkmalpflegerische Instandsetzungen oder gar Restaurierungen vorzunehmen, so in Burg Schlitz und in Mirow; beide wurden nach der Wiederherstellung zur Unterbringung älterer Bürger genutzt, von den Heimleitungen aber nach besten Möglichkeiten als Denkmale behandelt. Im Falle von Putbus verlief die Entwicklung entgegengesetzt: nach anfänglichen Wiederherstellungsarbeiten vermochte es eine einschlägige Propaganda, den Abbruch der „feudalen Räuberhöhle" durchzusetzen und damit den Ort und vor allem den Park seines architektonischen Bezugspunktes zu berauben – ein Zustand, der bis heute andauert. Die Ruinen des Neustrelitzer Schlosses waren bereits wenige Jahre nach Kriegsende abgetragen worden, haben aber in der Stadt ein ähnliches Vakuum hinterlassen wie in Putbus. Abbrüche wie der des Schlosses von Putbus, zu dem sich im Bereich der Sakralbauten die Sprengungen der Ruinen von St. Marien in Wismar und St. Jacobi in Rostock gesellten, waren auf niedrigerer Ebene Nachfolgeaktionen der Beseitigung solch bedeutender Bauten wie der Schlösser in Berlin und Potsdam. Den Denkmalpflegern, die verständlicherweise dagegen opponierten, wurde beizeiten der Mund verboten.

Von solchen Schlössern und Gutshäusern abgesehen, die wertvolle Zeugnisse architektonischer oder künstlerischer Entwicklungen waren, blieb die Zahl der auf den offiziellen Denkmallisten geführten Objekte relativ klein. Das ist allerdings nur teilweise ein Ergebnis der gegen diese Bauten in der offiziellen Kulturpolitik bestehenden Aversionen, den Zeugnissen des bäuerlichen oder Landarbeiterlebens erging es nicht anders; es mangelte in der DDR an entsprechenden finanziellen Mitteln und noch mehr an Baumaterialien und Baukapazitäten, um solche Anlagen zu erhalten. Das Schicksal des Schlosses Rossewitz, das bereits zu den 21 Objekten der Liste von 1946 gehörte und das seit Kriegsende in einem allmählichen Verfall begriffen war, ist dafür ein beredtes Beispiel.

Mit dem Auszug der meisten 1945/46 in die Schlösser und Gutshäuser eingewiesenen Bewohner in zwischenzeitlich neu errichtete Häuser gerieten die historischen Gebäude in den Jahren um 1970 in eine Phase des sich verstärkenden Verfalls, denn für die häufig in den Schlössern verbliebenen Einrichtungen wie Kindergärten, Gemeindeverwaltungen, Bibliotheken und den fast in jedem Gebäude dieser Art anzutreffenden Dorfkonsum tätigte man kaum Investitionen, selbst für Reparaturen fehlte es vielerorts an Geld und Handwerkern, mitunter aber auch am nötigen Interesse. Auch dort, wo die 1960 zwangsweise gebildeten Landwirtschaftlichen Produktionsgenossenschaften (LPG) die Nutzung von Schlössern und Gutshäusern für Verwaltungs- und Kulturzwecke übernommen hatten, bahnte sich mit deren verbesserten finanziellen Möglichkeiten häufig eine Änderung derart an, daß man die heruntergewirtschafteten Häuser aufgab, und sich, wie beispielsweise in Penkun, unmittelbar daneben ein neues Gebäude errichtete. Die immer größere Formen der landwirtschaftlichen Produktion annehmende LPG-Wirtschaft gab darüber hinaus immer häufiger die bislang genutzten großen historischen Stallungen und Scheunen auf, um neue Fertigteilbauten zu errichten, die den Landwirtschaftlichen Produktionsgenossenschaften zudem durch staatliche Planungen vorgegeben wurden. So gingen in dieser Zeit die zu den integralen Bestandteilen der historischen Schloß- und Gutsanlagen gehörenden Wirtschaftsgebäude wie Marställe, Stall- und Scheunenanlagen ebenso wie die letzten noch tätigen Mühlen zugrunde. Lediglich in einzelnen Bereichen, so an der Ostseeküste und ihrem unmittelbaren Hinterland sowie in den landschaftlich schönsten binnenländischen Bereichen, war es möglich, Schlösser und Gutshäuser Betrieben als Schulungs- und Ferienheime zu vermitteln.

In Einzelfällen gelang es auch, den damaligen Freien Deutschen Gewerkschaftsbund (FDGB) als alleinigen Träger des öffentlichen Erholungswesens für solche Anlagen zu begeistern, etwa für das auf Rügen stehende ebenfalls bereits in Verfall geratene Renaissanceschloß Spyker. Das nach dem Auszug der über mehrere Jahrzehnte im Schloß Vietgest untergebrachten Schule herrenlos gewordene schöne Barockschloß übernahm z. B. die damalige Ost-CDU als Schulungs- und Ferienheim.

Sowohl bei der Suche nach neuen Nutzungsmöglichkeiten als auch bei den notwendigen fachlichen Beratungen beteiligte sich das damalige Institut für Denkmalpflege, Arbeitsstelle Schwerin, entsprechend seinen Möglichkeiten. 1973 veröffentlichte es in seinen „Mitteilungen" eine Reihe von Nutzungsvorschlägen für eine Auswahl wichtiger Beispiele im damaligen Bezirk Schwerin. Mit der Wende von 1989/90 wurde das vorläufig letzte Kapitel in der Geschichte der Schlösser und Gutshäuser aufgeschlagen. Durch den Einigungsvertrag von der Rückgabe an ihre Alteigentümer ausgeschlossen, sind die Gebäude heute an vielen Orten leer und ohne Funktion, nachdem die bisherigen dörflichen Strukturen zerbrochen sind. Soweit die Gebäude von den Volkseigenen Gütern (VEG) genutzt wurden, wie beispielsweise das spätbarocke Haus in Hohen Luckow, oder gesellschaftlichen Organisationen gehörten, wie das zuletzt als Bezirksschule des FDGB genutzte Schloß Wedendorf, wurden sie

in das Treuhandvermögen übernommen und werden von dort verkauft. Nicht selten versuchen Spekulanten, sich denkmalwerte Anlagen mit der Absicht zu verschaffen, die maroden Baulichkeiten bis zum totalen Verfall verkommnen zu lassen, um dann mit den Grundstücken gewinnbringend erneut auf den Markt zu gehen. Auch die Versuche, die desolaten Baulichkeiten für einen symbolischen Preis zu erwerben, um anschließend von der öffentlichen Hand die Gelder für die im „allgemeinen Interesse" durchzuführenden Restaurierungsarbeiten einzufordern, sind gängige Methode.

Die denkmalpflegerischen Bemühungen laufen in mehrere Richtungen. Im Rahmen einer vom Bundesinnenministerium und der VW-Stiftung geförderten Kurzerfassung von Denkmalen werden insbesondere auch die bisher unberücksichtigt gebliebenen Schlösser und Gutshäuser erfaßt und zur Aufnahme in die Denkmallisten vorgeschlagen, um so einen geschützten Status und ein Mitspracherecht zu erlangen.

Daneben bemüht sich die Denkmalpflege wie bisher, geeignete neue Nutzer nachzuweisen bzw. Interessenten zu beraten; in direkte Kaufverhandlungen will und darf sie nicht eingreifen, doch nimmt sie häufiger das Recht wahr, ihre fachliche Stellungnahme zu Nutzungskonzeptionen oder Planungsentwürfen abzugeben. Kommen Instandsetzungs- und Restaurierungsmaßnahmen in Gang, betätigt sich das Landesamt als fachlich-beratende Einrichtung mit seinen in Jahrzenten gewonnenen Erfahrungen.

Im Auftrag des Kultusministeriums kommen von seiten der Denkmalpflege auch Vorschläge für die Objektauswahl bei geplanten Fördermaßnahmen. So sind die Vorentscheidungen für Anträge bei der Deutschen Stiftung Denkmalschutz, beim Bundesverwaltungsamt oder beim Land auch mit Begründungen durch das Landesamt getroffen worden. Zuwendungen von den genannten Einrichtungen fließen z. B. für die Schloß- und Klosterruine Dargun, das Schloß Penkun oder die Gutshäuser in Quilow und Sponholz. Auch der Vorschlag, nach dem Beispiel von Brandenburg in Mecklenburg-Vorpommern eine Schlösser-GmbH zu gründen, die unter Beteiligung von Land und Deutscher Stiftung Denkmalschutz eine Reihe von wichtigen Schlössern kommerziell nutzt, wird vom Landesamt nachdrücklich unterstützt. Daneben hält die Denkmalpflege auch an ihrem Vorschlag fest, die für die kulturelle und historische Entwicklung Mecklenburg-Vorpommerns wichtigsten Bauten und Gärten dem Land dadurch zu erhalten und ihre öffentliche Nutzung zu gewährleisten, indem sie einer zentralen Schlösserverwaltung angegliedert werden, die neben den landesherrlichen Schlössern auch einzelne wertvolle Bauten und Gärten aus dem Bereich ehemaliger Gutsherrschaften betreuen sollte. Dieser Vorschlag ist allerdings wegen der angespannten personellen und finanziellen Situation im öffentlichen Haushalt bisher auf wenig Gegenliebe gestoßen.

MANFRED F. FISCHER

Der Zug auf das Land –
Hamburger Kaufleute als Gutsbesitzer in Mecklenburg

Geographische Lage und geschichtliche Entwicklung haben Mecklenburg und Vorpommern, die erst seit 1945 eine territoriale Einheit bilden, eine Sonderrolle zugewiesen. Sehr dünn besiedelt, von den Verkehrsanbindungen eher peripher zum heutigen Bundesgebiet liegend, ist es ein wesentlich agrarisch geprägtes Land, in dem die Kultur der Städte und des Bürgertums nur in den Küstenstädten durch die hansische Tradition sich entfalten konnte. Kulturtragende Schicht war die selbstbewußte Ritterschaft gewesen, die mit ihren großen Gutsbesitzungen und Sonderrechten auch die politisch stärkste Kraft war, in den beiden Mecklenburg stärker als die Landesherren selbst. Doch lag die Region spätestens in der Neuzeit deutlich zwischen zwei großen städtischen Kraftfeldern, den Hansestädten an der Küste mit Hamburg als führendem Ort seit dem 16. Jahrhundert und Berlin, der Hauptstadt des übermächtigen Nachbarn Preußen, später Hauptstadt des geeinten Deutschen Reiches.

Was auf den Feldern Mecklenburgs und Pommerns produziert wurde, fand seinen Weg zum Markt über die Kontore der großen Kaufmannsfamilien. Ein Bild hierzu: Im Vestibül einer Hamburger Kaufmannsvilla in den Elbvororten finden sich zwei Glasgemälde: das eine zeigt die wogenden gelben Kornfelder Mecklenburgs, das andere die großen Frachtschiffe des Hamburger Hafens. Dies waren die Handelsströme.

Der Kaufmann hatte engste Beziehungen zum produzierenden Landadel; aber auch sein Kredit konnte ins Wanken geraten, wenn er, wie in Thomas Manns Buddenbrooks beschrieben, die Ernte vorschnell auf dem Halm kaufte.

Das Anwachsen der Millionenstädte, vor allem Berlins, strukturierte die Produktion des Landes neu. Die Schlachthöfe dieser industrialisierten und volkreichen Zentren brauchten Unmengen Vieh, dessen Aufzucht ein weiterer Erwerbszweig der Güter wurde. Die Heere Preußens und des Reiches forderten immer mehr Remonten für ihre Kavallerien und als Zugtiere. Neue landwirtschaftliche Techniken, Bodenverbesserung, effektivere Düngung und Fruchtfolge erforderten vom besitzenden Adel neue Beweglichkeit. Hamburg wurde in der Zeit der großen Armut Durchgangsort für die vielen mecklenburgischen Auswanderer nach Übersee, schließlich auch Arbeitsstätte für viele Zuwanderer, bisweilen heimliche Hauptstadt Mecklenburgs genannt.

So ist es nur verständlich, daß aus dem früheren Nebeneinander mit der Zeit eine Durchmischung von Adel und Bürgertum Eigentümer der Güter wurde. Die Handelsstädte besaßen ohnehin als sog. „Landschaft" im dreigliedrigen Mecklenburger Ständestaat stets Grundbesitz, der von ihren Beauftragten verwaltet wurde. Mit der Zeit aber zog es auch den vermögenden Kaufmann auf das Land. Er erwarb Güter und vollzog damit eine ähnliche Entwicklung wie etwa das Patriziat Venedigs in der Renaissance auf der festländischen Terra ferma Italiens.

Der Hamburger Kaufmann z. B. mußte sich in dieser neuen Eigenschaft als Gutsbesitzer in seinen Lebensgewohnheiten gründlich ändern. Das Leben auf dem Lande war ihm nicht unbekannt, aber nur in Form der „Villa suburbana", also des sommerlichen sog. „Landhauses" vor den Toren der Stadt. Mit dem Erwerb eines landwirtschaftlichen Produktionsbetriebes galten andere Anforderungen als sie mit dem berühmten Motto „Der Ruhe weisem Genuß" als Inschrift am Landhaus des Johann Cesar IV. Godeffroy von Christian Frederic Hansen beschrieben waren. Kaufmann und Landwirt, beides zugleich haben nur wenige auf Dauer miteinander vereinen können.

Künstlerisch war der Austausch zwischen Stadt und Land ohnehin gegeben. Fast alle großen Baumeister von Herrenhäusern und Schlössern in Mecklenburg und Pommern waren auch für das städtische Bürgertum bzw. die landesherrlichen Residenzen tätig gewesen. Die klassizistische Gestaltung vieler dieser Bauten in Mecklenburg-Schwerin z. B. ist nicht zu denken ohne die gleichzeitige Umformung von Bürgerhäusern in Güstrow, wobei Berliner Einfluß mitwirkte. Im Westen des Landes baute der Lübekker Ratsbaumeister Joseph Christian Lillie gleich mehrere Gutshäuser. Mancher bürgerliche Gutserwerber brachte seinen städtischen Architekten gleich mit. Die malerische Anlage von Schloß Neetzow bei Anklam in Vorpommern ist ohne die Vorbilder von Potsdam und Babelsberg nicht zu erklären. Der Baumeister Paul Korff (1875 – 1945) war Spezialist nicht nur für Gutshäuser und Villen, sondern auch für städtische Funktionsbauten. Und ein so berühmter Gartenkünstler wie Peter Joseph Lenné war ein gefragter Fachmann für Parkanlagen überall in Norddeutschland gewesen.

Ein früher Vertreter der Stadt-Land-Wanderung war der Hamburger Kaufmann Philipp Heinrich Stenglin, verheiratet mit Antoinette, Tochter des Bürgermeisters Conrad Wiedow. Er hatte es im Laufe seines Geschäftslebens zu beachtlichem Reichtum gebracht, dann aber infolge des Siebenjährigen Krieges erhebliche Verluste hinnehmen müssen. Mit dem ihm verbliebenen Rest konnte er immer noch ein Rittergut erwerben, den Besitz Plüschow westlich von Wismar (heute Kreis Greves-

mühlen). Einige benachbarte Güter erwarb er gleich mit. Zu einer Zeit, als der Adel auf dem Hamburger Stadtgebiet keinen Grundbesitz erwerben durfte, wurde er 1759 in den Reichsfreiherrenstand erhoben. Stenglin legte also seine bürgerlichen Rechte ab. 1763 ließ er sich durch einen unbekannten Architekten in Plüschow ein neues Gutshaus erbauen, einen zweigeschossigen einfachen Bau aus Backstein, der dem Hamburger „Sonnin-Stil" näher war als etwa zeitgleiche Bauten im westlichen Mecklenburg wie z. B. das von Dallin stammende Haus Johannstorf. Für den zarten Stuck im Inneren sollen Lübecker Künstler verantwortlich gewesen sein. Lange blieb der Besitz nicht in der Familie. 1802 verkaufte ihn der Sohn Conrad Philipp an den Erbprinzen Friedrich Ludwig von Mecklenburg-Schwerin. Bis zur Enteignung 1945 blieb er bei der Krone.

Ein weiteres Beispiel ist das Gut von Cramon, westlich von Schwerin an einem See gelegen. 1798 erwarb es der Hamburger Kaufmann Johann Friedrich Böhl vom Vorbesitzer J. A. Schöning. Böhl hatte erst kurz zuvor vor den Toren Hamburgs an der modisch gewordenen Elbchaussee Grund erworben und sich vom viel beschäftigten Christian Frederic Hansen, dem dänischen Hofbaumeister, ein klassizistisches Landhaus errichten lassen.

Für den Neubau des Gutshauses auf dem sehr alten Besitz wählte er 1804 denselben Architekten, als Bauführer vor Ort wirkte Joseph Christian Lillie. Hansens Bau, sein einziges Werk in Mecklenburg, ist unter den Herrenhäusern des Landes eine Besonderheit. In den Maßen und der Grundrißdisposition übernahm Hansen hier, vielleicht auf Wunsch des Bauherrn, den intimeren vorstädtischen Landhaustyp, dessen Variationsfähigkeit er damals an der Elbchaussee mit neun Exemplaren für Hamburger Auftraggeber unter Beweis gestellt hatte. Böhl selbst wurde 1818 in den Adelsstand erhoben und

1862 in die Mecklenburgische Ritterschaft aufgenommen. Cramon hatte seine Familie bereits 1830 wieder veräußert. Das Haus, heute im Zentrum einer großen Freizeitanlage stehend, ist im Inneren recht komplett erhalten, am Äußeren durch fehlerhafte Putzerneuerung in seiner Wirkung beeinträchtigt. Die übrigen Gutsgebäude sind fast vollständig beseitigt.

In die Gruppe bürgerlicher Gutsbesitzer reihte sich um die Mitte des 19. Jahrhunderts auch der Hamburger Bankier Gottlieb Jenisch ein, Bruder des Johann Martin Jenisch, des Senators und Schöpfers des gleichnamigen Parks mit Villa im Bereich der ehemaligen „ornamented farm" des Baron Voght in Flottbek. Er erwarb 1836 das Gut Varchentin südlich von Stavenhagen. Auch er nutzte seine alten Hamburger Erfahrungen und brachte den Architekten für den 1847 begonnenen vollständigen Neubau des Herrenhauses von dort mit: den aus Neuchâtel in der Schweiz stammenden August de Meúron (1813 – 1898).

Der Name dieses vielseitigen, in Paris ausgebildeten Künstlers sei hier eigens genannt, da er einem Übertragungsfehler im Denkmälerhandbuch von Dehio (1968) zufolge, fast immer fälschlicherweise „Mouson" genannt wird. Meúron hatte in Hamburg für begüterte Auftraggeber viele Villen und Stadthäuser gebaut und sogar Pläne für das neue Rathaus gemacht.

Für Gottlieb Jenisch errichtete er in Varchentin ein beachtliches schloßähnliches Gutshaus über dem zum See abfallenden Landschaftspark, dessen Baudekor er, einer damaligen Mode folgend, in den Formen der englischen Tudorgotik gestaltete. Über eine Tochter Jenischs kam das Gut 1861 in den Besitz des königlich hannoverschen Gesandten in Madrid Adolf Graf Grote. Damals entwickelte sich Varchentin zu einem modernen, mit aller neu-

zeitlichen Landtechnik ausgestatteten Musterbetrieb.

Die bisher genannten Gutserwerber, spätestens ihre Nachfahren, waren Landwirte im traditionellen Sinne geworden. In den Adelsstand erhoben oder mit den einheimischen Gutsbesitzern verschwägert, wurden einige zu der alteingesessenen Ritterschaft „rezipiert" und in den Stammrollen geführt. Mit der Zeit aber wurde es gleichsam Mode, das in der Stadt erworbene Kapital mit dem Erwerb eines mecklenburgischen Gutes langfristig anzulegen, wobei der Gutsbetrieb verpachtet oder einem Verwalter übergeben wurde. Viele alte Familien trennten sich damals von ihrem Besitz, da sie in ihren konservativen Gewohnheiten den neuen Leistungsanforderungen an einen kapitalistisch geführten landwirtschaftlichen Großbetrieb nicht mehr gewachsen waren.

Schon um 1850 war fast die Hälfte aller Güter Mecklenburgs in bürgerlicher Hand. Die Unternehmer und Kommerzienräte aus den großen Städten verfügten über das für die technische Modernisierung der Güter notwendige Kapital.

Ein typisches Beispiel für diesen Wandel in der Eigentümerstruktur ist die Geschichte des Gutes Bellin südlich von Güstrow. In der jüngeren Vergangenheit hat es kaum jemand länger besessen als eine Generation lang. Vom letzten Eigentümer von Marschall, dessen Pferdeleidenschaft seine Landwirtschaftskenntnisse überstieg, erwarb den stark verschuldeten Besitz 1910 der Hamburger Unternehmer Henry Barens Sloman (1848 – 1931). Er entstammte einer 1789 aus England nach Hamburg eingewanderten Reederfamilie und hatte selbst den größten Teil seines Lebens in Südamerika verbracht. 1902 war er mit seinem im Salpetergeschäft in Chile erworbenen Vermögen nach Hamburg zurückgekehrt, begünstigt durch steuerliche Anreize des an frischem Kapitalzustrom interessierten Reiches. Das ca. 4 500 Morgen große Gut Bellin hatte leichte, zur Erosion neigende Böden. Viel Gewinn hat Sloman aus seiner Akquisition sicher nicht gezogen. Er modernisierte es technisch, errichtete Wohnhäuser für die Hintersassen, eine Schnitterkaserne und neue Funktionsbauten. Der Kern der Gutsanlage mit dem in Mecklenburg seltenen Torhaus und den seitlichen Flügelbauten blieb erhalten. Das alte klassizistische Herrenhaus aber wurde abgebrochen und 1912 durch einen Neubau nach Entwurf von Paul Korff ersetzt. Stilistisch ist das neue Haus auch wieder von kassizistischer Grundhaltung, mit bestem Edelputz monochrom gestaltet und an den gleichzeitigen Berliner Villenstil erinnernd.

Die Fülle von Repräsentationsräumen, Gästezimmern, gedeckten Terrassen zum Park läßt aber erkennen, daß hier eine städtische Gesellschaft das Leben nach Gutsherrenart mehr zelebrierte als wirklich vollzog. Bezeichnend ist, daß der alte Zugang durch das Torhaus, also „über den Hof", in den zweiten Rang gedrängt wurde zugunsten einer neuen seitlichen Einfahrt für Bewohner und Gäste durch den Park zum rückwärtigen, stark terrassierten Garten. Stiefel waren also kaum noch nötig und wenn, dann mehr als Statuszeichen, denn als Schutzkleidung. Ein Kuriosum ließ sich Sloman seitab vom Herrenhaus anlegen: ein kleiner Teich an der westlichen Schmalseite wurde mit straffen Böschungsmauern und Pergola gefaßt. An dieser Stelle vermittelte eine viertelkreisförmige Freitreppe vom Wasser zum Haus eine geistreiche Paraphrase der berühmten Wassertreppe an der Kleinen Alster am Rathausmarkt in Hamburg. Der Kaufmann als Gutsbesitzer wollte also auch auf dem Lande nicht nur jede Bequemlichkeit haben, sondern auch auf Vertrautes aus seiner städtischen Umgebung nicht verzichten. Sloman, der wenig später als Bauherr des berühmten Hamburger

Chile-Hauses (1922/24) zusammen mit seinem Architekten Fritz Höger in die Kunstgeschichte eingegangen ist, hat seine mecklenburgische Besitzung noch knapp 20 Jahre lang genießen können. Die Familie wurde wie alle anderen Gutsbesitzer nach 1945 enteignet.

Neben Privatpersonen erwarben seit Beginn des 20. Jahrhunderts auch Firmen und Organisationen Güter in Mecklenburg und Pommern. Aus Hamburg traten vor allem Betriebe der Nahrungs- und Genußmittelindustrie auf den Plan, z. B. für Zigaretten oder Margarine. Der Gutserwerb galt hier der landwirtschaftlichen Komplettierung von vertikal gegliederten Produktionen. Als Beispiel hierfür sei das Gut Düssin (Kreis Hagenow) genannt. 1911 verkaufte es Graf Conrad von Karnitz an den Hamburger Dampfmühlenbesitzer Georg Plange, der seit 1904 den Titel Commerzienrat führte. Wie eine auf Anregung des Verfassers soeben erstellte Studie an der Hamburger Universität nachweist, stand im Hintergrund der wirtschaftliche Einstieg Planges in die Milchversorgung der nahen Hansestadt, zu der ein direkter Eisenbahnanschluß in Düssin bestand. Plange, dessen Hamburger Mühlen florierten, investierte erhebliche Summen in die bauliche und technische Ausstattung des Gutes. Nach Entwürfen der in Hamburg bekannten Architekten Raabe & Wöhlecke, der Gestalter des Elbtunnels und vieler Hochbahnstationen, entstanden Arbeiterwohnhäuser, Schnitterkaserne, Scheunen, Molkerei und Wasserturm sowie ein Maschinenhaus mit eigener Kraftanlage, die alle noch heute in einem deutlichen Kontrast zu den einfachen älteren Kossätenhäusern aus Raseneisenstein stehen. Zentrum und Überhöhung der Anlage wurde aber ein noch heute weithin sichtbarer riesiger Kuhstall von mehreren 100 Metern Länge. Dessen aufwendige Gliederung mit querstehenden Schmuckgiebeln und einem barock anmutenden hohen kupfernen Dachreiter gibt dem Bau eine demonstrative Monumentalität. In den

30er Jahren, im Zeichen neu beginnender Kriegswirtschaft erwarb die Verwaltung der Hansestadt Hamburg das Gut zur Sicherstellung der Versorgung ihrer Krankenhäuser mit landwirtschaftlichen Produkten. Die Enteignung 1945 traf auch sie. Nicht anders erging es dem Gut Kalkhorst im fruchtbaren Klützer Winkel im Nordwesten des Landes. Der Hamburger Kaufmann Alfred Toepfer hatte es 1932 zusammen mit Gütern in Schleswig-Holstein und Niedersachsen erworben, um der 1931 von ihm gegründeten und bis heute segensreich wirkenden gemeinnützigen Stiftung FVS eine solide wirtschaftliche Basis zu geben. Die Anlage von Stiftungsvermögen in landwirtschaftlichem Grundbesitz entsprach der besonderen Neigung des Stifters, der ursprünglich Landwirt hatte werden wollen.

Aus dem bisher Dargestellten geht also hervor, daß die hinter den Enteignungen von 1945 stehende Ideologie von der „Entmachtung des Junkertums" auf sehr tönernen Füßen gestanden hat. Die einheitliche Welt der adeligen Ritterschaft hatte sich schon lange aufgelöst und war in viel komplexere wirtschaftliche Zusammenhänge übergegangen. Auch war die Landverteilung an Einzelbauern bis zur Zwangskollektivierung nur die gewaltsame und konsequente Fortführung einer Tendenz, die sich schon im 19. Jahrhundert angebahnt hatte mit der Anlegung von Neubauernstellen in der sog. „inneren Kolonisation", die vor allem im Bereich des früheren Domaniums stattgefunden hatte und die das Siedlungsbild von Mecklenburg und Vorpommern deutlich prägt.

Seit fast zwei Generationen sind die Schlösser und Gutshäuser des Landes gewaltsam leergeräumte Hüllen, die dem Verfall oder der oft zerstörerischen Umnutzung zu „gesellschaftlichen Zwecken" ausgesetzt waren. Die einstigen reichen mobilen Ausstattungen und Einrichtungen sind mit den Menschen fortgegangen oder fahrlässig oder vorsätzlich vernichtet worden, ein kultureller Aderlaß größten Ausmaßes.

Ein lückenloses Wiederanschließen an irgendeinen Punkt der Vergangenheit ist Illusion. Wie aber die Dinge sich auch entwickeln werden, in Zukunft werden die früheren Eigentümer nur noch begrenzt zurückkehren, und die Nutzerstruktur wird neuen Gesellschaftsformen und neuen politischen Notwendigkeiten entsprechen. Ein Verhängnis für das Land und sein kulturelles Erbe wäre es freilich, wenn darüber die traditionelle Einheit von agrarischer Nutzfläche, gestalteter Kultur-, Garten- und Parklandschaft sowie namengebendem Haus verlorenginge. Über dem Portal des Schlosses Wedendorf (Kreis Gadebusch) hat ein früherer Eigentümer aus der Familie der Grafen Bernstorff u. a. das Motto anbringen lassen: „ne villa fundum quaerat, neve fundus villam" (das Haus entbehre nicht des Landes und das Land nicht des Hauses). Dieser seit den antiken Theoretikern und seit der Renaissance immer wieder abgewandelte und bestärkte Grundsatz war die Basis einer großen nordelbischen Kulturleistung und sollte auch künftig zum Wohle der Kultur und der Wirtschaft Mecklenburg-Vorpommerns beachtet werden.

DETLEV WERNER VON BÜLOW

Die Mecklenburgische Ritter- und Landschaft –
Landesgeschichtliche Bedeutung einer ständischen Korporation

Die mecklenburgische Ritter- und Landschaft bildete als ständische Korporation seit dem 13. Jahrhundert bis zur Revolution im November 1918 am Ende des Ersten Weltkrieges einen wesentlichen Gestaltungsfaktor in der politischen Geschichte Mecklenburgs. Innerhalb Deutschlands hatte Mecklenburg die wohl am stärksten ausgeprägte landständische Verfassung. Das landständische Prinzip begründete keine politische Vertretung durch gewählte Körperschaften oder Personen, politische Mitwirkungsrechte leiteten sich allein aus der Verfügung über Grund und Boden sowie von den von der Landesherrschaft vertraglich zugestandenen Privilegien ab: politische Rechte kamen im landständischen System nur bestimmten Personen oder Körperschaften zu.

Die mecklenburgische Ritter- und Landschaft umfaßte
– die Ritterschaft, bestehend aus den Eigentümern der rund 1 000 Hauptgüter im Lande (sogenannte ritterschaftliche Landgüter), an denen das Recht der Landtagsfähigkeit haftete,
und
– die Landschaft, gebildet aus den vom Landesherrn mit Stadtrechten ausgestatteten 43 Städten.
Ursprünglich hatte es auch noch geistliche Stände gegeben, Prälaten, Klöster und Stifte. Durch die Reformation waren diese aber bereits um 1550 als Stände weggefallen.

Die Inhaber der landständischen Rechte, d. h. die Eigentümer der landtagsfähigen Güter und die Magistrate der Städte, vertraten auf dem Landtag zugleich ihren eigenen Stand und ihre angehörige Bevölkerung: die Gutsbauern und Einwohner der Dörfer einerseits sowie die Stadtbürger andererseits.

Für das Domanium, d. h. das dem Landesherrn direkt unterstehende Landgebiet, bestand keine Vertretung. Hier konnte der Landesherr schalten, wie es ihm beliebte.

Der politische Einfluß der Ritter- und Landschaft ruhte im wesentlichen auf zwei Hauptsäulen. Zunächst hatte sie im Laufe der Zeit gegenüber dem Landesherrn das Recht auf Steuerbewilligung durchsetzen können. Von einer Bewilligung frei waren nur die geringen, ursprünglich im Mittelalter festgelegten Landessteuern (Beden). Alle darüber hinausgehenden Staatsbedürfnisse und insbesondere auch die zur Bezahlung aufgelaufener Staatsschulden waren an eine ausdrückliche Zustimmung des Landtags gebunden. Als zweites bestand ein Mitwirkungsrecht der Stände bei Gesetzgebungsvorhaben, und zwar bei allen, die in irgendeiner Weise die Rechte der Stände berührten. Bei Gesetzen, die nicht in die Rechte der Stände eingriffen (sogenannte gleichgültige Gesetze), bestand nur ein Anhörungsrecht.

Darüber hinaus waren die Stände auch an der Verwaltung, Rechtsprechung und Kirchenadministration in Mecklenburg beteiligt. Die Gutsbesitzer und die Städte besaßen in ihrem Gebiet die volle Polizei- und Verwaltungshoheit und die niedere Gerichtsbarkeit (Straf- und Zivilgerichte erster Instanz). Auch die Markt- und Gewerberechte standen ihnen zu. Die Steuererhebung in diesen ständischen Gebieten erledigten sie durch eigene Behörden (Landkasten in Rostock). Dies bedeutete, daß im Territorium der Ritter- und Landschaft eine direkte Einwirkungsmöglichkeit auf die Verwaltungs- und Rechtsprechungstätigkeit durch den Landesherrn kaum möglich war. Weiter hatten die Stände das Recht, bestimmte Justiz- und Verwaltungsbehörden mit eigenen stimmberechtigten Deputierten zu besetzen.

Das wichtigste Gremium der ständischen Mitwirkung aber war der Landtag, der für beide Mecklenburg gemeinsam einmal jährlich im Herbst, abwechselnd in den Städten Sternberg und Malchin, abgehalten wurde. Hier wurden die Regierungsvorlagen (Präpositionen) der beiden mecklenburgischen Regierungen beraten und beschlossen. Stimmberechtigt waren alle landtagsfähigen Güter und Städte. Um in Konfliktfällen eine Überstimmung (vor allen Dingen der an Zahl geringeren Städte) zu verhindern, konnten Ritter- und Landschaft getrennte Abstimmungen beschließen (itio in partes). Fielen diese beiden Voten unterschiedlich aus, war die Vorlage abgelehnt.

Außerhalb der Landtage bestand der sogenannte Engere Ausschuß in Rostock. Er bildete das Leitungsgremium der Stände und setzte sich aus neun Personen zusammen: fünf Vertreter der Ritterschaft, drei der Landschaft und zwei Vertreter der mit besonderen Privilegien ausgestatteten größten mecklenburgischen Stadt Rostock.

Die politischen Mitwirkungsrechte der Stände waren besonders weitreichend und haben zu allen Zeiten die herzogliche Zentralgewalt in Mecklenburg beschränkt. Es gab im Lande nie ein absolutistisches Regiment. Anderseits war die Machtstellung der Ritter- und Landschaft auch ein wichtiger Schlüssel zum Verständnis des starken politischen und wirtschaftlichen Gewichtes der großen Gutsbetriebe in Mecklenburg und der Machtstellung ihrer Besitzerfamilien.

Diese ständischen Rechte waren nicht etwa plötzlich entstanden, sondern über Jahrhunderte allmählich gewachsen. In der Kolonisationszeit des 12. und 13. Jahrhunderts wurde die Besiedlung des Wendenlandes mit deutschen Bauern von sogenannten Lokatoren aus dem Ritterstand im Auftrage des Landesherrn durchgeführt. Die Lokatoren organisierten die Dorfsiedlung, verwalteten die Dörfer und übten im Auftrage des Landesherrn die Rechtsprechung sowie die militärische Sicherung aus. Zudem hatten sie dem Landesherrn Heeresfolge zu leisten. Dafür wurden sie persönlich mit größerem Landbesitz (Ritterhufen) ausgestattet und konnten von den ihnen unterstellten Bauern Dienstleistungen und Pachtzahlungen verlangen.

Im Rahmen des mittelalterlichen Lehnssystems waren dies zunächst ausschließlich abgeleitete Rechte des Landesherrn im Rahmen der Grundleihe. Nach und nach aber wurden die Lehen erblich, und es entwickelte sich eine eigene, vor allem auch wirtschaftliche, Machtstellung des Ritterstandes.

Die Landesteilungen der mecklenburgischen Herzöge sowie der wachsende Geldbedarf für Hofhaltung und Landesverwaltung erforderten zunehmend mehr Geldmittel, deren Bewilligung von der Zustimmung insbesondere der Ritterschaft abhängig war. Bedingt dadurch waren die Landesherren seit dem 15. Jahrhundert in steten Geldverlegenheiten und mußten die Bereitschaft der Stände zur Übernahme von Landesschulden mit politischen Zugeständnissen erkaufen. So erwarben die Stände im Laufe der Zeit viele Rechte, die vertraglich verbrieft und nicht einseitig vom Landesherrn aufhebbar waren (Privilegien).

Schwere Erbstreitigkeiten im Fürstenhaus Anfang des 16. Jahrhunderts waren der Anlaß zum Abschluß der sogenannten Union von 1523, der ersten schriftlichen Grundlage der landständischen Verfassung.

Die Stände beschlossen, daß in Zukunft nur ein gemeinsamer Landtag für Mecklenburg abgehalten werden sollte. Hierdurch wurde für die Zukunft eine gewisse Rechtseinheit gewährleistet.

Im Zuge der genannten Bereitschaft zur Übernahme von landesherrlichen Schulden wurde 1555 das Steuerbewilligungsrecht der Landstände endgültig schriftlich fixiert. 1572 erfolgte die Übertragung der Klöster Dobbertin, Malchow, Ribnitz und Heiligkreuz in Rostock auf die Stände zur Versorgung unverheirateter Töchter. Besonders im Dreißigjährigen Krieg wurden über das Instrument der landständischen Verfassung die Herrschaftsrechte auf den ritterschaftlichen Landgütern ausgeweitet. 1621 wurde die Schollenpflichtigkeit der Bauern eingeführt, um in dem durch die Kriegsverhältnisse ohnehin stark entvölkerten Land die Auswanderung zu verhindern. Die schweren Zerstörungen des Dreißigjährigen Krieges brachten nämlich einen erheblichen Bevölkerungsrückgang und schwere Verwüstungen mit sich. Die dadurch entstandenen wüsten Bauernstellen wurden vielfach nicht wieder besetzt, sondern im Rahmen der Gutswirtschaft mitbestellt. Hierdurch entstanden die großen Gutshöfe, die aufgrund ihrer Überschußproduktion an Getreide und anderen landwirtschaftlichen Produkten in der Lage waren, die Erzeugnisse des Landes zu exportieren, besonders in die benachbarten Hansestädte sowie die erstarkten Staaten Brandenburg-Preußen, Hannover und Dänemark-Holstein.

Wegen fehlender Bodenschätze und der geringen Bevölkerung konnte sich weder in den mecklenburgischen Städten noch auf dem Lande eine Gewerbe- oder Industriestruktur entwickeln, so daß nur mit dem Export von Agrarerzeugnissen nennenswerte Erlöse zu erzielen waren. Hier waren besonders durch die Einführung der lukrativen Koppelwirtschaft im 18. Jahrhundert gewinnbringende Ertragssteigerungen möglich. Aus diesem Grunde gab es

auf den ritterschaftlichen Landgütern eine zunehmende Tendenz zur Ausweitung des zum Gutshof gehörenden Landes unter Aufhebung der bestehenden Bauernstellen (sogenanntes Bauernlegen). Aufgrund der Machtstellung der Ritter- und Landschaft und der bestehenden Privilegien konnten die Landesherren dieses Vorgehen nicht verhindern.

Der Versuch des Herzogs Karl Leopold, in seiner Regierungszeit (1713-1747) ein quasi absolutistisches Selbstregiment einzuführen – zunächst mit Hilfe der russischen Truppen seines Schwagers Zar Peters des Großen –, mißlang, da die Stände vom deutschen Kaiser Unterstützung bekamen. Der Herzog wurde durch hannoversche Truppen, die im Auftrag des Reiches tätig waren, vertrieben, und die Rechte der Stände wurden wieder hergestellt. Eine entscheidende Rolle spielte hierbei der hannoversche Minister Andreas Gottlieb von Bernstorff, der als Eigentümer von Gut Wedendorf ebenfalls der mecklenburgischen Ritterschaft angehörte.

Die jahrzehntelangen Streitigkeiten, die das Land schwer belastet hatten, wurden 1755 durch den sogenannten Landesgrundgesetzlichen Erbvergleich beendet. In diesem Verfassungsvertrag, der bis 1918 Gültigkeit hatte, mußte der Herzog die ständischen Mitwirkungsrechte endgültig anerkennen und damit das landständische System festschreiben.

Die vorübergehende Aussetzung der landständischen Verfassung in der Revolution von 1848 wurde auf Intervention der Ritterschaft durch den sogenannten Freienwalder Schiedsspruch einer Kommission des Deutschen Bundes in Frankfurt am Main im Jahre 1850 für ungültig erklärt und die alte Verfassung wieder eingeführt. Versuche, insbesondere nach der Reichsgründung, Reformen durchzusetzen, nachdem mittlerweile alle anderen deutschen Staaten über konstitutionelle Verfassungen verfügten, sind in den Jahren 1872 bis 1875 sowie

1908 bis 1912 gescheitert und wurden aufgegeben. Erst durch die Staatsumwälzung 1918 wurde mit der Monarchie auch die landständische Verfassung beseitigt.

Daß Mecklenburg zum Prototyp des ostdeutschen Kolonisationslandes mit dem Vorherrschen großer Gutsbetriebe wurde, hängt sehr eng mit der Landesverfassung und der starken wirtschaftlichen und politischen Stellung des ritterschaftlichen Grundbesitzes zusammen. Diese ist allerdings auch Ursache für die beachtliche kulturelle Leistung auf dem Lande gewesen, die sich in der Errichtung zahlreicher kulturhistorisch bedeutender Herrenhäuser und Gutsanlagen vor allem im 18. und 19. Jahrhundert ausdrückt sowie in vielen bedeutenden Kunstwerken, die sich in den Kirchen und Klöstern des Landes noch heute befinden. Auf der anderen Seite haben die politischen Verhältnisse aber auch eine Modernisierung Mecklenburgs bis nach dem Ersten Weltkrieg verhindert, so daß das Land immer ein Agrarstaat mit nur schwacher Industrialisierung und einer kleinstädtischen Struktur geblieben ist.

Nach der Abschaffung der landständischen Verfassung bestand die Ritterschaft nach 1918 als private Körperschaft der Gutsbesitzer im Lande weiter, wurde aber 1943 durch Maßnahmen der nationalsozialistischen Landesregierung aufgelöst.

CHRISTIAN LUDWIG HERZOG ZU MECKLENBURG
Erinnerungen an Mecklenburg

Im Jahre 1985 konnte ich zum ersten Mal seit der Ausweisung meiner Familie wieder nach Mecklenburg fahren, denn der Probst des Stiftes Bethlehem in Ludwigslust, Hermann Eichler, hatte nach jahrelangen beharrlichen Bemühungen vom Rat des Kreises Ludwigslust eine Einreisegenehmigung für mich bekommen. Mit einem Freund, der im dortigen Archiv Familiengeschichte erforscht, bin ich nach Schwerin gefahren und völlig unbehindert durch die Stadt gegangen. Wir waren auch im Schloßgarten und besichtigten schließlich, ohne von jemandem erkannt zu werden, das Schloß. Im Thronsaal hörten wir vom Tonband die Geschichte des Schlosses und seiner Erbauer und Bewohner, die allerdings mit meinem Großvater abbrach. In der Bildergalerie hing unser Stammbaum, der mit meinem Urgroßvater Großherzog Friedrich Franz II. endete, der das Schloß seinerzeit restaurieren und ihm seine heutige Gestalt geben ließ.

Am Sonntag darauf war ich dann in der Ludwigsluster Stadtkirche. Der Pastor begann seine Predigt mit dem Gedenken an einen meiner Vorfahren anläßlich seines 200. Todestages, an Herzog Friedrich den Frommen, den Erbauer von Kirche und Schloß, das 1776 vollendet worden ist. Der Pastor wußte nicht, daß ich in der Kirche war. Erst nach dem Gottesdienst, als die Gemeindeglieder die Kirche verließen, rief jemand: „Königliche Hoheit". Zwei 70jährige Damen, die früher mit meinen Schwestern gespielt hatten, hatten mich erkannt.

1987 fuhr ich dann noch einmal nach Mecklenburg, diesmal mit meinen beiden Töchtern und mit meinem Schwiegersohn Alexander von Solodkoff. Als wir in das Schweriner Schloß kamen, dessen Direktor ich ja nun schon kannte, wurden wir sehr freundlich aufgenommen und durften schon eine halbe Stunde vor der Öffnung für die übrigen Besucher durch alle Räume gehen. Hinter uns waren sehr viele Menschen, die meinen Erzählungen interessiert zuhörten, sich aber nicht ins Gespräch einmischten. Als wir das letzte Zimmer betraten, waren sie plötzlich alle weg. Stasibeamte! Sie ließen sich dann nicht mehr sehen. Die Aufnahme, die wir bei den Angestellten im Schweriner Schloß fanden, war sehr freundlich, wie auch sonst überall in Mecklenburg. Sehr entgegenkommend war auch der Schloßdirektor Hoyer in Ludwigslust, der 1985 sein Amt gerade übernommen hatte und versuchte, das Schloß in ein Museum umzuwandeln.

Ich bin damals mit meinen Töchtern durch ganz Mecklenburg gereist. Wir hatten früher unseren Besitz überall im Lande verstreut: 1918, nach dem Ende der Monarchien in Deutschland, hatte man uns in den verschiedensten Teilen Mecklenburgs land- und forstwirtschaftliche Betriebe zugesprochen, damit nicht ein Staat im Staate entstünde. Wir besuchten 1985 alle unsere ehemaligen Schlösser und Gutshäuser. Das sehr schöne Schloß Wiligrad am Nordende des Schweriner Sees in einem großen Buchenwald ist von meinem Großonkel Herzog Johann Albrecht zu Mecklenburg erbaut worden. Am Südostende des Sees liegt Rabensteinfeld, ein früheres großherzogliches Hausgut, wo mein Urgroßvater Großherzog Friedrich Franz II. sehr oft gewohnt hat. Wir waren dann noch in Gelbensande, einem großen Forst an der Ostsee zwischen Rostock und Ribnitz, wo unser altes Jagdhaus, 1878 von meinen Großeltern erbaut, heute noch steht. Es gehört jetzt der Gemeinde, und ein junger Mann kümmerte sich um das Gebäude, das leer stand. Er hatte das Dach neu gedeckt und weitere Reparaturen ausgeführt. Er war einer der sehr vielen sympathischen Mecklenburger, die wir kennengelernt haben.

Im Jahre 1989 war ich dann mit meiner jüngeren Tochter Edwina wieder in Mecklenburg, hauptsächlich im Strelitzer Land. Während unseres Aufenthaltes erlebten wir den gewaltigen Stimmungsumschwung in der Bevölkerung. Viele Menschen hofften auf eine Veränderung der politischen Lage, viele aber hatten große Angst vor dem Zugriff der Stasi. Wir selbst konnten uns frei bewegen und alles mit Interesse verfolgen. Ein Jahr nach der Wiedervereinigung, die wir am Fernsehen miterlebten, habe ich mich erneut in meine alte Heimat aufgemacht. Ich wohnte, wie üblich, im Stift Bethlehem, fuhr nunmehr ungehindert durch das ganze Land und lernte bei dieser Gelegenheit im Schloß Wiligrad einen noch recht jungen, pensionierten Volkspolizisten kennen, der als Aufseher dabei war, das Haus tadellos in Ordnung zu bringen. Alles war blitzsauber, und der freundliche, aufgeschlossene Mann war damit beschäftigt, die Löcher in den Wandtäfelungen, an die man zu DDR-Zeiten Spruchbänder genagelt hatte, zu verspachteln. Leider ist er später von der Treuhandanstalt hinausgesetzt worden.

Seit der Wende war ich häufig in Mecklenburg. Im Ludwigsluster Schloß habe ich auch am 29. September 1992 meinen 80. Geburtstag gefeiert. Die Neubrandenburger Philharmonie hatte ich für ein Konzert gewinnen können. 180 Gäste, viele Mecklenburger, die heute nicht mehr im Lande wohnen, alle meine Verwandten aus Schleswig-Holstein, meine Vettern und Neffen aus Baden, Markgraf und Prinz von Baden, waren anwesend. Aber auch viele Mecklenburger, die ich in den letzten Jahren erst kennengelernt habe, darunter unser letzter Gärtner aus Wiligrad und die Förster, die uns durch unsere

Forsten führten, feierten mit. Das Fest in der Heimat mit vielen alten und neuen Freunden war sehr gut gelungen, und es stellte sich die Frage, ob meine Familie wieder einen Wohnsitz in Mecklenburg anstrebe. Mein älterer Bruder, der kinderlos in Hamburg lebt, kann genau wie ich aus Altersgründen nicht mehr an eine Übersiedlung denken. Auch für meine Töchter wäre ein Neuanfang in Mecklenburg mit zu großen Belastungen verbunden. Meine älteste Tochter Donata ist mit einem Kunstexperten verheiratet, und meine jüngere Tochter Edwina leitet als gelernte Landwirtin in Hemmelmark den land- und forstwirtschaftlichen Betrieb der Familie. Sie müßte in Mecklenburg, wo sie niemanden kennt, neu anfangen und gegen viel zu viele Widerstände ankämpfen. Wir streben zur Zeit keinen festen Wohnsitz in Mecklenburg an. Wir haben zwei sehr schöne kleine Hotels in Ludwigslust, die bereits restauriert sind und in denen wir bei unseren Besuchen absteigen.

Ludwigslust war bis 1945 der Hauptwohnsitz meiner Eltern. Dort lebte auch meine älteste Schwester Thyra, die in unserer Großherzoglichen Vermögensverwaltung in Schwerin arbeitete. Gegen Ende des Krieges, nach Bekanntwerden des Abkommens von Jalta, war abzusehen, daß Mecklenburg in die Hände der Sowjets fallen würde. Deshalb hatte der stellvertretende Gauleiter und Reichsstatthalter Körber, den mein Vater gut kannte, zugesagt, uns rechtzeitig nach Schleswig-Holstein hinauszubringen. Meine jüngste Schwester Anastasia war mit dem Prinzen Friedrich Ferdinand zu Schleswig-Holstein verheiratet, dessen Eltern im Schloß Glücksburg wohnten, das dem Herzog Friedrich zu Schleswig-Holstein gehörte. Dieser war bereit, uns aufzunehmen. Am 22. April brachte ich zuerst meine Mutter und meine Schwestern und Schwägerin, dann gegen Ende April meinen Vater nach Grünholz. Als ich Mitte Mai 1945 nach Ludwigslust zurückkam, war unser Schloß bereits in der Hand der britischen Armee. Erst feierten hier die Amerikaner, dann die Briten mit den Sowjets ihre Siegesfeste.

Bei Ausbruch des Zweiten Weltkrieges im Jahre 1939 wurde ich in das Kavallerieregiment 14 eingezogen, in dem ich gedient hatte und nunmehr Wachtmeister war. Ich hatte nach dem Abitur 1933 zunächst eine Forstlehre im Forstamt Abtshagen in Vorpommern und dann anschließend eine Landwirtschaftslehre in Plennin gemacht, die durch meine Dienstzeit als Rekrut im Reiterregiment 14 in Ludwigslust unterbrochen wurde. Ich war dann zeitweise in Berlin und in den eigenen Betrieben tätig. Bei Kriegsbeginn bekam ich einen Zug, und wir sind in der Nähe von Oppeln über die Grenze nach Polen einmarschiert. Wir haben den ganzen Polenfeldzug mitgemacht, und ich habe dann als Adjutant einer Aufklärungsabteilung am Frankreichfeldzug teilgenommen.

Kurz vor der französischen Kapitulation wurde ich in die Kavallerieschule Grabnitz zurückversetzt. Dort wurde ich als Offiziersanwärter ausgebildet und in der Nacht vor dem Angriff auf die Sowjetunion in den Stab der Zweiten Armee versetzt. Es gab nämlich einen Führerbefehl, dem zufolge Angehörige vormals regierender Häuser entweder gar nicht oder nur in Stäben oder hinter der Front dienen durften. Deshalb habe ich als Ordonnanzoffizier des Oberquartiermeisters im Armeestab der Zweiten Armee den Rußlandfeldzug bis zum November 1944 mitgemacht. Dann wurde ich in Schwerin entlassen.

Nach der Kapitulation der deutschen Wehrmacht erlaubte mir ein in Ludwigslust stationierter britischer Brigadier, meine Eltern zurückzuholen. Er stellte uns Zimmer im Schloß zur Verfügung. Alle unsere Bediensteten, vom Haushofmeister bis zum Koch und zum Zimmermädchen, waren für die Briten wie auch vorher schon für die Amerikaner voll im Einsatz. Sie sollten uns mitversorgen. Da der Brigadier wegen der strengen Anti-Fraternisierungsbestimmungen mit meinen Eltern nicht direkt in Verbindung treten durfte, sollte ich auch meine älteste Schwester zurückholen. Doch bevor es dazu kam, rückten die Russen ein. Meine Eltern fuhren am 1. Juli 1945 endgültig nach Glücksburg, wo sie bis zu ihrem Tode wohnten. Mein Vater starb dort schon am 17. November 1945. Er wurde – wie später auch meine Mutter und meine viel jüngeren Schwestern – auf dem Glücksburger Friedhof beigesetzt. Ich selbst war in Ludwigslust zurückgeblieben, um mit meinem Beispiel zu erreichen, daß die Mecklenburger nicht fortzogen und die Zahl der Flüchtlinge, die vor den Russen nach Schleswig-Holstein flohen, nicht noch vergrößerten.

Ich übernahm nun die Verantwortung für unseren ganzen Besitz. Am 1. Juli 1945 tauchten die ersten russischen Soldaten im Schloß auf. Sie sahen sich alles neugierig an, auch die Bilder der russischen Zaren. Ein einfacher Soldat nannte sämtliche Zaren beim Namen, er kannte sie alle. Offenbar hatten die Russen ihre Geschichte nicht vergessen!

Eine Woche nach der Ankunft der Russen mußte ich in unser Büro umziehen. Das ganze Schloß wurde versiegelt, jedes Zimmer gesondert. Das gesamte Inventar wurde von den Sowjets nach Schwerin geschafft. Mit wenigen Ausnahmen ist alles verschwunden. Am 16. Juli 1945 wurde ich dann von einem kleinen Kommando, von sechs sowjetischen Soldaten, abgeholt. Ich packte schnell ein paar Sachen in einen Rucksack: Wäsche, eine Decke und einen schweren Übermantel, einen Kradmantel der Wehrmacht, nahm ich trotz großer Sommerhitze mit. Ich kam in ein übles Lager nach Parchim, wo etwa 600 Männer, zu Kriegsgefangenen erklärt, nur gerade überlebten. 1951 brachte man mich über Schwerin und Potsdam in die Lubjanka nach Moskau. Damals wurden alle Kriegsgefangenen in der Sowjetunion zu Kriegsverbrechern erklärt. Nach Meinung der Richter hatte ich an der Vorbereitung eines Angriffskrieges teilgenommen, weil ich meine Soldaten mit Munition, Verpflegung und Kleidung versorgt hatte. Dafür wurde ich zu 25 Jahren verurteilt. 1953 kam ich mit etwa 1000 Kriegsgefangenen nach Deutschland zurück und war am Silvesterabend endlich wieder bei meiner Mutter und meinen Schwestern in Glücksburg. Im Juli 1954 heiratete ich Barbara Prinzessin von Preußen, eine Enkelin des Prinzen Heinrich von Preußen und Großnichte des Kaisers. Ihr gehört der Besitz Hemmelmark bei Eckernförde, den wir seit unserer Heirat bewohnen und bewirtschaften.

Meine ersten Lebensjahre verbrachte ich im Schweriner Schloß, der Residenz der Großherzöge von Mecklenburg-Schwerin, und dort erlebte ich auch als Kind die Revolutionstage von 1918.

Mein Vater wurde am 14. November 1918 zur Abdankung gezwungen. Bevor er die Abdankungsurkunde unterschrieb und mit seiner Familie außer Landes ging, hatte er vergeblich versucht, mit Hilfe von zwei Sozialdemokraten, die er in die Regierung aufnahm, mit den Revolutionären zu verhandeln. Aber man hatte ihm gedroht, daß, wenn er nicht abdanke, es ihn den Kopf kosten werde. So riet man ihm, nach Kopenhagen zu seiner Schwester, der Königin Alexandrine von Dänemark, zu gehen. So fuhren wir dorthin, wo uns König Christian von Dänemark am Bahnhof empfing.

Bis kurz vor Weihnachten 1919 blieben wir in Dänemark. Dann bezogen wir das Jagdhaus Gelbensande bei Rostock, das uns als Wohnsitz zur Verfügung gestellt worden war. Dort wurde auch der sogenannte Auseinandersetzungsvertrag zwischen dem vormals regierenden Großherzog und dem Freistaat Mecklenburg-Schwerin unterschrieben, den der Oberhofmarschall von Rantzau mit der Regierung des Freistaates ausgehandelt hatte. In dem Vertrag wurde festgelegt, welche Güter meinem Vater belassen werden sollten. Es mußte untersucht und entschieden werden, welche Güter Privateigentum waren, welche zum Domanium gehörten und welche großherzoglich, d.h. staatlich, waren. Das Schloß in Schwerin war schon 1918 enteignet worden, Schloß Ludwigslust, das wir 1922 bezogen, wurde der Hauptwohnsitz der Familie; die Großeltern bewohnten Schloß Gmunden.

Ähnlich wie Mecklenburg-Schwerin erging es dem Großherzogtum Mecklenburg-Strelitz. Großherzog Adolf Friedrich VI. hatte sich im Februar 1918 das Leben genommen, und mein Vater stand seither bis zu seiner Abdankung beiden mecklenburgischen Regierungen vor. Adolf Friedrich, der kinderlos aus dem Leben geschieden war, hatte ein handschriftliches Vermächtnis hinterlassen, in dem er mich, seinen Patensohn, zum Erben seines Vermögens vorsah. Wenn ich Großherzog von Mecklenburg-Strelitz würde, sollte ich sein gesamtes Privatvermögen erben. Das Erbe habe ich wegen der veränderten politischen Lage und aus rechtlichen Gründen nie antreten können.

GEORG ALEXANDER HERZOG ZU MECKLENBURG
Das Haus Mecklenburg-Strelitz und seine Schlösser

Mit der letzten Teilung Mecklenburgs im Jahre 1701 beginnt die Geschichte des Hauses Mecklenburg-Strelitz. Zuvor war im Jahre 1695 die Linie der Herzöge von Mecklenburg-Güstrow erloschen. In den folgenden Jahren setzte zwischen den gleichberechtigten Erben, den Herzögen in Schwerin und in Strelitz ein erbitterter Erbfolgestreit ein, der am 8. März 1701 mit dem Hamburger Vergleich geschlichtet werden konnte. Herzog Adolf Friedrich II., der bereits als apanagierter Prinz in Strelitz lebte und die Ämter Strelitz, Wanzka, Feldberg und im Schwerinschen das Amt Mirow besaß, wurde mit dem ehemaligen Land Stargard und dem Fürstentum Ratzeburg abgefunden; beide Landesteile bildeten fortan das neue Herzogtum Mecklenburg-Strelitz (ab 1815 Großherzogtum).

Wegen seiner außerordentlich günstigen Verkehrslage – alle Straßen im Land gingen von Strelitz aus – und der bereits vorhandenen Burg (Schloß) wählte der Begründer des Hauses Mecklenburg-Strelitz, Adolf Friedrich II., die kleine mittelalterliche Stadt zu seiner Residenz. 1708 starb Adolf Friedrich II., und sein Sohn Adolf Friedrich III. folgte ihm auf dem Thron nach. Beide versuchten auf vielfache Weise den Wohlstand des Landes zu steigern. Schloß und Stadt wurden ausgebaut, der Nordische Krieg verhinderte jedoch einen allgemeinen Aufschwung. In der Nacht vom 24. zum 25. Oktober 1712 brannte das Residenzschloß bis auf die Grundmauern nieder. Die Bewohner vermochten nur das nackte Leben zu retten. Zunächst wurde der Wiederaufbau des Schlosses erwogen, doch die leeren Kassen und die Weigerung der Strelitzer Bürger, „Hand- und Spanndienste" zu leisten, haben die Pläne scheitern lassen. 1726 beschloß Adolf Fried-

rich III., das 1710/11 bei der Meierei Glieneke am Zierker See erbaute „fürstliche Haus" (ein kleines Jagdschlößchen) durch den „hochfürstlichen Kunstgertner" Julius Löwe aus Braunschweig zum neuen Residenzschloß ausbauen und zugleich einen großen Schloßgarten anlegen zu lassen. Adolf Friedrich III. verfügte 1733 außerdem, nahe beim Schloß eine neue Residenzstadt mit dem Namen Neu-Strelitz zu erbauen. Damit war der Niedergang der Stadt Strelitz in die Bedeutungslosigkeit besiegelt. Neustrelitz hingegen entwickelte sich rasch zur neuen Metropole des Landes, zumal die zahlreichen Vergünstigungen (kostenloses Bauland und -holz, 10 Jahre Steuerfreiheit u. a.) Wirkung zeigten. Die Stadt gehörte zum Domanium des Landesherrn, sie hatte deshalb nicht die Privilegien der anderen Städte des Landes (Sitz und Stimme im Landtag, eigene Dotationen etc.) und wurde in ihrer Entwicklung – solange die Monarchie bestand – völlig von den Interessen des Hofes bestimmt. Auf die Gestaltung der Stadt im 18. Jahrhundert nahm besonders Herzog Adolf Friedrich IV., ein Neffe von Adolf Friedrich III., den Reuter als „Dörchläuchting" karikiert, großen Einfluß. Sein Nachfolger, Herzog (nach dem Wiener Kongreß von 1815 Großherzog) Carl, der Vater der beliebten Königin Louise von Preußen, mußte wegen fehlender finanzieller Mittel (Napoleon überzog Europa mit Krieg) seine Bautätigkeit stark einschränken. Seinem Sohn, Großherzog Georg, Regent von 1816 bis 1860, erst war es möglich, Baumaßnahmen größten Umfangs in Auftrag zu geben. Einige Beispiele dafür seien hier genannt: Turm der Stadtkirche (1831), Mädchenschule (1831), Kollegiengebäude (1818), Hirschportal (1821), Rathaus (1841), Orangerie (1841-43), Schloßkirche (1855-59).

Dabei nutzte Großherzog Georg die guten Verbindungen zum preußischen Hof. Viele bedeutende Baumeister und Künstler Preußens dieser Zeit waren zum Nutzen Mecklenburg-Strelitz' und der Stadt Neustrelitz direkt oder beratend tätig: so Karl Friedrich Schinkel, Christian Daniel Rauch, Peter Joseph Lenné, Thorwaldsen. Hofbaurat Friedrich Wilhelm Buttel, ein Schüler und Freund Schinkels, errichtete von 1821 bis zu seinem Tode 1869 fast alle Bauten im Land. Albert Wolff, ein Schüler Rauchs, schuf die Evangelisten an der Schloßkirche, das Standbild von Großherzog Georg sowie die Kopie der Rauchschen Grabstatue der Königin Louise.

Das Haus Mecklenburg-Strelitz besaß im Lande eine Reihe von Schlössern: Neustrelitz, Mirow, Hohenzieritz, Neubrandenburg, Weisdin, Prillwitz, Remplin etc. Mit Ausnahme des Liepser Schlößchens (1892) sind alle Schlösser im 18. Jahrhundert entstanden.

Residenzschloß Neustrelitz

Das in den Jahren von 1726 bis 1731 durch Julius Löwe errichtete neue Residenzschloß war zunächst ein einfacher Fachwerkbau. 1755 ließ Herzog Adolf Friedrich IV. das Schloß nach Versailler Vorbild umgestalten. Über dem hufeisenförmigen Grundriß erhob sich dann ein dreigeschossiger, massiver barocker Putzbau. Die Wandflächen erhielten eine rötliche Farbgebung, die Pilaster waren gelblich und die Kapitelle weiß gehalten. Die Fenster waren mit barocken Putzgliederungen umzogen.

Die Innenausstattung (1776 abgeschlossen) zeigte das für diese Zeit typische Bild des Rokoko. Die Freitreppen zur Gartenseite waren 1802 abgebrochen und in Schloß Hohenzieritz neu aufgebaut worden. 1817 ließ Großherzog Georg das Schloß von außen renovieren und im Inneren durch Christian Philipp Wolff im klassizistischen Stil umgestalten.

Die von Löwe gleichzeitig mit dem Schloß errichteten seitlichen Pavillons wurden durch Friedrich Wilhelm Buttel zwischen 1828 und 1834 mit einem Obergeschoß versehen und im ebenfalls klassizistischen Stil umgebaut.

Die nächste große Veränderung erfuhr 1865 bis 1869 der stadtseits gelegene Flügel des Schlosses. Nach Plänen von Buttel und Stüler bekam er ein völlig neues – vom Erscheinungsbild des übrigen Schlosses abweichendes – Aussehen. Nach Plänen von Hofbaurat Geyer, Berlin, ließ Großherzog Adolf Friedrich V. in den Jahren von 1905 bis 1909 einen Erweiterungsbau errichten. Der westliche Teil des Schlosses zeigte sich nun als ein massiver Putzbau mit Werksteinverwendung, der der vorhandenen Architektur angepaßt wurde. An der Baunaht zwischen altem und neuem Teil überbrückten zwei Türme die verschiedenen Geschoßhöhen. Der große Turm an der Gartenseite hat sein Vorbild im Turm des Eosander von Schloß Charlottenburg/Berlin. Die Innenräume wurden prunkvoll ausgestaltet.

Lediglich der „Königssaal" (so genannt nach den dort hängenden Bildern von König Georg III. und Königin Charlotte von England – eine Schwester der Herzöge Adolf Friedrich IV. und Carl) und der Konzertsaal wiesen noch die ursprünglichen Rokoko-Verzierungen auf.

Nach dem Erlöschen der Monarchie ging das Schloß in den Besitz des Freistaates Mecklenburg-Strelitz über. Bis 1934 waren in ihm Sitzungs- und Fraktionszimmer des Landtages sowie das Landesmuseum, die Landesbibliothek und das Hauptarchiv (1934 nach Schwerin) untergebracht.

In der nationalsozialistischen Zeit beherbergte das Schloß noch die Führerschule und während des Krieges auch ein Lazarett.

Wenige Stunden vor Beendigung des Zweiten Weltkrieges wurde das Schloß wie auch das Theater, das alte Palais u. a. durch Brandstiftung ein Raub der Flammen, die Ruine ist 1950 gesprengt und abgetragen worden. Auf dem nunmehr freien Platz wurden viele Baracken errichtet, die der Barock-Stadt den Beinamen Barack-Stadt („mehr barack als barock") eingetragen haben.

Schloß Mirow

Das Schloß von Mirow wurde von 1749 bis 1752 durch den Bruder des Herzogs Adolf Friedrich III., Herzog Carl zu Mecklenburg (genannt der „Prinz von Mirow", Vater von Herzog Adolf Friedrich IV.) erbaut.

Das Gebäude ist ein zweigeschossiger, massiver barocker Putzbau mit dreigeschossigen Mittel- und Seitenrisaliten und liegt auf einer kleinen Insel im Mirower See. In den Jahren von 1753 bis 1760 erfolgte der Innenausbau nach französischem Vorbild in klarem Rokoko. Der Bau bekam Stuckdecken, vergoldetes – in einigen Räumen auch versilbertes – holzgeschnitztes Rahmenwerk und einen barocken Festsaal im Obergeschoß.

Zum Schloßkomplex gehören ferner das Torhaus, ein zweigeschossiger Putzbau im Stil der Spätrenaissance erbaut – laut Inschrift unter dem fünfteiligen mecklenburgischen Wappen aus Sandstein – 1588 von Herzog Carl, weiter das Kavaliers- und Küchengebäude 1758 (gegenüber dem Schloß liegend), ein zweigeschossiger, massiver Putzbau mit Mittelrisalit unter einem Dreiecksgiebel, und die Anfang des 14. Jahrhunderts erbaute Johanniterkirche, nach einem Brand von 1742 bis 1744 einheitlich

im Inneren barock ausgebaut, in Kampfhandlungen 1945 zerstört. An der Nordseite liegt die massiv erbaute (Putzbau) Fürstengruft. Hier fanden fast alle Mitglieder des Mecklenburg-Strelitzschen Fürstenhauses ihre letzte Ruhestätte.

Auf der „Liebesinsel", die dem Schloß vorgelagert ist, befindet sich das Grab des letzten Großherzogs von Mecklenburg-Strelitz, Adolf Friedrich IV. (gest. 1918).

Das Schloß wird seit 1990 von Grund auf saniert.

Schloß Hohenzieritz

Eines der wichtigsten Schlösser des Mecklenburg-Strelitzschen Hauses war das Schloß Hohenzieritz, nahe bei Neustrelitz.

Um 1700 war das Hohenzieritzer Schloß noch ein Wohn- bzw. Gutshaus, das 1712 einem Totalbrand zum Opfer fiel. Bis zur Inbesitznahme des Gutes durch den Königlich Preußischen Oberstleutnant Johann Christian von Fabian im Jahre 1732 stand an dieser Stelle wahrscheinlich ein provisorischer Neubau. Von 1746 bis 1751 ließ von Fabian unter Nutzung der Grundmauern des Gutshauses ein massives, einstöckiges Haus errichten. 1768 erlosch das Lehen derer von Fabian; Hohenzieritz fiel an Herzog Adolf Friedrich IV. zurück, der es 1770 dann seinem Bruder, Herzog Carl, schenkte.

1776 wurden für das Gefolge zwei einstöckige Seitenpavillons durch den Leibmedikus Adolf Friedrichs IV., Dr. Verpoorten (er ist auch Erbauer der Neustrelitzer Stadtkirche, 1768/78), errichtet. 1790 ließ Herzog Carl durch den Forstingenieur Dräseke ein Obergeschoß in Fachwerk aufsetzen, die Fassade wurde neu gestaltet: große Pilasterstellung (System des Palladio), an der Hof- und Gartenseite

Deltagiebel, im Tympanon das Wappen Herzog Carls, Anlage im klassizistischen Stil.

Ab 1795 erfolgte der Ausbau im Innern (Leitung Baukondukteur Ebel) ganz im Geschmack des Zopfstils und des frühen Empire; hervorzuheben sind der ägyptische und chinesische Raum. 1802 erhielt das Schloß an der Hof- und Gartenseite große Freitreppen aus Sandstein.

Seine spätere Bedeutung erlangte das Schloß im Jahre 1810. Am 19. Juli starb hier Königin Louise von Preußen, eine Tochter Herzog Carls. Ihr Sterbezimmer wurde später zu einer Gedenkstätte umgestaltet, hier befanden sich die Marmorbüste und eine Kopie (A. Wolff) der zweiten Grabstatue von Christian Daniel Rauch.

Bis zur Auflösung der Monarchie 1918 befand sich Schloß Hohenzieritz im Besitz der Familie. 1918 wurde es Eigentum des Freistaates Mecklenburg-Strelitz.

Zum Komplex des Schlosses gehören noch der Schloßgarten (Anlage nach 1771 durch den englischen Gartenbaumeister Thomson) mit dem 1815 von Herzog Carl zum Gedenken an seine Tochter errichteten Louisentempel: ein dorischer Rundtempel mit Kuppeldach, darunter auf einer schlichten Sandsteinsäule die Büste der Königin, modelliert nach der Totenmaske von Christian Philipp Wolff.

Bemerkenswert ist noch die 1806 von Dunkelberg errichtete kreisrunde Kuppelkirche.

Palais – Neubrandenburg

Herzog Adolf Friedrich IV. ließ in den Jahren von 1775 bis 1786 am Markt von Neubrandenburg das Palais errichten. Nur zwei Jahre später schloß sich ein Erweiterungsbau an, so daß das Palais (nun hufeisenförmig) die gesamte Ostseite des Marktes einnahm. Das Palais war ein zweigeschossiges Fachwerkgebäude mit klassizistischer, gelbgetönter Putzarchitektur, Eckrisaliten, als Flügelbauten hervortretend, und dreiachsigem Mittelrisalit. Unter der Leitung von Christian Philipp Wolff (Neustrelitz) erfolgte 1820 ein Umbau.

Im Innern finden sich der Festsaal und zahlreiche Repräsentationsräume mit reichen kassizistischen Schmuckelementen.

1918 ging das Palais in den Besitz der Stadt Neubrandenburg über, die das Gebäude für Verwaltungszwecke umbaute, wodurch der Palais-Charakter völlig verlorenging. Die Einrichtungsgegenstände kamen ins Landesmuseum Neustrelitz.

In den Kampfhandlungen gegen Ende des Zweiten Weltkrieges ging das Palais wie fast die gesamte Altstadt von Neubrandenburg verloren.

Belvedere

Schon 1775 ließ Adolf Friedrich IV., der sich häufig für längere Zeit in Neubrandenburg aufhielt, auf einem Hügel bei Broda am Tollensesee ein Sommerhaus errichten, das den Namen Belvedere („Schöne Aussicht") erhielt. Nach seinem Tode, 1794, wurde das Haus abgetragen und in der Beguinenstraße in der Stadt von einem Neubrandenburger Bürger als Logenhaus neu aufgebaut. Großherzogin Marie gab 1823 Baumeister Friedrich Wilhelm Buttel den Auftrag, ein neues „Belvedere" im Stile eines griechischen Tempels zu errichten.

Schloß Remplin

Mein Urgroßvater, Herzog Georg zu Mecklenburg-Strelitz (zweiter Sohn von Großherzog Georg von

Mecklenburg-Strelitz, Bruder des Großherzogs Friedrich Wilhelm) und seine Gemahlin, Großfürstin Katharina von Rußland (Enkelin der Großen Katharina), erwarben im Jahre 1851 Schloß Remplin. Bis 1816 war Remplin über viele Jahrhunderte hinweg Sitz des mecklenburgischen Adelsgeschlechtes der Grafen von Hahn. Friedrich II. Graf von Hahn – einer der reichsten Männer Mecklenburgs – widmete sich ausschließlich wissenschaftlichen Studien, besonders der Astronomie. Er ließ im Garten von Schloß Remplin das erste mecklenburgische Observatorium erbauen; mit außerordentlich wertvollen Geräten aus England war es das modernste und zugleich teuerste Observatorium seiner Zeit. Von den Remplinern wurde es wegen des unaussprechlichen Namens nur „Ossenvantorium" (Ochsenvantorium) genannt.

Ursprünglich war der Turm des Observatoriums auf einem Teehaus errichtet, später wurde es mehrfach umgebaut, bis schließlich nur noch der Turm mit der Kuppel übrigblieb, zu der außen eine Eisentreppe hinaufführte. Zu meiner Jugendzeit war das Gebäude aber bereits eine sehr baufällige Ruine.

Der Sohn von Friedrich II. Graf von Hahn, Carl Friedrich II., wurde Erbe eines riesigen Vermögens, das er beinahe völlig seiner Leidenschaft für das Theater opferte. Dieser Leidenschaft oder auch Narrheit wegen hieß er nur der „Theater-Graf". Der berühmte Iffland war mehrere Wochen in Remplin zu Gast und wurde für sein Spiel reich beschenkt (er bekam eine Ritterrüstung aus purem Silber, einen kostbaren Brillantring, sogar Pferde und Kutsche für die Heimfahrt). Eigens für die Königin Louise von Preußen wurde ein großes Festzelt mitten im Garten aus echten orientalischen Seidenstoffen errichtet, das nach dem Fest auf Befehl des Grafen verbrannt wurde, damit niemand wieder nach der Königin das Zelt betreten konnte. Das Zimmer, in

dem die Königin nächtigte, hieß fortan nur noch das „Louisen-Zimmer".

Der große Schloßgarten mit seinen vielen Figuren (ähnlich dem Schloßgarten von Neustrelitz) ist eine der zahlreichen Gartenanlagen in Mecklenburg, die vom Potsdamer Gartenbaudirektor Peter Joseph Lenné gestaltet wurden.

Das Schloß von Remplin war hufeisenförmig angelegt. An den prachtvollen Mittelbau mit seinen repräsentativen und kostbar ausgestalteten Räumen schlossen sich nördlich und südlich Seitenflügel an. Im Südflügel befanden sich die privaten Räume der Familie sowie der Marstall; im Nordflügel waren das Rentamt, die Wohnungen für die Dienerschaft, die Wäscherei und die Wagenremise untergebracht. Gleich nach dem Erwerb von Remplin durch meine Urgroßeltern erfuhr das in seiner Grundanlage vom Barock und Klassizismus geprägte Schloß einen umfangreichen Umbau durch den Geheimen Regierungsrat Hitzig, Berlin, der das Schloß ganz im um die Mitte des 19. Jahrhunderts herrschenden Zeitgeschmack neugestaltete. Die dabei verwendeten Materialien, Einrichtungsgegenstände, Skulpturen und andere Kunstwerke waren sehr kostbar und erlesen. Sie stammten überwiegend aus Italien und Frankreich.

Schon in der Eingangshalle im Mittelbau bot sich dem Eintretenden ein beinahe überwältigender Anblick: die große Kuppelhalle mit den vom Parterre zur Balustrade führenden geschwungenen, bogenförmigen Marmortreppen mit ihren reich verzierten Geländern und riesigen, die Kuppel tragenden Marmorsäulen. Die Balustrade, zwischen den Säulen ein Geländer aus Marmor, war mit zahlreichen Kunstwerken geschmückt: Kandelabern, Figuren, Vasen, Gemälden. Oberhalb der Treppen thronte eine Marmorbüste meines Urgroßvaters. (Der Kopf der Büste wurde im August 1992 bei Aufräumarbeiten im Schutt gefunden und nur leicht beschädigt mir übergeben). Von der Balustrade aus gelangte man in die Galerie. Hier hatten ebenfalls viele Kostbarkeiten Platz gefunden: Boulé-Möbel aus Frankreich, Marmorkopien antiker Skulpturen zwischen schwarzen Marmorsäulen. Nach rechts führte der Weg ins Eichenzimmer, anschließend in das sogenannte „Andenkenzimmer". Hier wurden Sammlerstücke der Familie aufbewahrt. Den Abschluß bildete das „Rote Eßzimmer", wo wir die täglichen Mahlzeiten einnahmen. Auf der linken Seite der Galerie lag das „Bilderzimmer" mit vielen Gemälden der Familienmitglieder, über den Türen befanden sich französische Supraporten mit Landschaftsmotiven und allegorischen Darstellungen. An das Bilderzimmer schloß sich der Musiksaal an. Hier standen einst zwei Blüthner-Flügel. Robert Schumann und Peter Tschaikowski sowie auch die berühmte Sängerin Henriette Sonntag gaben in diesem Raum Konzerte. Noch zu meiner Jugendzeit haben hier fast an jedem Wochenende kleine Hauskonzerte (Trios oder Quartette, wobei ich die Violine oder Bratsche mitspielen durfte oder mußte) stattgefunden. Das nächste Zimmer, das „Teezimmer", erinnerte an den Erbauer und hieß deshalb das „Hitzig Zimmer", dann folgte das „Gelbe Eßzimmer", das nur bei besonderen Gelegenheiten genutzt wurde.

Im Obergeschoß lag die große Bibliothek, deren Bestände zum großen Teil noch vom Grafen Friedrich von Hahn herrührten.

Von der Bibliothek gingen drei Hauskapellen ab: für die Urgroßmutter eine russisch-orthodoxe, sie war die größte Kapelle, rechts davon – etwas kleiner – die evangelische und links – gleich groß – die katholische. So konnte jedes Familienmitglied seine Andachten halten. Im Parterre öffnete sich eine große Marmorhalle zum Garten hin, zwei Löwen rechts und links davon bewachten den Eingang. Die Gartenpartie vor dieser Halle hatte der Theater-Graf wie eine Kulisse anlegen lassen.

Dem Leser meiner Beschreibung wird aufgefallen sein, daß ich bei meinen Ausführungen immer in der Vergangenheit rede. Das hat seinen Grund, denn Schloß Remplin gibt es – bis auf Teile des Nordflügels – nicht mehr. Nicht Kriegswirren oder die vergangene Zeit in der Ex-DDR sind daran schuld, obwohl die kommunistischen Machthaber den Schloßgarten und andere Reste der Anlage tüchtig verkommen ließen. Entgegen anderslautenden Berichten vom Untergang des Schloßgebäudes stelle ich richtig: Schloß Remplin brannte in der Nacht vom 10. zum 11. April 1940 in nur zwei Stunden fast völlig nieder. Mir liegen sieben eidesstattliche Erklärungen verschiedener Personen vor, aus denen eindeutig hervorgeht, daß der Brand vorsätzlich im Auftrage der Nazis gelegt wurde. Der Reichsstatthalter und Gauleiter der NSdAP in Mecklenburg, Fr. Hildebrandt, erklärte unserem Rechtsanwalt wegen unserer ausländischen „Versippung": „Der Herzog gehört ausgeräuchert." Eine Stunde nachdem wir den Brand entdeckten, war Hildebrandt schon in voller Paradeuniform am Ort des Geschehens, um sein „Mitgefühl" auszusprechen. Auf die Feuerwehr aus dem nur 7 km entfernten Malchin warteten wir mehr als zwei Stunden vergebens, weil angeblich „kein Benzin für die Löschfahrzeuge vorhanden" war und sie mit von Pferden gezogenen Wagen ankam. Nachbarn mit ihren ländlichen Feuerwehren kamen, um zu retten, was zu retten war. Sie, wie alle anderen, kämpften tapfer gegen die Feuersbrunst. Vergeblich!

Mit dem Brand von Remplin gingen unschätzbare Werte verloren: das Mobiliar; die vielen Bilder von Winterhalter, François Bouché u. a., die zum Teil fest in die Wände eingelassen waren; der gesamte Familienschmuck, die außerordentlich wertvolle Münzsammlung und das Silber. Besonders schmerzlich empfanden wir den Verlust eines Eichenschrankes mit Briefen an Großherzog Georg, der ja als ein besonders den Künsten gegenüber aufgeschlossener Regent bekannt war. So verbrannte eine große Anzahl von Briefen J. W. von Goethes und der Lieblingsschwester von Georg, der Königin Louise von Preußen. Die Briefe wurden stets unter Verschluß gehalten, welche Fundgrube für den Forscher hätten sie heute sein können.

Mit dem Brand haben wir unser Zuhause, das Heim meiner Familie seit fast 90 Jahren, gleich zweimal verloren, denn mein Vater wurde gezwungen, Remplin weit unter Wert zu verkaufen. Der nachfolgende Besitzer bezahlte meinen Vater mit dem Erlös des Holzeinschlages des Panstorfer Forstes! Meine Familie ging nach Berlin, mein Vater wurde noch 1944 von der Gestapo verhaftet, verbrachte drei Monate in der berüchtigten Prinz-Albrecht-Straße, kam dann ins Konzentrationslager Sachsenhausen und wurde nur Tage vor dem Einmarsch der Russen entlassen. Die Familie wurde dann in Sigmaringen ansässig.

Seitdem sind mehr als 50 Jahre vergangen. Ich bin nach der Wiedervereinigung heimgekehrt in das Land meiner Väter. Weil in Remplin eine Wohnsitznahme nicht mehr gegeben ist, zog ich nach Mirow (Landkreis Neustrelitz). Ich hoffe, daß ich nach Beendigung der Restaurierung von Schloß Mirow mein mir dort von der Stadtverordnetenversammlung eingeräumtes Wohnrecht wahrnehmen kann. Mein Ziel ist es, mit den mir zur Verfügung stehenden Möglichkeiten einen Beitrag zum Wiederaufbau meiner ursprünglichen mecklenburgischen Heimat zu leisten.

(Ich danke Herrn Harald Witzke vom Karbe-Wagner-Archiv Neustrelitz für seine Mithilfe bei der Abfassung dieser Abhandlung.)

HENNING GRAF VON BASSEWITZ

Die Familie von Bassewitz in Mecklenburg – Gutsherren, Bauherren, Politiker

Auf einem Pfeiler des Eingangstores zum Park des Gutshauses Diekhof, Kreis Güstrow, das ab Mitte des vorigen Jahrhunderts für einige Generationen im Besitz der Bassewitzschen Familie war, stand folgender Spruch:

Der beste Witz in Mecklenburg
Der Bassewitz soll gelten
Denn der half seinem Fürsten durch
Als Feinde ihn umstellten
Auch soll in seinem Silberschild
Hinfort ein Eber springen
Und Ruhm soll ihm solch Wappenschild
In allen Zeiten bringen.

Den Versen liegt die Legende zugrunde, daß ein Ritter Bernd von Bassewitz einst seinen mecklenburgischen Landesherrn gerettet habe, indem er ihn, der Fährte eines Keilers folgend, aus dem Kampfgetümmel durch ein Dickicht in Sicherheit brachte. Das vom Herzog verliehene Wappenbild (Eber – Keiler oder im älteren Deutsch auch Basse) habe dann zur Namensbildung geführt. Wahrscheinlicher ist jedoch, daß der Name sich auf den zufällig gleichlautenden Ortsnamen Basse bei Gnoien, den Stammsitz der wendischen Linie, bezieht.

Schon im 14. Jahrhundert hatte sich die Familie in zwei Hauptlinien geteilt: in die mecklenburgische Linie im Gebiet des eigentlichen Herzogtums Mecklenburg und die wendische Linie im ehemaligen Fürstentum Wenden.

Urkundlich erwähnt wird der Name erstmalig 1308 und zwar wird ein Heinrich von Bassewitz (mecklenburgische Linie) als Erbauer der Kirche in

Hohenluckow genannt. Das Herrenhaus, wie es sich heute präsentiert, entstand 1707/08 unter einem Christopher von Bassewitz: ein rechteckiger, zweigeschossiger, verputzter Backsteinbau mit Walmdach, der wohl zu den ältesten Frühbarockschlössern Mecklenburgs gerechnet werden kann. Der Vorbau mit Altan sowie die rückwärtigen Türme wurden allerdings erst im 19. Jahrhundert angefügt. Im Rittersaal befindet sich ein Bild des Bauherrn, und auf Holzpaneelen sind die Wappen von 32 seiner Ahnen abgebildet. Auch Stuckreliefs mit mythologischen und allegorischen Themen schmücken den Raum. Das Gut wurde Anfang des 19. Jahrhunderts von der Familie von Stenglin, später von der Familie von Borcke erworben. Das Herrenhaus ist, im Gegensatz zu anderen mecklenburgischen Häusern, noch recht gut erhalten.

Wie Hohenluckow wechselten auch andere Güter im Laufe der Jahrhunderte mehr oder weniger oft den Besitzer. Zunächst nur lockere Bindungen an Grund und Boden, später auch wirtschaftliche Schwierigkeiten mögen hierfür Gründe gewesen sein. So waren neben Hohenluckow bis 1945 alle Güter der mecklenburgischen Linie der Bassewitz in fremde Hände übergegangen, die betreffenden Familienmitglieder in andere Berufe gewechselt. Dagegen war der wendischen Linie im Osten Mecklenburgs umfangreicher Grundbesitz bis zur Vertreibung 1945 erhalten geblieben, darunter Dalwitz und Prebberede, die sich seit 1379 bzw. 1386 ohne Unterbrechung in Familienbesitz befanden, sowie Lühburg mit Basse, das, mit einigen Jahrzehnten Unterbrechung, ebenfalls seit Ende des 14. Jahrhunderts Familieneigentum war.

Dalwitz ist auch der Geburtsort des in der langen Ahnenreihe bedeutendsten Familienmitgliedes, des Henning-Friedrich von Bassewitz (1680-1749). Nach dem Studium der Rechtswissenschaften in Rostock und Leyden (Niederlande) trat er in den Dienst des Prinzen und späteren Herzogs Carl Friedrich von Holstein-Gottorp, dessen engster Berater und schließlich Geheimer Raths-Präsident er wurde. 1714 unternahm er alleine und 1721 gemeinsam mit seinem Herzog eine Reise nach Sankt Petersburg, um Zar Peter I. für eine Unterstützung der holsteinischen Belange zu gewinnen. Dort vermittelte Bassewitz eine Heirat des Herzogs mit der Zarentochter Anna Petrowna. Der aus dieser Ehe hervorgegangene Sohn war ein Verehrer Friedrichs II. von Preußen. Er schloß bekanntlich als Zar Peter III. einen Sonderfrieden mit Preußen (1762) und trug damit zur Beendigung des Siebenjährigen Krieges bei. Nach dem Tod Zar Peters I. wurde Bassewitz ein enger Berater der Zarin Katharina I. Aufgrund seiner Initiative trat Rußland einem Bündnis zwischen Österreich und Spanien bei, dem sich später auch Schweden anschloß. Kaiser Karl VI. zeichnete Bassewitz aus, indem er ihn und seine Nachkommenschaft in den Reichsgrafenstand erhob (9. Juni 1726). Als weitere Ehrungen kamen hinzu: die Ernennung zum Geheimen Rath des Römischen Reichs Deutscher Nation sowie des Russischen Reichs, ferner Belehnungen mit Grundbesitz in Estland und Lettland sowie in Holstein. Nach Rückkehr aus Rußland fiel Bassewitz bei seinem Herzog in Ungnade. Er zog sich auf sein Gut Prebberede zurück und starb dort am 1. Januar 1749.

Das politische Engagement des Henning Friedrich setzte sich in seiner Nachkommenschaft fort. Viermal wurde das höchste Staatsamt in Mecklenburg, die Würde eines Geheimen Raths-Präsidenten bzw. Ministerpräsidenten, an seine Nachkommen verliehen und zwar an seinen Sohn Carl Friedrich (1720-1783), an dessen Sohn Bernhard-Friedrich (1756-1816), an dessen Enkel Henning Karl Friedrich (1814-1885) und schließlich an dessen Neffen Karl (1855-1921).

Der zuletzt Genannte wurde von dem mecklenburgischen Großherzog Friedrich Franz IV. nur wenige Monate nach seinem Regierungsantritt am 23. 8. 1901 in das Amt des Ministerpräsidenten berufen, das er bis 1914 innehatte. Die ungelöste Verfassungsreform war damals die große Sorge des Großherzogs. Noch immer war in Mecklenburg der längst überfällige „Landes-Grundgesetzliche Erbvergleich" vom 14. 7. 1755 rechtsgültig. Mit Hilfe seines Ministerpräsidenten Bassewitz hatte der Großherzog Friedrich Franz IV. nach seinem Regierungsantritt die Gespräche mit den Ständen wieder aufgenommen. Der Reformvorschlag der Regierung im Oktober 1912 scheiterte aber an der starren Haltung der Ritterschaft. Bassewitz resignierte und bot seinen Rücktritt an. Bei seinem Ausscheiden verlieh der Großherzog ihm die Brillanten zum Großkreuz des Hausordens der wendischen Krone.

Doch noch einmal zurück nach Prebberede, dem letzten Wohnsitz des ersten Grafen Henning Friedrich. Hier errichtete dessen ältester Sohn Carl Friedrich auf dem Gut, das ein Gerd von Basse im Jahre 1386 von zwei Brüdern Pramuhlen käuflich erworben hatte, das kunsthistorisch wertvollste Herrenhaus der Familie. Die Außenfassade des zweistöckigen Hauses zeigt bereits klassizistische Formen. In dem Dreiecksgiebel der Vorderfront befindet sich das Doppelwappen Bassewitz/Lützow, denn Carl Friedrich war mit einer Maria von Lützow verheiratet. Das Innere des Hauses ist noch im Barock- und Rokokostil gehalten. Von der Diele aus führt eine unsymmetrisch angelegte Treppe nach oben. Dort befindet sich als besondere Sehenswürdigkeit ein 86 qm großer Saal. Decke und Wände des Saales waren mit reichlichem Stuckwerk versehen, das durch eindringende Feuchtigkeit weitgehend verdorben sein soll. Die Kosten für den Bau des Hauses konnten mit 5 000 bis 6 000 Talern relativ gering gehalten werden, indem ein großer Teil des erforderlichen Materials – Holz, Kies, Lehm – auf dem Gut beschafft werden konnte. Das Haus, dessen Fertigstellung um 1778 erfolgte, überstand den Zweiten Weltkrieg unversehrt und wurde bereits Anfang der fünfziger Jahre unter Denkmalschutz gestellt. Verschiedentlich wurden auch Reparaturen vorgenommen, doch der Verfall im Innern des Hauses schreitet fort.

Das Gut Lühburg, an der Straße Rostock – Demmin gelegen, war, mit nur 75 Jahren Unterbrechung, seit dem 14. Jahrhundert im Besitz der Familie Bassewitz. Dafür sprechen die im Treppenhaus des Herrenhauses angebrachten Verse:

Was vor vierhundert Jahren von Vätern
aufgerichtet
Nachher durch Kriegsgewalt zerstöret
und zernichtet
Was vor einhundert Jahren hat öd
und wüst gelegen
Das steht von mir erbaut
durch Gottes Gnad und Segen.
Was nun von mir erbaut
in so viel schweren Zeiten
Das nimm in Deinen Schutz, mein Gott,
auf allen Seiten!
Bewahre dieses Haus, lass es in Segen stehn
Und Deines Knechtes Stamm niemalen
untergehn!

Das Lühburger Herrenhaus war im Dreißigjährigen Krieg völlig zerstört worden, die Gutswirtschaft lag im argen. Ludolph-Friedrich von Bassewitz (1693-1735), der rechtmäßige Erbe, hatte sich zum Ziel gesetzt, wie es in der Chronik heißt: „Diesen alten Sitz seiner Ahnen aus seinem gänzlichen Verfall wiederum herfürsteigen zu sehen". Auf den alten Grundmauern der ehemaligen Wasserburg errichte-te er Anfang des 18. Jahrhunderts ein Dreiflügelhaus mit Ehrenhof nach französischem Vorbild und ließ den oben zitierten Spruch anbringen.

Der fromme Wunsch ging jedoch nicht in Erfüllung. Der Sohn des Bauherrn Joachim Ludolph (1721-1786) verkaufte Lühburg und die dazugehörigen Güter und wurde Minister in Gotha sowie Wirklicher Geheimer-Rat in Polen und Sachsen. Ein Urenkel des ersten Grafen, Heinrich Graf Bassewitz (1831-1912), kaufte die Güter in der zweiten Hälfte des 19. Jahrhunderts zurück. Durch erneuten Umbau erhielt das Haus die Fassade, wie sie uns bis 1945 bekannt war. In den Nachkriegsjahren brannte der Dachstuhl aus und wurde erneuert, allerdings zu Lasten des ursprünglichen Stils des Hauses.

Nicht weit von Lühburg entfernt, ebenfalls an der Straße Rostock-Demmin, liegt das kleine Kirchdorf Basse. Noch um die Jahrhundertwende war hier ein Flurstück, die sogenannte „Burgstelle", erkennbar. Wahrscheinlich handelt es sich hier um den Stammsitz der wendischen Linie der Bassewitz. Urkundlich erwähnt wird um 1364 jedoch lediglich die alte gotische Kirche mit dem steilen Dach. Sie war wohl ursprünglich ein reiner Feldsteinbau. An ihrer Westseite stand bis 1770 ein hölzerner Turm, der wegen mehrmaliger Blitzschlagschäden durch einen hölzernen Glockenstuhl ersetzt wurde. Die Kirche befindet sich in tadellosem Zustand. Dies ist der Initiative des seit langen Jahren dort amtierenden Pastors Rein zu verdanken, der mit Hilfe der Honorare aus seinen Vortragsreisen und der Spenden der Gemeindeglieder die Renovierungsarbeiten schon vor der Wende organisiert und finanziert hat. An den Spenden beteiligten sich auch die in Westdeutschland lebenden Familienmitglieder, ein Zeichen dafür, daß die Spaltung zwischen Ost und West die Verbindung der Bassewitz zur alten Heimat nicht ganz abreißen ließ.

Das Patronat der Basser Kirche lag in den Händen des jeweiligen Besitzers von Lühburg. Als 1938 das Schweriner Ministerium den Pfarrer dieser Kirche, der der Bekennenden Kirche angehörte, durch einen „Deutschen Christen" ersetzen wollte, konnte der letzte Patron, Gerd Graf Bassewitz (1856-1945), gemeinsam mit dem Kirchengemeinderat dies verhindern. Er starb kurz nach dem Einmarsch der Russen.

Sein Nachfolger war Gerd Graf Bassewitz (1894 – 1958), der die Bewirtschaftung des Betriebes schon lange Jahre vorher übernommen hatte. Sein ältester Bruder Heinrich (1891 – 1981) hatte das bereits erwähnte Dalwitz mit Stechow und Stierow geerbt. Dalwitz, wie Lühburg eine ehemalige Wasserburg, liegt zwischen den beiden alten Familiensitzen Prebberede und Lühburg. Von Süden kommend, führt die Dorfstraße durch ein altes Hoftor, wie man sie häufig in Ostholstein findet mit seitlich angebauten Scheunen und Ställen, über eine feste Brücke direkt auf das Gutshaus zu, das von einem quadratischen Wall- und Grabensystem umschlossen ist. Der eingeschossige Hauptteil des Hauses wurde unter Joachim Otto von Bassewitz um 1717 nach Plänen des holsteinischen Baumeisters R. M. Dallin errichtet. Der zweigeschossige Anbau im Tudorstil erfolgte, wie eine angebrachte Tafel erkennen läßt, im Jahre 1855. Außerhalb des Grabensystems schließt ein kleiner Park mit altem Baumbestand und Grünfläche an. Im östlichen Teil des Parks steht ein schlichtes steinernes Denkmal, das Sabina von Bassewitz, Tochter des Joachim Otto, ihrem 1783 nach 50jähriger Ehe verstorbenen Mann Matthias Bernhard gewidmet hat. Über sie schrieb der Schriftsteller und Archäologe Friedrich Schlichtegroll (1765-1822): „Sie war eine Frau von großem und seltenem Talent, man könnte sie gelehrt nennen, wenn man nicht fürchten müßte, dadurch ihren Schatten zu erzürnen, indem sie nie wünschte, eine Celebrität in der gelehrten Welt zu

erlangen". Wolf und Leibnitz waren in der Philosophie ihre Leitfiguren. Mit Voltaire korrespondierte sie über seine Schrift „Histoire de Charles XII" (König von Schweden). Von ihren eigenen Schriften ist heute nur noch wenig vorhanden. Sicher hätte man mehr von ihr erfahren, hätte es damals schon Gleichberechtigung und Gleichstellung der Frauen gegeben.

Ferner erinnert der Verfasser, daß am südlichen Ortsrand von Dalwitz auf einem kleinen Hügel eine Bockwindmühle stand (eine hölzerne Mühle, die von Hand in die gewünschte Himmelsrichtung gedreht werden konnte), in der die Dorfbewohner noch in den dreißiger Jahren ihr Deputatgetreide mahlen oder schroten ließen. Während eines heftigen Sturmes im Herbst 1941 brach sie zusammen. Im alten Gebälk fand man das Signum des Erbauers und die Jahreszahl 1732 eingestanzt. Nachträglich ist man geneigt, den Einsturz dieses alten Bauwerks als ein Omen zu sehen für die Ereignisse, die vier Jahre später eintraten, eine Metapher dafür, daß das Alte einmal stürzen muß.

Im April 1945 fegte der Sturm der Sowjetarmee über das bisher vom Krieg wenig berührte Mecklenburg hinweg. Der letzte Besitzer von Dalwitz, Heinrich Graf Bassewitz, schickte seine Frau und Töchter auf den Treck nach Schleswig-Holstein. In seinen tagebuchartigen Aufzeichnungen über die nun folgenden Ereignisse heißt es: „Ich selbst wollte bleiben, da ich keine andere Möglichkeit sah, den Besitz zu erhalten. Auch fühlten mein Bruder Gerd (Lühburg) und ich uns verpflichtet, unsere Leute nicht im Stich zu lassen. Doch bald zeigte sich, daß wir sehr gefährdet waren. Jeder Besitzer oder Verwalter, der ein schlechtes Zeugnis von seinen Fremdarbeitern bekam, wurde erschossen (ohne Prüfung des Wahrheitsgehaltes der Aussage). Ein Offizier versammelte die polnischen Arbeitskräfte und forderte sie auf, sich aus unserem Haus zu holen, was sie brauchten. Bis abends 10 Uhr war das Haus leer geräumt von Stoffen, Teppichen und Vorhängen. Dann wurden die meisten Pferde abgeholt". Über die folgenden Tage heißt es: „Hier herrschen chaotische Zustände. Die Bevölkerung wird Tag und Nacht von den Russen geängstigt. Sei es durch Plünderungen oder durch Frauenjäger. Dalwitz hat noch sieben statt ehemals 38 Pferde, Stierow 11 statt 33, Stechow 3 von ehemals 16. Alle Schlepper sind fort, sämtliche Kühe, das 1- bis 2jährige Jungvieh und die Schafe . . . Russig (Verwalter) wurde schon am ersten Tag hinterrücks erschossen". An anderer Stelle berichtet der Tagebuchschreiber: „Viele der Zurückgebliebenen haben ihr Leben verloren. Entweder wurden sie von ausländischen Arbeitern erschlagen, von den Russen erschossen oder sie nahmen sich selbst das Leben. Tessin (eine Ackerbürger-Stadt in der Nähe von Dalwitz mit damals ca. 3 000 Einwohnern) zählt 103 Selbstmorde". Anschließend werden 17 Nachbarn namentlich aufgeführt, die ebenfalls auf diese Weise – zum Teil mit ihren Familien – umgekommen waren, darunter der Sekretär auf dem Gut Lühburg mit seiner Frau und drei minderjährigen Kindern.

Am 5. September erließ die damalige mecklenburgische Verwaltungsbehörde eine Verordnung, nach der der gesamte Grundbesitz über 100 ha enteignet werden sollte. Der Kommentar im Tagebuch hierzu lautet: „Da mit einer Rückgängigmachung dieses Schrittes durch eine spätere verfassungsmäßige Regierung kaum gerechnet werden kann, schließt hiermit die Geschichte unseres Dalwitzer Hauses, die von 1379 gedauert hat. . . . . Die Siedlungsidee auf 5 ha ist ein Bluff, um Propaganda zu machen. Dahinter steht der bolschewistische Kolchos." Wie recht hatte der Schreiber dieser Zeilen, und er fügt hinzu: „Ich bin zum Verwalter bestellt, soll einen Saatzuchtbetrieb weiterführen und ausbauen, dann wird das Gut nicht aufgeteilt werden. Zunächst eine schöne Aussicht. Doch wird mit fortschreitender Bolschewisierung kaum eine Arbeitsmöglichkeit für mich bleiben. Eher noch mit den Russen als mit den deutschen Altkommunisten".

Am 6. Oktober erfolgte die Ausweisung mit dem Verbot, sich innerhalb eines Umkreises von 30 km vom ehemaligen Domizil aufzuhalten.

Das Gutsland wurde zwar grundbuchamtlich an ehemalige Tagelöhner und Flüchtlinge aus den deutschen Ostprovinzen aufgeteilt, doch bald wurden die Neusiedler gezwungen, ihre Landanteile in eine LPG einzubringen. In späteren Jahren erfolgte eine Eingliederung der Dalwitzer und Stechower Flächen in das VEG Walkendorf.

Der Vertriebene aber verließ Mecklenburg und folgte seiner Familie in den Westen Deutschlands. Die Hoffnung auf eine Rückkehr gab er nie auf. Im Verband „Heimatverdrängtes Landvolk e. V.,", der die Interessen der aus Mitteldeutschland vertriebenen Landwirte vertritt, arbeitete er auf dieses Ziel hin. Seinem Sohn hinterließ er das Vermächtnis, im Falle einer Wiedervereinigung der ost- und westdeutschen Länder auf den alten Familienbesitz zurückzukehren und hier beim Wiederaufbau mitzuwirken. Die endgültige Enteignung durch den Karlsruher Urteilsspruch vom 23. 4. 1991 noch miterleben zu müssen, blieb ihm erspart. Sein Enkel Heino Graf Bassewitz (Jahrgang 1954) nahm die Herausforderung an und pachtete einen Teil der Dalwitzer und Stechower Flächen. Für einen Alleingang reichten jedoch die finanziellen Mittel nicht. Erst die Gründung einer Kommanditgesellschaft mit einem Holsteiner Landwirt als Komplementär ermöglichte dieses Unterfangen. Zur Eigenbewirtschaftung bleiben aber lediglich die Grünlandflächen, auf denen extensive Rinderzucht betrieben werden soll.

Unter freundlichem Empfang seitens der Dorfbewohner ist der neue Pächter mit seiner jungen Frau nach Renovierung einiger Räume in das alte, in seiner Substanz völlig desolate Gutshaus eingezogen, in der Hoffnung, das Gebäude von Grund auf restaurieren und so Wohnraum schaffen zu können. Einen Ehrenplatz in der neuen Wohnung erhielt ein Gemälde, das den Erbauer des Hauses, Joachim Otto von Bassewitz, zeigt. Der letzte Besitzer hatte es 1945 vor dem Einmarsch der Russen im Haus versteckt, ein Bewohner fand es kürzlich und übergab es dem Enkel beim Einzug im Mai 1992. Von Joachim Otto stammen die auf einer Wand in der Diele angebrachten Verse, die, nach 275 Jahren noch gut lesbar, die damalige Situation vergleichbar der heutigen schildern:

Dies Bassewitz'sche Haus
von Vätern fest erbauet
und bey dreihundert Jahr
den Kindern anvertrauet
hab ich vergnügt bewohnt
und gänzlich reparieret
dabey den ganzen Hof
von neuem aufgeführet
es hat zwar Krieg und Neid
es gerne umgerissen
doch wer nur ehrlich lebt
und hat ein gut Gewissen
der kann durch Gottes Gnad
sich so ein Denkmal setzen
zu Ehr den Seinigen
so niemand kann verletzen!

Die Bernstorffs und Mecklenburg

Ich habe mir lange überlegt, ob ich diesen Beitrag schreiben darf, und habe mich schließlich dazu entschlossen, weil die Liebe zu Mecklenburg und den Mecklenburgern, zu dem Land mit seinen Wäldern und Seen, seinen Alleen und Hügeln, zu seinen Städten und Dörfern, zu seinen Herrensitzen und zu unserem Gut Alt Karin und seiner Nachbarschaft seit frühester Jugend in mir lebt und mit den Jahren immer noch stärker geworden ist. Ich habe es außerdem getan, weil meine Familie, seit Jahrhunderten in Mecklenburg eingesessen, nicht nur für Mecklenburg, Celle/Hannover, Dänemark und Preußen bzw. Deutschland eine Reihe hervorragender Diplomaten und Staatsmänner hervorgebracht hat, sondern weil die große Mehrheit der Bernstorffs auch als Landwirte und Juristen versucht haben, in Verantwortung vor Gott ihrem Land und seinen Menschen zu dienen. Dies hat sie auch davor bewahrt, sich mit dem braunen Terror gemein zu machen.

Dieser Beitrag ist keine Klage darüber, daß eine noble Geisteshaltung, wie Theodor Heuss sie bei vielen meiner Vorfahren gefunden hat, heute wohl nicht mehr zeitgemäß ist. Aber für einen ehemaligen Berufsoffizier der Bundeswehr war es doch bitter zu erleben, wie durch einen politischen Taschenspielertrick das Unrecht der kommunistischen Bodenreform zum durch die Verfassung geschützten Recht wurde unter dem Vorwand, man dürfe altes Unrecht nicht durch neues Unrecht ersetzen. Nie hat auch nur ein Volksvertreter erklären können, warum das Recht auf Rückgabe des Eigentums an Grund und Boden bei der Fläche von 100 ha endet. Das Urteil des Bundesverfassungsgerichts ist formal in Ordnung. Allein es beruht auf der inzwischen widerlegten Behauptung, die Wiedervereinigung sei ohne Anerkennung der Bodenreform nicht zu haben gewesen. Die Russen, die heute in weiten Bereichen selbst Privateigentum einführen, haben damals gar nicht darauf bestanden. Die DDR aber war bankrott. Nein, von Deutschen, auch und besonders aus den Reihen der westlichen Parteien, ist diese Forderung gestellt worden. Was bedeutete ihnen das Recht von ein paar Tausend vertriebenen Gutsbesitzern, wo es um Wählerstimmen ging!

Dabei hätte es schon genügt, jeder dieser Familien wenigsten 99 ha Land zurückzugeben, um bei ihnen eine Welle der Hilfsbereitschaft auszulösen und die ganze Arbeitskraft und den letzten Pfennig in den Aufbau der neuen Länder zu stecken. Statt dessen ging das böse Wort von den Junkern um, an deren Rückkehr man kein Interesse habe. Da hatten die Landarbeiter in Alt Karin mehr Gespür für Recht und Gerechtigkeit, als sie im Spätsommer 1945 bei der ersten Versammlung zur Durchführung der Bodenreform die Forderung erhoben: „De Graaf möt uk siedeln". Nur den massiven Drohungen und Einschüchterungsversuchen des aus Sachsen zugereisten kommunistischen Agitators gelang es, diese Forderung zu unterdrücken.

Ich habe der Bundesrepublik Deutschland als Soldat 32 Jahre treu gedient, jedenfalls ist mir das durch die Verleihung des Bundesverdienstkreuzes bestätigt worden. Ich hatte geschworen, das Recht und die Freiheit des Deutschen Volkes tapfer zu verteidigen, aber ich habe nicht gewußt, daß dieses Recht – als Grundrecht auf Eigentum – weggestimmt werden kann, nachdem in unzähligen Erklärungen in den Jahren zuvor die Bodenreform als

Unrecht angeprangert worden war. So blieb im Einigungsvertrag ein Grundrecht, verankert im Grundgesetz, das sich das Deutsche Volk – so in der Präambel – „im Bewußtsein seiner Verantwortung vor Gott und den Menschen" gegeben hat, weitgehend unberücksichtigt.

Dies vorausgeschickt, läßt es sich leichter über die Bernstorffs in Mecklenburg, die Bernstorffs in Deutschland, die Bernstorffs in Europa schreiben. Wie bei vielen alten Familien läßt sich ihr Wirken nicht auf die engere Heimat begrenzen. Die viel gescholtenen Fürsten und der Adel des 18. und 19. Jahrhunderts fragten oft weniger nach der Nationalität als nach Bildung, Fähigkeiten und Charakter eines Mannes, eine Einstellung, die wir heute erst gelegentlich in der Wirtschaft finden, die aber im politischen Bereich vielfach noch Wunschtraum ist.

Die ältesten Zeugnisse über die Familie, die vielleicht als Kolonisten mit Heinrich dem Löwen nach Mecklenburg kam, reichen bis ins 13. Jahrhundert zurück. In dieser Zeit wurde das Gut Bernstorf in der Nähe von Grevesmühlen, der Stammsitz unserer Familie in Mecklenburg, als Bernardestorp mehrfach urkundlich genannt. Die Familie lebte zunächst für lange Zeit unter eher ärmlichen Verhältnissen mit geringem Landbesitz und trat in der Öffentlichkeit kaum in Erscheinung, anders als die alten mecklenburgischen Familien der Barnekows, Lützows, Plessens, Strahlendorffs oder Vierecks, die schon im 15. und 16. Jahrhundert immer wieder in Urkunden erwähnt wurden. Erst Joachim (d. Ä.) von Bernstorff (1578 – 1623) gelang es – sehr zur Verwunderung seiner Nachbarn –, durch tüchtiges Wirtschaften und sparsame Lebensführung sowie mit Hilfe der Mitgift seiner Frau das von Pächtern völlig „ruinirte Gütlein allmählich fein wieder in Stand" zu bringen und Hof und Wohnhaus neu zu bauen. Bei seinem Tode hinterließ er nicht nur einen vergrößerten Landbesitz, sondern auch Barvermögen, so daß seine Erben wesentlich bessere Startbedingungen hatten.

Aus der Anonymität der ländlichen Abgeschiedenheit trat erstmals Joachims Sohn Andreas (1604 – 1655) heraus. Als letzter Domherr zu Ratzeburg vertrat er am Ende des Dreißigjährigen Krieges auf dem Friedenskongreß zu Osnabrück als Bevollmächtigter Stift und Domkapitel und kämpfte für deren Rechte. Später war er dann bis zu seinem Tode mit der Regulierung der Stiftsangelegenheiten zwischen Mecklenburg, dem das säkularisierte Bistum Ratzeburg übertragen worden war, und dem Domstift beschäftigt. Sein Wappen im Chorgestühl ist noch heute, wenn auch nicht an der ursprünglichen Stelle, im Dom zu sehen.

Einer der Söhne von Andreas, Andreas Gottlieb d. Ä. (1649 – 1726), begründete dann den Ruhm und das Ansehen der Familie von Bernstorff. Sein Wirken weist bereits weit über den Bereich von Mecklenburg hinaus und gewann europäische Dimensionen. Nach gründlichen juristischen Studien und der damals fast obligatorischen Bildungsreise an die Höfe Europas trat Andreas Gottlieb 1670 in den Dienst Herzog Christians I. von Mecklenburg – Schwerin. Christian I. versuchte, die Macht der Stände in Mecklenburg zu beschneiden und wie sein Idol, Ludwig XIV., zu regieren. Er verehrte den Sonnenkönig so sehr, daß er zusätzlich den Namen Louis annahm, was ihm bei den spottlustigen Mecklenburgern bald den Spitznamen Franzosen-Louis eintrug.

Andreas Gottlieb stellte sich gegen den Herzog und kämpfte für die Rechte der Stände, was 1672 zu seiner Entlassung führte. Er wechselte in den Dienst des Herzogs Georg-Wilhelm von Celle, dem er mit viel Geschick 33 Jahre diente und dessen Politik er seit 1677 als Kanzler und Geheimer Rat leitete. Nach erfolgreichen Verhandlungen mit Frankreich und Schweden bemühte er sich um die Vereinigung von Celle mit Hannover, die er durch geschickte Heiratspolitik beider Häuser absicherte. Nach dem Tode von Herzog Georg-Wilhelm (1705) fiel das Herzogtum Lüneburg-Celle an Hannover. Andreas Gottlieb wechselte in hannöversche Dienste, in denen er schon 1709 zum Ersten Minister (Premierminister) aufstieg. Höhepunkt seines politischen Wirkens war der Erwerb der englischen Krone, die er durch Intrigen und außerordentliches Verhandlungsgeschick dem Kurfürsten Georg Ludwig von Hannover sicherte, der als Georg I. Großbritannien und Irland regierte.

Im Kampf der mecklenburgischen Stände gegen ihren Herzog hat Andreas Gottlieb, seit 1679 Herr auf Wedendorf (bei Rehna) und damit nun selbst zu den mecklenburgischen Ständen gehörig, über lange Zeit seine juristischen Kenntnisse und diplomatischen Fähigkeiten und Beziehungen genutzt und schließlich zum Sieg der Stände beigetragen. Was damals als Fortschritt gegenüber einem sich willkürlich und absolutistisch gebärdenden Herzog erschien, wirkte sich aber in den folgenden zwei Jahrhunderten nachteilig auf die politische Entwicklung aus. Die Macht der Stände war zu groß und verhinderte bis 1918 weitgehend die längst überfälligen Reformen. Andreas Gottlieb hat, neben anderen kleinen Ländereien, drei Güter in Familienbesitz gebracht: Wedendorf, Groß Hundorf und schließlich Gartow. Sie sicherten auf lange Zeit die materielle Grundlage der Familie, zumal sie in Fideikommißstiftungen eingebracht wurden.

„Das Urteil über Andreas Gottliebs Politik lautet sehr verschieden", so der dänische Historiker Aage Friis, „je nachdem es von seinen Freunden und Anhängern oder von bitteren Feinden kommt, die er sich verschafft hatte. Aber alle Zeitgenossen sind einig über seine großen Fähigkeiten und seine ungewöhnliche Tüchtigkeit".

Einer seiner Enkel, Johann Hartwig Ernst (1712 – 1772) war es dann, der als erster Bernstorff die Diplomatenlaufbahn als Lebensberuf ergriff. Nach sorgfältiger Ausbildung und langer Bildungsreise trat er in dänische Dienste, was um so einfacher war, als hier viele Deutsche und vor allem Mecklenburger tätig waren. Er wurde in den diplomatischen Dienst aufgenommen und schon früh mit wichtigen Missionen betraut. Krönung dieser Tätigkeit war der Posten eines Gesandten in Paris, den er sechs Jahre bekleidete.

Dann berief ihn der König von Dänemark zum Minister und Chef der Deutschen Kanzlei und damit zum Leiter der dänischen Außenpolitik. Durch große Sachkenntnis, außerordentliches diplomatisches Geschick und mit im Christentum gründender Charakterstärke sicherte er Dänemark den Frieden und seine Südgrenze. Dieselbe christlich fundierte Charakterstärke ließ ihn auch, lange bevor in Dänemark die allgemeine Bauernbefreiung durchgeführt wurde, auf seinem ihm vom König geschenkten Landgut die Bauern befreien und 1765 ihre Frondienste aufheben.

Bei einem Mann seiner Bildung und Erfahrung verstand es sich fast von selbst, daß er nicht nur am geistigen Leben seiner Zeit teilnahm, sondern dieses auch förderte und befruchtete. Die enge Verbindung zu Klopstock, den er nach Kopenhagen holte, ist nur ein Beispiel dafür. Wenn Johann Hartwig Ernst auch selten auf seinen Gütern Wedendorf in Mecklenburg, Wotersen und Stintenburg im Lauenburgischen weilen konnte, so waren sie doch die Grundlage seines Lebens und Wirkens und dies sicher nicht nur in materieller Hinsicht. Sein tragischer Sturz durch den Abenteurer Johann Friedrich Struensee ist bekannt.

Johann Hartwig Ernst zog schon früh seinen Neffen und späteren Erben Andreas Peter (1732 – 1797) nach Kopenhagen. Es ist hier nicht möglich, dessen Lebensgeschichte ausführlich zu beschreiben, aber auch er war und blieb durch seine Güter, z. B. Dreilützow in Mecklenburg, wo er auch begraben liegt, fest mit dem Land seiner Väter verbunden. Sein Lebenswerk aber hat er in Dänemark als Außenminister und Leiter der Deutschen Kanzlei vollbracht. Noch heute wird dieses großen Staatsmannes und Reformers in Dänemark mit großer Hochachtung und Liebe gedacht, war er es doch, der in der zweiten Hälfte des 18. Jahrhunderts Dänemark den Frieden sicherte und den Freihandel gegen die Anmaßung Englands, alle Schiffe auf hoher See kontrollieren zu dürfen, verteidigte. Sein größtes und folgenreichstes Werk, aus christlicher Verantwortung und Nächstenliebe geboren, war aber wohl die auf seinen Gütern in Dänemark bereits begonnene Bauernbefreiung, die dann Vorbild für die von ihm initiierte und durchgeführte Bauernbefreiung in ganz Dänemark, Schleswig und Holstein wurde. Er vermied dabei viele Fehler, die später in den deutschen Fürstentümern gemacht wurden, und stellte die Bauern auf eine lebensfähige wirtschaftliche Grundlage. Bei seinem Tode 1797 ließ er Dänemark als ein in Frieden blühendes Reich zurück. Ganz Dänemark trauerte um ihn.

Christian Günther (1769 – 1835), ein Sohn Andreas Peters, folgte diesem fast unmittelbar in der Leitung der dänischen Staatsgeschäfte. Es waren unruhige Zeiten, und wenn es Christian Günther auch gelang, Dänemark aus dem großen Krieg gegen Frankreich herauszuhalten, so mußte sich Dänemark doch dem Druck Englands beugen, das das neutrale Dänemark 1807 angriff, Kopenhagen nahm und die dänische Flotte wegführte. Christian Günther vertrat wenig später die Interessen Dänemarks in Wien, dann, nach dem Sturz Napoleons, bei den Friedensverhandlungen in Paris und schließlich wieder auf dem Wiener Kongreß. Als Eigentümer von Dreilützow (Mecklenburg) sehnte er sich aber nach einer Aufgabe, die ihn näher an seine Heimat brachte. So wurde er Gesandter in Berlin. Da Preußen in dieser Zeit einen neuen Außenminister suchte, empfahl der Feldmarschall Blücher Christian Günther, und König Friedrich Wilhelm III. folgte diesem Vorschlag. So leitete Christian Günther vierzehn Jahre lang die preußische Außenpolitik mit großer Klugheit, mit Takt und politischem Weitblick in der unruhigen Zeit nach dem Wiener Kongreß.

Nicht alle Bernstorffs freilich erwarben sich hohes Ansehen als Diplomaten oder im Staatsdienst. Mein Urgroßvater Arthur Graf von Bernstorff-Wedendorf (1808 – 1897) erlangte hohe Achtung als Landrat, Landwirt und Unternehmer auf Wedendorf und Bernstorf. Durch Fleiß und außerordentliche Tüchtigkeit erweiterte er das Eigentum der Familie erheblich, so daß er seinen Söhnen neben Wedendorf und Bernstorf die Güter Alt Karin (Kreis Wismar), Beseritz (bei Friedland) und Quadenschönfeld (bei Neustrelitz) hinterließ. Wie viele Bernstorffs hat er diesen Besitz nicht als Basis eines sorgenfreien Lebens gesehen, sondern als eine ihm von seinem Herrgott gestellte Lebensaufgabe und Verpflichtung für die ihm anvertrauten Menschen. Nicht der die Bauern und Tagelöhner ausbeutende Junker, von dem heute so oft von Leuten gesprochen wird, die nie einem solchen Junker begegnet sind, sondern der patriarchalisch denkende, sich für „seine Leute" in jeder Lage und besonders in Notzeiten verantwortlich fühlende Christ war sein Leitbild. Die Förderung von Kirche, Schule, Alten- und Krankenfürsorge lag ihm ebenso am Herzen wie schon Johann Hartwig Ernst und Andreas Peter. Noch heute steht in Wedendorf ein schöner Fachwerkbau, den Arthur für die Alten und Siechen seiner Güter errichten ließ.

Albrecht d. Ä. Graf von Bernstorff (1809 – 1873), Enkel des großen Diplomaten und Staatsmannes Andreas Peter, entstammte dem Zweig Dreilützow/

Stintenburg. Als 20jähriger Student der Rechts- und Staatswissenschaften und der Nationalökonomie ging er nach Berlin, wo sein Onkel Christian Günther preußischer Außenminister war. Sein Wunsch, später in preußische Dienste zu treten, war lange zuvor gereift. Nach der zweiten juristischen Staatsprüfung wurde dieser Wunsch Wirklichkeit. Es folgte ein bewegtes und arbeitsreiches Leben mit raschem Aufstieg als Diplomat. Albrecht hat in sehr heikler Lage Preußen als Gesandter in Wien, später in London mit großer diplomatischer Umsicht gedient.

Nach dem Tode Friedrich Wilhelms IV. ernannte ihn Wilhelm I. trotz seines Sträubens 1861 zum Außenminister. Albrecht war der Auffassung, er sei und bleibe ein Konservativer, die Zeit erfordere aber liberale Reformen, die von einem Liberalen glaubwürdiger vorangetrieben werden könnten. Bereits 1862, als sich der Konflikt zwischen König und Landtag um den Etat zur Heeresreform wegen der starren Haltung des Königs unerträglich zuspitzte, bat Albrecht um seinen Abschied, weil er seiner „innigsten und pflichtgemäßen Überzeugung nach auf dem Wege des Fortregierens ohne Budget oder mit einem verweigerten Budget nicht folgen" könne. Der König ernannte ihn wunschgemäß zum Botschafter in London. Dort hat er so erfolgreich Preußens und später Deutschlands Interessen vertreten, daß ihm Wilhelm I. 1871 den Schwarzen Adlerorden verlieh, begleitet von einem außerordentlich freundlich und persönlich gehaltenen Dankschreiben. Daß er auch in England selbst hohes Ansehen genoß, obwohl die Stimmung nicht gerade deutschfreundlich war, zeigt ein Nachruf in der Times, die 1873 schrieb, er sei immer dem Grundsatz gefolgt, daß die beste Waffe des modernen Staatsmannes die Wahrheit ist; daher hätten die Politiker aller Lager in England zu ihm unbedingtes Vertrauen gehabt. Albrecht liegt in Lassahn bei Stintenburg begraben.

Mit Johann Heinrich Graf von Bernstorff (1862 – 1939) ergriff wieder ein Sohn des Hauses Dreilützow/Stintenburg, der jüngste Sohn Albrechts d. Ä., die diplomatische Laufbahn. Allerdings wurde er zunächst Soldat, da nach seinem Abitur wegen eines Konflikts zwischen Bismarck und seinem ältesten Bruder für Johann Heinrich keine Aussicht bestand, in den diplomatischen Dienst übernommen zu werden. 1889 wurde er als Militärattaché nach Konstantinopel kommandiert und wechselte 1892 endgültig in den diplomatischen Dienst. Nach Stationen in Dresden, St. Petersburg und München wurde er im Herbst 1902 zum Botschaftsrat in London ernannt, das er aus der Zeit, als sein Vater dort Botschafter war, noch gut kannte. Die Bemühungen des deutschen Botschafters und Johann Heinrichs um einen Ausgleich mit England wurden sehr erschwert durch das deutsche Flottenbauprogramm. Dennoch war Johann Heinrichs Wirken in London so erfolgreich, daß er im Frühjahr 1906 Generalkonsul in Kairo wurde. Im November 1908 erfolgte dann, für ihn und wohl auch viele andere Diplomaten völlig überraschend, seine Ernennung zum Kaiserlichen Botschafter in Washington. Nach zunächst sorgenfreien Friedensjahren begegnete ihm hier die größte Herausforderung seines Berufslebens. Mit Fortschreiten des Krieges in Europa nach 1914 und zunehmender Wirksamkeit der britischen Blockade gegen Deutschland drängte die Oberste Heeresleitung (Hindenburg und Ludendorff) auf die Durchführung des uneingeschränkten U-Boot-Krieges. Johann Heinrich wurde nicht müde, immer wieder auf die zwangsläufige Folge hinzuweisen: Eintritt der USA in den Krieg und damit die endgültige Niederlage Deutschlands. Er sah als hochgebildeter Diplomat auch den Krieg unter dem unbedingten Primat der Politik und verurteilte scharf die rein militärischen Gesichtspunkte der OHL, die sich in operativen Gedanken erschöpfte, ohne wirklich strategische Notwendigkeiten zu erfassen oder auch nur zu erkennen. Leider setzten sich die Militärs durch, was eine damals noch möglich erscheinende Vermittlerrolle des amerikanischen Präsidenten ausschloß und Deutschlands Niederlage besiegelte.

Dieses Schlüsselerlebnis war es wohl auch, das ihn nach dem Krieg veranlaßte, seine Erfahrung und Arbeitskraft in den Dienst der Weimarer Republik zu stellen und sich vorwiegend Fragen des Völkerbundes und der Abrüstungspolitik zuzuwenden. Seine engen Beziehungen zu Stresemann waren dieser Arbeit sehr förderlich, wenn er auch schon bald erkennen mußte, daß die allseits propagierte Abrüstung vielfach nicht ehrlich gemeint war und bei der Beschaffenheit der Welt und der Menschen vorerst noch ein Traum bleiben würde.

Mit Albrecht d. J. Graf von Bernstorff (1890 – 1945) aus dem Hause Stintenburg/Dreilützow begegnet uns schließlich ein Mann, dessen Leben und Tod eng mit Deutschlands jüngster und schlimmster Vergangenheit verflochten ist. Aufgewachsen in einem bewußt christlichen Elternhaus, erbte er schon mit siebzehn Jahren Stintenburg. Seine Neigung galt dem diplomatischen Dienst, obwohl er sehr an Stintenburg hing. Von 1909 bis 1911 ging er als Rhodes-Stipendiat nach Oxford, studierte später in Kiel Rechtswissenschaften und trat 1914 in den diplomatischen Dienst ein. Im Januar 1923 wurde er an die deutsche Botschaft in London versetzt und bemühte sich, zunächst unter schwierigen Bedingungen, um eine Verständigung mit England. Als er zehn Jahre später abberufen wurde, dankten ihm die englische Presse und der Premierminister Mac Donald ausdrücklich für die geleistete Arbeit im Dienste der „deutsch-englischen Freundschaft" (!). Die Gefahr, die das Erstarken der Nazis für Deutschland und die Welt mit sich brachte, hat Albrecht früh erkannt, und es enttäuschte ihn sehr, daß die Engländer diese Gefahr nicht sahen. 1933 bat Albrecht um seinen Abschied, weil er dem nationalsozialistischen Staat nicht dienen wollte. Er trat ganz bewußt in Berlin in das jüdische Bankhaus A. E. Wassermann ein, dessen persönlich haftender Gesellschafter er 1937 wurde. So konnte er vielen Juden zur Flucht verhelfen und manchen wenigstens einen Teil ihres Vermögens retten. Der Staat Israel hat dieses Wirken durch eine besondere Ehrung dankbar anerkannt. Albrecht kannte viele Männer des 20. Juli (1944), war aber an der Vorbereitung der Tat nicht unmittelbar beteiligt. Er machte aus seiner Verachtung für die Nazis kein Hehl, hielt nur deren Sturz für akzeptabel und half Regimegegnern und besonders verfolgten Juden, wo er nur konnte. Im Mai 1940 wurde er verhaftet und nach Dachau gebracht, im September allerdings wieder entlassen. 1943 wurde er erneut verhaftet und kam schließlich 1944 in das Konzentrationslager Ravensbrück, wo er mißhandelt und gefoltert wurde. Im November 1944 wurde Albrecht nach Berlin zurückgebracht. Hier sollte ihm vor dem Volksgerichtshof der Prozeß gemacht werden. Wegen Freislers Tod kam es zu keiner Verhandlung mehr. Albrecht Graf von Bernstorff wurde in der Nacht vom 23. auf den 24. April 1945, kurz vor der Befreiung, mit einigen anderen politischen Gefangenen abtransportiert und ermordet. Mit ihm starb ein Christ und Edelmann, der seinem Land und dessen Menschen wie viele vor ihm mit ganzer Kraft gedient hatte.

Stintenburg, ursprünglich in der britischen Besatzungszone gelegen, wurde wegen seiner exponierten Lage im Schaalsee gegen mecklenburgische Dörfer ausgetauscht und fiel so im November 1945 an Mecklenburg, d. h. an die sowjetische Besatzungszone. Es war schon von den Nazis enteignet worden und wurde nun Schule der Volkspolizei, später der NVA-Grenztruppen. Es kennzeichnet die politische und moralische Wende in Deutschland nur zu sehr, daß die Erben noch immer um ihr Recht kämpfen müssen.

WULF-DIETRICH VON BORCKE

Die Familie von Borcke und Pommern

Im Jahre 1986 gedachte die Familie von Borcke im Rahmen einer Feier eines 800 Jahre zurückliegenden Ereignisses. 1186 oder 1187, das genaue Datum ist leider nicht bekannt, tritt mit Pribislaus filius Borkonis der erste des Borckengeschlechts in das Licht der Geschichte. Pribislaw, der Sohn Borkos, wird als Zeuge in einer Urkunde aufgeführt, in der Herzog Bogislaw I. von Pommern der Propstei Kammin Besitzungen zuweist. Mit ihm beginnt die Geschichte eines der ältesten Adelsgeschlechter Pommerns.

Die historische Bedeutung der familiengeschichtlich so denkwürdigen Urkunde hat zuerst der für die pommersche wie die Geschichtsforschung seiner Familie verdienstvolle Preußische Staatsminister Caspar Wilhelm von Borcke (1704 – 1747) erkannt. Von Juni 1745 bis zum November 1746 stand er mit dem Greifswalder Historiker Professor Albert Georg von Schwartz in einem regen Briefwechsel. Caspar Wilhelm hatte in dem Gelehrten einen aufgeschlossenen Gesprächspartner gefunden, der ihn bei seinen genealogischen Forschungen beraten konnte. Professor von Schwartz wiederum fand im Minister eine einflußreiche und hilfsbereite Persönlichkeit, die ihn bei der Bearbeitung der Staats- und Kirchengeschichte Pommerns unterstützte und darüber hinaus dafür sorgte, daß die höchst nachlässig im Stettiner Archiv aufbewahrten Urkunden durch Friedrich von Dreger systematisch gesammelt, gedruckt und so im ersten Band des Codex diplomaticus Pomeraniae veröffentlicht wurden.

Seinen für die Familie so bedeutsamen Fund hat Caspar Wilhelm seinem Greifswalder Briefpartner

am 22. 9. 1746 mitgeteilt. Dabei stellt er fest: „Wo bleibt nun der Stammbaum, welchen ich gleich anfangs insoweit ihn keine Urkunden erweisen, vor fabelhaft gehalten habe?".

Was hat man nicht zu damaliger Zeit über den Ursprung der Familie von Borcke herumgerätselt und an Fabeln in die Welt gesetzt? Das Volk pflegte zu sagen, wenn es ein besonderes Alter andeuten wollte: „Dat is so old as de Borcken un de Düwel." Schwer zugängliche und nicht geordnete Urkunden, fehlende Methodik bei der Quellenforschung wie auch unzulängliche Geschichtskenntnisse hatten die Historiker auf falsche Fährten und zu mancherlei Fehlschlüssen geführt. Im 18. Jahrhundert erst hat die systematische Erforschung der pommerschen Geschichte einen größeren Aufschwung genommen, und dazu hat Caspar Wilhelm von Borcke einen wichtigen Beitrag geleistet.

Was er mit seiner Urkundensammlung und seinen genealogischen Forschungen begonnen hatte, wurde in der nachfolgenden Zeit erfolgreich fortgesetzt, so daß die Chronik der Familie von Borcke heute ein ziemlich lückenloses und sehr farbiges Bild der Vergangenheit vermittelt.

Nicht ganz aufgeklärt werden konnte der Anfang der Familiengeschichte. Über die beiden ersten Familienangehörigen, Pribislaw und seinen Vater Borko wissen wir leider außer den Namen nichts Näheres. Vater und Sohn waren wahrscheinlich alteingesessene Edle pomoranischer (wendischer) Abkunft, die im Dienst der Herzöge von Pommern standen und hier wohl zu deren engerem Umkreis gehörten.

Erst mit einem weiteren Borko, der erstmals 1251 als Zeuge in einer Urkunde Herzog Wratislaws III. aufgeführt wird, beginnt die fortlaufende Stammreihe der Familie. Seine Söhne Johannes und Jakobus erscheinen 1282 und Nikolaus 1295 zum ersten Mal. Nikolaus benutzt als erster den Namen seines Vaters als Familiennamen, wenn er sich 1297 N. Borco schreibt.

Borko unterzeichnete 1251 als Ritter (miles); 1253 lernen wir ihn in weiteren Urkunden als Kolberger Kastellan (Borcho castellanus Colbergensis) oder Burggraf (borgravius) kennen. Seit 1251 nahm er an größeren Staatshandlungen teil. Er gehörte zu den pomoranischen Edlen, die während des Zuzugs deutscher Ritter aus dem Westen ins pommersche Land ihre hervorgehobene Stellung in der Umgebung des Herzogs halten konnten und gleichberechtigt neben den deutschen Rittern auftraten. Wahrscheinlich verlief östlich der Oder der Zuzug deutscher Ritter langsamer als in Vorpommern, so daß deshalb die hier ansässigen Edlen mehr Zeit fanden, sich deutschen Sitten und Gebräuchen anzupassen und mit dem deutschen Adel zu verschmelzen.

Nachdem Kolberg im Jahre 1255 lübisches Stadtrecht verliehen und die wendische Kastellaneiverfassung aufgehoben worden war, gab Borko sein Burggrafenamt auf. Von seiner Burg Vressow (Fritzow bei Kolberg) aus suchte er sich ein neues Betätigungsfeld. Und so finden wir ihn im südlichen Teil des Herzogtums, der des Schutzes vor dem Zugriff der Markgrafen von Brandenburg bedurfte. 1271 nennt er sich Herr zu Labes (dominus de Lobis). Hier im oberen Regatal baute er für sich und seine Söhne im Schutz von Sümpfen und Gewässern die Burgen Labes, Stramehl – nach den beiden springenden Wölfen in seinem Wappen nennt er die Burg Wulvesberg – und Regenwalde. Unter seinen Nachfolgern kam noch Wangerin als Residenz einer jüngeren Linie des Labeser Hauptstamms hinzu. Im Schutz dieser Burgen ließen sich deutsche Handwerker und Kaufleute nieder, es entwickelten sich Märkte. Die Verleihung des Stadtrechts bildete den Abschluß dieser Siedlungsentwicklung. Die zahlreichen Hagendörfer im früheren „Borckenkreis" (bis 1817, danach der südliche Teil des Kreises Regenwalde) geben neben den Städten Labes, Regenwalde und Wangerin beredten Ausdruck von der kolonisatorischen Tätigkeit Borkos und seiner Söhne.

Als Unternehmer und Lehnsmann des pommerschen Herzogs, in den Urkunden vielfach als treuer Berater des Landesherrn erwähnt, hat Borko zusammen mit seinen Söhnen die Grundlage für den umfangreichen Familienbesitz im oberen Regatal geschaffen.

In späterer Zeit konnten einige Nachkommen ihren Grundbesitz darüber hinaus ausdehnen. Heinrich von Borcke, genannt „der schwarze Ritter", der wohl bedeutendste Vertreter der Familie im ausgehenden 15. Jahrhundert und dem pommerschen Herzog wie dem brandenburgischen Markgrafen durch treue Dienste gleichermaßen verbunden, begründete 1470 mit dem Erwerb der halben Stadt Falkenburg samt Schloß den später großen Güterkomplex seiner Nachkommen in der zunächst brandenburgischen, seit 1816 pommerschen Neumark, genauer im Kreis Dramburg. 1493 kaufte er dazu das Schloß Pansin (Kreis Saatzig) mit umliegenden Dörfern. Man nannte diese Herrschaft zur Unterscheidung vom großen den „kleinen Borckenkreis". Der Landhofmeister des Herzogtums Preußen, Antonius von Borcke, wie sein Sohn, der Fürstlich Preußische Oberhofmarschall Hans Albrecht, gehörten im 16. und 17. Jahrhundert zu den reichsten Grundbesitzern des Herzogtums, des späteren Ostpreußen. Im Jahre 1527 faßte der Fürstliche Rat Georg von Borcke als erster der Familie in Vorpommern Fuß, indem er mit dem auf der Insel Usedom gelegenen Krienke und weiteren Ländereien in Vorpommern belehnt wurde. Nachfolgende Generationen haben diesen Besitz ständig erweitert, so u. a. um die Güter Altwigshagen, Curtshagen, Heinrichshof, Hohensee, Neuendorf. Schließlich darf der Preußische Staatsminister Friedrich Wilhelm von Borcke nicht unerwähnt bleiben. Während seiner Tätigkeit in den westlichen Provinzen Preußens erwarb er im Jahre 1736 die am Niederrhein gelegene Herrschaft Hueth mit einem leider am Ende des letzten Krieges ziemlich zerstörten Schloß gleichen Namens, das viele seiner hier zusammengetragenen Kunstschätze verloren hat.

Das Erbe der Väter haben die Nachkommen nicht immer erhalten können. Bereits die mittelalterlichen Urkunden wissen von Verkäufen, Tausch und Verpfändungen zu berichten. Wirtschaftskrisen, Kriegslasten, Erbstreitigkeiten oder auch Mißwirtschaft waren Ursache dafür. Gegen Ende des 18. Jahrhunderts verstärkte sich der Besitzzerfall. Konnte sich bis dahin noch der Grundadel alten Schlages erhalten, der eine Zeit lang als Soldat oder Beamter seinem Landesherrn gedient hatte, sich dann auf seine Güter zurückzog und stilvolle Repräsentation und Geselligkeit pflegte, so änderten sich mit den Reformen sowie mit der sozialen, technischen und wirtschaftlichen Entwicklung die Verhältnisse. Die Bewirtschaftung und Erhaltung des ererbten Grundbesitzes erforderte nun den kühlen Rechner und den aufgeschlossenen Betriebsleiter. Wer nicht mithalten konnte, war vielfach zur Aufgabe seines Gutsbesitzes gezwungen. Eine Reihe von Gütern ist auch als Heiratsgut an andere Familien übergegangen. Trotz mancher Verluste wurde der Kreis Regenwalde bis 1945 noch stark vom Altbesitz der Familie geprägt, und auch die vorpommerschen Borckes haben sich einen größeren Güterkomplex erhalten können. Wer über keinen Grundbesitz verfügte, wurde traditionsgemäß oft Offizier oder Beamter.

Getreu ihrem Lehnseid haben zahlreiche Borckes ihren pommerschen, brandenburgischen, schwedischen und preußischen Landesherren in Kriegs- wie in Friedenszeiten Hof-, Ehren- und Kriegsdienste geleistet. Unter den pommerschen Herzögen gehörten sie zum fürstlichen Rat, waren Zeugen bei Staatsverträgen, wirkten als Richter und Beisitzer im Lehnsgericht, übernahmen das Schiedsrichteramt in den Konflikten des Adels und der Städte oder waren als Vögte wichtige Stützen der Landesverwaltung. Mit zunehmendem Reichtum und Ansehen in Pommern haben ihnen die Herzöge zusammen mit einigen wenigen anderen Adelsgeschlechtern gewisse Vorrechte vor dem übrigen Adel eingeräumt. Dieser kleine Kreis der sogenannten „Burg- und Schloßgesessenen" bestand seit dem 13. Jahrhundert.

Nach alledem könnte man meinen, daß alle Borckes unter den Greifenherzögen gehorsame, zuverlässige Stützen der Landesherren und der pommerschen Gesellschaft gewesen wären. Das war gewiß die Regel. So finden wir z. B. 1356 Familienangehörige, die mit dem Bischof von Kammin und anderen Adligen wegen des vielen „stratenroves, dievereye, mortbrandes, bodenstulpene" und anderer Gewalttaten einen vierjährigen Landfrieden abschlossen. Andere unterstützten die Herzöge bei der Verfolgung von Straßenräubern usw. Doch gab es auch unter den Borckes andererseits Heißsporne und Rädelsführer, die in einer Zeit sittlichen Verfalls wie andere adlige Ritter sich in trotziger Verhöhnung des Landfriedens in Fehden mit Standesgenossen oder mit Städten herumschlugen, plünderten, raubten oder sogar töteten. Dem räuberischen Unwesen konnte nur schwer begegnet werden. An den Grenzen der Neumark und nach Polen zu gab es keine Sicherheit, und das bekam selbst der mächtige Deutsche Ritterorden zu spüren. Matzke von Borcke auf Stramehl, einer der bekanntesten Rädelsführer seiner Familie, scheute nicht davor zurück, gemeinsam mit Eckard vom Wolde, Hauptmann und Vogt zu

Regenwalde und Belgard, und einer Schar pommerscher und märkischer Ritter am 13. Dezember 1388 Herzog Wilhelm von Geldern auf seinem Zug zum Deutschen Ritterorden zu überfallen, gefangenzunehmen, ihn auf Schloß Falkenburg festzusetzen und erst nach langen Verhandlungen wieder freizugeben. Die Tat, die weithin großes Aufsehen erregte, geschah auf Veranlassung des Polenkönigs und wohl auch mit Billigung der hinterpommerschen Herzöge, die sich in ihrer Politik mal wieder mehr an Polen anlehnten. Als Matzke fortfuhr, die Ordensritter und ihre Gäste weiter zu belästigen, hat der Orden sein „Krähennest", die Burg Stramehl, 1392 erobert und zerstört.

Welche Verwilderung von Geist, Recht und Sitten um die Wende vom 16. zum 17. Jahrhundert herrschte, ergibt sich aus dem Hexenprozeß der Sidonia von Borcke. Von ihrem Bruder Ulrich auf Stramehl um ihr väterliches Erbe betrogen, energisch sich dagegen wehrend, von den meisten Familienangehörigen im Stich gelassen, schließlich der Zauberei und Hexerei bezichtigt, endete ihr Leben 1620 mit der Enthauptung und Verbrennung ihres Leichnams auf dem Rabenstein vor den Toren Stettins. Sidonia ist inzwischen zu einer der berühmtesten pommerschen Sagengestalten geworden. Mit dem jungen Herzog Ernst Ludwig verlobt, dann aber von ihm nicht geheiratet, soll sie aus Rache durch Hexerei und Zauberei das schnelle Aussterben der Angehörigen des Greifengeschlechts und damit das Ende der Dynastie verursacht haben. Sogar im heute polnischen Teil Pommerns wird das Gedächtnis an Sidonia wachgehalten, und der polnische Dichter Stanislaw Misakowski hat der sagenumwobenen Gestalt ein langes Gedicht gewidmet, das nach seiner Auskunft in ganz Polen große Beachtung gefunden hat.

Der menschenunwürdigen Behandlung Sidonias durch die Familie wie der allgemeinen Geistesver-

wirrung der Zeit stehen die menschenfreundlichen Borcke-Regenwalder Stiftungen des Assessors am Reichskammergericht zu Speyer, Adrian von Borcke (gest. 1618), gegenüber. Das sogenannte „Beneficium Borckianum Regenwaldense" sollte nach seinem Wunsch wohltätigen Zwecken dienen, so den Predigerwitwen und -kindern, den Untertanen zur Deckung von Prozeßkosten, den Dienstboten und armen Reisenden. Diesen Stiftungen aus den Jahren 1604 bis 1616 sind weitere von anderen Familienangehörigen gefolgt. Sie sind ein Beispiel dafür, daß in einer Zeit der Bedrückung des Volks auch sozial gedacht wurde. Da ein Teil des Stiftungsvermögens in Grundbesitz angelegt wurde, konnten bis 1945, wenn auch in bescheidenem Umfang, Bedürftige der Stadt Regenwalde unterstützt werden.

Nachdem im Jahre 1637 mit dem Tod Herzog Bogislaws XIV. das pommersche Fürstenhaus aus der Geschichte ausgeschieden und nachdem der Dreißigjährige Krieg beendet war, wurde Pommern aufgeteilt. Schweden erhielt Vorpommern mit der Insel Rügen, Stettin und einen Landstrich östlich der Oder, zu Brandenburg kamen Hinterpommern und das Bistum Kammin. „Pommern ist eine Witwe, die vor eine Fürstin war und nun dienen muß!", so klagte Johannes Micraelius (gest. 1658), der Verfasser einer Geschichte Pommerns.

In Schwedisch-Vorpommern hat man sich sehr schnell mit der neuen Herrschaft abgefunden. Der begüterte Adel, von der schwedischen Krone mit Ämtern bedacht, knüpfte enge Verbindungen zu den schwedischen Standesgenossen. Georg Friedrich von Borcke trat bereits 1646 in die Dienste Schwedens und wurde am Ende seiner Laufbahn in das hohe Amt des Hofgerichtspräsidenten berufen und war so gleichzeitig Stellvertreter des Statthalters. 1653 hatte er seine hinterpommerschen Güter gegen Altwigshagen, Lübs und Demnitz in Vorpommern getauscht. In der Pfarrkirche von Morgenitz auf der

Insel Usedom befindet sich heute noch der Kupfersarg seines Sohnes, weiland in schwedischen Diensten stehender Oberjägermeister, Regierungsrat und Schloßhauptmann von Stettin. Andere Familienangehörige wurden als Landräte und damit Vertreter der Stände zu Beratungen der Regierung herangezogen.

Unter der kraftvollen Regierung des Großen Kurfürsten in Hinterpommern begann sich der Adel mit Gut und Blut dem neuen Landesherrn zur Verfügung zu stellen, so daß der Enkel, Friedrich Wilhelm I. von Preußen, in seinem Politischen Testament sich befriedigt äußern konnte: „Die pommerschen Wasallen seindt getreue wie goldt, sie Resonnieren wohll bißweilen, aber wen mein Successor saget, es soll sein und das Ihr sie mit Guhtem zurehdet, so wiert Keiner sich da wieder Mowieren gegen Eure Befehlle."

Beinahe schlagartig treten unter König Friedrich Wilhelm I. und Friedrich dem Großen so viele Borckes in leitenden Stellungen auf wie vorher und nachher nicht wieder. Nicht weniger als drei Minister gab es zu jener Zeit und verschiedene Generäle, darunter den Feldmarschall Adrian Bernhard Graf von Borcke (1668 – 1741), der von 1728 bis 1740 preußischer Etats- und Kabinettsminister war und das besondere Vertrauen seines Königs genoß. Von 1717 bis 1720 hat der Feldmarschall das wohl schönste Barockschloß Hinterpommerns, Schloß Stargordt bei Regenwalde, erbauen lassen und mit wertvollen Kunstgegenständen, darunter eine vortreffliche Gobelinsammlung des 18. Jahrhunderts, ausgestattet. Einen Flügel fügte sein nicht minder verdienstvoller Sohn Heinrich Adrian im Jahre 1743 an. Durch einen großzügig angelegten Garten und Park schuf er dazu den äußeren herrschaftlichen Rahmen. Schloß Stargordt ist 1945 weitestgehend ausgebrannt und zerstört worden. Nur noch Reste der Außenmauern sind erhalten, die Kunstwerke sind dem Zerstörungswerk zum Opfer gefallen, der Park ist verwildert.

Den Sohn des Feldmarschalls, Heinrich Adrian Graf von Borcke (1715 – 1788), ernannte Friedrich der Große zum Erzieher seines Nachfolgers, Friedrich Willhelms II., und des Prinzen Heinrich. Wegen seiner Äußerung, daß der Friede immer besser sei als der Krieg, hat er sich den Zorn des Königs zugezogen. Die Erziehung der Prinzen wurde ihm entzogen, er selbst auf seine pommerschen Güter geschickt. Wir haben hier ein Beispiel, wie ein unabhängiger Geist die Ungnade seines Königs einem verheißungsvollen Aufstieg in preußischen Diensten vorzog. Als Landedelmann widmete sich Heinrich Adrian von nun an in Theorie und Praxis der Landwirtschaft auf seinem Gut Stargordt. Über seine praktischen Erfahrungen, insbesondere über die damals neue Anwendung des Kalks zum Düngen und über die Einführung des Anbaus von Klee, hat er in seiner 1777 veröffentlichten Schrift „Beschreibung der Stargordtschen Wirtschaft in Hinterpommern" berichtet. Seine Erfolge auf landwirtschaftlichem Gebiet fanden allgemeine Beachtung und Anerkennung. Er hatte sich um die Begründung des Kreditinstituts der „Pommerschen Landschaft" große Verdienste erworben und wurde deshalb in das Amt des „Pommerschen Landschafts-Deputations-Marschalls" gewählt.

Friedrich Wilhem von Borcke (1693 – 1769) hatte in preußischen Diensten einen meteorhaften Aufstieg, der ihm viele Neider und Gegner einbrachte. 1730 wurde er Präsident der Kammern Minden und Kleve und damit (Ober-)Präsident der vereinigten westfälischen und rheinischen Provinzen und 1731 Etatsminister. Er hatte eine Stellung inne, wie vor 1806 nur noch einmal der Freiherr vom Stein. Während seiner Tätigkeit am Niederrhein wurde er in einen Skandal verwickelt, belastet und von Friedrich Wilhelm I. aus seinen Diensten entlassen. Darauf hat er die Finanzen des Landgrafen von Hessen-Kassel geordnet. Friedrich der Große stellte ihn 1754 wieder als Finanzminister im Generaldirektorium ein, ernannte ihn bei Ausbruch des Siebenjährigen Krieges zum Chef des Feldkriegsdirektoriums in Sachsen und versetzte ihn 1759 zurück in seine vorige Stellung. Auf Schloß Hueth beherbergte Friedrich Wilhelm von Borcke die umfangreichste Privatbücherei am Niederrhein, die seinen Besuchern einen Eindruck von seinen bibliophilen Neigungen und seinen vielseitigen Interessen vermittelte.

Das allgemeine geistige Leben, so berichtet Martin Wehrmann in seiner „Geschichte von Pommern", befand sich in der ersten Hälfte des 18. Jahrhunderts auf einem Tiefstand. Literarische Arbeiten aus Hinterpommern waren selten. Caspar Wilhelm von Borcke (1704 – 1747) bildete eine Ausnahme. Vor allem mit seiner Übersetzung von Shakespeares „Julius Caesar", unter dem Titel „Versuch einer gebundenen Übersetzung des Trauer-Spiels von dem Tode des Julius Caesar", die 1740 veröffentlicht wurde, hat er in der Literaturgeschichte sich ein bleibendes Denkmal gesetzt. Während seiner Aufenthalte in England lernte er die Größe und sprachliche Kraft des englischen Dramatikers kennen und schätzen. Durch seine Übersetzung hat er das literarisch interessierte Deutschland mit einer bisher hier nicht gekannten Dramenform bekannt gemacht, was zu einer ungeahnten Bereicherung der deutschen Dichtung geführt hat. Vermochte seine Dichtersprache, der gereimte Alexandriner, noch nicht die Blankverse Shakespeares nach Tiefe und Weite ihres Ausdrucks wiederzugeben, so bleibt doch sein literarisches Verdienst, als erster Deutscher ein Werk des englischen Dramatikers vollständig übersetzt zu haben. Als geistvoller Freund der schönen Wissenschaften hat er sich in seinen Mußestunden in gleicher Weise wie mit der neueren Literatur auch mit der des Altertums befaßt und sie ins Deutsche übertragen. Zunächst als Diplomat in Dresden, Braunschweig, London und Wien für die preußischen Könige tätig, wurde Caspar Wilhelm von Borcke bei Ausbruch des Ersten Schlesischen Krieges als Staats- und Kabinettsminister nach Berlin berufen. 1744 ernannte ihn der König zu einem der Kuratoren der von ihm neu belebten Akademie der Wissenschaften. Bei seinen vielfältigen beruflichen Verpflichtungen vergaß Caspar Wilhelm nicht seine pommersche Heimat. Seine umfangreiche Bibliothek und seine Urkundensammlung auf Schloß Falkenburg waren in besonderer Weise auf die Geschichte Pommerns und seiner Familie ausgerichtet.

Er galt als eine der geistvollsten und beliebtesten Persönlichkeiten am Berliner Hof, und so wird verständlich, wenn Königin Ulrike von Schweden, eine Schwester Friedrichs des Großen, bei seinem leider zu frühen Tod im Jahre 1747 bedauernd äußert: „Er war ein allerliebster Mensch, vielmehr geschaffen für die Gesellschaft der Lebenden als die der Toten. Der gute Vater Abraham wird für seine Bonmots kaum Verständnis haben."

Neben den vorgestellten Persönlichkeiten bleiben auch die weiteren Familienangehörigen unvergessen, Männer und Frauen in großer Zahl, die sich um Staat, Gesellschaft oder Familie nicht nur in Pommern und Preußen große Verdienste erworben haben und Vorbild für die ihnen folgenden Generationen geworden sind. Das Wissen um ihre Leistungen wie auch ihre Fehler und Versäumnisse war und ist Ansporn zur Bewältigung von Gegenwart und Zukunft.

Über die Landschaft und die Menschen Vor- und Hinterpommerns ist 1945 ein gnadenloser, schrecklicher Krieg hinweggegangen. Schlösser, Herrenhäuser, Guts- und Bauernhöfe, Dörfer und Städte wurden in Asche gelegt, geplündert und oft willkürlich dem Erdboden gleich gemacht. Was erhalten blieb, wurde nach dem Krieg vielfach sinnlos dem

Verfall preisgegeben. Die Herrenhäuser und Güter der Familie von Borcke wurden von alledem nicht ausgenommen. Was einmal an Grundbesitz vorhanden war, wurde, abgesehen von einem Bauernhof in Schlagtow bei Greifswald, 1945 enteignet. Trostlosigkeit hat sich überall eingestellt, so wird man bei Besuchen feststellen. Dieses ist aber kein Grund, sich abzuwenden. Gewiß ist vieles, was an die Familie erinnert, unwiederbringlich verloren. Manches aber ist erhalten geblieben und sollte für die Zukunft gesichert werden. Daran sich ideell wie materiell zu beteiligen, ist eine Aufgabe, der sich die mit der Geschichte Pommerns so eng verbundene Familie von Borcke nicht verschließt.

Schloß Bothmer – Die Grafen Bothmer in Mecklenburg

Die Familie von Bothmer ist eine Familie des ritterschaftlichen Adels in Niedersachsen. Die Stammreihe beginnt mit Thidericus de Botmare, im Jahre 1183 urkundlich erwähnt, der Besitzungen in dem Ort Bothmer am Zusammenfluß von Leine und Aller hatte. Ein Zweig der Familie erwarb im Jahre 1493 die Burg zu Lauenbrück, wo 1656 auf dem väterlichen Besitz in dem damaligen Fürstentum Lüneburg Hans Caspar von Bothmer geboren wurde. Sein Vater, Julius August von Bothmer, war Geheimer Rat des Herzogs Georg Wilhelm von Celle, später Hofgerichtspräsident und Landdrost des Herzogtums Lauenburg in Ratzeburg. Seine Mutter, Margarethe Eleonore von Petersdorff, in Lübzin in Mecklenburg geboren, war die Tochter des Oberhauptmanns zu Harburg.

Hans Caspar Bothmer begann seine diplomatische Laufbahn 1677 in Nimwegen, wo er dem Cellischen Geheimrat Lorenz Müller zugeteilt wurde. 1682 wurde er Hofjunker bei der Prinzessin Sophie Dorothea, der späteren berühmten Prinzessin von Ahlden. Es folgten 1683/84 Missionen nach Dänemark und Schweden. Seit September 1685 war er Gesandter des Gesamthauses Braunschweig-Lüneburg am Berliner Hof. In Berlin blieb Bothmer bis 1690, wirkte dann als Cellischer Gesandter, aber von Hannover stets mitbeglaubigt, von September 1690 bis Oktober 1696 in Wien, von Dezember 1696 bis 1698 in Holland, wo er auch am Ryswijker Friedenskongreß teilnahm. Das Jahr 1691 sah ihn mit Sonderaufträgen am Hofe Ludwigs XIV. in Paris und abermals in Berlin. 1699 überbrachte er auf einer zweiten Mission nach Wien dem mit einer Hannoverschen Prinzessin vermählten Römischen König Joseph (I.) die Glückwünsche des Hauses Braun-

schweig. 1700 bis 1710 wiederum als Gesandter in Den Haag tätig, ging er 1711 auf den wichtigsten Posten, den die Diplomatie Hannovers damals zu besetzen hatte, die Gesandtschaft in London, wo er mit verschiedenen Unterbrechungen blieb, bis nicht zum wenigsten dank seiner mit Klugheit, Takt und Festigkeit geführten Verhandlungen die Thronfolge des Kurfürsten Georg Ludwig von Hannover in Großbritannien gesichert war (1714).

Im Rat Georgs I. nahm Bothmer, der in England blieb, mit die erste Stelle ein, wenn er sich auch nach dem Durchbruch der nationalenglischen Strömung in der Politik und in der Umgebung des Königs (um 1720) im wesentlichen auf die hannoverschen Dinge beschränkte, zu deren Leitung er als „Erster Minister für die deutschen Angelegenheiten" berufen war.

Bothmer lebte seit 1720 in dem Hause Downing Street 10, das ihm die Krone zur Verfügung gestellt hatte. Hier starb er am 6. Februar 1732. Seit 1735 ist dieses Haus Amtssitz des jeweiligen englischen Premierministers.

Seine Ruhestätte fand er zuerst in der Familiengruft in Scheeßel, Kreis Rotenburg, nach deren Aufhebung im August 1934 ruht er auf dem Friedhof von Schloß Bothmer bei Klütz in Mecklenburg.

Hans Caspar von Bothmer wurde am 9. November 1696 zusammen mit seinem Vater und seinen Brüdern zum Reichsfreiherrn und am 4. November 1713 zum Reichsgrafen erhoben. Aus seinen beiden Ehen mit Sophie Ehrengard von der Asseburg und Gisela Erdmuthe Freiin von Hoym hinterließ er lediglich eine Tochter Sophie Charlotte, die in erster Ehe mit einem Grafen Reuß und dann mit einem Grafen Erbach vermählt war.

Hans Caspar Bothmer verfolgte seit seiner Erhebung in den Reichsgrafenstand die Idee, einen größeren Güterkomplex zu erwerben und damit die Zukunft seiner Familie zu sichern. Durch Vermittlung seines Bruders Friedrich Johann Freiherr von Bothmer, der Generalleutnant der Kavallerie und ab 1716 kurhannöverscher Gesandter in Kopenhagen war, begann Hans Caspar Bothmer 1721 mit dem Kauf umfangreicher Güter im Klützer Winkel. Er erwarb die Güter weitestgehend von der hier stark vertretenen Familie Plessen, die durch den Nordischen Krieg, der sich z. T. vor den Toren Wismars abspielte, in Vermögensverfall geraten war.

1723 errichtete Hans Caspar Bothmer ein Majorat zu Gunsten der männlichen Nachkommen seines Bruders Friedrich Johann Freiherr von Bothmer. Der erste Begünstigte sollte sein Neffe, Hans Caspar Gottfried Freiherr von Bothmer werden, der mit einer Tochter des herzoglich-mecklenburgischen Oberstallmeisters Hartwig von Bülow zu Roloffshagen verheiratet war. Auf diese Art und Weise kamen die Güter Roloffshagen, Parin, Gutow, Kussow und Moor zu der Besitzung hinzu. Um 1900 bestand die Majoratsgrafschaft Bothmer aus den Gütern Arpshagen, Hofzumfelde, Goldbeck, Brook, Grundeshagen, Elmenhorst, Christinenfeld, Parin, Roloffshagen, Moor und Hoofe. Dazu gehörten ferner die Flecken Klütz sowie die Dörfer Hohenschönberg, Ober- und Niederklütz, Tarnewitzerhagen, Steinbeck, Elmenhorst, Brook, Gutow, Kussow und Moor; ein Besitz von insgesamt ca. 7 800 Hektar.

Hans Caspar Bothmer begann 1726, eine auf niederländischen und englischen Eindrücken beruhende Gutsanlage auf seinen neu erworbenen Ländereien zu bauen. Die Aufgabe übertrug er dem aus Hannover stammenden, späteren mecklenburgischen Hofbaumeister Johann Friedrich Künnecke.

Das Schloß liegt ungefähr 500 m vor den Toren der Kleinstadt Klütz, wird von einem künstlichen Wassergraben mit vier geraden Läufen umflossen. Kurvierte Säulengänge verbinden die untergeordneten Schloßtrakte, die sich jeweils aus der Aneinanderreihung von quadratischen Pavillons und langgestreckten Flügeln bilden, mit dem Hauptbau. Links außerhalb des Corps de logis lagen die Küche mit einer sich anschließenden Orangerie, des weiteren die Stallgebäude mit der Remise als Stirnbau. Der Pavillon rechts des Wohntraktes barg den Zugang zu der dahinter liegenden längsgerichteten Kapelle, der sich der Pferdestall mit Reitbahn als Kopfstück des ganzen Komplexes zuordnete. Die übrigen Räumlichkeiten waren den Gästen vorbehalten. Eine separate Lage nahmen die beiden Diener-Häuschen ein.

Neben dem Baumeister Künnecke sind hier mehrere auch an Bernstorffschen Bauten tätige Handwerker nachzuweisen. Johann Paul Heumann – der spätere Hannoversche Hofarchitekt – wurde als Tischler hierher verpflichtet, nachdem er sich als solcher in Clausthal Verdienste erworben hatte. Für die Fertigstellung der Bildhauerarbeit und der Treppen wurde aus Lübeck H. J. Hassenberg eingestellt. Sein Mitbürger, der Baumeister Petrini, ist ebenfalls in Bothmer nachweisbar. Für sämtliche Stukkaturen im Wohngebäude zeichnete ab 1728 der Italiener Joseph Mogia verantwortlich. Sein Landsmann Pietro Antonia Barca, sicherlich ein Vorfahr des späteren Ludwigsluster Architekten, wirkte als Maurer am Bau mit.

Der freigestaltete weitläufige Garten, ursprünglich im französischen Stil angelegt, und das Schloß stehen heute unter Denkmalschutz und bieten seit 1948 älteren Menschen Wohn- und Lebensstätte.

Es ist in der Forschung mehrfach darauf hingewiesen worden, daß der Bauherr in Bothmer Ideen aus der englischen Architektur mitverwertete. Jürgen Brandt, der als erster den Zusammenhang mit Blenheim-House in Oxfordshire herstellte, eine Schöpfung des Architekten Vanbrugh für den Herzog von Marlborough, schränkt gleichzeitig die Gemeinsamkeiten wieder auf ein Minimum ein. Bothmer als eine vereinfachte Ausgabe von Blenheim oder gar als völlig gleiches Gegenstück einzustufen, scheint wohl zu weit hergeholt. Eine Anregung, die Bothmer aus England oder Holland übernahm, ist das Pavillon-Galerie-System, so daß sich das Schloß bei Klütz in einer für Mecklenburg ungewöhnlich großzügigen Weite präsentiert.

Diese großartige Schloßanlage wurde 1732 fertiggestellt und von dem Neffen des Erbauers, Hans Caspar Gottfried Reichsgraf von Bothmer im Frühjahr 1732 bezogen. Der Erbauer hat die Vollendung der Anlage nicht mehr erlebt. An der äußeren Gestalt der Schloßanlage wurde in den folgenden Jahrhunderten wenig verändert. Lediglich der Park wurde im Laufe der Zeit in einen englischen Landschaftspark umgewandelt.

Als zehnter Besitzer übernahm im Jahr 1934 der hochdekorierte bayerische Major Ludwig Graf von Bothmer das Schloß Bothmer und den Besitz, der noch aus den Gütern Arpshagen, Hofzumfelde, Elmenhorst, Roloffshagen und Parin bestand. 1945 war er als Reserveoffizier Stadtkommandant von Rostock. Seine Frau und seine vier kleinen Kinder flüchteten Ende Juni 1945, als die Engländer diesen Teil Mecklenburgs räumten und den Russen übergaben.

Zurück blieb sein Neffe, Hans Kaspar Bothmer. Er war am 31. Januar 1919 in München geboren, hatte 1939 mit dem Studium der Medizin begonnen und wurde als Leutnant 1944 in der Sowjetunion schwer verwundet. Anfang September wurde Schloß Bothmer Isolierkrankenhaus für Typhus-, Diphtherie-, Scharlach- und Fleckfieberkranke. Schon drei Tage später beherbergte das Schloß fast 400 Patienten, und Bothmer kümmerte sich um Lebensmittel und Stroh für die Lagerstätten. Er betreute die Kranken und insbesondere die Kinder ohne Rücksicht auf sein eigenes Leben. Obwohl die Russen ihn als Leiter entließen, blieb er, da kein Ersatz zu finden war.

Am 24. November erkrankte er selbst an Typhus und wurde von einer jungen Schwester aufopferungsvoll gepflegt. Diese Schwester Annemarie Schlüter infizierte sich selbst und starb am Heiligen Abend 1945. Hans Kaspar Bothmer überstand die eigene Thyphuserkrankung, infizierte sich aber an Fleckfieber. Trotz reichlich zur Verfügung stehender Herzmittel versagte der Kreislauf. Am 12. Februar 1946 endete mit ihm die Geschichte der Grafen Bothmer in Schloß Bothmer. Die Grabrede wurde nach Johannes 15, Vers 13 („Niemand hat größere Liebe denn der, der sein Leben einsetzt für seine Freunde") von dem Klützer Pastor Wömpner gehalten. Die Beisetzung fand statt in der Bothmerschen Friedhofs-Kapelle in der Nähe des Schlosses. Diese Kapelle wurde nach Kriegsende abgerissen.

Seit der Wiedervereinigung unseres deutschen Vaterlandes bemüht sich Guntram Graf von Bothmer mit seiner Frau Dolores um die Rückkehr auf seinen alten Besitz, wo er 1936 geboren wurde. Unter großen Mühen ist es gelungen, von der Treuhandanstalt das Gut Elmenhorst zu pachten, das direkt an die Ostsee grenzt. Die Familie hegt die Hoffnung, diesen Besitz, ergänzt um Teile von Arpshagen und Hofzumfelde, im Rahmen der Entschädigung für die anderen Güter zu erhalten. Darüber hinaus ist es gelungen, einen großen Teil der Familienbilder im Staatlichen Museum in Schwerin zu entdecken und Teile des Bothmerschen Archivs im Staatsarchiv Schwerin, das u. a. das Original des berühmten Tagebuches des ersten Grafen Bothmer in Mecklenburg aus dem Jahr 1687/1688 enthält.

Lassen Sie mich diesen Bericht schließen mit dem Wappenspruch von Hans Caspar Reichsgraf von Bothmer:

„Quidquid agis,
prudenter agas et respice finem"

(„Was immer Du tust,
das tue gut und bedenke das Ende")

Die Familie von Bülow in ihrem Stammland Mecklenburg

Die Bülows, heute eine der weitverzweigtesten Adelsfamilien in Deutschland, leiten ihren Ursprung aus dem Lande Mecklenburg her. 1229 wird Gottfried von Bülow in Bülow bei Rehna zwischen Grevesmühlen und Gadebusch als Besitzer von Ritterhufen erwähnt. Von ihm stammen sämtliche heute lebenden Nachkommen der Familie ab. Höchstwahrscheinlich sind die Bülows aber nicht (wie der Name vermuten lassen könnte) ein ursprünglich eingeborenes wendisches Geschlecht, sondern sie sind im Zuge der Kolonisation unter Heinrich dem Löwen im 12. Jahrhundert vermutlich aus Westfalen oder Niedersachsen nach Mecklenburg eingewandert. Bereits 1236 beteiligten sich Familienmitglieder an der Gründung des Klosters in Rehna, das in den folgenden Jahrhunderten bis zur Reformation in enger Verbindung mit der Familie stand und von den Bülows mit großen Stiftungen versehen wurde.

Ende des 13. Jahrhunderts wurden über das Stammgut Bülow hinaus die Besitzungen Wedendorf, Plüschow sowie umfangreicher Besitz in der Umgegend von der Familie erworben. Mit dem Beginn des 14. Jahrhunderts breitete sich die Familie sehr stark aus und gewann eine herausragende Machtstellung im westlichen Mecklenburg. Während des 14. Jahrhunderts waren vier Familienmitglieder Inhaber des Bistums Schwerin: Gottfried (1298-1314), Ludolph (1331-1339), Heinrich (1339-1347) und Friedrich (1365-1375). Der letztere weihte während seiner Amtszeit das bekannte Doberaner Münster.

Die Familie kam im Laufe des Spätmittelalters zu großem Reichtum und konnte zu Beginn des 14. Jahrhunderts im sogenannten Klützer Winkel, der fruchtbaren Region zwischen Lübeck und Wismar im nordwestlichen Mecklenburg, umfangreichen Grundbesitz erwerben. Ende des 14. Jahrhunderts wurde darüber hinaus durch Kauf und Heirat Landbesitz im Raum Sternberg, Bützow und Güstrow für die Familie gewonnen. Heinrich von Bülow in Plüschow war Mitte des 14. Jahrhunderts die herausragende politische Figur. Als Rat Herzog Albrechts des Großen vermittelte er im Jahre 1358 den Erwerb der Grafschaft Schwerin durch Herzog Albrecht, was zu einer wesentlichen Ausweitung des herzoglichen Machtbereiches führte.

Der in der Familie angesammelte Reichtum ermöglichte es, zusätzlich zu den Gütern umfangreichen Pfandbesitz zu erwerben, insbesondere von den durch Landesteilungen im 14. und 15. Jahrhundert zeitweise geschwächten landesherrlichen Familien. So waren in dieser Zeit die Städte Plau, Neustadt und Dömitz über längere Zeit in Bülowschem Pfandbesitz.

Auf diese große Zeit der Familie in Mecklenburg weisen auch noch viele Kunst- und Kulturdenkmäler in den Kirchen hin, insbesondere in Bützow, im Schweriner Dom, in Dassow sowie im Museum in Schwerin.

Durch Pfandeinlösungen flossen den Familienmitgliedern im Laufe des 15. Jahrhunderts große Kapitalien zu, so daß es ab 1430 auch zu „Auswanderungen" kam. Zwei Zweige der Familie erwarben im benachbarten Herzogtum Lauenburg und im Herzogtum Braunschweig-Lüneburg umfangreichen Grundbesitz, von dem Teile bis heute der Familie verblieben sind. Aber auch die „Ausgewanderten" blieben über ihre Lehnsbesitzansprüche mit ihren Verwandten in Mecklenburg zunächst eng verbunden.

Mit der Reformation zu Anfang des 16. Jahrhunderts fiel die vom Adel viel genutzte Versorgungsmöglichkeit jüngerer Söhne im geistlichen Stande weg. Andererseits boten sich durch die Entwicklung stehender Heere und die Vergrößerung der fürstlichen Hofstaaten und Verwaltungen andere Möglichkeiten für weichende Erben, sich zu betätigen. Diese Entwicklung führte dazu, daß seit etwa 1565 häufiger Familienmitglieder dann Mecklenburg endgültig verlassen (in der Regel die jüngeren Söhne aus den Gutsbetrieben) und an fremden Höfen Dienste nehmen, überwiegend an den braunschweigischen und lüneburgischen Höfen, in Holstein-Dänemark, seit dem Ende des 17. Jahrhunderts dann zunehmend auch in Brandenburg-Preußen, der neuen erstarkten Großmacht im norddeutschen Raum.

Um die Mitte des 17. Jahrhunderts verfügt die Familie noch über umfangreichen Grundbesitz in Mecklenburg. Aus diesem Grunde wird sie dann durch die Katastrophe des Dreißigjährigen Krieges und die in Mecklenburg mit kurzer Unterbrechung nachfolgenden inneren Auseinandersetzungen über die Verfassungsfrage, durch die militärischen Auseinandersetzungen und die damit verbundenen Verwüstungen in besonders starker Weise betroffen. So müssen in der zweiten Hälfte des 17. Jahrhunderts die alten Familienstammgüter Wedendorf, Groß Potrems, Zibühl und Groß Raden veräußert werden.

In der Mitte des 18. Jahrhunderts gehen auch Plüschow und Groß Siemen der Familie verloren. Um 1770 befindet sich keines der aus dem Mittelalter her vererbten Stammgüter mehr in der Hand der Familie – anders als bei den meisten anderen alteingesessenen ritterschaftlichen Familien Mecklenburgs, die ihre Stammgüter häufig bis zur Enteignung 1945 in der Familie halten konnten.

Dadurch bedingt kommt es auch zu einer erheblichen Verminderung der in Mecklenburg lebenden Familienmitglieder. Das Überwechseln in Militär- und Verwaltungsdienste, besonders in den benachbarten größeren Mächten Dänemark und Brandenburg-Preußen, nimmt im Laufe des 18. Jahrhunderts stark zu, so daß im 19. Jahrhundert in der Literatur die Familie vielfach als preußische Offiziersfamilie dargestellt wird.

Mit der Konsolidierung der inneren Verhältnisse und der wirtschaftlichen Erholung in Mecklenburg ab der zweiten Hälfte des 18. Jahrhunderts kommt es in etlichen Fällen zum Neuerwerb von ländlichem Grundbesitz in Mecklenburg, gelegentlich auch durch Familienmitglieder, die von auswärts wieder in das Stammland der Familie zurückkehren. Um die Jahrhundertwende gibt es 12 Familiengüter in beiden Mecklenburg.

Im Laufe des 19. Jahrhunderts begegnet uns eine große Anzahl von Familienmitgliedern im mecklenburgischen Staatsdienst; genannt seien hier nur Hans Graf von Bülow (1807-1869, Sohn des preußischen Finanzministers), Staatsminister (das ist Ministerpräsident) in Mecklenburg-Schwerin von 1850-1858, Alexander von Bülow auf Goldenbow (1829-1901), ebenfalls Staatsminister in Mecklenburg-Schwerin von 1886-1901, Bodo von Bülow auf Kaltenmoor (1834-1904), mecklenburg-schweriner Finanzminister von 1875-1896, sowie Bernhard von Bülow (1815-1879), der Vater des späteren deutschen Reichskanzlers Fürst Bülow (1900-1909), von 1864-1868 Staatsminister von Mecklenburg-Strelitz, dann Staatssekretär im Auswärtigen Amt des Deutschen Reiches. Einen besonderen Platz in der Musikgeschichte verschaffte sich Hans von

Bülow (1830-1894) als Dirigent und Mitbegründer der Berliner Philharmoniker.

Der Gutsbesitz der Familie in Mecklenburg wird durch die für die Landwirtschaft außerordentlich schwierige Zeit nach dem verlorenen Ersten Weltkrieg erheblich betroffen, es müssen sechs Familiengüter verkauft werden, von einigen erhalten gebliebenen Besitzungen müssen Teile veräußert werden.

Zum Zeitpunkt des Kriegsendes 1945 und der darauf folgenden Bodenreform in der sowjetischen Besatzungszone gibt es in beiden Mecklenburg noch sieben Familienbesitzungen, von denen Wendisch Lieps seit 1509 und Wulfskuhl-Camin seit 1664 in Bülowschen Besitz waren, die anderen Güter befanden sich alle erst seit dem 19. Jahrhundert in der Familie, wie eines der bedeutendsten Güter der Familie in Mecklenburg, das in Kreis Hagenow gelegene Goldenbow mit dem Vorwerk Albertinenhof. Diesen Besitz hatte der schwerinsche Hofmarschall Jasper von Bülow (Vater des obengenannten Staatsministers Alexander) 1852 von seinem Onkel, Herrn von Schilden geerbt. Es handelt sich um einen wohl arrondierten Ackerbaubetrieb mit einem sehr schönen dazugehörigen Forst sowie einem denkmalpflegerisch und kunsthistorisch bedeutenden Gutshaus. Es handelt sich hierbei um einen noch sehr archaisch wirkenden Barockbau von 1696. Der fast quadratische massige Backsteinbaukörper ist durch kalkgeputzte Pilaster gegliedert und erhebt sich über einem mächtigen aus behauenen Granitquadern errichteten Sockel. Ursprünglich verfügte das Gebäude über ein großes Walmdach, jedoch wurden von den Bülowschen Besitzern 1862 vier charakteristische Schweifgiebel im Stile des Manierismus hinzugefügt. Im Inneren befindet sich ein sehr schönes barockes Zentraltreppenhaus sowie in der Mitte des Hauses im ersten Stock ein großer Saal mit Sandsteinkaminen.

Das Goldenbower Gutshaus diente bis 1945 als Wohnsitz der Familie und hatte neben anderen Ausstattungsgegenständen vor allen Dingen eine im Lande berühmte Bibliothek und eine Sammlung deutscher Grafik des 15. und 16. Jahrhunderts aufzuweisen, die der Kammerherr Henning von Bülow zusammengetragen hat. Leider ist das Inventar fast sämtlich 1945 verlorengegangen.

Nach dem Kriege diente das Haus, das in den Besitz der Gemeinde übergegangen war, zunächst als Wohnung für Flüchtlinge, später beherbergte es auch den örtlichen Konsum, Kulturräume und eine Poststelle.

Seit Mitte der 80er Jahre steht das Haus leer und ist zunehmendem Verfall preisgegeben. Seit Sommer 1992 hat die Familie von Bülow wieder einen Teil der alten Gutsflächen in Goldenbow in Bewirtschaftung genommen, um dort wieder einen landwirtschaftlichen Betrieb einzurichten. Im Zusammenhang damit sollen auch Wege gesucht werden, die zur Rettung dieses wertvollen Herrenhauses führen können. Allerdings ist es eine schwierige Aufgabe, für die vielen devastierten Herrenhäuser in Mecklenburg Geldmittel sowie eine spätere angemessene Nutzung zu erlangen.

Auch die Erben der Familiengüter Wulfskuhl, Wendisch Lieps und Ludorf/Solzow bemühen sich in Verhandlungen mit den örtlichen Behörden und der Treuhandanstalt um den Wiedererwerb von früherem Familienbesitz in Mecklenburg.

Alle diese Bemühungen sind getragen von der jahrhundertelangen Bindung der Familie an das Land Mecklenburg und dem Wunsch, an der Entwicklung und dem Neuaufbau eines demokratischen und rechtsstaatlichen Landes Mecklenburg mitzuwirken und an die Leistungen von Vorfahren aus der Familie anzuknüpfen.

Das Geschlecht der Hahns und ihr Stammsitz Basedow

Das Geschlecht der Hahns wird in der historischen Überlieferung erstmals im Jahre 1230 erwähnt. Als erster Vertreter erscheint der um 1250 gestorbene Eckhard Hane, der als Zeuge, Gefolgsmann und Rat des Fürsten Johann von Werle in mehreren Schenkungs- und Verleihungsurkunden genannt wird. Die Hahns sind somit zu einer Zeit im Gebiet Mecklenburgs nachweisbar, als die Eroberung slawischen Territoriums erfolgte und die Besiedlung des Landes durch Siedler aus den heutigen niedersächsischen, westfälischen und niederländischen Gebieten sich vollzog. Ausgrabungen haben ergeben, daß bei diesem Prozeß der allmählichen Landnahme die neuen Siedlungen häufig neben den weiterhin bestehenden slawischen Dörfern angelegt wurden.

Damals waren die Hahns Vasallen im Lande Gadebusch. Von der ehemaligen obotritischen Festung Gadebusch zogen sie gegen Ende des 13. Jahrhunderts weiter nach Osten in das Land Werle, in den heutigen Kreis Malchin. 1337 belehnte Fürst Johann III. von Werle die Hahns mit den Gütern Basedow, Getzin (Gessin) und Sandliepen (Liepen), deren vollständige und uneingeschränkte Eigentümer sie mit Urkunde vom 11. November 1349 wurden. Die angeführten mittelalterlichen Urkunden, die im vorigen Jahrhundert vielfach noch im Original in der mit seltenen Dokumenten und Büchern ausgestatteten Bibliothek im Schloß Basedow vorhanden waren, sind heute entweder verloren oder befinden sich in unbekannten Archiven.

Seit dem 14. Jahrhundert war Basedow Mittelpunkt des Familienbesitzes der Hahns. 1467 wird eine Burg mit Vorburg, Brücke, Toren, Ziegelscheune

und einem Ziegelofen erwähnt. 1473 ließ der Ritter Luttke (Lüdecke) Hane zu dem Hauptturm der Burg zwei Türme auf der Vorburg errichten. 1533 kauften Joachim Hane und seine Brüder das Dorf Wargentin bei Malchin vom Kloster Arendsee. Um die Mitte des 16. Jahrhunderts veranlaßte Joachim Hahn in Basedow den Bau eines neuen Hauses und eines Schloßturms, der die Jahreszahl 1552 trägt.

Der Dreißigjährige Krieg brachte für die Bevölkerung in Mecklenburg schwere Notzeiten und den Hahns große Schäden an Haus, Hof und Burg. 1648, im Jahre des Friedensschlusses, lebten in Wargentin – so ein Visitationsprotokoll – nur noch sechs Bauleute und sieben Kossaten.

Seit 1337 hatten die Hahns in Basedow auch das Patronat der Kirche. Sie hatten das Recht, die Pfarrstelle zu besetzen, aber auch die Pflicht, den Pfarrer zu bezahlen und für die Instandhaltung des Pfarrhauses zu sorgen. In der nach einem Brand im 15. Jahrhundert wieder aufgebauten Dorfkirche in Basedow wurde in den Jahren 1680 bis 1683 auf Veranlassung von Friedrich Christian Hahn eine Orgel von Vater und Sohn Herbst aus Hildesheim und Samuel Gerke aus Güstrow gebaut. Diese stellt eine große Rarität dar, denn sie ist nach aufwendigen Restaurierungsarbeiten in ihrer ursprünglichen Form erhalten. Sie wird heute zu eindrucksvollen Konzerten genutzt und ist weit über die Grenzen des Landes bekannt. Reiche Schnitzereien und rollende Augen in Fratzen erhöhen den Reiz des Kleinods.

In der Basedower Kirche sind auch bedeutende Epitaphien der Familie Hahn vom Ende des 16. Jahrhunderts erhalten, die ebenso wie ein beeindrukkender Altar aus Sandstein mit Marmorrelief die alte Kirche zu einer Sehenswürdigkeit machen.

Der Stammsitz Basedow machte im Laufe der Jahrhunderte viele Veränderungen durch. Der gegenwärtige Bestand an Gebäuden ist im wesentlichen eine Anordnung des 19. Jahrhunderts. Das Herrenhaus wurde unter Einbeziehung älterer Bauteile mehrfach umgestaltet und erweitert. Der südwestliche Hauptbau brannte gegen Ende des letzten Jahrhunderts ab und wurde von dem Architekten Albrecht Haupt aus Berlin 1890 bis 1895 im Neorenaissancestil wieder errichtet. Das von Friedrich August Stüler umgebaute Torhaus ist in den letzten Kriegstagen 1945 abgebrannt.

Der Park ist eine Schöpfung des Landschaftsarchitekten Peter Joseph Lenné, der in ganz Norddeutschland Gärten und Anlagen geschaffen hat. In Basedow wurden die Reste der ehemaligen Bruggräben in einen reizvollen Landschaftspark verwandelt.

Der noch erhaltene Marstall stammt aus dem Jahre 1838 und diente zur Aufnahme der in der damaligen Zeit bedeutenden angloarabischen Rennpferdezucht der Hahns. In einem Reisetagebuch des John Apperly (Nimrods Tagebuch) werden die glanzvollen Reitjagden, die Pferdehaltung und die Hofhaltung in Basedow im Stil der damaligen Zeit beschrieben. Berühmte Hengste wie Godolphin und Plumper haben für lange Jahre die Pferdezucht Mecklenburgs berühmt gemacht.

Bedeutende und zum Teil auch eigenwillige Mitglieder der Familie Hahn geben Zeugnis von den vielen unterschiedlich begabten und interessierten Persönlichkeiten dieses Geschlechts, so der „Sterngukker" Friedrich, der zu seiner Zeit ein herausragender Gelehrter war und nach dem ein Krater auf dem Mond als „mare Hahn" benannt worden ist, oder

der „Theatergraf", ein besonderer Liebhaber und Förderer des Theaters im vorigen Jahrhundert. Die als Schriftstellerin bekannt gewordene Ida Gräfin Hahn-Hahn, die aus dem Hause Tressow stammte, heiratete einen Vetter aus Basedow. Sie machte sich einen Namen mit ihren Reise- und Gesellschaftsromanen. Ihre zweite Schaffensperiode war dann ausschließlich Romanen gewidmet, in denen sie Inhalte im Sinne des von ihr angenommenen katholischen Glaubens gestaltete. Sie gründete ein Kloster in Mainz und starb dort 1880.

Aufzuräumen ist übrigens mit einer alten Mär. Die Tatsache, daß die Hahns über 600 Jahre in Basedow und Umgebung seßhaft waren, hat sie eine bedeutende Rolle im Ostteil Mecklenburgs spielen lassen. Die Sage von den 99 Gütern der Hahns stimmt jedoch nicht; die Hahns waren allerdings Eigentümer von 99 1/4 Hufen.

Die für die Landwirtschaft schweren Zeiten gegen Ende des letzten Jahrhunderts ließen den einst großen Landbesitz zusammenschmelzen; die Zeit nach der Inflation Ende der zwanziger Jahre tat ein übriges, so daß am Ende des Zweiten Weltkrieges nur noch ein relativ bescheidener Besitz mit Basedow als Kern übriggeblieben war. Neben Basedow hatte das Gut Liepen (Sandliepen) sich über Jahrhunderte im Besitz der Familie gehalten.

In der Geschichte der weitverzweigten Familie der Hahns war häufiger die männliche Nachfolge in direkter Linie nicht gesichert, so auch bei der Basedower Linie durch den Tod des Grafen Friedrich, der 1941 in den ersten Tagen nach dem deutschen Überfall auf die Sowjetunion an der Front gefallen ist. Die letzten Eigentümer von Basedow aus der Familie Hahn wurden nach dem Krieg in ein Lager verschleppt, kamen aber dann wieder frei. Heute leben die Kinder einer Tochter aus dem Hause Basedow in England und im Rheinland.

Die jüngste Geschichte hat das Schloß zu einer imposanten, aber seiner früheren Bedeutung nicht mehr entsprechenden „Wohnungshülse" werden lassen; es wartet heute auf eine neue sinnvolle Nutzung.

Das Basedower Land und weitere land- und forstwirtschaftliche Betriebe wurden 1945 bei der sogenannten Bodenreform enteignet und aufgeteilt (in Flächen von 6 bis 10 Hektar). In den 50er und 60er Jahren wurden diese Flächen zu sogenannten landwirtschaftlichen Produktionsgenossenschaften (LPG) zusammengefaßt und erreichten dadurch wieder die alte überkommene Struktur, nur unter anderen Vorzeichen. Damit wurden diese Flächen der eigenständigen Bewirtschaftung durch die Siedler und Bauern entzogen.

Wie bekannt, verließen in dieser Zeit viele der Siedler und Einwohner das Land in Richtung Westen. Sie halfen den Aufbau der Bundesrepublik Deutschland in demokratischer Freiheit mitzugestalten.

Mit dem Einigungsvertrag wurde die Enteignung von 1945 ein zweites Mal zu Recht erklärt, und der nunmehr geeinte Staat möchte sein „Beutegut" zu Höchstpreisen verkaufen. Die Erben der früheren Eigentümer sind als entrechtete Gruppe aus dem Rückgabeprozeß ausgeschlossen; sie werden quasi in Sippenhaft genommen und für die Taten und vielleicht auch Versäumnisse ihrer Vorvorväter verantwortlich gemacht. Geschichtliche Zerrbilder hüben wie drüben behindern leider zusätzlich den noch vorhandenen Aufbauwillen der Alteigentümer. Eigentumsbegriffe werden willkürlich auf den Kopf gestellt. Der Einfluß der alten Partei- und Kadergrößen funktioniert noch bis in die Vergabepraxis der Treuhandanstalt hinein, und auch in staatlichen Ämtern sind die ehemaligen Genossen noch anzutreffen.

Das im wesentlichen landwirtschaftlich strukturierte Mecklenburg mit seiner dünnen Besiedlung hat soziale Probleme, denn dem Aufbau einer funktionierenden Wirtschaft steht die einseitige Struktur mit einer wesentlich geringeren Beschäftigtenzahl in den überlebenden Betrieben entgegen. Die Landwirtschaft ist in den letzten Jahren durch Überschußproduktion noch unwirtschaftlicher geworden, und es kann im Rahmen des Zusammenwachsens in der Europäischen Gemeinschaft hier ein soziales Spannungsfeld entstehen.

Mit Steuergeldern wird die Krise allein nicht zu bewältigen sein. Es bedarf schon der großen Tatkraft modern geschulter Wirtschaftsexperten, um den Aufbauprozeß sozial verträglich zu gestalten und die Wirtschaft der jetzigen Zeit anzupassen.

CHRISTIAN VON MALTZAN FREIHERR ZU WARTENBERG UND PENZLIN

Die Maltza(h)n – Eine Familie in Mecklenburg und Vorpommern

Als die Maltza(h)n zum ersten Mal in einer uns überlieferten Urkunde erwähnt wurden, war etwa 30 Jahre vorher das von heidnischen Wenden dünn besiedelte Mecklenburg von dem Sachsenkönig Heinrich dem Löwen erobert worden. Ritter, Bauern und Mönche aus Niedersachsen und Westfalen, die mit Heinrich dem Löwen in das Wendenland gekommen waren, legten in den folgenden Jahrzehnten in dem damals noch dicht bewaldeten Mecklenburg viele neue Dörfer durch Waldrodung an und bekehrten die Wenden zum Christentum.

In der oben erwähnten Urkunde aus dem Jahr 1194 wird ein Bernhard de Mulsan als einer der Schiedsrichter genannt, die der Bischof von Ratzeburg für Verhandlungen mit dem Domkapitel berufen hatte. Bernhard stammte wahrscheinlich aus Niedersachsen, wo noch im 14. Jahrhundert im Lüneburgischen Maltzans ansässig waren, und war wohl als Ritter mit Heinrich dem Löwen über die Elbe nordwärts zur Unterwerfung der Wenden gezogen. In dem Bistum Ratzeburg hatten Bernhard de Mulsan und seine Nachkommen, die sich bald Moltzan nannten, Landbesitz zu Lehen vom Bischof. Außerdem erwarben sie in der Vogtei Gadebusch Besitzungen und waren damit auch Lehnsleute der Fürsten von Mecklenburg.

Als 1236 Fürst Johann von Mecklenburg (1211-1264) einen Kriegszug in das mecklenburgisch-pommersche Grenzgebiet von Malchin und Demmin unternahm, zog sein Vasall und Burgmann zu Gadebusch, Johann de Mulsan (urkdl. 1230-1241) mit gegen die Pommern. Die Mecklenburger eroberten die Vogteiburg Kummerow, und Johann de Mulsan wurde in demselben Jahr von Fürst Johann als Vogt von Kummerow eingesetzt. Doch der Kampf um das Grenzgebiet ging weiter. 1240 schlossen die Kriegsparteien einen Vergleich, durch welchen Malchin und Dargun den Mecklenburgern und die Vogteien Loitz und Kummerow wieder den Pommern zugesprochen wurden. Johann de Mulsan blieb Vogt von Kummerow und war damit auch Vasall der Herzöge von Pommern geworden. Wenn auch die Moltzan die Vogtei Kummerow nur bis etwa 1320 innehatten, waren sie seitdem auch in Vorpommern ansässig.

Mit Ludolf I. Moltzan (urkdl. 1256-1283), ebenfalls Burgmann zu Gadebusch, beginnt die sichere Stammreihe der Familie Maltza(h)n. Drei seiner sechs Söhne sorgten mit zahlreichen Nachkommen für zunehmende Verbreitung der Familie in Mecklenburg und Vorpommern. Der älteste Sohn Friedrich (urkdl. 1280-1314) und einige seiner Nachkommen waren Vasallen der Bischöfe von Schwerin und erhielten als bischöfliche Burgmannen zu Bützow Landbesitz als Burglehnen, so u. a. Kurzen- und Langen-Trechow.

Ulrich Moltzan (urkdl. 1293-1334), Pfandherr der Vogtei Gadebusch, war als Burgmann zu Kummerow auch im Dienst der Pommernherzöge. Sein Sohn Heinrich erwarb vermutlich um die Mitte des 14. Jahrhunderts die Burg Schorssow am nordwestlichen Ufer des Malchiner Sees. Schorssow, bis ins 17. Jahrhundert im Besitz der Moltza(h)n, war das Marschallgut im Fürstentum Werle. Landesherren dieses Fürstentums im südlichen Mecklenburg waren von 1230 bis 1436 die Fürsten von Werle, eine Nebenlinie des mecklenburgischen Fürsten- und Herzoghauses.

Ein Enkel Ulrichs, der ebenfalls Ulrich hieß, und dessen Nachkommen saßen im 14. und 15. Jahrhundert südlich vom Malchiner See auf den Burgen Tribeschendorf und Rothenmoor.

Während die von den Brüdern Friedrich und Ulrich gegründeten Familienstämme Trechow, Tribeschendorf-Rothenmoor und Schorssow schon im 15. Jahrhundert ausstarben, haben sich Nachkommen des dritten Bruders, Bernhard (urkdl. 1293-1318), bis heute fortgepflanzt. Auch Bernhard war Vasall der Fürsten von Mecklenburg und der Herzöge von Pommern. Sein Sohn Ludolf († 1341) kam um 1330 durch Erbschaft in den Besitz des in Vorpommern an der Tollense gelegenen Schlosses Osten mit den zugehörigen Dörfern Schmarsow, Vanselow, Roidin und Teusin. Mit diesem Besitz, von dem die Güter Vanselow und Roidin bis zur Enteignung im Jahr 1945 Eigentum der Maltzahn blieben, war das Erblandmarschallamt im Herzogtum Pommern-Stettin verbunden. Dieses Amt bekleideten die in Vorpommern ansässigen Maltzahn seit der Erwerbung von Osten.

Ludolfs Söhne Bernhard (urkdl. 1341-1393), Heinrich (urkdl. 1341-1359) und Ulrich (urkdl. 1341-1391) teilten sich um die Mitte des 14. Jahrhunderts den umfangreichen Besitz des Vaters. Bernhard erbte die Hälfte von Osten und die Vogtei Loitz, die die Moltzan in Pfandbesitz hatten. Er war der Begründer des bis 1690 blühenden Familienstammes Osten-Kummerow. Sein Ururenkel Hartwig (urkdl. 1478-1500) wurde 1482 von Herzog Bogislaw X. von Pommern (1454-1523) mit Schloß, Stadt und Vogtei Kummerow erblich belehnt. Damit erhielten die Moltzan diese große Herrschaft zurück, die sie schon im 13. und 14. Jahrhundert fast 90 Jahre als Vögte wie ihr Eigentum verwaltet hatten. Zu Kummerow gehörten viele Dörfer mit herrschaftlichen Rechten, so u. a. Sommersdorf, Wüstgrabow, Leuschentin, Duckow, Pinnow, Zettemin und Rott-

mannshagen. Später wurden diese eigenständige Maltzahnsche Rittergüter. Kummerow, Leschentin, Pinnow und Duckow gehörten bis 1945 den Maltzahn.

Heinrich Moltzan erhielt bei der brüderlichen Teilung die andere Hälfte von Osten und eine Hälfte von Grubenhagen. Zu den westlich vom Malchiner See liegenden Grubenhagener Gütern, die schon vom Vater oder nach dessen Tod von den Brüdern gemeinsam gekauft worden waren, gehörten Schloß- und Kirch-Grubenhagen, Großenluckow, Kleinluckow, Steinhagen und Barz. Heinrich ist Stammvater der Wolde-Penzliner Moltzan. Sein Sohn Lüdeke wurde 1414 Pfandherr der fürstlich-werleschen Vogtei Penzlin, und sein Enkel Heinrich (urkdl. 1408-1431) erhielt 1428 von Herzog Kasimir V. von Pommern-Stettin das an der mecklenburgisch-pommerschen Grenze gelegene Schloß Wolde mit zugehörigen Gütern, von denen Gültz, Prützen und Schorssow bis 1945 im Besitz der Maltzahn waren, als erbliches Lehen.

Der jüngste Bruder Ulrich bekam die andere Hälfte von den Grubenhagener Besitzungen. Er war der Begründer des Familienstammes Grubenhagen. Seine Nachkommen erbten Trechow, Rothenmoor und Schorssow. Mit Schorssow hatten die Grubenhagener Moltzan das Anrecht auf das Erblandmarschallamt im Fürstentum Werle erhalten. Später war dieses Amt an den Besitz von Grubenhagen gebunden.

In Mecklenburg, das bis 1918 eine ständische Verfassung hatte, gab es drei Erblandmarschälle. Im Landtag hatten die Erblandmarschälle eine führende Stellung. Sie sprachen im Namen der Stände und gehörten dem „Engeren Ausschuß" und dem „Direktorium" an. Im ehemaligen Fürstentum Mecklenburg hatten die Lützow auf Eickhof das Erblandmarschallamt. Im Fürstentum Werle, später Land

Wenden genannt, bekleideten die Moltzan auf Grubenhagen und ab 1822 die Maltzan auf Penzlin dieses Amt. Und schließlich waren im Land Stargard die Hahn auf Pleez Erblandmarschälle.

Im 15. Jahrhundert erwarben die Grubenhagener Moltzan von ihren Wolde-Penzliner Vettern deren Anteil von Grubenhagen durch Tausch von Schorssow. Auch vergrößerten sie ihren Besitz erheblich durch Kauf und Erbschaft von mehreren zwischen Teterow und Waren liegenden Dörfern und Gütern. Die Ländereien einiger dieser Dörfer faßte Ulrich Moltzan († 1571) zu einem Rittergut zusammen und baute 1562 mit seiner Ehefrau Margarethe, geb. von Kardoff, das Renaissance-Herrenhaus Ulrichshusen.

Besondere Erwähnung verdient hier Dietrich Moltzan auf Grubenhagen und Rothspalk. Er war einer der ersten gelehrten und hochgebildeten Edelleute Mecklenburgs. Dietrich studierte in Wittenberg und promovierte in Bologna zum Doktor der Rechte. Bei der Reformierung der Rostocker Universität machte er sich einen Namen und beriet Herzog Albrecht von Preußen bei der Gründung der Universität Königsberg. Mit Luther und Melanchthon korrespondierte er über kirchliche Reformen. Als herzoglicher Rat und Erblandmarschall spielte Dietrich Moltzan eine entscheidende Rolle im politischen Leben Mecklenburgs. Maßgeblich war sein Einfluß, als 1549 auf dem Landtag zu Sternberg sich die mecklenburgischen Herzöge und die Stände zum evangelisch-lutherischen Glauben bekannten.

Von großer Bedeutung für Macht und Ansehen der Maltza(h)n in Mecklenburg und Vorpommern waren die Brüder Lüdeke († 1529) und Bernd († 1525) vom Stamm Wolde-Penzlin. Als Erben von Wolde und der Hälfte von Osten verstanden sie es, mit ihrem landespolitischen Einfluß den Familienbesitz beträchtlich zu vermehren. Lüdeke, im Gegensatz zu seinem Bruder ein bedächtiger und besonne-

ner Mann, war ein treuer Vasall seiner Landesherren und erfüllte gewissenhaft seine Lehnspflichten. Zielstrebig verfolgte er seine Interessen. So erwarb er in Vorpommern Schloß Sarow mit den zugehörigen Gütern, und in Mecklenburg wurde er bei Neubrandenburg mit dem Rittersitz Neverin belehnt. Lüdeke Moltzan ist der Stammvater der blühenden Linie Sarow-Wolde, zu der die Freiherrn von Maltzahn gehören.

Von ganz anderem Charakter war sein Bruder Bernd, der wohl nicht treffender als mit den folgenden Sätzen aus der Familiengeschichte beschrieben werden kann: „In der Wahl seiner Mittel, die gesteckten Ziele zu erreichen, war Bernd ganz und gar unbedenklich. Er war von der eigenen Stärke so sehr überzeugt, daß es ihm nichts ausmachte, seine Lehnsherren gegeneinander auszuspielen, aus ihren Kontroversen Nutzen zu ziehen, die Fronten nach Gutdünken zu wechseln, Freund und Feind durch Stolz und Eigenmächtigkeit herauszufordern und Zuflucht und Hilfe bei Dritten und Stärkeren, als seine mecklenburgischen und pommerschen Landesherren es waren, zu suchen." Diese Dritten waren Kurfürst Johann Cicero von Brandenburg und Kaiser Maximilian I. Mit seinen Raubzügen und Fehden gegen Untertanen von Standesgenossen und seiner Landesherren trieb es Bernd so weit, daß Herzog Bogislaw von Pommern nach Belagerung von Schloß Wolde, bei der das Schloß zerstört wurde und Bernd sich nur durch Flucht retten konnte, die Wolder Güter einzog. Diesen Verlust konnte Bernd 1501 durch die erbliche Belehnung mit Burg und Stadt Penzlin sowie einigen Dörfern und Höfen der Vogtei Penzlin, die bis 1476 im Pfandbesitz der Moltzan war, wieder ausgleichen. Vier Jahre später erwarb er dann noch einen Teil der Herrschaft Prillwitz. Bernd besaß nun eine große zusammenhängende Grundherrschaft und war damit einer der mächtigsten Vasallen der Herzöge von Mecklenburg geworden.

Die überragende Persönlichkeit der ganzen Familie war Bernds ältester Sohn Joachim (1492-1556). Wenn auch sein Wirkungsbereich vorwiegend außerhalb Mecklenburgs und Pommerns lag, war sein Lebensweg doch mit entscheidend für die spätere Entwicklung des Penzliner Besitzes. Nach Studium an der Universität in Leipzig und militärischer Ausbildung beim Landsknechtsführer Frundsberg in Tirol und Oberitalien, war Joachim, erst 20 Jahre alt, Feldhauptmann im Heer des Herzogs von Mailand und nahm an dem oberitalienischen Krieg Kaiser Maximilians gegen die Könige Ludwig XII. und Franz I. von Frankreich teil. Besonders in der Schlacht von Marignano (1515) machte er sich als Heerführer einen Namen. Ein Jahr später wechselte er die Fronten, um in den Dienst von König Franz zu treten. Für ihn warb Joachim bei deutschen Fürsten um Stimmen für die Wahl zum Kaiser. Nach anfänglichen Zusagen einiger Kurfürsten, für Franz zu stimmen, blieben Joachims diplomatische Missionen letztendlich erfolglos. Nicht der französische König, sondern der spanische König Karl von Habsburg wurde 1519 einstimmig zum Kaiser gewählt. Als Joachim 1522 im Auftrag des französischen Königs und des Herzogs von Braunschweig-Lüneburg nach Prag reiste, lernte er Bernhardina von Waldstein kennen, die er 1523 heiratete, nachdem er zusammen mit seinem Vater und Bruder Georg (1501-1562) von seinem Schwiegervater die Herrschaften Graupen und Teplitz in Böhmen gekauft hatte. Als die Türken 1527/28 in Ungarn einfielen, war Joachim Kaiserlicher Generalfeldhauptmann und Heerführer böhmischer Truppen.

Die Besitzungen in Böhmen tauschte Joachim 1529 gegen die freie Standesherrschaft Wartenberg in Schlesien. Er gehörte nun mit den schlesischen Fürsten und den anderen drei freien Standesherren Schlesiens zum ersten Stand in diesem habsburgischen Kronland. Hierdurch stieg auch in

Mecklenburg, wo er und sein Bruder nach dem Tod des Vaters Herren von Penzlin geworden waren, sein Ansehen noch mehr. Auf dem Reichstag zu Augsburg 1530 wurden die Brüder Joachim und Georg Maltzan von Kaiser Karl V. in den erblichen Reichsfreiherrenstand mit dem Namenszusatz Freiherr zu Wartenberg und Penzlin erhoben. Nun im Dienst des Kaisers und böhmischen Königs, übernahm Joachim weiterhin diplomatische und militärische Aufgaben. Dabei verschuldete er sich so sehr, daß gegen ihn die Exekution ausgesprochen wurde. Er lebte seitdem wieder in Penzlin. Joachim hatte für sich den bis dahin üblichen Namen Moltzan in Maltzan abgeändert, der dann für die heute noch blühende Linie Wartenberg-Militsch, dessen Stammvater er ist, beibehalten wurde.

Nach dem Tod von Georg von Maltzan, Stammvater der 1775 erloschenen Linie Penzlin, teilten sich dessen Söhne die Penzliner Güter. Weitere Besitzteilungen in der nächsten Generation, die Verwüstungen im 30jährigen Krieg und Streit innerhalb der Familie führten zu großer Verschuldung, so daß fast alle Penzliner Güter verpfändet oder verkauft werden mußten. Als dann 1702 Hans Heinrich Maltzan (1640-1706) auf Neuschloß in Schlesien aus der Linie Wartenberg-Militsch von seinem Vetter Georg Julius (1656-1713) Penzlin kaufte, bestand seine Erwerbung nur aus dem Lehns- und Reluitionsrecht an diesen Gütern.

Erst Hans Heinrichs Enkel Joseph (1735-1805) gelang es, dank seiner großen Tüchtigkeit und der Mitgift seiner Frau Johanna, geb. Gräfin Luckner, die verpfändeten Güter auszulösen und einige der verkauften Besitzungen zurückzukaufen. Als Joseph starb, hinterließ er ein ansehnliches Erbe. Sein Sohn Ferdinand (1778-1849) wurde der Haupterbe und machte Penzlin zu einem Fideikommiß. Da die alte Burg nicht mehr den Wohnansprüchen genügte, baute Ferdinand um 1810 die „neue Burg", ein schlichtes Herrenhaus im Stil des Klassizismus. Ferdinand Maltzan war es auch, der 1816 sehr gegen den Willen vieler seiner Standesgenossen als erster in Mecklenburg auf seinen Gütern die Leibeigenschaft aufhob. Ferdinands Bruder Friedrich (1783-1864) erbte von den Penzliner Gütern Peckatel.

Als 1815 Cord Moltzan auf Grubenhagen, der letzte männliche Moltzan vom Stamm Grubenhagen, im Duell erschossen wurde, erbten die Penzliner Brüder und Alexander Graf Maltzan auf Militsch in Schlesien den größten Teil des Grubenhagener Besitzes. Von diesem gingen aber im Laufe des 19. Jahrhunderts die Güter Ulrichshusen, Rothenmoor und Vollrathsruhe der Familie endgültig verloren, während Schloß-Grubenhagen, Großenluckow und Moltzow bis 1945 in den Händen von Friedrichs Nachkommen blieben.

Das nach 1918 aufgelöste Fideikommiß Penzlin geriet 1929 in Konkurs. Damit war in Penzlin eine rund 500jährige Epoche der Maltzan mit manchen Höhen und Tiefen zu Ende gegangen. Nur das zu Peckatel gehörende Jennyhof mit dem Brustorf-Peutscher Forst war der Rest der einst umfangreichen Penzliner Begüterung, der den Maltzan bis zur Enteignung im Jahr 1945 blieb.

Dieser Aufsatz wäre unvollständig, wenn nicht auch über die Nachkommen von Lüdeke Moltzan, den Sarow-Wolder Maltzahn, berichtet würde. Diese verstrickten sich bald in langwierige Prozesse mit den Preen um Wolde und Schorssow. Auch um Sarow mußte Ludolf Moltzahn († 1580) vor dem pommerschen Hofgericht gegen die Lehnskanzlei prozessieren. Im Fall Schorssow und Sarow waren die Moltzahn erfolgreich, aber die Prozesse, die zum Teil bis vor das Reichskammergericht in Speyer gegangen waren, waren so kostspielig, daß die Moltzahn ihren Anteil an Osten an die Osten-Kummerower Vettern verpfänden mußten. Mißwirtschaft auf den eigenen Gütern und längere Abwesenheit im Ausland als Offiziere unter fremden Fahnen führten zu weiteren Schulden, die schließlich zur Verpfändung von Sarow zwangen.

Erst Ludolfs Urenkel Albrecht Joachim (1611-1676) konnte mit dem Vermögen seiner Ehefrau Ursula Elisabeth, geb. von Steinfeld, die verpfändeten Lehnsgüter wieder einlösen. Dank Fürsprache des schwedischen Kanzlers Graf Oxenstierna, Vorpommern war seit 1636 nach der Einnahme von Greifswald schon im Dreißigjährigen Krieg fest in der Hand der Schweden, erhielt Albrecht Joachim 1646 Wolde zu Lehnen. Damit war der pommersche Teil von Wolde, den Bernd Moltzan 1491 an die Herzöge von Pommern verloren hatte, wieder in den Händen der Moltzahn.

Albrecht Joachims Sohn Hans Jakob (1650-1719) vermehrte den Familienbesitz beträchtlich, indem er die Kummerower Güter, die von den 1690 ausgestorbenen Osten-Kummerower Moltzahn verpfändet worden waren, wieder einlöste. Auch seinem Bruder Axel Albrecht I. (1653-1692) gelang die Rückerwerbung von altem Familienbesitz. Hans Jakob und sein anderer Bruder, Karl Gustav (1663-1713), sorgten durch ihre zahlreiche Nachkommenschaft für eine weite Verbreitung der Maltzahn, vornehmlich in Vorpommern.

Viele dieser Maltzahn, von denen Axel Albrecht II. (1693-1781) der Erbauer der Barockschlösser Kummerow und Rottmannshagen war, erhielten aus dem großen Grundbesitz, der 1761 durch die Ivenacker Erbschaft noch einmal um etliche Güter vermehrt wurde, eigene Rittergüter. Wenn auch einige davon im 18. und 19. Jahrhundert verkauft werden mußten, so war der Güterbesitz der Freiherrn von Maltzahn in Mecklenburg und Vorpommern bis 1945 noch recht ansehnlich.

Als 1945 das dunkelste Kapitel der deutschen Geschichte zu Ende ging, hatten die Maltza(h)n 750 Jahre in Mecklenburg als Grund- und Gutsherren, Ritter und Offiziere, Hof- und Staatsbeamte gelebt und gewirkt. Wie alle anderen Gutsbesitzerfamilien wurden sie durch das neue Unrechtsregime enteignet und von ihren Besitzungen vertrieben. Fast alle Maltza(h)n verließen bald ihre mecklenburgische und vorpommersche Heimat, in der sie verfemt wurden und in der der DDR-Staat ihnen ohne Verbiegung ihrer Persönlichkeit und ihres Charakters kaum noch eine Existenzmöglichkeit bot. In den folgenden 45 Jahren wurden Mecklenburg und Vorpommern, insbesondere auf dem Lande, furchtbar verschandelt. Vieles von dem, was in einer jahrhundertelangen Geschichte geschaffen worden war, fiel einer Wahnsinnsideologie zum Opfer. Trotzdem finden sich von den Maltza(h)n, wie von vielen anderen mecklenburgischen und pommerschen Familien, die die Geschicke dieser Länder maßgeblich mitbestimmt haben, noch manche Spuren. An verkommenen und zerfallenen Herrenhäusern und Schlössern, auf Epitaphen und Gedenktafeln in Kirchen ist das Maltza(h)nsche Wappen noch häufig zu sehen. Auf Grabsteinen in Mecklenburg und Vorpommern sind die Namen Maltzan und Maltzahn immer noch zu lesen.

Die Wurzeln der Maltza(h)n sind in Mecklenburg und Vorpommern. Eingedenk dessen sind nach der Wiedervereinigung einige Maltza(h)n trotz der „zweiten Enteignung" durch die Bundesrepublik Deutschland auf die Güter ihrer Väter zurückgekehrt und versuchen dort, auf gepachtetem und zurückgekauftem Grund und Boden mit großen Engagement, unter Einsatz aller ihrer finanziellen Mittel und Inkaufnahme von persönlichen Opfern wieder einen landwirtschaftlichen Betrieb aufzubauen. Wenn ihr Wagemut belohnt wird und es ihnen gelingt, mehr Land ihrer Vorfahren zurückzuerwerben, werden zwar nicht die Maltza(h)n, aber doch einige Maltza(h)n wieder in Mecklenburg-Vorpommern ansässig sein.

MANFRED FREIHERR VON MALTZAHN GRAF VON PLESSEN

Ivenack und die Maltzahns – Gestern, heute und morgen

Die gemeinsame Geschichte des Dorfs Ivenack und diejenige meiner Familie begann zwar erst im Jahre 1761; die Geschichte des Dorfs Ivenack selbst läßt sich jedoch bis zum Jahre 1252 zurückverfolgen.

Das heute als Alten- und Pflegeheim genutzte Schloß Ivenack, Stammsitz unserer Familie, wurde im wesentlichen im 18. Jahrhundert erbaut, und zwar auf den Grundmauern eines Zisterzienserklosters aus dem Jahre 1252. Schon damals gehörte zu dem Dorf Ivenach, dem heutigen Ivenack, das Dorf Basepohl.

Im Jahre 1555 ist das erwähnte Kloster aufgegeben und der gesamte klerikale Besitz säkularisiert und in das Amt Ivenack überführt worden. Der Landbesitz der damaligen Grundherren war zu diesem Zeitpunkt um die Dörfer Zolkendorf, Fahrenholz, Klockow, Wackerow, Weitendorf, Grischow, Krummsee, Goddin und Briggow erweitert worden.

Nachdem das ritterschaftliche Amt Ivenack zwischenzeitlich noch mehrfach den Besitzer gewechselt hatte, gelangte es 1740 durch Heirat in den Besitz des kursächsischen und polnischen Geheimrates Helmold von Plessen, der im selben Jahr in den Reichsgrafenstand erhoben wurde. Als Plessen im Jahre 1761 kinderlos verstarb, vermachte er das Amt Ivenack dem Sohn seiner Schwester, Helmuth Freiherr von Maltzahn, mit der Auflage, daß der jeweilige Inhaber den Namen und das Wappen eines Reichsgrafen von Plessen führen müsse. Von 1761 bis 1945 blieb der Besitz ununterbrochen in unserer Familie.

Das Jahr 1945 markiert bekanntlich das Ende einer Epoche. Welche einschneidenden Veränderungen die Verheerungen des Zweiten Weltkriegs mit sich brachten, brauche ich nicht im einzelnen darzustellen. Auch das Schicksal meiner Familie wurde durch das Kriegsende und die Nachkriegszeit nachhaltig geprägt: Obgleich meine Eltern, Albrecht Freiherr von Maltzahn Graf von Plessen und seine Frau Magdalene, geb. Gräfin Waldersee, den Ausgang des Zweiten Weltkrieges und die anschließende Okkupation durch die Rote Armee voraussahten, entschlossen sie sich dennoch, in Ivenack auszuharren, um der dort gebliebenen Bevölkerung zu helfen und sie zu beschützen, soweit dies in ihren Kräften stand. Am 30. 4. 1945 marschierte die Rote Armee in Ivenack und den umliegenden Dörfern ein. Die Übergriffe der Besatzungsstreitkräfte auf die Zivilbevölkerung in den folgenden Tagen waren von unvorstellbarer Grausamkeit gekennzeichnet. Im Verlauf des 1. 5. 1945 faßten viele Frauen in ihrer verzweifelten Situation den Entschluß, sich zusammen mit ihren Kindern im Ivenacker See zu ertränken. Ob meine Eltern Augenzeugen dieses erschütternden Geschehens waren, ist nicht mehr aufzuklären; jedenfalls ist gesichert, daß meine Eltern hiervon unmittelbar erfahren haben. Zudem sind meine Eltern in den beiden Tagen nach dem Einmarsch der Roten Armee auf schlimmste sadistische Weise gedemütigt worden. Beide haben offenbar erkannt, nichts mehr für „ihre Leute" ausrichten und deren Los unter der sowjetischen Besatzungsmacht nicht mehr lindern zu können. In dieser für sie ausweglosen Lage haben sich meine Eltern zusammen mit dem Kindermädchen, das uns in all den Jahren unserer Kindheit und Jugend durch das Leben begleitet hatte, in das etwa 2 km entfernte Waldstück „Rehgarten" begeben. Dort haben sich meine Eltern und das Kindermädchen mit einem Jagdgewehr erschossen. Zunächst waren ihre Leichen an Ort und Stelle verscharrt worden. Aber meine Eltern sind niemals von „ihren Leuten" vergessen worden. Geraume Zeit später beschlossen couragierte Ivenakker Bürger, meine Eltern und unser Kindermädchen zu exhumieren und unmittelbar neben der Patronatskirche zu beerdigen. Welches Wagnis diese unserer Familie loyalen Bürger auf sich genommen haben müssen! Sie haben ein Grab ausgehoben und auf der Grabstelle Birken gepflanzt, die dann im Laufe der Jahre zu stattlichen Bäumen aufgewachsen sind und noch heute mahnend an die Wirren der Nachkriegszeit erinnern.

Ich selbst hatte Ivenack am 1. 10. 1944 auf Betreiben meiner Eltern in Anbetracht meiner schweren Kriegsverletzung verlassen. Von dem Tod meiner Eltern erfuhr ich erst im Juli 1945, als ich mich bei einem Verwandten in Schleswig-Holstein auf dessen Landgut aufhielt.

Mein ältester Bruder Hubertus, der den Titel eines Grafen von Plessen erben sollte, war in den letzten Tagen des Frankreich-Feldzuges in der Nähe von Epinal gefallen. Mein jüngerer Bruder Albrecht, der in Ivenack geblieben war und sich bei Bekannten versteckt gehalten hatte, wurde wenige Tage nach dem Tod meiner Eltern verhaftet und in das Internierungslager „Fünf Eichen" in Neubrandenburg deportiert, wo er im Jahre 1948 infolge von Unterernährung bzw. Tuberkulose verstarb.

Ich selbst zog in der Folgezeit nach Bad Ems und gründete dort eine neue Familie. Alles, was mit Ivenack zusammenhing, war für mich nurmehr die Erinnerung aus einer abgeschlossenen Epoche deutscher Geschichte. Ich hatte mich damit abgefunden, daß dies auch ein abgeschlossenes Kapitel meines Lebens sei. In Erzählungen und Erinnerungen lebte die Vergangenheit in mir weiter. Meiner Ehefrau und meinen Kindern, die Ivenack niemals kennengelernt hatten, versuchte ich das frühere Leben und die Gegend zu schildern, in der Hoffnung, auf diese Weise das Traditionsbewußtsein nicht in Vergessenheit geraten zu lassen.

Dann, nach 45 Jahren, holte mich die Vergangenheit unversehens wieder ein, und zwar in einer Weise, die ich nicht mehr für möglich gehalten hätte. Ungläubig nahmen wir zunächst zur Kenntnis, daß im Mai 1989 in Ungarn die Grenzbefestigungen demontiert wurden. Rasch zeichnete sich ab, daß die Staaten des Warschauer Pakts ihre bisherige Politik der Abgrenzung nicht mehr fortsetzen würden. In bezug auf Ivenack hatten wir jedoch zunächst keine konkrete Vorstellung darüber, welche Auswirkungen die politischen Umwälzungen für uns persönlich haben könnten. Kurze Zeit nach Herstellung der Wirtschafts- und Währungsunion, also nach dem endgültigen Fall der Grenzen, entschloß ich mich dann, zusammen mit meinen Familienangehörigen unmittelbar nach meinem 70. Geburtstag im Juli 1990 Ivenack zu besuchen, ohne konkrete Vorstellungen davon zu haben, was mich dort erwartete. Ich werde niemals vergessen, wie ich nach fast 46 Jahren das erste Mal das Ortseingangsschild von Ivenack sah und durch den historisch gewachsenen Ort in Richtung auf das Schloß fuhr. Als ich, dort angekommen, aus dem Fahrzeug ausstieg und um mich schaute, sah ich ein Bild des Jammers. Schloß und Marstall waren verfallen, der früher liebevoll gepflegte Landschaftspark verwahrlost; das gleiche galt für alle anderen historischen Gebäude wie z. B. die Orangerie, in welcher ein bescheidener Ökonomiebetrieb eingerichtet war, und schließlich mein Elternhaus, das frühere Herrenhaus, welches heute als Kinderheim dient und so stark verfallen ist, daß mir die dort untergebrachten Kinder zutiefst leid tun. Ich kann mich heute noch erinnern, wie ich in meiner ersten Erschütterung Ivenack auf der Stelle verlassen wollte. Aber dies war nur die erste Reaktion: Bald suchte ich nach der Vergangenheit, vermochte meine Erinnerungen zu vergegenständlichen und erlebte in den darauffolgenden Stunden, daß sich an meiner Verbundenheit mit meiner früheren Heimat nichts geändert hat. Später haben wir erfahren, daß sich die Nachricht von unserem Besuch wie ein Lauffeuer unter der Bevölkerung verbreitet hatte. Es gab Berührungsängste; wer könnte dies nicht nach den Jahren der Verteufelung unserer Familie durch das Regime der SED verstehen, waren wir doch nach marxistischer Geschichtsschreibung nur ein überkommenes Relikt aus der Feudalzeit. Und dennoch wurden wir in einer Weise empfangen, nach anfänglichem Zögern, die wir niemals erwarten konnten. Plötzlich stand mir mein ehemaliger Schulfreund Waldemar Libnow gegenüber, Revierförster von Ivenack wie schon sein Vater, in Ehren ergraut, aber nach wie vor ein deftiger Kerl von Schrot und Korn und standhaft wie die Ivenacker Eichen, die manchen Wandel der Zeiten unbeeindruckt überstanden haben. Bereits zuvor hatte uns der Pfarrer Christian Schwarz so herzlich empfangen, daß wir beschlossen, uns in irgendeiner Weise wieder um Ivenack zu kümmern. Wenig später schrieb uns Herr Schwarz einen Brief, der mit den Worten schloß: „Ich bin gespannt, welche Bedeutung die Familie von Maltzahn in der Zukunft Ivenacks einmal haben wird." Dies überzeugte uns dahin, daß es unsere moralische Pflicht ist, am Aufbau Ivenacks mitzuwirken und alles in unseren Kräften und Möglichkeiten Stehende dazu zu tun. Wir ahnten damals allerdings noch nicht, welche unglaublichen Schwierigkeiten dabei noch auf uns zukommen würden.

Wer nun aber dachte, daß die Berührungsängste schlagartig abgebaut werden konnten und wir von der Bevölkerung allgemein als Hoffnungsträger apostrophiert worden wären, sah sich jäh in die rauhe Wirklichkeit zurückgeholt. Und auch die hohe Politik sah und sieht uns offenbar nicht gerne als Triebfeder eines wirtschaftlichen Aufschwungs in unserer früheren Heimat. Ich war immer skeptisch, aber meine älteste Tochter und mein Schwiegersohn, beide Rechtsanwälte, beschwichtigten mich und erklärten, daß das Bundesverfassungsgericht die Regelungen in dem Einigungsvertrag, wonach jegliche Rückgabeansprüche ausgeschlossen sein sollten und sich überdies der Gesetzgeber vorbehalten wollte, uns eine „Ausgleichszahlung" zuzusprechen – was immer dies sein mag – als verfassungswidrig bezeichnen und für nichtig erklären würde. Sie sahen sich, wie wir alle wissen, getäuscht: Die gemeinsame Geschichte meiner Familie und des Dorfs Ivenack schien endgültig durch das Urteil des Bundesverfassungsgerichts vom 23. 4. 1991 beendet zu sein. Mit Bestürzung mußten wir zur Kenntnis nehmen, daß die völker- und menschenrechtswidrigen Beschlagnahmen der Ländereien im Zuge der sogenannten Bodenreform nicht mehr rückgängig gemacht werden sollten. Damit stand endgültig fest, daß wir nicht mehr restitutionsberechtigt und somit gegenüber allen anderen Alteigentümern benachteiligt sein sollen.

Wir wurden jedoch ungeachtet dieser Entwicklung ermutigt, unser Engagement für Ivenack fortzusetzen. Verantwortliche der Treuhandanstalt haben uns letztlich zu verstehen gegeben, nicht in unserem Engagement nachzulassen, weil immerhin ein Rückerwerb unserer ehemaligen Ländereien, soweit diese noch nicht in Privateigentum stehen, denkbar sei. Wir fuhren daher, nun allerdings unter anderen rechtlichen Prämissen, in unseren Bemühungen um die Rückgewinnung unseres ehemaligen Grundbesitzes fort, denn frei von unseren sentimentalen Gefühlen realisierten wir, daß sich in Ivenack und Umgebung Entwicklungsmöglichkeiten eröffneten, die für das strukturschwache Land Mecklenburg-Vorpommern sicherlich eine Art von Initialzündung sein könnten.

Wegen seiner Bausubstanz ist Ivenack eines von drei Dörfern, die durch die Regierung des Landes Mecklenburg-Vorpommern unter Denkmalschutz gestellt worden sind. Hinzu kommen die einmaligen Naturschönheiten, die diese Region prägen. Insbesondere handelt es sich hierbei um die tausendjährigen Eichen, wahrscheinlich die ältesten Eichen in ganz Europa, möglicherweise in der ganzen Welt. Diese Naturdenkmäler ziehen insbesondere an Wochenenden Hunderte von Besuchern nach Ivenack. In uns wuchs die Überzeugung, daß Ivenack ein regionales Zentrum eines sanften, naturschonenden und historisch gewachsene Strukturen respektierenden Tourismus sein könnte. Bestärkt wurden wir in unserem Engagement dadurch, daß unter großer Anteilnahme der Bevölkerung, der Repräsentanten von Gemeinde, Kreis und Land sowie des Fernsehens am 30. 9. 1991 der 100. Geburtstag meines Vaters gefeiert wurde. Bei dieser Gelegenheit wurde an der Grabstelle meiner Eltern ein Gedenkstein feierlich enthüllt. Dies erinnerte mich wieder an die Tradition unserer Familie und die damit verbundene Verpflichtung, zum Wohl des Dorfs Ivenack und der anderen zum ehemaligen Besitz meiner Familie gehörenden Dörfer sowie der Bevölkerung tätig zu werden.

Leider mußten wir auch in der Folgezeit feststellen, daß wir bislang mehr mit Schwierigkeiten zu kämpfen hatten als daß wir konkrete Ergebnisse bei unseren Bemühungen um die Zukunft der Region aufweisen könnten. Wir haben die Erfahrung machen müssen, daß die jeweiligen Rechtsträger, die nach dem Spruch des Bundesverfassungsgerichts über unsere früheren Ländereien verfügungsberechtigt sind, fiskalpolitische Interessen höherrangig bewerten als die Investitionsbereitschaft von Erwerbern, insbesondere, wenn es sich dabei um die Alteigentümer handelt. Dabei wird meines Erachtens übersehen, daß man auf diese Weise dem Erwerber zur Finanzierung des zumeist unangemessen hohen

Kaufpreises die Mittel entzieht, die zur Investition benötigt werden. Bedeutet dies nicht im Ergebnis, daß die Schaffung neuer, stabiler Arbeitsplätze fiskalischen Interessen des Staates untergeordnet wird, obgleich doch gerade das genaue Gegenteil stets in der Öffentlichkeit propagiert wird? Ist es dann nicht widersinnig, wenn als Korrektiv einer solchen fehlgeleiteten Wirtschaftslenkung Finanzierungs- und Förderungsprogramme aufgelegt werden, wenn man nur die damit verbundenen administrativen Kosten bedenkt? Möglicherweise ist unsere Einschätzung etwas überspitzt; aber sie beruht auf Erfahrungen vor Ort.

Dabei erscheinen uns unsere Anstrengungen, die wir unternommen haben, um eine Abwanderung der arbeitsfähigen Bevölkerung zu vermeiden und Arbeitsplätze nicht nur krisenfest zu erhalten, sondern auch neue attraktive Arbeitsplätze zu gewinnen, durchaus vernünftig, sozialverträglich und ausgewogen. Wir haben zunächst Vorkehrungen getroffen, um überwiegend in Zusammenarbeit mit einem eingesessenen Agronomiebetrieb in Ivenack (Rechtsnachfolger der ortsansässigen LPG Pflanzenproduktion) sowie zu einem weitaus geringeren Teil mit einem Neueinrichter aus Schleswig-Holstein die anzupachtenden und später zurückzuerwerbenden Flächen zu bewirtschaften. Einen Pachtantrag über die gemeinsam zu bewirtschaftenden Flächen habe ich bei der Treuhandanstalt Neubrandenburg gestellt und dort auch mein Interesse an einem Rückerwerb dieser Ländereien aktenkundig gemacht. Für die landwirtschaftlich genutzten Grundstücke in der Gemarkung Basepohl ist nicht die Treuhandanstalt, sondern die Agromax AG in Paretz, Kreis Nauen, zuständig, eine Tochtergesellschaft der Treuhandanstalt. Auch bei der Firma Agromax haben wir einen entsprechenden Pachtantrag gestellt und auch ihr gegenüber unser Interesse an dem Rückerwerb der zu bewirtschaftenden Flächen bekundet.

Aufgrund dieses Konzeptes wird es uns aber sicherlich nicht gelingen, sämtliche landwirtschaftlichen Arbeitsplätze zu erhalten. Eine solche Zielrichtung erscheint uns auch utopisch, da nur ein solcher Betrieb unter den verschärften Bedingungen des EG-Binnenmarktes konkurrenzfähig sein kann, der zum einen über möglichst weitläufige Bewirtschaftungsflächen verfügt und der zum anderen durch moderne Technik soweit rationalisiert ist, daß er mit einem Mindestmaß an Arbeitskräften die Flächen bewirtschaften kann. Es ist uns aber aufgrund der Zusammenarbeit mit der früheren LPG gelungen, die dem Grunde nach begrüßenswert großen Strukturen zu erhalten und den Ortsansässigen die Möglichkeit zu geben, wie bisher, aber nunmehr betriebswirtschaftlich orientiert und mit modernster Technik die Ländereien zu bewirtschaften.

Wir gehen dabei davon aus, daß wir nach einer gewissen Anlaufzeit verarbeitende Betriebe entweder selbst gründen oder jedenfalls einen Anreiz dafür schaffen werden, daß sich derartige Betriebe in der Umgebung von Ivenack ansiedeln können, um den Verlust von Arbeitsplätzen aus der Urproduktion weitestgehend aufzufangen.

Wir planen außerdem, das Dorf Ivenack zu einem für den Tourismus interessanten Ort auszubauen. Dabei ist es unser Hauptanliegen, die historisch gewachsenen Strukturen zu respektieren und im weitestmöglichen Umfang die zum Teil stark verfallene Bausubstanz zu restaurieren. Wir haben das außergewöhnliche Glück, mit einem sehr kompetenten Architekten zusammenzuarbeiten, der mit Ivenack aufgrund des tragischen Freitods seiner Mutter nach dem Einmarsch der Roten Armee im Mai 1945 schicksalhaft verbunden ist. Wir beabsichtigen zunächst, das derzeit im Eigentum des Kreises Malchin stehende Schloßensemble zurückzuerwerben. Hierbei handelt es sich um zwei großflächige Parzellen, auf denen das im 17. Jahrhundert erbaute

Schloß, die barocke Orangerie und das zu gleicher Zeit erbaute Teehaus errichtet sind. Wir stehen bereits seit mehr als einem Jahr in Verhandlungen mit der Kreisverwaltung Malchin mit dem Ziel des Rückerwerbs dieser beiden Parzellen. Diese Verhandlungen stocken, nachdem sich offenbart hatte, daß der Kreis Ivenack keine konkreten Pläne mit dem Schloßensemble hatte. Es wurden keine wie auch immer gearteten Anstalten zu einer Reprivatisierung unternommen. Bis heute sind sich die Verantwortlichen des Kreises Malchin nicht einmal darüber im klaren, ob sie das Schloßensemble aufgrund eines von uns unterbreiteten Angebots freihändig veräußern sollen oder ob sie eine zeitaufwendige Ausschreibung mit fragwürdigem Ausgang in Angriff nehmen wollen. Die Restaurierung des Schloßensembles stellen wir uns dabei wie folgt vor:

Im Schloß sind z. Zt. etwa 60 schwerstbehinderte Patienten nicht behindertengerecht untergebracht. Diese Problematik ist allen Beteiligten, auch der Kreisverwaltung Malchin, durchaus präsent. Die Kreisverwaltung Malchin hat deshalb die Veräußerung des Schloßensembles insgesamt davon abhängig gemacht, daß für die untergebrachten Schwerstbehinderten ein neues Heim errichtet wird. Da wir nicht wünschen, daß die Behinderten aus dem Ort Ivenack vertrieben werden, sondern an einer humanen, behindertengerechten Unterbringung interessiert sind, beteiligen wir uns aktiv an der Errichtung eines solchen Hauses.

Planungsziel bei der Restaurierung des Schlosses kann es nicht etwa sein, eine Art von Ghetto für Privilegierte zu schaffen; sondern das Schloß soll multifunktional genutzt werden und teilweise auch der Bevölkerung zugänglich gemacht werden. Diese Planungen werden, allein wegen des erheblichen Ivestitionsaufwandes und des Erfordernisses, mit anderen Investoren zusammenzuarbeiten, kurzfristig sicherlich nicht verwirklicht werden können.

Unsere kurzfristigen Planungen gehen dahin, die barocke Orangerie zu einem modernen gastronomischen Betrieb, selbstverständlich aber unter Wahrung aller Auflagen des Denkmalschutzes, zu restaurieren. Die barocke Orangerie soll ein Ort der Begegnung insbesondere der Einheimischen werden. Wir planen, dort zum einen eine dörfliche Gastwirtschaft, zum anderen ein auch für Reisegesellschaften und Vereine geeignetes Café und Restaurant einzurichten. Obgleich wir der Kreisverwaltung Malchin eine komplette Planung vorgelegt haben, die auch die volle Billigung der Verantwortlichen fand, konnte man sich nicht dazu entschließen, uns wenigstens diejenige Parzelle zu verkaufen, auf welcher sich die Orangerie befindet. Diese verfällt zunehmend in ihrer baulichen Substanz. Die zur Erhaltung erforderlichen Maßnahmen werden nicht getroffen.

Um für eine adäquate Unterbringung der derzeit im Schloß Ivenack wohnenden Schwerstbehinderten zu sorgen, laufen folgende Bestrebungen: Die Orthopädischen Anstalten Volmarstein (Diakonische Werke) sind daran interessiert, in Ivenack ein Behindertenheim zu errichten. Wir haben uns dazu bereit erklärt, dem Träger des Behindertenheims, einem in Ivenack gegründeten Verein, schenkweise das Grundstück zu übereignen, auf welchem sich der ehemalige Gutshof befindet. Dieser soll restauriert und zu einem behindertengerechten Pflegeheim für die derzeit im Schloß Ivenack untergebrachten Personen ausgebaut werden. Zu diesem Zweck wollen wir das Grundstück von der Treuhandanstalt bzw. der Gemeinde Ivenack, die Eigentümer der betroffenen Parzellen sind, erwerben. Nach erfolgtem Erwerb werden wir diese Grundstücke unentgeltlich an den Träger des neu zu errichtenden Pflegeheims übereignen. Wir befürchten aber, daß die Treuhandanstalt den Verkehrswert des an uns zu übereignenden Grundstücks unangemessen hoch festsetzen wird mit der Begründung, der ehemalige Gutshof solle zu gewerblichen Zwekken genutzt werden. Die Werterhöhung, die der derzeit verfallene Gutshof erst durch aufwendige Investitionen erfahren wird, würde auf diese Weise vorweggenommen, und wir müßten einen Kaufpreis entrichten, der dem derzeitigen Wert des Grundstücks in keiner Weise entspricht.

Wahrscheinlich wird es noch mehre Jahre dauern, bis wir unsere Vorhaben konkret umsetzen können. Wir sind der Meinung, daß nur nach einer möglichst weitgehenden Reprivatisierung zu angemessenen Bedingungen ein wirtschaftlicher Aufschwung in den neuen Bundesländern stattfinden wird, der demjenigen in den alten Bundesländern nach 1948 entspricht. Wenn der von unseren Politikern prognostizierte Aufschwung derzeit stockt, so liegt dies meines Erachtens aufgrund der gemachten Erfahrungen vor Ort daran, daß die Privatisierung nicht hinreichend konsequent betrieben bzw. von unangemessenen fiskalpolitischen Erwägungen überlagert wird.

Dennoch sind wir zuversichtlich, daß das Schicksal unserer Familie in irgendeiner Weise wieder dauerhaft mit demjenigen von Ivenack und Umgebung verbunden sein wird. Wir sind uns allerdings dessen bewußt, daß unser gesellschaftliches und wirtschaftliches Engagement in keiner Weise mit demjenigen meines Vaters vergleichbar sein kann. Das Jahr 1945 war ein so einschneidendes geschichtliches Ereignis, daß man von dem endgültigen Ende einer Epoche sprechen muß. Wenn die Alteigentümer, die sich mit dem Schicksal ihrer ehemaligen Ländereien verbunden fühlen, dies beherzigen, so werden sie nach meiner Auffassung einen entscheidenden Faktor bei dem Wiederaufbau der strukturschwachen, nunmehr im Staatseigentum befindlichen Ländereien spielen. Wir stellen uns gern dieser Verantwortung und sind bereit, unseren bescheidenen Beitrag zu leisten, damit aus „unserem Ivenack" ein blühender Ort wird.

MORTIMER UND MARGARETE FREIHERR UND FREIFRAU VON MALTZAHN

Vanselow – Ein Mittelpunkt der Maltzahns in Pommern

Vanselow ist seit 1332 Besitz der Maltzahnschen Familie. Das heutige Herrenhaus erbaute der Landschaftsrat Hans Ludwig von Maltzahn zusammen mit seiner Frau Agnes von Lücken in den Jahren 1869 bis 1871. Außerdem ließen sie den inzwischen zur Hälfte abgerissenen Wirtschaftshof errichten, der aus vier großen einander gegenüberliegenden Stallgebäuden bestand, sowie den größten Teil der noch stehenden Landarbeiterhäuser.

Das Vanselower Haus wurde von dem Schweriner Baumeister Georg Daniel im spätklassizistischen Stil gebaut. Das Innere des Gebäudes ist klar gegliedert. Um eine ellipsenförmig angelegte Wendeltreppe in der Mitte, die ihr Licht durch ein großes Fenster erhält, liegen die wohlproportionierten großen und hellen Räume. Man merkt dem Hause deutlich an, daß eine praktische Hausfrau dem Architekten bei der Planung beratend zur Seite stand.

Hans Ludwig von Maltzahn war ein sehr erfolgreicher, tüchtiger Landwirt und Viehzüchter. Er starb im Jahre 1899 und hinterließ Vanselow seiner Witwe, die ihn um fast dreißig Jahre überlebte. Daher kam mein Großvater, Mortimer von Maltzahn, der 1916 als Regimentskommandeur starb, nie in den Besitz des Gutes, denn Agnes geb. von Lücken gab Vanselow erst 1927 an ihren Enkel Hans Jaspar von Maltzahn, meinen Vater, ab. Der war 1918 als Leutnant aus dem Ersten Weltkrieg zurückgekehrt und wurde, weil er Vanselow noch nicht übernehmen konnte, als Polizeioffizier in Hamburg tätig. Als er im Zusammenhang mit der Niederwerfung des Kapp-Putsches gefangengesetzte Kameraden aus dem Weltkrieg freiließ, war das das Ende seiner Karriere bei der Polizei. Mein Vater wurde Häuser-

makler, Angestellter bei einer Baumwollimportfirma und ging nach Buenos Aires, um – mit nur ersten kaufmännischen Kenntnissen versehen – deren notleidende Niederlassung zu retten, was ihm mißlang. Er blieb zunächst in Argentinien, begann dann in Paraguay mit dem Baumwollhandel und gründete schließlich eine Baumwollentkernungsfabrik. In Asunción lernte er die Nichte des damaligen deutschen Gesandten kennen, eine Tochter des Oberpräsidenten der Grenzmark Posen-Westpreußen, Friedrich von Bülow. Obwohl entfernt miteinander verwandt, heirateten die beiden 1924 in Schneidemühl. Meine Eltern kehrten nach Asunción in Paraguay zurück, wo ich 1925 geboren wurde.

Während eines Deutschlandaufenthaltes im Jahre 1927 erfuhr Hans Jaspar von Maltzahn, daß Vanselow hoch verschuldet und in großen wirtschaftlichen Schwierigkeiten war. Meine Eltern entschieden sich, das Gut zu übernehmen, und meinem Vater gelang es, mit dem Einsatz all seiner kaufmännischen Erfahrungen und seines in Südamerika erworbenen Vermögens Vanselow zu sichern und der Familie zu erhalten. Da er an Technik und Maschinen sehr interessiert war, kaufte mein Vater die ersten wassergekühlten Bulldogs – damals eine Sensation in Pommern –, um die schwere Arbeit auf dem Lande, insbesondere das Pflügen, leichter bewältigen zu können. Durch einen großen Holzeinschlag verschaffte er sich die notwendigen finanziellen Mittel, um die Wirtschaft in Vanselow zu modernisieren. Als einer der ersten in Pommern kaufte er einen Mähdrescher und eine Feldbahn, so daß sein Betrieb mustergültig für die Gegend und modern für seine Zeit ausgerüstet war. Er wirtschaftete ebenso erfolgreich wie einst sein Großvater Hans

Ludwig, und 1939 war das Vanselower Gut fast schuldenfrei. In den ersten Jahren nach der Übernahme von Vanselow lebte unsere Familie äußerst sparsam und bescheiden. So wurden alle Kutsch- und Reitpferde verkauft, und auf die Frage nach dem Lebensstil des Herrn von Maltzahn antwortete einmal der Landrat, daß dessen Mercedes ein Fahrrad sei.

Während des Zweiten Weltkrieges, an dem mein Vater zunächst in Frankreich, später als Regimentskommandeur in Rußland teilnahm, führte seine Frau Irmgard statt seiner den Betrieb in Vanselow. Wie schon in den Jahren des Aufbaus, in denen sie meinem Vater mit Rat und vollem Einsatz geholfen hatte, bewies sie sich als gute Organisatorin. In den letzten Kriegsmonaten versorgte sie zudem die aus Ostpreußen und Hinterpommern kommenden Flüchtlingstrecks. Auf Bitten der Dorfbewohner verzichtete sie im Frühjahr 1945 auf die geplante Flucht vor den Russen. So erlebte sie den Einmarsch der russischen Truppen in Vanselow, die Enteignung und Plünderung des Hauses, den Abtransport der Möbel, das Wegtreiben des Viehs. Mein Vater, dem es gelungen war, bei Ende des Krieges mit dem größten Teil seines Regiments in amerikanische Gefangenschaft zu kommen, wurde bereits im August 1945 entlassen. Er kam nach Vanselow zurück und wurde vom russischen Kommandanten in Demmin in seine alten Rechte eingesetzt. Die Führung des Vanselower Betriebes wurde ihm jedoch schon nach drei Tagen wieder entzogen. Ein neues russisches Kommando nahm ihn gefangen. Auf die Haft im berüchtigten Lager Fünfeichen bei Neubrandenburg folgte eine fast zehnjährige Gefangenschaft in Rußland, bis er nach Konrad Adenauers Verhandlungen in Moskau 1955 entlassen wurde. Von den Eindrücken und Strapazen der Gefangenschaft erholte er sich nicht mehr, er starb bereits 1961 mit nur 63 Jahren, ohne Vanselow wiedergesehen zu haben.

Meine Mutter war im Dezember 1945 aus Vanselow ausgewiesen worden und nach Auflösung des Lagers Tützpatz im Januar 1946 mit einem Flüchtlingstransport nach Holstein gekommen, wo sie bei einer Kusine für fünf Jahre eine Unterkunft fand.

Ich erfuhr von dem Schicksal meiner Familie und von den Ereignissen, die über Vanselow hereingebrochen waren, nach meiner Entlassung aus der Kriegsgefangenschaft. Ich war mit gerade 17 Jahren 1942 Soldat geworden, hatte in Rußland und dann im letzten Kriegsjahr an der Westfront gekämpft. Nach dem Krieg lebte ich drei Jahre in Elmarshausen, wo ich meine spätere Frau kennenlernte. Dann absolvierte ich eine kaufmännische Lehre bei einer Speditionsfirma in Bremen. Da ich wegen meiner paraguayischen Geburt Chancen hatte, ins Ausland zu kommen, stellte mich eine Wollimportfirma ein und gab mir eine gute Position. Im Jahre 1954 gründeten meine Frau und ich eine eigene Wollimportfirma in Wuppertal, mit der wir erfolgreich waren und zu einigem Wohlstand kamen. Später gründete ich eine Teppichfabrik, die ich 1986, gut eingeführt, meinem Sohn Jaspar übergab. Ich zog mich ins Rentnerleben zurück.

Aber nach der Wende kamen auf mich und meine Frau neue Aufgaben zu. Wir feierten Silvester 1989 in Vanselow, und es zeigte sich, daß noch viele der Bewohner sich zur „alten Herrschaft" hielten. Sie hatten auf uns gewartet und selbst die Kritik der Stasi ertragen, die ihnen vorwarf, „herrenhaltig" zu sein. Wir beschlossen zu bleiben; wir wollten die Vanselower Felder, wenn möglich, zurückkaufen, und bei einem niedrigen Kaufpreis waren wir bereit, das Haus, das sich in einem trostlosen Zustand befand, auf eigene Kosten zu renovieren. Doch den Kaufvertrag über einen großen Teil des Vanselower Landes, den wir noch vor dem Einigungsvertrag mit dem Landrat abgeschlossen hatten, erkannte die Treuhandanstalt nicht an. Sie wandelte ihn in einen langfristigen Pachtvertrag um. Sie räumte mir einen auf 12 Jahre befristeten niedrigen Pachtzins ein; allerdings ist unsicher, ob ich das Land je kaufen kann. Trotzdem haben wir in Vorpommern neu begonnen und 1992 die erste Ernte eingefahren, die leider wegen der Trockenheit keinen vollen Ertrag brachte.

Seit unserer Rückkehr bemühe ich mich, zu den 500 ha Pachtland, die zur Größe unseres Hauses in keinem angemessenen Verhältnis stehen, weitere Flächen zu pachten oder, wenn möglich, zu kaufen. Doch damit stoße ich auf den Widerstand der LPGs, die mit Hilfen des Landes und des Bundes wieder erstarken und bei gutem Boden und tüchtigem Management wahrscheinlich überleben werden. Durch die Landwirtschaftlichen Produktionsgenossenschaften oder ihre Nachfolgegesellschaften würde das Land eine völlig andere Agrarstruktur aufweisen als vor der Enteignung. Obwohl die Alteigentümer noch keine Klarheit darüber haben, ob sie ihren Grund und Boden zurückbekommen oder für den Verlust entschädigt werden, werde ich mich bemühen, den Vanslower Betrieb mit Einsatz aller Kräfte rentabel zu machen.

Das von der Gemeinde Siedenbrünzow wieder übernommene Herrenhaus, das von 1945 bis 1990 zeitweise von mehr als hundert Menschen bewohnt wurde, das stark verfallen und nahezu abbruchreif war, haben wir inzwischen vollständig renoviert. Der größte Teil des Hauses wird als Hotel genutzt. Das mit zwölf Gästezimmern im Obergeschoß und mit Speise- und Tagungsräumen im Erdgeschoß ausgestattete Haus hofft meine Frau mit großem Engagement zum Erfolg zu führen. Die Maltzahns auf Vanselow werden mit den Investitionen in Hotel und Landwirtschaft einen nicht unerheblichen Beitrag zum Wiederaufbau in Vorpommern leisten.

ARNDT HEINRICH VON OERTZEN-BRIGGOW

Die Oertzens

In seiner sechsbändigen Geschichte des Geschlechtes von Oertzen schreibt Lisch: „Das Geschlecht der von Oertzen gehört zu den berühmtesten Altadligen Geschlechtern Mecklenburgs und ist von allen noch blühenden eingeborenen Geschlechtern des alten Obotritenlandes das Älteste, insofern seine urkundliche Geschichte am weitesten zurückreicht und sich in die Zeiten der Wendischen Herrschaft verliert."

Die Geschichte unserer Familie beginnt 1192 mit dem wendischen Edlen Uritz im Hofgefolge des Fürsten Borwin I. Der Name Uritz, der sich in den folgenden Jahren über Oritz – Ordessen schließlich in Oertzen gewandelt hat, bedeutet in seinem wendischen Stamm „Ackersmann". Er zeigt also an, daß schon unser Stammvater grundgesessen war. Die ersten urkundlichen Unterlagen über den Grundbesitz unserer Familie stammen aus dem frühen 14. Jahrhundert, also aus einer Zeit, als die Familie sich bereits in verschiedene Zweige aufgeteilt und über das ganze Land Mecklenburg verbreitet hatte.

Die Oertzens waren in erster Linie Ackerbauern und hatten nur selten große Wälder. Sie besaßen im 14. Jahrhundert – urkundlich belegt – 12 Güter, im 17. Jahrhundert bereits 27 Güter, im 18. und 19. Jahrhundert 56 beziehungsweise 55 Güter, und zum Zeitpunkt der Enteignung 1945 waren noch 22 Güter im Besitz der Familie.

Der Stammsitz der Familie von Oertzen, Roggow, war seit dem 14. Jahrhundert bis zur Enteignung im Oktober 1945 durchgehend im Besitz der Familie.

Von 1170 bis in das Mittelalter wirkten die Oertzens im wesentlichen auf mecklenburgischem Boden als Grundbesitzer, als Vertreter der ritterschaftlichen Stände und als Helfer der Fürsten. In der Auseinandersetzung über die mecklenburgische ständische Verfassung spielten sie eine entscheidende Rolle, vor allen Dingen die Inhaber des Lehens Roggow. Es ist bekannt, daß unter den Unterzeichnern des landesgrundgesetzlichen mecklenburgischen Erbvergleiches vom Jahre 1755, in welchem der mecklenburgische Ständestaat verfassungsmäßig verankert wurde, die Vertreter der Oertzens in der Ständeschaft, in der Ritterschaft, entscheidenden Einfluß genommen haben.

Von 1755 bis zum Jahre 1918 bildete dieser landesgrundgesetzliche Erbvergleich, zum Ärger der damals schon aufgekommenen Bewegung der Demokratisierung des öffentlichen Lebens seit der Französischen Revolution im Jahre 1789, die Grundlage des mecklenburgischen Verfassungs-, Gesetzgebungs-, Verwaltungs- und Regierungssystems. In diesem System fiel dem einzelnen mecklenburgischen Grundbesitzer schon allein aus der Tatsache seiner gutsobrigkeitlichen Stellung im Bezirk seines eigenen Besitzes ein quasi öffentliches Amt neben seiner Eigentümerstellung zu.

Die mecklenburgische Ritterschaft, kollektiv zusammengefaßt, geführt und geleitet von dem „Engeren Ausschuß" der Ritterschaft in Rostock, war einer der Gegenspieler der landesherrlichen Gewalt. Die ständische Vorstufe der politischen Entwicklung, die in anderen Ländern, z. B. in Preußen zur Zeit des Großen Kurfürsten um die Mitte des 17. Jahrhunderts durch den Absolutismus, der in Friedrich II. seinen preußischen Höhepunkt fand, überwunden wurde, lebte in Mecklenburg bis 1918, also bis zur modernen demokratischen Revolution in Deutschland, fort.

Seit 1918 war Mecklenburg nicht mehr Ständestaat. Die Ritterschaft wurde aufgelöst. Sie blieb als private Korporation bestehen, und die mecklenburgischen Stände mußten sich in das moderne Leben einer freien Demokratie eingliedern. Aber auch auf diesem Gebiete leisteten ihre Vertreter Besonderes in der Führung und Leitung der örtlichen Organisationen, insbesondere der Kreisvertretung, der Kreistage und der Kreisausschüsse im Mecklenburger Land.

1933, mit dem Eintritt in den Kreis der nationalsozialistisch regierten Länder, war Mecklenburg das zweite Land im Deutschen Reich, das eine absolute nationalsozialistische Mehrheit wählte. Mecklenburg hat im Dritten Reich alle Fehlentwicklungen mitgemacht, und es hat das Ende des Dritten Reiches schwerer und fühlbarer zu spüren bekommen als alle westlichen Länder und Gebiete des Reiches.

Vor diesem geschichtlichen Hintergrund lebten und wirkten die Mitglieder der Oertzenschen Familie. Daß sie in Mecklenburg nicht nur Verwalter ihres eigenen Vermögens waren, sondern daß sie in weitem Umfang am öffentlichen Leben und Geschehen teilnahmen, ist bekannt. In ganz besonderem Maße haben sie sich im Laufe der Geschichte der Verteidigung nicht nur ihres eigenen Vaterlandes, sondern auch der Nachbarländer wie Dänemark, Schweden, Braunschweig, Lüneburg und Preußen zur Verfügung gestellt, und sie haben vor allen Dingen seit der Gründung des Deutschen Reiches einen erheblichen Beitrag zur Wehrhaftigkeit des deutschen Volkes und Reiches geleistet.

Es kann festgestellt werden, wenn man auf den letzten Abschnitt der 800jährigen Oertzenschen Familiengeschichte zurückblickt, daß dieser Verteidigungsbeitrag besonders groß gewesen ist, was sich nicht nur in der Zahl der hervorragenden Offiziere und Soldaten zeigt, sondern vor allem in der unendlich hohen Zahl der Opfer, die die Familie in den beiden letzten Weltkriegen gebracht hat. Im Ersten Weltkrieg fielen 21 und im Zweiten Weltkrieg 22 männliche Mitglieder der Familie.

Unter den Toten des Zweiten Weltkrieges befindet sich auch Hans-Ulrich von Oertzen, der als Beteiligter am leider erfolglosen Putsch gegen Hitler am 20. Juli 1944 sein Leben hingab.

Die Oertzens haben aber nicht nur in der ständischen Verwaltung Mecklenburgs, nicht nur in der Verteidigung des Reiches ihre Pflicht erfüllt, auch in der inneren Verwaltung haben sie dem großherzoglichen Hause und der Verwaltung anderer Länder eine große Anzahl hochverdienter Beamter gestellt, die zum Teil durch die Erhebung einzelner, inzwischen wieder ausgestorbener Familienzweige in den Grafenstand ihre Würdigung fanden.

Der erste mecklenburgische Oberappellationsgerichtspräsident, Friedrich von Oertzen aus dem Hause Leppin, war der Verfasser der mecklenburgischen Oberappellationsgerichtsordnung und erster Präsident des höchsten mecklenburgischen Gerichts, ein auch unter Fachkollegen anerkannter Jurist.

Die Familie hat ferner dem Lande Mecklenburg in die Spitzen der Verwaltung eine Reihe von leitenden Ministern geliefert. Der erste und wohl bewährteste war jener Jaspar von Oertzen aus dem Hause Leppin, der als mecklenburgischer Ministerpräsident 1871 die Gründung des Deutschen Reiches mit hat fügen helfen. Zu den führenden Männern gehört auch der Mecklenburg-Strelitzsche Staatsminister

August von Oertzen, der im Jahre 1837 starb und der den Wiederaufbau des Landes nach den Verheerungen der napoleonischen Kriege mit Erfolg durchgesetzt hat. Zu ihnen gehört weiter aus dem Hause Roggow der Mitbegründer des Oertzenschen Familienverbandes, Fortunat von Oertzen, der letzte Hausminister des mecklenburgischen Großherzogs. Außerhalb Mecklenburgs zählt zu ihnen aus dem Hause Leppin Karl Friedrich von Oertzen, der fürstlich lippische Kabinettsminister, früher Regierungspräsident in Lüneburg.

Der letzte in der Reihe der Minister bis 1945 war Dr. Dietrich von Oertzen aus dem Hause Briggow, der als Finanzminister der Mecklenburgischen Staatsregierung entscheidenen Einfluß ausüben konnte. Nach dem Kriege war Prof. Dr. Peter von Oertzen Kultusminister in der Niedersächsischen Landesregierung.

In ihrer Vielgestalt hat sich die Oertzensche Familie im Laufe der Zeit nicht darin erschöpft, im Parlament, im Militärdienst, in Regierung und Verwaltung etwas zu leisten, sondern auch die freie Wirtschaft hat in ihr Förderer gefunden. Der letzte Präsident der mecklenburgischen Industrie- und Handelskammer in Rostock, Guido von Oertzen, war über ein Jahrzehnt Führer der mecklenburgischen gewerblichen Wirtschaft.

Doch nicht nur Regierung, Militär und Wirtschaft sahen die Oertzens als ihre Domäne an, sie besitzen auch musische Eigenschaften. Rudolf von Oertzen lehrte als Professor und Ordinarius Kirchenmusik in Hamburg, und einige andere Oertzens leiten heute Orchester, Kapellen und Theater oder haben sich der bildenden Kunst verschrieben.

Aber dieser Aufsatz wäre unvollständig, ohne des weiblichen Teiles der Familie zu gedenken. Sehr bekannt ist die hochverehrte frühere Generaloberin der Mutterhäuser des Deutschen Roten Kreuzes und Trägerin des großen Bundesverdienstkreuzes Luise von Oertzen, die bis zum Jahre 1961 ihr verantwortungsvolles Amt in Bonn geführt hat. Gewiß konnten die Männer der Familie nach außen nur erfolgreich schaffen und wirken, weil ihre Frauen Haus und Heim so gestalteten, daß es den Boden und die feste Grundlage für den Berufs und Lebenskampf bildete. Alle Erfolge der Männer waren weiblich fundiert und begründet. Sie waren im Glück des Hauses und der Familie gesichert.

Abschließend sei an eine alte Wahrheit erinnert, die noch heute für die Oertzensche Familie gilt und die der Hausspruch aus Roggow vom 3. November 1666 ins Gedächtnis ruft:

> ›Wer lebt in seinem Vaterland
> ohn' Reichtum und ohn' Darben
> in einem feinen Mittelstand,
> nährt sich von eigenen Garben.
> Wer Gottes Frieden in sich hat,
> das Haus in Segen blühet,
> oh, der ist glücklich in der Tat,
> wohin sein Auge siehet.‹

Der Boden, auf dem die eigenen Garben wuchsen, ist der Familie vollständig verlorengegangen, nach dem Kriege haben die überlebenden Familienmitglieder, neu anfangend, sich in völlig artfremden Berufen ein neues Leben in der Bundesrepublik mit großem Erfolg aufgebaut. Die Familie von Oertzen blüht, wächst und gedeiht.

CHRISTIAN VON PLESSEN

Die Familie von Plessen in Mecklenburg –
Historisches Erbe und Zukunftsaufgabe

Die Geschichte meiner Familie begann 1097 in Niedersachsen. Bei Höckelheim hatte sie ihr Stammgut und Erbbegräbnis und nannte sich zunächst auch Höckelheim. Um 1170 gelangten die Höckelheims in den Besitz der reichsunmittelbaren Herrschaft und Burg Plesse im Leinetal bei Göttingen und seitdem führen sie den Titel und Namen Edelherren von Plesse(n). Der auf der Burg Plesse ansässige Zweig meiner Familie starb 1571 mit dem Tode Dietrichs IV. aus. Burg und Herrschaft fielen aufgrund eines Lehnsvertrages an die Landgrafen von Hessen.

1191 war Helmold III. von Plesse „praefectus militaris" Heinrichs des Löwen. Als Befehlshaber führte er 1211 das Kreuzheer (Heer des Schwertbrüderordens?) in Livland. Helmold gilt als der Erbauer der Kirche von Hohen Viecheln, am Nordufer des Schweriner Sees gelegen. In dieser Kirche ist die mittelalterliche hölzerne Grabauflage eines Ritters von Plesse im Kettenpanzer und mit Schwert erhalten geblieben. Ob es das Bildnis Helmolds III. oder das seines Sohnes, Helmolds IV., ist, bleibt ungewiß.

1241 begann mit Helmold IV. von Plesse die 700jährige Geschichte meiner Familie in Mecklenburg, Dänemark und Schleswig-Holstein. Helmold bekleidete führende Ämter im Land. Er war Regentschaftsrat für die Söhne Heinrichs des Pilgers von Mecklenburg und 1270 Burgvogt des fürstlichen Schlosses in Wismar. 1283 stiftete er den Chor der Wismarer Franziskanerkirche. Grundbesitz hatte er in Hohen Viecheln. Helmold IV. war, wie wir heute sagen würden, der Typ des erfolgreichen Adligen seiner Zeit. Als einflußreicher Vertreter seines Standes übernahm er politische Verantwortung, er war auch kirchlich und kulturell engagiert und konnte dies alles wegen seiner wirtschaftlichen Unabhängigkeit leisten.

Nach dem Vorbild Helmolds IV. haben mehr als 20 Generationen meiner Familie in Mecklenburg gewirkt und dem Land nach ihren Möglichkeiten und Fähigkeiten gedient. Historisch Interessierte finden Dokumente darüber im „Plesse Archiv" in Bovenden sowie in privaten und öffentlichen Archiven in Mecklenburg, Dänemark und Schleswig-Holstein.

Die Söhne und Enkel Helmolds begründeten in Mecklenburg weitere Familiensitze. Dazu gehört insbesondere der „Klützer Winkel" mit Besitzungen u. a. in Damshagen.

1936 war Damshagen seit 600 Jahren im Besitz meiner Familie. Mein Großvater hatte in den letzten Jahren der Weimarer Republik die landwirtschaftlichen Betriebe an seine Söhne übergeben. Mein Onkel Hans Balduin von Plessen hatte Damshagen erhalten. 1938 wurde er von den Nazis wegen regimekritischer Haltung in das Zuchthaus von Bützow eingesperrt. Von dort wurde er in eine Strafkompanie versetzt und fiel 1940 bei Le Havre. Mein Vater Bernhard von Plessen übernahm das Erbe seines Bruders und bewirtschaftete bis zur Ernte 1945 neben seinem Gut Schönfeld im Kreis Gadebusch auch das Gut Damshagen.

Meine Schwestern und ich sind in Mecklenburg geboren. Wir Kinder waren häufig und lange bei den Großeltern in Damshagen, weil unsere Mutter schwer erkrankt war. Sie starb im Frühjahr 1945 und wurde in unserem Familienbegräbnis im „Tiergarten" von Damshagen beerdigt. Flüchtlinge kamen und zogen weiter, der Krieg ging zu Ende. Engländer, Amerikaner und schließlich sowjetische Soldaten quartierten sich bei uns ein.

Die verbrecherische nationalsozialistische Herrschaft ging im Mai 1945 zu Ende. Sie wurde von den Wegbereitern des Ersten Arbeiter- und Bauernstaates in Deutschland im Frühsommer 1945 abgelöst. Diese raubten unser Betriebs- und Privatvermögen und verfügten die Ausweisung der Familie. Es war der Pastor aus Damshagen, der zusammen mit ortsfremden Kommunisten die Anordnung überbrachte. Man gab meinem Vater einen Rucksack und zwei Stunden Zeit, Haus und Hof mit seinen Kindern zu verlassen. 609 Jahre in Damshagen waren ja wirklich lange genug für eine Familie!!

Enteignung und Vertreibung wurden gerechtfertigt mit dem Begriff „demokratische Bodenreform von 1945-1949" und der griffigen Parole „Junkerland in Bauernhand". Tausendfaches Schicksal! – 1990 wurde die Bodenreform im Einigungsvertrag durch die christlich-liberale Bonner Regierung festgeklopft, vom Deutschen Bundestag bestätigt und schließlich vom Bundesverfassungsgericht am 24. April 1991 mit dem Siegel der Rechtsstaatlichkeit versehen. Tat sich Deutschland nicht schon immer leicht mit seinen Minderheiten?

Die Ausweisung und der Verlust der Heimat haben bei mir das Interesse an Mecklenburg eher verstärkt als gemindert. Beruflich war ich seit 1972 häufig in der DDR und habe diese Reisen genutzt, um die Wirkungsstätten meiner Vorfahren aufzusuchen und persönliche Bindungen zu knüpfen. Die DDR-Bauernzeitung „DBZ" berichtete in ihrer Ausgabe 48/1982 unter der Überschrift „Im Wappen blieb der Stier" von einem meiner Besuche in Damsha-

gen und schrieb: „Vor zwei Jahren sah er (ein Enkel des 1945 zuletzt hier anwesenden Junkers) besuchsweise in Damshagen vorbei und vertraute ausgerechnet Manfred Ebeling (Lehrer) an, fast bekäme er Lust darauf, das Gut wieder zu bewirtschaften…" So war es, und etwas davon ist inzwischen Wirklichkeit geworden.

Am Heiligen Abend 1989 konnten meine Frau, meine Kinder und ich zum ersten Mal aus Westdeutschland ohne Visum in die DDR einreisen. Wir fuhren zum Gottesdienst nach Damshagen, der Abend wird uns unvergeßlich bleiben.

Seit dem 3. Januar 1990 pendelte ich im wöchentlichen Wechsel zwischen Bad Godesberg und Wismar. Ich suchte über Freunde Kontakt zu den LPG-Leitern und Wendepolitikern und organisierte gemeinsam mit meinen Vettern Jörg und Tido Knyphausen landwirtschaftlichen Erfahrungsaustausch. Gleichzeitig wurde ein Planungsmodell zur Bewirtschaftung von Damshagen und Schönfeld erarbeitet und ständig aktualisiert.

Im März 1990 fanden in der DDR die ersten freien Wahlen zur Volkskammer und den Gemeindevertretungen statt. Bald danach nahm ich Kontakt zum Bürgermeister in Damshagen auf, um eine Umbettung der sterblichen Überreste meiner Mutter vom „Tiergarten" auf den Kirchfriedhof zu erreichen. Man hatte nämlich in den frühen Jahren der DDR den Park gerodet, mit mehrgeschossigen Plattenbauten entstellt und ohne jeden Respekt vor der Toten auf ihrem Grab eine „Datsche" errichtet.

Anfang September 1990 stellte ich dann den Gemeindevertretern und Bürgern von Damshagen und Schönfeld mein Konzept für Investitionen und eine Rückkehr meiner Familie nach Mecklenburg vor. Ich erklärte ihnen schriftlich und verbindlich, daß ich bereit sei, mein gesamtes in 30 Berufsjahren erarbeitetes Vermögen in den Aufbau einer modernen Landwirtschaft zu investieren und mit meiner Familie unverzüglich nach Mecklenburg zurückzukehren. Ich versicherte ferner, daß ich die Bodenreform bezüglich der privaten Häuser und Gärten akzeptiere und dazu beitragen werde, daß diese Werte Eigentum der Siedlerfamilien bleiben, und daß ich die Verfügungsberechtigung der Siedlerfamilien über die zugeteilten Bodenreformflächen anerkenne und anbiete, ihnen diese Parzellen zum künftigen Ertragswert abzukaufen. Die Bodenreform bezüglich der „volkseigenen Flächen" akzeptiere ich jedoch nicht, da diese vom Staat unrechtmäßig vereinnahmt worden sind.

Meine Frau und mein 82jähriger Vater begleiteten mich damals. Für meinen Vater war dieser erste Besuch in Mecklenburg ein schwieriger Gang in die Vergangenheit, denn vernarbte Wunden rissen auf. Aber wir stießen überwiegend auf Vertrauen, Zustimmung und herzliche Aufnahme. Konkrete Verhandlungen und Planungen konnten beginnen. Im November 1990 und Februar 1991 schloß ich Kaufverträge über Acker, Grünland und Wald mit Neusiedlern ab und pachtete im August 1991 weitere Flächen in den Gemarkungen von der Treuhandanstalt. Ich verkaufte dann unser Haus in Bad Godesberg und liquidierte meine kleine Firma, Pensionsrücklagen und sonstige Vermögenswerte, um alles finanzieren zu können.

Um am Aufbau der alten Plessenschen Güter und an der wirtschaftlichen und politischen Neugestaltung in Mecklenburg mitwirken zu können, wollten meine Frau und ich mit unseren Kindern alsbald nach Mecklenburg zurückkehren. Trotz großer Schwierigkeiten, die man uns auf kommunalpolitischer Ebene machte, gelang es schließlich – im Wettbewerb mit einem Hamburger Bauspekulanten – mein Geburtshaus im Juli 1991 von der Treuhandanstalt zurückzukaufen. Das Haus war nach

unserer Vertreibung und nach der Plünderung zunächst Flüchtlingslager, Kindergarten, Schule gewesen und hatte in den letzten 20 Jahren als Betriebsferienheim der Berliner Kabelwerke Adlershof gedient. Anfang 1991 wurde auch diese Nutzung aufgegeben; das Haus stand leer und war verfügbar. Ohne die beherzte Unterstützung der Schönfelder Bürger wäre unsere schnelle Übersiedlung nicht möglich gewesen. Seit dem 23. August 1991 wohnen wir hier in einigen provisorisch hergerichteten Räumen. Unser jüngster Sohn geht im Nachbarort Mühlen Eichsen zur Schule und seine älteren Geschwister beginnen ihre landwirtschaftliche und kaufmännische Ausbildung.

Mancher, der diese Zeilen ließt, wird traurig sein, weil seine Familie ein ähnliches Schicksal erlitten hat und es ihm nicht vergönnt ist, den Traum der Rückkehr in die Heimat seiner Väter zu verwirklichen. In meine Freude über die ersten Erfolge mischen sich jedoch viele Wermutstropfen:
– Jenseits aller betriebswirtschaftlichen Kalkulationen waren und sind Alteigentümerfamilien bereit, an der wirtschaftlichen und kulturellen Neugestaltung in den neuen Bundesländern mitzuwirken. Diese Bereitschaft wird von west- und ostdeutschen Politikern schon seit der Wende – besonders zum Schaden der ohnehin wirtschaftsschwachen ländlichen Regionen – ignoriert oder sogar bewußt hintertrieben. Die Gelegenheit, auch ideelle Kräfte beim Aufbau Ostdeutschlands sich entfalten und eine mitreißende Erneuerung in den alten Bundesländern wirken zu lassen, wird aus politischer Kurzsichtigkeit vertan. Heute müssen Steuergelder mit meist geringerem Effekt da eingesetzt werden, wo Idealismus nachweislich gleiche oder bessere Ergebnisse gebracht hätte.
– Unserem Politikmanagement fehlt es an Phantasie und Gestaltungswillen. So wäre es meines Erachtens nach wie vor diskutabel, neben der Privatisierung mit Eigentumsübertragung ost- und

westdeutsches Staatsland in Form moderner Lehen privat bewirtschaften zu lassen. Über den Bedarf seiner hoheitlichen Aufgaben hinaus besitzt der Deutsche Staat viel zu viel Grundeigentum und macht damit zum Teil beträchtliche Betriebsverluste, die der Steuerzahler ausgleichen muß.

– Am Thema „Bodenreform" kann man übrigens die ganze rechtspolitische Schieflage unserer Republik studieren. Zunächst hieß es, altes Unrecht (Bodenkonfiskation) solle nicht durch neues Unrecht (Wegnahme von Siedlerhäusern und -gärten) ersetzt werden. Wer hat das eigentlich verlangt? Tatsache hingegen ist doch, daß es für die Betroffenen der Bodenreform politisch und menschlich undenkbar war, Neusiedlern nach 45 Jahren privat genutzte Häuser und Gärten streitig zu machen. Selbst mit einer – eventuell weiterhin eingeschränkten – Verfügungsberechtigung der Neusiedler über das Bodenreformland konnten sich die Betroffenen abfinden. Ein Skandal bleibt es aber für alle Zeiten, daß die Bundesrepublik enteignete „volkseigene" Flächen behalten und vermarkten will.

– Zu verurteilen ist auch, daß das geraubte Privatvermögen, soweit es noch verfügbar ist, nicht anstandslos zurückübereignet wird. Mit peinlichen Hilfsargumenten wird da gearbeitet, und der Schaden, den unser Land dabei nimmt, wuchert bereits im In- und Ausland unkontrolliert!

– Die neuen Bundesländer benötigen dringend Investitionen der Wirtschaft, alle fordern es, auch der Kanzler, die Bundesminister, die Ministerpräsidenten der Länder und ihre Wirtschaftsminister. Aber landwirtschaftliche Investoren aus Westeuropa scheinen unerwünscht zu sein, denn sie werden von den Ämtern und Verbänden abgeblockt. Anstatt dem Niedergang der unterkapitalisierten, unrentablen LPG-Nachfolgegesellschaften durch attraktive Kooperationsangebote entgegenzusteuern, werden Investoren mit Kapital und know how abgewiesen. Nicht der Erhalt und die Schaffung von zukunftssicheren Arbeitsplätzen im operativen Bereich scheinen im Vordergrund zu stehen, sondern die Konservierung von Positionen der Kader des alten Regimes. Argumentiert wird, die LPG-Nachfolgegesellschaften müßten noch Verpflichtungen aus dem Landwirtschaftsanpassungsgesetz erfüllen – als wenn dies nicht auch in Kooperation mit kompetenten Investoren möglich wäre.

– Dem von der Treuhandanstalt immer wieder verkündeten Bestreben, die von ihr verwalteten Flächen schnellstmöglich zu privatisieren – also zu verkaufen –, ist zu mißtrauen. Ernste Verkaufsabsichten sehe ich nicht, weil die Verkäuferin auf Geheiß des Bundesfinanzministers Preise macht, die keinem Landwirt auch nur die Chance eines "return on investment" lassen. Die Privatisierung könnte damit enden, daß man sich mit der Verpachtung von Treuhandflächen begnügt und unser Staat zum Größtgrundbesitzer in Westeuropa mit einer entsprechend weit geschnittenen Landverwaltungsbürokratie avanciert. Wenn die Treuhandanstalt behauptet, die Landpreise müßten hoch gehalten werden, damit der Bodenmarkt in Westdeutschland nicht zusammenbreche und dort engagierte Kreditinstitute nicht Schaden nähmen, ist das wenig überzeugend. Zum einen sehe ich bei sinkenden Agrarpreisen und reichlich verfügbarem Privatland keine stabilen Grundstückspreise, denn der Wertberichtigungsbedarf einer Bank tritt automatisch und mit voller Wucht dann ein, wenn in ihrem Beleihungsumfeld die Bodenpreise sinken. Dies wiederum hat zur Konsequenz, daß Kredite fällig gestellt werden, Betriebe aufgeben und Land auf den Markt drückt. Und diese Lawine wird bald rollen.

Abschließend noch eine steuerpolitische Groteske: Ein Gutshaus, das in den alten Bundesländern 1986 zum Betriebsvermögen einer Landwirtschaft gehörte, kann – sofern es unter Denkmalschutz steht – auch über 1998 hinaus wegen der besonderen Belastung im Betriebsvermögen gehalten werden. Ein Gutshaus im Osten fällt, weil die Vereinigung Deutschlands zu spät gekommen ist, ins Privatvermögen und kann – wenn es dem Denkmalschutz unterliegt – nur im Rahmen von Sonderausgaben ohne Verlustrück- und Verlustvortrag instand gehalten und renoviert werden. Die Konsequenz daraus ist, daß denkmalgeschützte Gutshäuser im Osten steuerlich nur noch etwas für private oder gewerbliche Kräftigverdiener sind. Landwirte zum Beispiel, die bereit wären, einen Teil ihres unversteuerten Betriebsgewinns in denkmalgeschützte Häuser zu stecken, will man nicht berücksichtigen. Dabei müßte es dem Fiskus rein rechnerisch eigentlich gleichgültig sein, über welchen Weg er Steuervorteile für die Erhaltung von Denkmälern gibt.

Mit unserer Rückkehr nach Mecklenburg, die wir keinen Tag bereuen, knüpfen wir an eine interessante und facettenreiche Geschichte unserer Familie in diesem Land an und stellen uns einer Aufgabe, die die meisten unserer Vorfahren – legt man bei der Wertung die Maßstäbe der jeweiligen Zeit an – nicht ganz schlecht meisterten. Als Helmold IV. von Plesse 1241 in Mecklenburg begann, war es sein Neuanfang im Osten. Nichts anderes erleben wir heute, und das ist das Reizvolle an dieser Situation: Man kann kreativ mitgestalten und etwas Sinnvolles tun. Die Menschen in unserer neuen alten Heimat haben uns durchweg offen und herzlich aufgenommen. Unsere Kinder fühlen sich hier wohl. Dafür sind wir sehr dankbar.

Die Wiedereinrichtung der alten Plessenschen Güter in Damshagen und Schönfeld birgt ein hohes ökonomisches Risiko. Gleichwohl ist es ein lohnendes Engagement, denn wir haben uns und unseren Kindern eine zusätzliche Dimension geschaffen, die nicht nach wirtschaftlichen Kriterien zu messen ist: Wir können gestalten und helfen, Verantwortung übernehmen und weitergeben, Kulturwerte erhalten und schaffen.

Die Fürsten zu Putbus in Vorpommern

Das rügensche Geschlecht der Herren zu Putbus entstammt einer Seitenlinie des uralten rügenschen Königshauses, das die Insel Rügen und Teile Vorpommerns unter dänischer Lehnshoheit beherrschte.

Der Ursprung des Gesamthauses reicht vermutlich auf rugisch-gotische Zeit zurück. Als Stammvater gilt Stoislav I., der in der Stiftungsurkunde des Klosters Bergen 1193 unmittelbar hinter dem rügenschen Fürsten Jaromar I. und dessen Söhnen als Zeuge erwähnt wird und vermutlich dessen Bruder war.

Das Geschlecht erscheint zunächst unter den Namen de Borantehagen (Brandshagen) und de Velmina (Vilmnitz), und erst als die Tochter des Nicolaus de Podebusk, Margarete, sich um 1246 mit Stoislav II. von Vilmnitz vermählte, führen die Nachkommen des Stoislav den Namen von Putbus.

Als Hauptburg des Geschlechtes wird dann seit 1371 erstmals das Steinhaus in Putbus erwähnt.

In einer Schlichtungsurkunde des Jahres 1249 werden dem Hause Putbus Ländereien zugesprochen, die die Familie in ununterbrochener Folge bis 1945 besessen hat: das Kirchspiel Zirkow, Lancken Granitz, Vilmnitz, Kasnevitz, Streu und andere. In einer späteren Urkunde heißt es ergänzend: „a tempore, cuius non exstat memoria" – seit undenklichen Zeiten –.

Dieser sieben Jahrhunderte fortbestehende Besitz ist einzigartig und kann sehr wohl als Beweis sozialer Einstellung und Empfindsamkeit, aber auch als starke Verbundenheit mit Boden und Besitz gewertet werden.

Der Einfluß der Familie war auf beiden Seiten der Ostsee deutlich zu spüren. In Vorpommern war es die Waldemarsche Linie, in Dänemark die Pridborsche. Besonders ist hier im 13. Jahrhundert Hennig Podebusk zu nennen. Er war Reichsdroste von Dänemark und im Krieg mit der Hanse Reichsverweser für König Waldemar IV. Atterdag, nach dessen Tod er auch unter Margarete der Großen die Politik Dänemarks bestimmte. Die Waldemarsche Linie diente in wichtigen Ämtern den pommerschen Herzögen.

Im Westfälischen Frieden erhielt Schweden Neuvorpommern, und als die Waldemarsche Linie der von Putbus ausstarb, übernahm der dänische Zweig die vorpommerschen Besitzungen. Durch Kaiser Carl VI. wurde Freiherr Malte zu Putbus in den Reichsgrafenstand erhoben und 1728 Erblandmarschall von Vorpommern und Rügen. Er und vor allem sein Sohn Moritz Ulrich I. bauten Schloß Putbus aus und veränderten es wesentlich. Desgleichen wurden in der Gestaltung des Parks wesentliche Akzente gesetzt.

Mitte des 18. Jahrhunderts nahm das Haus Putbus dann große Veränderungen und Umgruppierungen in seinen Besitzungen vor. Die dauernden kriegerischen Verwicklungen zwischen Schweden und Dänemark – das Haus Putbus stand im Lehnsverhältnis zu beiden Staaten – führten zu großen Spannungen und Schwierigkeiten.

So verkaufte Malte Friedrich, Sohn von Moritz Ulrich, erst die schwedischen Besitzungen auf Schonen und dann später auch die in Dänemark gelegenen. Die hierdurch verfügbaren Mittel wurden zur

Erweiterung und Arrondierung des Grundbesitzes auf Rügen und in Vorpommern verwendet. Hatte die beginnende Verlagerung der politischen Gewichte auf die Südseite der Ostsee ihn dazu bewogen?

Malte Friedrich bekleidete das Amt des Hofmarschalls am Hofe des schwedischen Königs Adolf Friedrich und des Präsidenten der königlichen Regierung zu Stralsund.

Als er 1787 starb, war sein Sohn Wilhelm Malte erst vier Jahre alt, aber er fand in ihm einen umsichtigen und würdigen Sachwalter der Erbschaft.

Wilhelm Malte reiste viel und genoß eine Ausbildung, die ihm einen offenen Blick und Verstand für die sozialen Probleme seiner Zeit gab. Dies wird deutlich in seinen Tagebüchern und Reiseberichten, mehr als noch in seinem Wirken für die Insel Rügen und den Ort Putbus.

Putbus wird zu einer landstädtischen Siedlung im reinen klassizistischen Stil ausgebaut und erhält bald durch Park, Theater, Orangerie, Wildpark, Kursalon, Marstall, das Badehaus in Lauterbach und das Pädagogium als Internatsoberschule, dank der Planung von Schinkel, seine herausragende architektonische Schönheit. So gilt Putbus heute als der letzte planmäßig angelegte Residenzort im spätklassizistischen Stil.

Aber auch das Wegenetz im Süden der Insel mit seinen schönen, alten Alleen und der Lautenbacher Hafen sind Zeugnisse seiner vielseitigen Aktivitäten.

Alle Bauten brachten Handwerker und Arbeit nach Rügen ebenso wie der Badebetrieb in Lauterbach, der Putbus zu einem beliebten Urlaubs- und Erholungsort machte.

Ein weiteres Lebenswerk Wilhelm Maltes bedarf noch der Erwähnung: der Bau des Jagdschlosses Granitz. Hier findet man original Schinkelsche Raumgestaltung der Mitte des 19. Jahrhunderts. Unverändert haben sich einzig in Granitz die gesetzten – bürgerlichen – Bauideen des großen Architekten erhalten.

Fürst Wilhelm Malte – jetzt Malte I. genannt – wurde auf Lebenszeit Generalgouverneur von Schwedisch Pommern (Neuvorpommern) und Rügen, Kanzler der Universität Greifswald und 1817 Mitglied des Staatsrates.

Wegen seiner Verdienste um die Krone Schwedens verlieh Gustav IV. Adolf ihm und seinen Nachkommen 1807 die Fürstenwürde, die später durch Preußen bestätigt wird.

Unter prominenten Gästen jener Zeit in Putbus finden sich zum wiederholten Male König Friedrich Wilhelm IV. und König Wilhelm I. von Preußen, sowie die skandinavischen Herrscher bei Durchreisen auf der dritten Königsroute.

Malte I. hatte sich zur Aufgabe gemacht, auf seinen Besitzungen einen sozial gesicherten Bauernstand zu schaffen. Während zur selben Zeit an anderen Orten Bauernstellen vernichtet wurden – bekannt als Bauernlegen – schuf er durch Parzellierung größerer Güter neue Stellen für Erbpachtbauern. So wurden – für die damalige Zeit außergewöhnlich – in 38 Jahren 655 Hektar parzelliert und neue Dörfer gegründet. Ziel der Erbpachten war eine feste Bindung der bäuerlichen Familien an ihren Hof, unteilbar und unverkäuflich wie beim Großgrundbesitz.

In diese Parzellierungen gehören auch die Kossatenstellen, von denen sich eine ganze Anzahl bis 1945 gehalten haben.

Als Malte I. 1839 die spätere Grafschaft Putbus in ein Familien-Fideikommiß umwandelte, um den Familienbesitz als geschlossene Einheit zu erhalten, enthielt die Stifungsurkunde eine Bestimmung, die die jeweiligen Erben verpflichtete, die existierenden Pachtverträge auf Gütern und Höfen zu respektieren und zu achten und nur in zwingenden Gründen Pachtverlängerungen abzulehnen.

Malte I. hatte die Bedeutung der Bauernstellen für die Wirtschaft und seinen Besitz erkannt. Da er auch für die politischen Rechte der Bauern eintrat, schreibt Treitschke in seiner „Deutschen Geschichte im 19. Jahrhundert": „In den östlichen Provinzen stritt man sich über die Frage, ob der kaum erst befreite Bauernstand schon fähig sei zur landständischen Wirksamkeit . . . nur wenige Edelleute wünschten Reformen, vor allem Fürst Putbus ein wahrer Bauernfreund." Unter anderem wurde 1832 in Putbus eine Pensionskasse für Beamte gegründet.

In diesen Maßnahmen liegt seine Bedeutung auf sozialem Gebiet, über die Insel hinausgehend.

Als Malte I. 1854 starb, hinterließ er keinen männlichen Erben, da sein Sohn schon 1837 als Preußischer Attaché in Karlsruhe verstorben war. Das Erbe des Fideikommiß ging auf seine Tochter Clothilde über, die den Reichsgrafen von Wylich und Lottum heiratete, dessen Vater in der Zeit der Stein-Hardenbergschen Reformen Staatsminister war. Titel und Name wurden demgemäß in der weiblichen Linie fortgeführt und durch das jeweilige Staatsoberhaupt neu bestätigt.

Als mein Vater den Besitz 1934 übernahm, genehmigte der Innenminister die Führung des Namens von und zu Putbus. – Das Oberhaupt der Familie führt adelsrechtlich weiterhin den Fürstentitel. – Mein Vater, zu Beginn dem Nationalsozialismus gegenüber positiv eingestellt, verurteilte die Judenpogrome sowie andere Maßnahmen und geriet bald in scharfen Widerstand gegen die Nationalsozialisten. Als er sich weigerte, aus dem Johanniterorden auszutreten, war die Konfrontation offen. Bereits vorher zweimal kurz inhaftiert, wurde er am 21. Juli 1944 wieder verhaftet, ins Gefängnis nach Stettin und dann ins Konzentrationslager Sachsenhausen – Oranienburg gebracht. Dort wurde er im Februar 1945 ermordet. Schon vorher wurde ihm die Verwaltung des Besitzes zunehmend erschwert: Überwachungen, zunehmende Kontrollen, sowie schikanöse Einmischungen häuften sich. Die Enteigung durch die SED im Mai 1945 war nur der letzte Schritt in dieser Kette der Verfolgung.

Was mit und nach dem Zusammenbruch geschah, ereilte sehr viele in ähnlicher Situation. Schikanen und offene Feindschaft der nun Mächtigen ließen keine Hoffnung, 1945 auf der Insel zu bleiben.

Als ich im Oktober 1945 aus russischer Gefangenschaft zurückkehrte, hielt ich es nur noch wenige Monate auf Rügen aus. Ich verließ die geliebte Heimat, und meine Mutter und meine Schwestern folgten später nach. Die Suche nach einem neuen Zuhause begann.

1948 erfuhren wir, daß mein älterer Bruder in Rußland gefallen war.

War dies das Ende einer vielhundertjährigen Geschichte meiner Familie auf Rügen? Ich konnte und wollte es nicht glauben.

Die Verbundenheit mit der Insel und vielen Menschen bestand fort, auch wenn mit manchem nur über Deckadresse korrespondiert werden konnte. Die SED wünschte nicht, daß zu den Junkern weiter Kontakte bestanden. Das alte soziale Gefüge sollte in den Wurzeln zerstört werden.

In der ersten Hälfte der 80er Jahre gab es erste Anzeichen, daß sich im Osten, hier vor allem in Moskau, ein neuer Denkprozeß entwickelte. Die Deutsche Frage war noch offen. Solches konnte man in Brüssel, wo wir lebten, erfahren. Hinzu kam der wirtschaftliche Niedergang der DDR, ebenso sichtbar wie die Resignation einiger SED-Mitglieder aus der Gründergeneration. Allerdings, eine zeitliche Prognose mit Blick auf wirkliche Veränderungen, wer konnte die wagen?

Die Wirtschaft der DDR hatte den Anschluß an den Weltmarkt verloren. Und was hatte die SED in 44 Jahren aus einer geordneten Landwirtschaft gemacht? Die Gutshöfe samt allen Gebäuden waren verfallen und sind es auch heute noch, die landwirtschaftlichen Strukturen wurden total verändert. Baudenkmäler aller Art sind Ruinen geworden – dies, obwohl sie allesamt die Plakette „Baudenkmal" tragen. Archive, Kunstwerke und Bibliotheken sind verschwunden oder wurden vernichtet, als habe der Krieg nicht schon genug zerstört.

Und haben nicht auch die Menschen unter Indoktrinierung, Demütigung und ständiger Bespitzelung schwer gelitten?

Es ist drei Jahre her, daß die Bevölkerung der DDR die Öffnung der Mauer erzwang. Ich war zu diesem Zeitpunkt auf Rügen und denke auch heute noch mit Ergriffenheit an den ersten gemeinsamen Gottesdienst am darauffolgenden Sonntag. Welche Stimmung des Aufbruchs, als man sich in befreiter Freude mit Tränen in den Augen in den Armen lag. Wir sangen voll Dankbarkeit: „Großer Gott wir loben dich". War dies ein Neubeginn? Und wenn ja, können wir so schnell vergessen? War es der Beginn eines unvergleichbaren Experimentes, um eine sozialistische Wirtschaft in eine soziale Marktwirtschaft umzuformen?

Wir im Westen hatten unsere gewachsene Erfahrung mit unserer Marktwirtschaft, mit unserer Verwaltungs- und Kommunalordnung, unsere Mitmenschen in den neuen Provinzen aber mußten mit dieser Ordnung und mit vielem mehr ganz von vorne anfangen.

Als ich im Febuar/März 1990 die Dreiparteien-Allianz beim Wahlkampf für die ersten freiwilligen Wahlen zur Volkskammer unterstützte und dies auch im Mai zu den Kommunalwahlen wiederholte, da war Hilfe noch sehr willkommen. Bald aber schon regierte es sich besonders ohne Trennung von Legislative und Exekutive so gut, daß weder Rat noch Kritik gewünscht wurden. Es begann auch die Zeit, in der viele „Goldgräber" auf der Bildfläche erschienen, um Erfahrenen und Unerfahrenen die falschen Segnungen unserer Marktwirtschaft zu zeigen.

Eine Landschaft von der Schönheit unserer Insel Rügen ist mit ihren Naturschutzgebieten, Buchten und Stränden durch solche Segnungen im höchsten Maße gefährdet. Wir haben deshalb den „Verband Insula Rugia" gegründet, um eine Zerstörung der Insel zu verhindern. Auch wird sich der Verband der Erhaltung allen Kulturgutes dieses Eilands widmen.

Land- und Forstwirtschaft sind wesentliche Wirtschaftszweige der Insel. Es ist bedauerlich, daß in Bonn nicht schon viel eher eine klare Linie zur Agrarreform gefunden wurde. Wieder entstehen Großbetriebe, hervorgegangen aus den alten Landwirtschaftlichen Produktionsgenossenschaften und geleitet von den alten Führungsmannschaften. Sie klagen laut und beschweren sich über Benachteiligungen, obwohl die wirklich Betrogenen die Landarbeiter und Kleinbauern sind. Diese sind die Verlierer des Neuanfangs, sofern sie nicht den Mut zur Selbständigkeit aufbrachten. Sie sind heute ohne

Arbeit und müssen obendrein noch immer ihrem Anteil am ehemaligen Betriebsvermögen ihrer LPG nachlaufen.

In dieser Situation paßt es dann auch sehr gut, wenn Altbesitzer, die einen Neuanfang wagen wollen, diskreditiert werden. Da tauchen alte Begriffe der SED auf und kein Argument ist zu schade, um die Junker fern zu halten. Vor 1945 prägten – auch wenn es Ausnahmen gab – Elemente der Kontinuität, wirtschaftliche und soziale Verantwortung, sowie die Bindung an den Boden die Besitzverhältnisse. Woher kommen sonst 700 Jahre Geschichte meiner Familie? Wenn Alteigentümer bereit sind, unter der Last des finanziellen Risikos als Wiedereinrichter anzufangen, warum zögert die Regierung? Gibt es bessere Voraussetzungen? Zählen opportunistische Gründe oder das Wählerpotential, da sie nur sehr wenige sind?

Familienbetriebe mit 500 bis 600 Hektar entsprechen viel mehr den alten Strukturen als Genossenschaften mit 1 500 bis 2 000 Hektar. Außerdem sind die ersteren, und das ist nachgewiesen, weitaus effektiver und leistungsfähiger als umgewandelte Großbetriebe, die uns Steuerzahler auch in Zukunft kräftig zur Kasse bitten werden.

So überrascht es auch nicht, daß ich zunächst in mühsam erarbeiteten Kompromissen und nach schriftlichen Zusagen aller hier wichtigen Behörden 620 Hektar zugesprochen bekam, um dann hinterher zu erfahren, daß die betroffenen Landwirtschaftsgesellschaften das Land nun auf keinen Fall abgeben werden. Sind 620 Hektar von ehemals über 10 000 ein maßloser Anspruch eines Westlers?

Formuliert wurde es so.

Natürlich werde ich meinen Anspruch durchsetzen, aber unter welchen Voraussetzungen beginnt dann die Nachbarschaft?

Zur Bodenreform gehört auch die sehr unglückliche Zersiedlung der Forsten. Beide „Reformen" gingen Hand in Hand. Jeder Hektar Forst kostet den Staat pro Jahr zusätzlich 300 bis 350 DM. Auch dies ist eine echte Altlast, und was diese Zerstückelung an zusätzlichem Aufwand für alle jeweiligen Pflegegänge kostet! Es wird 30 bis 40 Jahre dauern, bis wieder Ordnung und normale wirtschaftliche Verhältnisse in den Forsten Einzug halten. Wer schultert diese Last, wenn keine tragbare Privatisierung erfolgt? Wir werden um eine brauchbare Antwort nicht herumkommen.

Die Neustrukturierung der Landwirtschaft, man darf es offen sagen, ist nicht geglückt. Hoffen wir, daß unserer Marktwirtschaft, so sie denn noch eine ist, dies bei der Forstwirtschaft besser gelingt. Oder hat sich unser Denken schon soweit vom Kern der Erhardtschen Marktwirtschaft entfernt, daß wir der Theorie der Vergesellschaftung lieber anhängen als der Privatisierung und der Eigenverantwortung?

Klare Regelungen und gesetzliche Vorgaben, ideologisch unbelastet, die trotzdem die Interessen mehrerer Seiten vertreten, sind unumgänglich nötig. Wie anders soll der Neubeginn ein erfolgreiches Experiment werden, in dem wir uns alle wiederfinden und an dem wir gemeinsam im Konsens arbeiten wollen.

HANS JOACHIM VON ROHR

Haus Demmin in Vorpommern

„Insigne et nobile castrum Dimin" – eine ausgezeichnete und berühmte Feste, so nennt Kaiser Friedrich Barbarossa im Jahre 1170 Demmin. Wahrscheinlich meint er damit die der Stadt Demmin vorgelagerte Burg, die schon früh „Haus Demmin" genannt wird. Sie liegt auf einer Halbinsel am Zusammenfluß von Tollense und Peene in Vorpommern, also im äußersten Nordosten des heutigen Deutschland.

Über ihre Bedeutung in slawischer Zeit ist wenig bekannt, aber schon 1127 wurde sie als die „Alte Burg" erwähnt. Sie war zeitweise Residenz der Herzöge von Pommern und wichtiger Außenposten an der Grenze zu Mecklenburg. Bischof Otto von Bamberg war auf einer seiner Missionsreisen 1128 hier beim Pommernherzog zu Gast. In den folgenden Jahrhunderten wurde die Burg wie die Stadt immer wieder belagert, erobert, zerstört und aufgebaut.

1512 schenkte Herzog Bogislav X. Haus Demmin mit dem zugehörigen Gut Vorwerk seinem Lehnsmann Peter Podewils, der ihm auf einer Wallfahrt nach Jerusalem das Leben gerettet hatte. Die Podewils waren eine alteingesessene pommersche Familie, mit der Geschichte des Herzogtums auf vielfältige Weise verbunden. Peter Podewils stammte aus Crangen in Hinterpommern; ein Bild dieses Renaissanceschlosses ist auf einer Wandtapete in Haus Demmin erhalten.

Die Podewils bewohnten Haus Demmin bis 1648, als die Schweden die Burg mit ihrem bedeutenden, weithin sichtbaren Turm zerstörten; die Ruine steht noch heute im Park von Haus Demmin. Zwei Jahrhunderte blieb die Halbinsel fast unbewohnt, 1772 fand sich dort nur das Haus eines Fischers.

Um 1830 regte sich neues Leben. Die Familie von Podewils ließ ein neues Wohnhaus errichten, doch nicht im traditionellen Stil pommerscher Gutshäuser, sondern im Anklang an die Formensprache italienisch-palladianischer Villen mit flachem Dach und einem vorgelagerten Altan mit Pfeilern ionischer Ordnung. Podewils muß ein weitgereister Mann gewesen sein, denn es ist überliefert, daß das Vorbild seines Hauses die Villa auf der Isola di Brissago (Lago Maggiore) war.

Nur ein halbes Jahrhundert konnte sich die Familie von Podewils des Neubaus erfreuen. 1881 verkaufte sie Haus Demmin sowie den zugehörigen landwirtschaftlichen Betrieb in Vorwerk an Hans von Rohr, meinen Großvater.

Die Rohrs sind ein ursprünglich bajuwarisches Geschlecht, seit der Zeit vor der ersten Jahrtausendwende im Rottgau am unteren Inn nachgewiesen. Über die Burg Rohr bei Kremsmünster führte ihr Weg ab 1300 in die Mark Brandenburg. Sie waren Vögte der Prignitz, Treuhänder des Nonnenklosters Heiligengrabe, dienten ihrem König als Offiziere und Beamte und bewirtschafteten ihre Güter. Mit Hans wurde erstmalig ein Rohr in Pommern ansässig.

Der letzte Besitzer von Haus Demmin war sein Sohn, Hansjoachim von Rohr. Agrarpolitiker in der Weimarer Republik, 1933 für einige Monate Staatssekretär im Reichsministerium für Landwirtschaft, stand er 1934, beim sogenannten „Röhm-Putsch", auf der schwarzen Liste der SS. Nur mit knapper Not entging er der Ermordung, wurde vom Gutsschmied in Sicherheit gebracht, mußte für Monate untertauchen. Das wiederholte sich im Jahre 1942. Bald danach wurde er zu einer längeren Gefängnisstrafe verurteilt – wegen „verbotenen Umgangs mit Kriegsgefangenen", in Wahrheit, weil er für ein christliches Begräbnis zweier verstorbener russischer Gefangener gesorgt und selbst daran teilgenommen hatte. Es bleibt anzumerken, daß das Reichsgericht dieses Urteil entgegen einer ausdrücklichen Weisung Hitlers aufhob. Durch Verhaftung nach dem 20. Juli 1944 und Gefängnisaufenthalt bis Kriegsende entging er dem Los benachbarter Gutsbesitzer, die von den anrückenden Sowjets ermordet wurden. Aber er hat, 1971 verstorben, Haus Demmin nicht wiedergesehen. In seinem Testament heißt es: „Für den Fall, daß sich eine Möglichkeit bieten sollte, in Haus Demmin wieder Fuß zu fassen, bitte ich meine Kinder, dieses Ziel allen anderen voranzustellen und dafür auch Opfer zu bringen."

Bei Kriegsende ist Haus Demmin mit Bombengeschädigten und Flüchtlingen überfüllt. Trotz schrecklicher Ereignisse in und um Demmin beim Einmarsch der Sowjets bleibt das Gebäude unzerstört. So kann es von 1948 bis 1986 als Internat der Demminer Goethe-Oberschule dienen. Besonders geehrt wird dort der kommunistische Aktivist, Präsident des Nationalkomitees Freies Deutschland und sozialistische Zeitdichter Erich Weinert. Dennoch: Für Haus Demmin ist dieses Internat ein Glücksfall. Wenn auch wenig an dem Gebäude getan wird, es bleibt ihm das Schicksal zahlloser Gutshäuser erspart: Abriß aus kommunistisch-ideologischem Eifer oder vollständiger Verfall.

Für die ehemaligen Eigentümer aber war der Zugang versperrt. Anfangs war es lebensgefährlich, die DDR auch nur zu betreten. Kontakte mit ehemaligen Gutsangehörigen blieben lange Zeit, um niemanden zu gefährden, nur unter Decknamen oder über Mittelsmänner möglich. Wer später versuchte, sich Haus Demmin zu nähern, wurde mit barschen Worten des Geländes verwiesen.

Dann kam die deutsche Einigung und damit neue Hoffnung, das Verlorene wiederzuerlangen. Sie wurde, wie bekannt, bald enttäuscht. Bundesregierung und Bundesverfassungsgericht konnten oder wollten die „erwiesenermaßen rechtsstaatswidrigen Enteignungen" (Rupert Scholz) der sogenannten Bodenreform nicht rückgängig machen und das private Eigentum, Kernstück jeder freiheitlichen Ordnung, nicht wiederherstellen. Auf die moralische und rechtliche Seite dieses Problems wird an anderer Stelle dieses Buches näher eingegangen.

Eine Frage ist, ob es klug war, dieses besonders häßliche Stück kommunistischen Erbgutes in das vereinte Deutschland einzubringen. Die Verwertung des Bodenreformlandes durch die Bundesregierung mag fiskalisch Vorteile bieten. Wie aber ist es um das eigentliche Ziel der deutschen Vereinigung bestellt, mit der Freiheit auch die Einheit, also gleichartige Lebensverhältnisse in Ost und West zu erreichen? Das erfordert in den neuen Bundesländern neben dem wirtschaftlichen Wiederaufbau gleichermaßen die Bewahrung, genauer: Wiedergewinnung ihrer historisch begründeten Identität.

In der DDR wurde das kulturelle Wirken von Jahrhunderten in wenigen Jahrzehnten weitgehend zerstört, teils planvoll, teils aus Desinteresse, teils als Folge sozialistischer Mißwirtschaft. Dazu gehörte als wesentliches Element die Vertreibung, die zum Teil physische Vernichtung ganzer Gruppen der Gesellschaft: größere Landeigentümer, Unternehmer, später Handwerker, selbständige Gewerbetreibende und Bauern. Ein Aderlaß ohnegleichen. Nicht viel besser erging es dem bau- und gartenhistorischen Erbe. Besonders zu leiden hatte alles, was auch nur entfernt an „Junkertum" erinnerte. Vieles wurde vernichtet, anderes absichtsvoll verschandelt.

Der äußere und innere Wiederaufbau ist, wie wir heute sehen, ein langer und mühevoller Weg. Es bleibt zweifelhaft, ob er in absehbarer Zeit gelingt, wenn es nicht möglich ist, den Aderlaß umzukehren und Angehörige der verlorenen und vertriebenen Schichten wiederzugewinnen, ihnen die Chance zu eröffnen, zur Gesundung beizutragen. Gemeint sind nicht die großen Investoren – so wichtig sie auch sind –, schon gar nicht die Glücksritter, die die Marktwirtschaft in den neuen Bundesländern in Verruf gebracht haben, sondern Menschen, die neben wirtschaftlichen Interessen eine innere Bindung und damit Einsatz- und Opferbereitschaft mitbringen, Menschen „mit Liebe zu Land und Leuten" (Theodor Fontane). Dazu gehören die Alteigentümer von Grund und Boden, die über dieses notwendige „Produktivkapital der affektiven Bindung" (P.W. v.d.Schulenburg) verfügen. Aber: Dies allein reicht meist nicht aus, um mit Aussicht auf Erfolg auch wirtschaftlich wieder Fuß zu fassen. Deshalb wäre eine rasche Rückgabe des enteigneten Landes, soweit es sich in der Hand des Staates befindet, an rückkehrbereite Alteigentümer ein wichtiges Element des Wiederaufbaus gewesen. Das gilt auch und besonders für Bauwerke, die sämtlich zu erhalten jeder Staat überfordert ist. In ländlichen Gebieten sind es vor allem die Gutshäuser, die die Kulturlandschaft geprägt haben.

Hier wurde und wird eine große Chance vertan, vielleicht aus Unwissenheit, vielleicht aus heimlicher Billigung des von der Gewaltherrschaft verübten Unrechts. „Wir brauchen die Alteigentümer nicht" – dieser Satz aus Politikermund ist nicht nur bösartig, er ist unklug.

Aber nicht überall verhält man sich so. Damit kehren wir nach Demmin zurück. Bald nach der Öffnung der Mauer konnte die Familie alte Kontakte und Freundschaften in und um Demmin wieder beleben und neue knüpfen. Besonders auch unter Angehörigen der jungen Generation, die die Heimat der Eltern nie gesehen hatten, wurde der Gedanke immer lebendiger, in irgendeiner Weise zurückzukehren, ungeachtet der widrigen Bestimmungen des Einigungsvertrages. Große Aufgeschlossenheit fand sich bei Stadt und Kreis Demmin. Wie konnte man zusammenwirken? Den formellen Anfang bildete der gemeinsame Beschluß, einen „Verein der Freunde der Stadt Demmin" zu gründen.

Im Juli 1991 entschied die Stadt, Haus Demmin zu einem symbolischen Preis an die Familie von Rohr zurückzuübertragen. In der Mitteilung des Bürgermeisters heißt es: „Mit der Übergabe ... an die Familie von Rohr kann geschehenes Unrecht sicher nicht wiedergutgemacht werden. Die Stadt Demmin will aber ein Zeichen damit setzen für die Aufarbeitung der Vergangenheit, die viele dunkle Schatten hinterlassen hat." Die Worte sprechen für sich und die Gesinnung, die dahinter steht.

Die Rückgabe ist mit der Auflage verbunden, Haus Demmin instand zu setzen und in einer Weise zu nutzen, die seinem künstlerischen und historischen Rang entspricht. Dies kann am besten durch Einrichtung einer Bildungs- und Begegnungsstätte geschehen, die jedermann bewußtmacht, daß es sich um ein gemeinsames Kulturgut handelt, das es zu bewahren gilt. Die landschaftlich schöne, abgeschlossene und trotzdem stadtnahe Lage bietet hierfür die besten Voraussetzungen.

Zunächst aber ging es um ganz praktische Dinge. Haus Demmin hatte jahrelang leer gestanden. Das Dach des Gutshauses war undicht, Fensterscheiben fehlten, in und um das Haus häufte sich der Unrat, der Garten war verwildert, die Ruine der mittelalterlichen Burg fast zusammengefallen, von der hölzernen Zugbrücke waren nur noch Reste vorhanden. Es kam darauf an, das Wohngebäude notdürftig so zu sichern, daß bis zur eigentlichen Wiederherstellung keine weiteren Schäden eintreten. So zog wieder Leben in das Haus ein: Familienangehörige, vor allem der jüngeren Generation, deren Freunde in wechselnder Zusammensetzung halfen mit, säuberten das Gelände, mähten die Brennesseln, setzten Fenster und Türen instand, ein Handwerker reparierte die Dächer. Was war es für ein Gefühl, das erstemal – nach fast 50 Jahren wieder oder überhaupt – „zu Hause" zu wohnen, auch wenn es eher ein Campieren war! Viele Besucher aus Demmin kamen. Man hörte immer wieder: Wie schön, daß Ihr da seid und daß sich endlich in Haus Demmin etwas tut. Manche hatten das Gelände vorher noch nie betreten, denn zu DDR-Zeiten war das verboten.

Als der Winter kam, schien das Haus einigermaßen gesichert. Aber es war noch nicht Frühjahr, als Hiobsbotschaften eintrafen: Immer wieder wurde eingebrochen, Fensterscheiben wurden zerschlagen, das Innere verwüstet. Die Polizei war machtlos. In einer Eilaktion brachte das mecklenburg-vorpommersche Landesamt für Denkmalpflege die fünf historisch wertvollen Wandtapeten, auf denen u. a. Schloß Crangen und Haus Demmin zu sehen sind, in Sicherheit. Als plötzlich das Treppengeländer, es stammte noch aus der Erbauungszeit, vom Erdgeschoß bis ganz oben verschwunden war, blieb, um Schlimmeres zu verhüten, nur die Möglichkeit, das Haus zuzumauern.

Seitdem ist Ruhe eingekehrt, aber um welchen Preis! Doch es gibt Anlaß zu Zuversicht. Die Verhandlungen mit möglichen Partnern sind im Gange. Kultusministerium, Landes- und Kreisdenkmalschutzbehörden sowie die Deutsche Stiftung Denkmalschutz geben Unterstützung mit Rat und Tat. So begannen im Herbst 1992 die planerischen Vorarbeiten für die Instandsetzung des Hauses. Gleichzeitig können zum erstenmal seit Jahrzehnten für jedermann sichtbar Arbeiten zur Erhaltung der Ruine der herzoglichen Burg stattfinden, an dem Bauwerk also, mit dem die Geschichte von Haus Demmin vor einem Jahrtausend begann.

HANS GRAF VON SCHWERIN-GERSTENBERG
Die „Schwerine" in Löwitz und Sophienhof

Die Geschichte von Löwitz ist nicht nur eine Familiengeschichte der Schwerine, sondern sie ist gleichzeitig die Geschichte der pommerschen Landwirtschaft wie auch die Geschichte des pommerschen Landvolks, das hier seine Identität und ein Bewußtsein der Zugehörigkeit erfuhr. Eine über viele Generationen gewachsene Verbindung zwischen Gutsherrschaft und alteingesessenen Gutsleuten hatte ein Verhältnis des Vertrauens und der gegenseitigen Verantwortlichkeit entstehen lassen.

Das Gut Löwitz, einer der ältesten Schwerinschen Familiensitze, war, ebenso wie das ehemalige Vorwerk Sophienhof, nachweislich seit vielen Jahrhunderten erst Lehen, dann Eigentum der Schwerine. Um 1230 waren die ersten Schwerine nach Pommern gekommen und hatten im südlichen Landesteil Besitzstände gegründet. In einer Urkunde von 1533 ist die Rede von einem Christoffer Schwerin, „erfgesethen tho Lovetze". Er war herzoglich pommerscher Hauptmann von Peselitz. Im Besitz von Löwitz folgte ihm von 1567 bis 1612 Claus von Schwerin, pommerscher Hauptmann zu Stolpe an der Peene.

Löwitz liegt im sogenannten Grafenwinkel, im südlichen Teil des Kreises Anklam; es stieß mit seiner Feldmark an den Landgraben, der ehemals die Grenze bildete zwischen dem Herzogtum Pommern und dem Großherzogtum Mecklenburg-Strelitz. Man kann aber auch sagen: Löwitz liegt am Rande der vorpommerschen Diluvialplatte und mit seinen Moorböden schon im Urstromtal der Eiszeit. Die eiszeitlichen Bodenformationen der Grundmoräne waren 1945 noch sehr deutlich zu erkennen. Die Bewirtschaftung landwirtschaftlicher Großflächen unter sozialistischer Herrschaft hat auch hier ihre Spuren hinterlassen, die feine Gliederung der Landschaft und das Ineinandergreifen von Mineral- und Moorböden waren jedoch im großen und ganzen nicht zu verwischen.

Löwitz bestand aus einem Rittergut und einem Dorf mit wenigen Bauern und einer im Laufe der Jahrhunderte wechselnden Zahl von Haus- und Hofstellen der Kossaten, gutsangehörigen Tagelöhnern.

Sophienhof, etwa zwei Kilometer westlich von Löwitz gelegen, ist eine alte Anlage, die früher Hagedorn hieß. An diesen Namen erinnern noch die „Lieder aus dem Hagedorn", Titel eines Gedichtbandes meiner Großmutter Helene von Mangoldt. Seinen jetzigen Namen führt Sophienhof nach Sophie Juliane, der Schwester des berühmten preußischen Feldmarschalls Curt Christoph Graf von Schwerin, der im Siebenjährigen Krieg 72jährig in der Schlacht bei Prag gefallen ist.

Löwitz und Sophienhof sind von den Schwerinen stets intensiv bewirtschaftet worden. Auch der Feldmarschall widmete sich in Friedenszeiten mit großer Umsicht und Ausdauer der Ertragssteigerung seiner Güter. Kornanbau im Fruchtwechsel bildete meist die Haupteinnahmequelle. Daneben wurde Wald- und Viehwirtschaft betrieben. Torf wurde nur zum eigenen Verbrauch gewonnen, weil es an Absatz fehlte. Eine zum Gut gehörende Ziegelei produzierte ebenfalls hauptsächlich für den eigenen Bedarf, deckte aber auch den der anderen Güter der Familie.

In der Tradition wirtschaftlicher Aktivitäten standen auch mein Großonkel Hans von Schwerin in Löwitz und mein Großvater Gerd in Sophienhof. Mein Großonkel übersandte ertraglose Moorflächen von Gut Löwitz und hinzugepachtete Flächen von Nachbargütern nach dem Rimpauschen Verfahren und erschloß sie voll für die landwirtschaftliche Nutzung. Und genauso hat auch mein Großvater die Moorflächen von Sophienhof in Sanddeckkulturen umgewandelt, die Feldmark drainiert und die landwirtschaftliche Produktion gesteigert. Daneben hat er sehr erfolgreich Viehhochzucht betrieben. Seine züchterischen Leistungen fanden weite Anerkennung, wie ein staatlicher Ehrenpreis von 1888 ausweist, der erst kürzlich in Sophienhof wiedergefunden wurde.

Graf Hans war unter dem Namen „Graf Schwerin-Löwitz" als Wirtschaftspolitiker und führender Landwirt weithin bekannt. Die von ihm aufgebaute Moorkultur Mariawerth, benannt nach seiner Frau Marie von Gerstenberg-Zech, in der großen Friedländer Wiese wurde in den 1950er Jahren vom Staat erheblich erweitert und ausgebaut.

Außerdem entfaltete Graf Hans eine umfassende Tätigkeit im öffentlichen Leben. 1889 wurde er Mitglied des Kreisausschusses und Kreisdeputierter des Kreises Anklam, 1890 Vorsitzender des Landwirtschaftlichen Vereins Anklam, 1892 Mitglied der Vereinigung der Steuer- und Wirtschaftsreformer, 1893 deutsch-konservativer Abgeordneter im Reichstag für den Wahlkreis Anklam-Demmin, 1897 auch Mitglied des Preußischen Abgeordnetenhauses für den Wahlkreis Anklam - Demmin - Ueckermünde - Usedom-Wollin, im gleichen Jahr landwirtschaftlicher Vertreter im Bördenausschuß und im wirtschaftlichen Ausschuß zur Vorbereitung von Handelsverträgen. Bei Gründung der Landwirtschaftskammer für Pommern 1896 wurde er deren Vorsitzender, 1899 ständiger Vorsitzender der Konferenzen der Kammervorstände und der Zentralstelle des preußischen Landes-Ökonomie-Kollegiums und des Deutschen Landwirtschaftsrates. Graf Hans war vom 1. 3. 1910 bis zum Dezember 1911 Präsident des Reichstages. Am 25. 10. 1912 wählte das Preußische Abgeordnetenhaus ihn zu seinem Präsidenten, welches Amt er bis zu seinem Tode innehatte. Seine Unparteilichkeit bei der Führung der Geschäfte und seine vornehme Persönlichkeit gewannen ihm die Achtung aller Parteien.

Groß war die Zahl der Ehrungen, die ihm zuteil wurden. So wurden ihm außer 14 deutschen Orden, darunter der Rote Adler-Orden, der Russische St. Annenorden und das Ritterkreuz mit Schwertern des Belgischen Löwenordens verliehen.

1911, anläßlich der Anwesenheit Kaiser Wilhelms II. in Stettin, wurde Graf Hans der Charakter eines Wirklichen Geheimen Rats mit dem Prädikat Exzellenz verliehen. Die philosophische Fakultät der Universität Berlin ernannte ihn bei der Jahrhundertfeier der Universität zum Dr. phil. honoris causa, die theologische Fakultät der Universität Greifswald bei der 400-Jahr-Feier der Reformation 1917 zum Dr. theol. honoris causa.

Seine Bestrebungen zur Stärkung der heimischen Landwirtschaft waren darauf gerichtet, durch intensive Wirtschaft, Ausnutzung aller anbaufähigen Flächen und Schutz durch Zölle und Handelsverträge die deutsche Landwirtschaft so leistungsfähig zu machen, daß die Abhängigkeit von ausländischer Einfuhr aufhören sollte. An dem Aufschwung der Landwirtschaft war er führend und zielsetzend beteiligt. Seine Mahnung zur Vorbereitung einer wirtschaftlichen Mobilmachung blieben dagegen erfolglos, was sich dann während des Krieges 1914 – 1918 bitter rächte.

Während das kleine, bescheiden mit Stroh gedeckte Herrenhaus in Löwitz im Jahre 1880 zu einem geräumigen schloßartigen Gebäude umgestaltet wurde, ließ auch mein Großvater das alte Verwalterhaus in Sophienhof zu einem kleinen Schloß ausbauen und erweitern. Den Park bepflanzte er mit vielen wertvollen und seltenen Baumarten. Wegen der botanischen Raritäten und besonders schöner Einzelexemplare wurde die Anlage mehrmals von der Dendrologischen Gesellschaft besucht.

Gemeinsam mit seinem Löwitzer Bruder war mein Großvater maßgeblich an der Gründung der MPSB, der Mecklenburgisch-Pommerschen Schmalspurbahn, beteiligt, die für die Entwicklung der Landwirtschaft der Region eine enorme Bedeutung erlangte. Die Erweiterung des Hackfruchtanbaus wäre ohne die Kleinbahn kaum möglich gewesen. In Sophienhof wurden lose Feldbahngleise bis auf die Hackfruchtschläge verlegt, um die Rüben direkt in die Waggons der Kleinbahn verladen und in die Zuckerfabrik bringen zu können. Ein festes Gleis verband den Düngerschuppen mit dem Rangierbahnhof, wo die Getreidesäcke direkt vom Kornboden in die Waggons rutschen konnten.

Die Moorkulturen waren in Löwitz und Sophienhof mit dem Gutshof durch festverlegte Gleise verbunden. Eine Lokomotive der MPSB erhielt den Namen Graf Schwerin-Löwitz. Noch heute tut sie in einem Freizeitpark in England ihren Dienst.

In Sophienhof baute mein Großvater eine Warmblut-Pferdezucht auf der Grundlage der hannoverschen Pferdezucht auf. Gezüchtet wurden neben Remonten auch Hengste für das Landgestüt und Private sowie Reit- und Wagenpferde. In einer Reitbahn wurden die Jungtiere für den Verkauf vorbereitet bzw. angeritten. Die Sophienhöfer Milchviehherde war mit über 70 Kühen die zweitbeste im Kontrollbezirk aufgrund intensiver züchterischer Leistung. 1889 kaufte mein Großvater das Rittergut Marienthal, am Sophienhofer Wald gelegen. 1910 wurde er Königlicher Kammerherr bei Hofe.

Mein Vater Graf Hans Bogislav wurde nach dem Studium der Rechte in Greifswald promoviert und ging 1909 nach Südwestafrika, wo er im Kolonialdienst als Distriktchef und Referent beim Gouvernement tätig war. Während des Krieges war er Adjutant des Gouverneurs, kam bei der Übergabe in englische Gefangenschaft und wohnte nach der Freilassung wieder in der von ihm erbauten Schwerinsburg oberhalb von Windhuk, in der jetzt der Botschafter von Italien residiert. Die ebenfalls von ihm erbaute und etwas unterhalb gelegene Heynitzburg, benannt nach seiner Frau Margarete von Heynitz, soll als Museum eingerichtet sein. Es gibt also auf jeder Seite vom Äquator eine Heynitzburg, die zweite in Sachsen bei Meißen, während die pommersche Schwerinsburg 1945 unterging.

Meine Mutter Margarete hat bei der Bewirtschaftung von Sophienhof die züchterische Arbeit weitergeführt und noch eine Karakulherde herangezogen. Die Hengststation kam von Löwitz nach Sophienhof, und wir hatten bei 30 Mutterstuten meist 25 Fohlen im Jahr. Neben den Viehhochzuchten betrieb man in Sophienhof auch den Vermehrungsanbau von Elite-Saatzuchten sowohl von Getreide als auch von Hackfrüchten. Als Rücklieferung für Flachs und Hanf gab es in den Kriegsjahren Leinwaren wie Bettwäsche und Handtücher, die auch an die Arbeiterhaushalte verteilt wurden.

Die Geschichte von Löwitz endet natürlich nicht im Jahre 1945. Mit dem Einmarsch der Sowjettruppen begann das kommunistische Regime mit Unrecht, Unterdrückung, Enteignung, Ausplünderung von Land und Leuten und brachte häufig den Verfall der übernommenen Bausubstanz mit sich, wofür Löwitz und Sophienhof Beispiele sind. So entschied man sich z. B. auch zur Sprengung des Schlosses, obgleich die Sanierung in Löwitz nicht teurer gekommen wäre – und dies erst in den 80er Jahren!

Bei der im Oktober 1945 durchgeführten sogenannten Bodenreform wurden Sophienhof und Löwitz wegen ihres hohen Wirtschaftsstandes bis 1947 noch Volkseigene Güter. Im selben Monat wurde meiner Mutter ein Führungszeugnis ausgehändigt, in dem der Bürgermeister als Ortspolizeibehörde von Ducherow bescheinigt, daß sie „als Antifaschistin bekannt" sei und „ihre Belegschaft stets im Sinne demokratischer Richtung" behandelt habe, in dem er aber auch bedauert, „Frau Gräfin ihren Hof aufteilen zu müssen"! Die Aufsiedlung erfolgte in Löwitz in über 60 und in Sophienhof in 40 Stellen von 5-10 ha Größe. Jeder Siedler erhielt 5 ha Acker, 1,75 ha Wiese, 0,75 ha Weide, 0,75 ha Moorkultur, 1 ha Wald und eine Bauparzelle bzw. Wohnraum. 1952 wurden die Siedler in der „Vereinigung der gegenseitigen Bauernhilfe" zusammengefaßt. In dieser Zeit gab es auch schon die Maschinenausleihstationen (MAS), später nach sowjetischem Vorbild als Maschinen-Traktoren-Stationen (MTS) bezeichnet. 1957/58 wurde eine LPG vom Typ 3 eingeführt, in die nur die Bodenfläche eingebracht wurde. Der Waldanteil wurde Staatsforst. 1960 brachten die Siedler dann auch lebendes und totes Inventar in die LPGs ein, die damit zu LPGs vom Typ 3 wurden. Bis 1968 wirtschafteten die LPGs Sophienhof und Löwitz noch getrennt. Dann erfolgte der Zusammenschluß beider Betriebe mit zusammen ca. 1 000 ha LNF unter dem Namen „Glückauf". 1972 wurden die landwirtschaftlichen Nutzflächen mehrerer LPGs zu einer sogenannten Kooperativen Abteilung Pflanzenproduktion (KAP) zusammengefügt. Dagegen verblieb die Tierproduktion noch bei den einzelnen LPGs. Zur Jahreswende 1975/76 wurde der Zusammenschluß mit den umliegenden LPGs zu einer Mammut-LNF von ca. 7 500 ha mit dem Namen LPG Ducherow wirksam. Gleichzeitig erfolgte eine auch juristische Trennung zwischen Tier- und Pflanzenproduktion, so daß es danach in Löwitz eine LPG-Pflanze und eine LPG-Tier, in Sophienhof jedoch nur eine LPG-Tier gab.

Diese gehörten mit der LPG-Tier in Schwerinsburg zur LPG-Tier Schmuggerow. Solche komplizierten Konstruktionen waren möglich, da nach DDR-Recht die Siedler lediglich ein sogenanntes Arbeitseigentum an den Siedlungen besaßen. Sie durften nicht verkaufen und auch nicht uneingeschränkt vererben. Erst der Einigungsvertrag bescherte ihnen ein echtes frei verfügbares Eigentum nach westlichem Rechtsverständnis.

Nach der Wiedervereinigung konnten sich dann die Siedler 1991 entscheiden, ob sie wieder selbständig wirtschaften wollten, was jedoch praktisch nicht möglich war und ist. Es blieb keine andere Alternative, als mit den LPGs Ducherow und Schmuggerow bzw. deren Nachfolgern 10jährige Pachtverträge abzuschließen. Von den ehemaligen Siedlerstellen gibt es in Sophienhof derzeit noch 13 und in Löwitz 22. Von den ehemaligen Gutsflächen hat die „Agrar-GmbH & Co. Ducherow" (= Nachfolgerin der LPG) in Löwitz ca. 630 ha und in Sophienhof 340 ha gepachtet. Die „Landwirtschaftliche Einheit e. G. Schmuggerow" (= Nachfolgerin der LPG) pachtete in Löwitz 257 ha und in Sophienhof 69 ha. Die Stillegungsfläche in Löwitz beträgt 30 ha. Die Waldparzellen der Siedler werden weiterhin staatlich beförstert, neuerdings nach dem Landesforstgesetz. In Löwitz wurden nicht alle Waldflächen zersiedelt. Von der Treuhandanstalt ist der Verkauf ehemals volkseigener Waldflächen vorgesehen.

Seit 1990, nach 45 Jahren erzwungener Abwesenheit, in denen ich Hof Löwitz in Staufenberg/ Hessen aufgebaut und bewirtschaftet habe, lebe ich auch wieder in Sophienhof. Mit Zustimmung der Verfügungsberechtigten wohne ich vorläufig als Gast in der ehemaligen „Bauernstube" des Dorfes. Diese ist eine ursprüngliche Deputantenwohnung, die auf Anordnung der DDR-Behörden in den „Kulturraum" des Ortes umbenannt wurde und bereits in den letzten DDR-Jahren so gut wie keine öffentliche Bedeutung mehr besaß. Nach seiner Sanierung wird das frühere Försterhaus in Löwitz, das ich inzwischen von der Gemeinde kaufen konnte, mein Wohnsitz in Pommern sein.

Im Sommer 1991 feierte ich als meinen persönlichen Vollzug der Wiedervereinigung mit über 90 Gästen, je hälftig aus den alten und neuen Bundesländern, in Löwitz meinen 70. Geburtstag. Am Abend vorher gestaltete der Anklamer Gesangverein unter großer Beteiligung der Bevölkerung vor der Sophienhofer Schloßruine ein Benefizkonzert, dessen Erlös dem zuständigen Denkmalspfleger in Anklam zur Sicherung der Bausubstanz übergeben wurde.

Von einer Erbengemeinschaft habe ich eine „Siedlung" erworben mit einer Fläche von 10 ha (1 ha Wald, 4 ha Grünland, 5 ha Acker), wodurch ich als Eigentümer von Grund und Boden nun auch Jagdgenosse bin. Allerdings habe ich aus dieser „Siedlung" bisher keine Pacht erhalten, die Grundbuchumschreibung ist bisher noch nicht erfolgt.

Die Gemeindejagd von 1100 ha habe ich zusammen mit drei weiteren Jagdpächtern gepachtet, davon 281 ha zu meiner eigenen Nutzung. Ich bemühe mich, weitere stillgelegte Flächen – wenn möglich – zu kaufen, um sie aufzuforsten. Inzwischen ist es mir gelungen, zwei Investoren zu finden, die das Schloß im alten Stil wiederaufbauen wollen, um dort ein Hotel und ein Jagdmuseum einzurichten.

Noch immer wird es den Alteigentümern sehr schwer gemacht, in ihrer alten Heimat Aktivitäten zu entwickeln, weil die Rechtslage bis jetzt nicht endgültig geklärt ist. Dadurch können mancherlei Sach- und Fachkenntnisse nicht zur Wirkung kommen. Die Folge ist eine Verzögerung des „Aufschwungs Ost" mit unnötiger Verteuerung. Nach den nicht weniger als neun Wirtschaftsumstellungen innerhalb von 45 Jahren – eine zehnte ist beabsichtigt, indem leitende Gesellschafter der Agrar-GmbH Ducherow diese auflösen wollen und sich ab 1. 7. 1993 selbst als Neueinrichter zu etablieren gedenken – ist deutlich: Bewußt und gewollt sind historisch gewachsene Verantwortung, menschliche Beziehungen auf dem Lande, soziale und kulturelle Traditionen, bedeutsame kulturelle Bauwerke und Denkmäler und damit auch europäisches Kulturgut aus ideologischen Gründen beseitigt, zerstört oder dem Verfall preisgegeben worden. Man kann nur hoffen und den Betroffenen wünschen, daß alle Schäden und Trümmer beseitigt und unsere geliebte pommersche Heimat wiederaufgebaut wird.

WILHELM GRAF VON SCHWERIN VON SCHWANENFELD

Die Hoffnung aber stirbt zuletzt –
Ein Besuch in Göhren bei Woldegk in Mecklenburg

„Hier stand das Haus in dem ich geboren, getauft, konfirmiert und durch die Gestapo verhaftet wurde, umgeben von gepflegten Anlagen. Zum Hof, den Ställen, Scheunen und Werkstätten waren es nur wenige Meter – ein Paradies für mich und meine gleichaltrigen Freunde aus dem Ort. Und hier", sagte der 63jährige Wilhelm Graf von Schwerin von Schwanenfeld, „feierten wir alljährlich bis zum Ausbruch des Krieges 1939 das Erntefest, um den Menschen, die für die Einbringung der Frucht verantwortlich waren, und dem Herrgott zu danken". Heute ist die Rasenfläche zubetoniert und mit Maschinenschuppen verbaut.

Orte und die in ihnen lebenden Menschen haben Beziehungen zueinander, sie pflegen Traditionen, passen sich wohl auch an die jeweiligen Umstände an und vergessen dabei dann schon mal ihre Wurzeln. Sie bleiben aber ihrer ländlichen Umgebung treu und tragen somit dazu bei, die Natur zu erhalten.

Besonders aufregend ist Göhrens Geschichte nicht. Göhren taucht im 15. Jahrhundert als Lehen der Herren von Osterwold auf. 1519 erhielt Poppe Blankenburg den Lehnsbrief für den Osterwoldschen Besitz, nachdem diese ausgestorben waren. Göhren wechselte dann 1627 als Pfand an Christoph von Neuenkirchen, 1671 durch Kauf an den Hauptmann von Dechow, 1709 durch Kauf an einen Herrn von Rieben und noch im selben Jahr an Michel Christoph von Brockhusen. 1792 erwarben es zwei Stettiner Kaufleute, 1804 Ernst Werner Heinrich von der Lancken, 1820 ein Advokat Merker, 1839 Georg Lichtwalk, der es sofort dem Reichsgrafen Johann Christoph Hermann von Schwerin auf Wolfshagen für 126 500 Goldtaler überließ. Jetzt blieb es endlich in einer Familie bis 1944 – welch eine Vorgeschichte. Die Gründe für den ständigen Wechsel sind mir unbekannt. Vielleicht boten die Bodenqualitäten, die Topographie und das Klima für ein erträgliches Einkommen nicht die besten Voraussetzungen.

Das Göhrener Schloß war ein Ableger des Babelsberger Schlosses, das ja vielen Schloßbauten des vorigen Jahrhunderts Pate gestanden hat. Es wurde 1852 durch den Berliner Baurat Hitzig im Stil englischer Burgengotik erbaut und 1913 durch den Schweriner Baurat Hamann nach Westen erweitert. Im Schloßpark sind auch heute noch die Erdwälle einer mittelalterlichen Burganlage erhalten.

Diese Beschreibung endet nicht heute, sondern vorgestern. Einhundertfünf Jahre war Göhren Eigentum unserer Familie, bis die Nazis mit der Vollstreckung des Todesurteils an meinem Vater, Ulrich-Wilhelm Graf von Schwerin von Schwanenfeld, dem letzten Eigentümer, am 8. September 1944 den gesamten Besitz einzogen.

Das Schreiben einer fortlaufenden Geschichte war nicht mehr erfolgt – warum auch –, die Diktatur hatte brutal zugeschlagen. Das Ende des Krieges bot auch keine Veranlassung und keine Möglichkeit, Unrecht durch Recht wiedergutzumachen. Man hatte ja eine neue Diktatur geschaffen, die abermals das „Wohlergehen der Menschen", als Blumengebinde vor sich hertragend, zum Leitbild erhob.

Welche Utopien uns doch immer wieder vorgegaukelt werden, denen wir dann auch wirklich verfallen. Der äußerliche Spuk wurde 1989 nach

56 Jahren Diktatur in Deutschland beendet. Innerlich sind aber wohl viele der Überlebenden noch nicht davon überzeugt, daß die Farben „braun" und „rot" aus dem Denken und Tun verschwinden sollten.

Die „Roten" setzten meinem Vater im November 1987 in Göhren einen Gedenkstein im Park, auf dessen Platte folgende Inschrift zu lesen ist:

Hier lebte der Hitlergegner und Teilnehmer an der mutigen antifaschistischen Aktion vom 20. Juli 1944 Ulrich-Wilhelm Graf von Schwerin von Schwanenfeld geb. am 21. 12. 1902, von den Faschisten am 8. 9. 1944 in Berlin-Plötzensee ermordet. Ehre seinem Andenken.

Am 20. Dezember desselben Jahres durfte auch die Familie, nach langer Beantragung, in der kleinen, leider immer noch sehr reparaturbedürftigen Kirche in Göhren unter großer Beteiligung der dortigen Menschen eine Gedenktafel enthüllen, auf der zu lesen ist:

Hingerichtet für ein Deutschland des Rechts und der Gerechtigkeit

Pastor und Gemeindeglieder haben damals besonderen Mut und Zivilcourage bewiesen, um des letzten Patrons der Göhrener Kirche zu gedenken. Ein deutliches Beispiel dafür, daß Gleichschaltung nicht immer Gleichklang bedeuten muß.

Die Kirche aus Feldsteinen, mit Ziegelsteinen bei Portalen und Fenstern, wurde ca. 1450 gebaut. Die Saalkirche mit 8,40 x 15,20 Metern Innenmaß war 6,15 Meter hoch und hatte einen abgesetzten quadratischen Turm. Dieser bestand im unteren Teil aus gemauerten Feldsteinen, im oberen Bereich aus Holz. Kirche und Turm waren früher mit Rohr gedeckt. Anfang des 19. Jahrhunderts wurde der baufällige Turm abgerissen, die Fundamente sind noch sichtbar. Die Kirche bekam ein Hartdach. Nun wurde an Stelle des Turmes ein Vorbau als Eingang zugefügt. Der Durchgang von der Orgel zum Turm und der kleine Eingang an der Südseite wurden zugemauert.

Zur Silberhochzeit meiner Urgroßeltern, 1875, wurde die Kirche vollständig renoviert. Es wurde leider die ganze Barockausstattung mit dem geschnitzten Altar und dem hohen geschlossenen Gestühl für Patronat und Pfarre herausgenommen. Bei den einjährigen Renovierungen sollen auch Fresken an den Wänden entdeckt worden sein. Ob man es sich wird leisten können, bei einer heute dringend notwendig gewordenen Renovierung, diese Details zu untersuchen? Die Fenster waren ursprünglich kleiner als die heutigen, die von den Geschwistern der Urgroßeltern, drei an jeder Seite des Längsschiffs, gestiftet wurden.

Die Kirche war umgeben von vier 1450 gepflanzten Linden. Zwei standen noch 1950, heute gibt es keine Anzeichen mehr.

Nach dem unfreiwilligen Verlassen von Göhren mit der Gestapo, der Haft und dem Verbot, nach Göhren zurückzukehren, bin ich bereits einmal in meinem Leben nach abgeschlossener Ausbildung ausgewandert, um eine Existenz zu gründen, kam aber 1956 nach Deutschland zurück. Wird es jetzt möglich werden, aus dem Westen in den Osten unseres Vaterlandes zurückzuwandern, um zu Hause mit anzupacken?

Die Hoffnung, dies zu erreichen, habe ich seit dem 7. August 1944 niemals aufgegeben. Es ist die Hoffnung darauf, daß politische Entscheidungen, zu welcher Zeit und von wem getroffen, der Vernunft und dem Gefühl für Gerechtigkeit entsprechend, neu formulierbar sind.

WOLFGANG SCHÄUBLE
Der Einigungsvertrag und die Gesetzgebung über Entschädigung und Ausgleichsleistungen

Wer als Betroffener in diesem Buch Stellung nimmt zur Geschichte der letzten vier Jahrzehnte seiner Burg, seines Gutshauses oder gar seines Schlosses, der wird dies meist nicht ganz ohne Bitterkeit tun. In vielen Fällen muß er über eine bauliche Ruine, über zweckentfremdete Reste oder darüber berichten, daß nicht unmittelbar der letzte Weltkrieg oder der Sozialismus, sondern rechtsstaatliche Verträge ihm den Weg zu dem verstellen, was einmal sein Eigentum war oder sein Erbe werden sollte.

Da ich an diesem Vertragswerk intensiv mitgewirkt habe, bin ich dankbar für die Gelegenheit, die politischen Fortschritte aufzuzeigen, die in der Sache erreicht, noch offen und machbar sind.

Soweit die in diesem Bildband aufgezeigten Burgen, Gutshäuser und Schlösser im Zeitraum von 1945 bis 1949 sich im Privatbesitz befanden, sind sie in aller Regel entschädigungslos enteignet worden, sei es von der damaligen sowjetischen Besatzungsmacht oder von ihren kommunistischen deutschen Helfershelfern. Von wenigen Ausnahmen abgesehen, waren sie dem Verfall, der Zerstörung oder der Zweckentfremdung preisgegeben.

Jetzt besteht wieder die Chance zu erneuern, zu erhalten und zu achten, was uns allen im Angesicht des Anteils solcher Bauwerke an der deutschen Geschichte teuer ist.

Dies ist kein Trost für die Betroffenen angesichts der Tatsache, daß der Einigungsvertrag in dieser Eigentumsfrage einen hohen Preis gekostet hat, der für viele Eigentümer Verzicht bedeutet und für wiederum viele Eigentümer nur eine Entschädigung bietet, mit welcher der materielle Verlust auch nicht annähernd ausgeglichen wird. Es trägt an dieser Stelle auch nicht weiter, darauf hinzuweisen, daß andere im Zusammenhang mit dieser grausamen Enteignung viel mehr verloren haben als nur die historischen eigenen vier Wände. Wie groß, wie kostbar und wie alt diese Bauwerke auch immer waren, wiegen sie doch nicht die Schäden an Leib und Leben auf, die in jener Zeit verursacht und nie wieder gutgemacht werden können.

Dennoch: Auch wenn der Einigungsvertrag unter großem Zeitdruck zustande kommen mußte, halte ich für richtig, wie wir im Vertrag und vor allem bei seiner Umsetzung mit der so kompromißlos anmutenden Bodenreformfrage umgegangen sind.

Nach wie vor halte ich den Satz, daß die Enteignungen auf besatzungsrechtlicher und besatzungshoheitlicher Grundlage nicht mehr rückgängig zu machen sind, nur im Lichte der Tatsache für hinnehmbar und tragbar, daß wir uns in dem Zusammenhang als gesamtdeutsches Parlament auch eine abschließende Entscheidung über staatliche Ausgleichsleistungen vorbehalten haben.

Wie sich jetzt im Zusammenhang mit der Arbeit am Entschädigungsgesetz herausstellte, war meine Annahme von 1990 richtig, daß unter Ausgleichsleistungen nicht nur finanzielle Beträge verstanden werden müssen, sondern daß neben der Einführung von Vorkaufsrechten für Alteigentümer auch Teile des früheren Grundvermögens einschließlich aufstehender Gebäude anstelle einer Entschädigung in Geld auch in Natur erstattet werden können. Die Treuhandanstalt in Berlin, die mit der Privatisie-

134

rung des land- und forstwirtschaftlichen Bodenreformlandes beauftragt ist, ist seit Dezember 1992 angewiesen, bestimmte Teile des Bodenreformlandes für diese Form wiedergutmachender Ausgleichsleistungen bereitzustellen und herauszugeben. Nur wer wirklich an Recht und Gerechtigkeit Interesse hat, wird nachvollziehen können, wie eng und schwierig dieser Ausweg ist, der sich da öffnet. Auch wenn nicht alle Burgen, Schlösser und Gutshäuser von dieser Regelung, die im Zusammenhang mit der Betreibung land- und forstwirtschaftlicher Betriebsstätten zu sehen ist, profitieren werden, so bietet sich hier doch eine Lösung, die sowohl der Erhaltung historischer Bausubstanz als auch der Gerechtigkeit den Betroffenen gegenüber Rechnung trägt.

Wie dieses Beispiel einer sehr schwierigen Gesetzgebung zeigt, sind wir noch nicht am Ende unserer Arbeit, die innere Einheit Deutschlands zu vollenden. 40 Jahre getrennte Entwicklung, 40 Jahre des Nebeneinanders von Freiheit und Unfreiheit lassen sich nicht ungeschehen machen. Nirgendwo treffen Rechte und Interessen derjenigen, die geblieben sind und derjenigen, die gehen mußten und gegangen sind, so hart aufeinander, wie bei der Zuordnung von Grundeigentum. Denn Land ist nicht beliebig vermehrbar. Das Schicksal von drei oder vier Generationen von Deutschen, die betroffen sind, läßt sich nicht in schwarz-weiß, in Recht und Unrecht auflösen. Wir müssen versuchen auszugleichen, auch wenn wir wissen, daß der Ausgleich nicht immer alle zufriedenstellen kann. Aber ich denke, daß wir mit dem, was wir seit Inkrafttreten des Einigungsvertrages entschieden und getan haben, auf einem guten Weg sind.

LOTHAR DE MAIZIÈRE

Rückgabe von Eigentum –
Wiedergutmachung oder neues Unrecht?

Im Jahre 1975 brachte die Evangelische Verlagsanstalt GmbH den Bildband „Brandenburgische Dorfkirchen" heraus. Er trug die Lizenznummer 420.205-146-77 P. 4B-414/74 LSV 6610.H.3888.

Ich weiß zwar nicht, was diese vielen Zahlen bedeuten, aber sie machen mir deutlich, wie schwierig es wohl gewesen sein muß, solch ein Buch an allen Zensoren, Druck- und Papierkontingentverwaltern vorbei in den Buchhandel zu bringen, wo man es, gute Bekanntschaft eines Buchhändlers vorausgesetzt, erwerben konnte.

Ich bin mit meinen Kindern den Wegweisern dieses Buches nachgefahren. Wir betrachteten die abgebildeten, meist bescheidenen Kirchlein von außen, und, sofern die Pfarrstelle nicht verwaist und der Pastor freundlich war, auch von innen.

Der Zustand von Gottes sichtbarer Kirche war trotz begrenzter Mittel auch Ausdruck von Gottes unsichtbarer Kirche, seiner Gemeinde.

Nicht unweit von den Kirchen standen die Gutshäuser, die Herrenhäuser, meist viel schlechter im Zustand, ihre Bedeutung als zweites historisches Zentrum des Ortes oft mehr verbergend als offenbarend. Gelegentlich hatte ein Heimatkundler oder tapferer Denkmalspfleger zwar Schlimmeres verhüten können, aber Bewahrenswertes zu erhalten war nur möglich, wenn ein Schinkel-Jubiläum oder ähnliches Ansehensverlust für die DDR befürchten ließ. Gelegentlich erwies sich auch als segensreich, wenn die VE-Güterverwaltung, die Kreis- oder gar Bezirksparteischule oder die FDJ des Kreises die Herren des Hauses wurden. Dies waren die Glücks-fälle! Die weniger beglückten Häuser verfielen, wurden architektonisch unsensibel umgebaut oder ganz geschleift.

Sie verfielen, und mit ihrem Verfall verlor sich auch das Erinnern an die, die einstmals in ihnen lebten und für sie verantwortlich waren.

Die Verantwortung für die Herrenhäuser und damit für das Ortsbild konnten einst die Herren nur tragen, weil mit ihrer Verantwortung auch die ökonomische Verantwortung des landwirtschaftlichen Produzenten verbunden war.

Der Landbesitz der Gutsherren war die Quelle des oft genug bescheidenen Gewinns, der das Dorfgefüge, aber auch das Herrenhaus zu erhalten in der Lage war, der aber auch das Elend der landlosen Landarbeiter, von denen es in Ostdeutschland weit mehr als im Westen gab, in einer sich industrialisierenden Welt nicht bannen konnte.

1945 dann die große Zäsur! Die Sieger wollten alles anders. Sie sahen nur auf das Elend der landlosen Arbeiter und Umsiedler. Nicht diese, sondern die vermeintlich Schuldigen, die Gutsherren, sollten die Verlierer der Geschichte, des von uns Deutschen heraufbeschworenen Infernos, sein.

Dahinter steckte nicht nur eine Laune der Sieger, sondern die zur Ideologie gewordene Auffassung, daß das Privateigentum, insbesondere das an Grund und Boden, die Quelle allen Übels sei, das Haupthindernis auf dem Wege zu einer neuen, besseren, aber nie ganz genau beschriebenen Welt.

Die Geschichte geht oft, insbesondere wenn sie meint, den Menschen verbessern zu können, schwere Wege des Irrtums. Die Pflastersteine ihrer Straßen sind nicht wieder gutzumachende Ungerechtigkeiten. Lassen sich diese aufhalten, rückgängig, gar ungeschehen machen, ohne neues Unrecht zu begehen? Ich meine nein. Geschichte muß angenommen werden.

Über der Diskussion, wie mit der Vergangenheit der Ostdeutschen umgegangen werden solle, ob man die alten Eigentumsverhältnisse restituieren könne oder ähnliches mehr, steht die zutiefst deutsche Illusion, man könne Vergangenheit bewältigen.

Man kann – in engen menschlichen Grenzen – nach Zeiten gesellschaftlicher Verirrung und staatlicher Gewalt Gerechtigkeit zu schaffen und Unrecht zu bestrafen suchen. Aber der Vergangenheit kann man sich nur erinnern und ihre Lehren, welche diese auch immer sein mögen, versuchen zu beherzigen.

Nachdem wir Brandenburger unseren Bildband der Burgen, Schlösser und Gutshäuser bereits erhielten, hoffe ich, daß der neue vorliegende Band den Mecklenburgern und Vorpommern ihr Erinnern, auch das schmerzliche, erleichtert.

Vor dem Hintergrund der vorangestellten Überlegungen soll hier noch einmal die im Einigungsvertrag getroffene Regelung betreffend die Enteignungen zwischen 1945 und 1949 in der damaligen SBZ erläutert werden. Hierzu wiederhole ich meine Ausführungen vor dem Bundesverfassungsgericht in Karlsruhe vom 22. Januar 1991. Der erste Teil erläutert die innenpolitischen Auswirkungen, der zweite beschreibt die außenpolitischen.

I. „Das Wahlergebnis vom 18. März 1990 war Ausdruck eines klaren Wählerwillens, die deutsche Einheit sowohl möglichst schnell als auch sozial und rechtlich abgesichert zu verwirklichen. Daher war der Weg zur Verwirklichung der deutschen Einheit durch die Entscheidung für Artikel 23 Grundgesetz sowie durch eine Reihe von Maßnahmen und Gesetzen, die dazu erforderlich waren, vorgezeichnet. Alle Teilschritte zur Einheit erforderten eine qualifizierte Mehrheit in der Volkskammer, die nur über eine große Koalition erreicht werden konnte.

Ohne die SPD hätte eine große Koalition, die eine entsprechende Mehrheit sichert, nicht gebildet werden können. Die SPD hatte in ihrem Wahlprogramm die Unantastbarkeit der Bodenreform unabdingbar zugesagt, aber auch die Aussagen der anderen an der Koalition beteiligten Parteien wiesen in diese Richtung.

Für die Regierungskoalition war die Zusage der Irreversibilität der Bodenreform unverzichtbar, um den sozialen und inneren Frieden in der ehemaligen DDR in der besonders schwierigen, für die Menschen belastenden Umbruchzeit zu sichern. In diesen Wochen erreichte die Regierung in der ehemaligen DDR eine Brief- und Telefonanrufflut zu Fragen der Eigentumsordnung. Große Sorgen und Unsicherheit kamen in den Bürgerfragen zum Ausdruck, insbesondere in der Landwirtschaft wären rund 400 000 Menschen von einer Aufhebung der Bodenreform betroffen gewesen. Neben den ohnehin zu bewältigenden Umstellungsproblemen hätte sich eine in Aussicht genommene Revision der Eigentumsordnung zum sozialen Sprengstoff ersten Ranges entwickelt. Der Wille zur Einheit war unverkennbar, dennoch gab es größte Bedenken in der DDR-Bevölkerung, daß im Einigungsprozeß die historisch entstandene Eigentumsordnung verändert werden könnte.

Sicher war für viele unsägliches Leid mit der Bodenreform verbunden. Zu bedenken ist aber, daß ein

Rückgängigmachen der Bodenreform von der Mehrheit der DDR-Bürger als Unrecht erfahren und empfunden worden wäre. Die Koalition konnte nicht Recht durch neues Unrecht herstellen, sondern ihre Aufgabe war es, den Weg in die Einheit sozial und psychologisch verträglich zu gestalten. Im Bewußtsein der Menschen in der DDR durfte die Einheit nicht als Niederlage erfahren werden, doch dies wäre im Falle einer Revision der Eigentumsordnung so gewesen.

In der Koalitionsvereinbarung vom 12. April 1990, die zwischen den Fraktionen der CDU, der DSU, des DA, den Liberalen und der SPD abgeschlossen wurde, kamen die Beteiligten u. a. überein, daß „die zwischen der DDR und der Bundesrepublik Deutschland zu vereinbarenden Regelungen... den Vereinbarungen zwischen den Koalitionsfraktionen in ihren Grundzügen entsprechen müssen".

Für die Eigentumsproblematik bedeutete dies die Anerkennung der Ergebnisse der Bodenreform, die nicht verändert werden durfte. In der Koalitionsvereinbarung wurde zu diesem Zweck u. a. ausdrücklich ein „Gesetz zur Sicherung der Eigentumsrechte aus der Bodenreform" vorgesehen. Unter dem Abschnitt „Land- und Forstwirtschaft" wurde die „Nichtinfragestellung der Eigentumsverhältnisse, die im Ergebnis der Bodenreform auf dem Territorium der DDR entstanden sind", festgeschrieben.

Im Zuge der Verhandlungen über die Herstellung einer Wirtschafts-, Währungs- und Sozialunion sollten die Eigentumsverhältnisse auf oben angegebener Basis mitverhandelt werden. Angesichts der besonderen Schwierigkeiten und der Komplexität der Materie wurden diese Fragen getrennt verhandelt. Dies mündete schließlich in die gemeinsame Erklärung zu Eigentumsfragen vom 15. Juni 1990, in der die Bundesregierung zur Kenntnis genommen hat, daß Enteignungen der Jahre 1945 bis 1949 nicht mehr rückgängig gemacht werden sollten.

Im Rahmen der Verhandlungen über den Einigungsvertrag schließlich stand die politische Erklärung in ihrer Substanz nicht mehr zur Disposition. Es ging lediglich um deren juristische Ausformulierung und um die Suche nach einem Weg, die Regelung der Eigentumsproblematik verfassungsfest zu machen. Im Ergebnis wurde im Einigungsvertrag der Weg über die Einfügung des Art. 143 Grundgesetz gewählt.

Die Festlegung der Eigentumsfrage in der Koalitionsvereinbarung, die gemeinsame Erklärung und die Einbeziehung dieser Frage in den Einigungsvertrag haben die Voraussetzungen dafür geschaffen, daß für die Erklärung des Beitritts der DDR zum Grundgesetz nach Artikel 23 die notwendige Zweidrittelmehrheit in der Volkskammer gefunden wurde. Ein Offenlassen dieser Frage hätte weder eine Mehrheit für das unverzichtbare Verfassungsgrundsätzegesetz noch für das Gesetz zur Regelung offener Vermögensfragen gesichert.

Keine Festlegung in der Eigentumsfrage hätte bedeutet:
– keine Koalition ohne die klare Festlegung in der Eigentumsfrage,
– keine qualifizierte Mehrheit in der Volkskammer ohne Koalition.

Diese Zusammenhänge gelten für alle Phasen des Einigungsprozesses."

II. „Die Verwirklichung der deutschen Einheit kann nicht nur in ihren innenpolitischen Bezügen gesehen werden. Voraussetzung für die Verwirklichung war ihre außenpolitische Einbettung, die über den 2 + 4 -Prozeß erfolgen mußte.

Bereits im Vorfeld der 2 + 4 -Gespräche formulierte die Sowjetunion ihre Anforderungen an eine Zustimmung zur deutschen Einheit: „Unter Berücksichtigung ihrer Rechte und Verantwortung bei den in den Eigentumsverhältnissen und in den wirtschaftlichen Strukturen von 1945 bis 1949 vorgenommenen Veränderungen spricht sich die UdSSR gegen Veränderungen der Eigentumsverhältnisse in der DDR aus" (s. Vorbereitung erstes Treffen 2 + 4 am 14. 3. 1990).

Für die Sowjetunion war die Revision der Ergebnisse des Zweiten Weltkrieges undenkbar, ebenso die Unantastbarkeit der von der Sowjetunion in der ehemaligen SBZ verhängten Sanktionen – dazu zählten nach ihrem Verständnis auch die Enteignungsmaßnahmen. Sie waren – aus sowjetischer Sicht – im Potsdamer Abkommen begründet und bis in die letzte Verhandlungsphase im Rahmen der 2 + 4 -Verhandlungen conditio sine qua non für die Zustimmung der UdSSR zur Herstellung der Einheit Deutschlands.

Nachdem sich um die Jahreswende 1989/90 und nach Vorliegen erster Meinungsumfragen die Anzeichen verdichteten, daß bei einer Wahl zur Volkskammer mit einer Mehrheit von SED/PDS nicht mehr zu rechnen war, suchte die Botschaft der Sowjetunion in Ost-Berlin verstärkten Kontakt zu SPD und CDU. Der damalige Botschafter der Sowjetunion in der DDR, Kotschemasow, führte mehrere Gespräche mit dem seinerzeitigen Vorsitzenden der DDR-SPD Ibrahim Böhme. Der Botschaftsrat der sowjetischen Botschaft, Maximytschew, wurde mehrfach beim Vorsitzenden der DDR-CDU, d. h. bei mir, vorstellig. Bei diesen Gesprächen wurde unmißverständlich bedeutet, daß eine Zustimmung zum Einigungsprozeß seitens der Sowjetunion nur zu erwarten sei, wenn u. a. eine Änderung der Eigentumsordnung in der früheren DDR nicht erfolge. Für die Sowjet-

union bildeten alle Sanktionsmaßnahmen, die in Folge der Potsdamer Beschlüsse durchgeführt waren, eine unauflösbare Einheit.

Diese Position bekräftigte nach der Volkskammerwahl am 18. März 1990 zum wiederholten Male der damalige Botschafter der Sowjetunion in Ost-Berlin, Kotschemasow. In einem von mir zwischen Wahl und Regierungsbildung hinterlassenen Nonpaper formuliert die sowjetische Führung ihre Anforderung an die deutsche Einheit. Unter Ziffer 4 heißt es: „Bei der Übergabe der Verwaltungsfunktionen an die provisorische Regierung der DDR im Oktober 1949 durch die Sowjetunion wurde die Absicht der DDR zur Kenntnis genommen, zu den Positionen des Beschlusses der Potsdamer Konferenz zu stehen und die Verpflichtungen zu erfüllen, die sich aus den gemeinsam angenommenen Beschlüssen der Vier Mächte ergeben".

Nach meiner Erinnerung und auch nach Erinnerung der beiden Notetaker betonte Präsident Gorbatschow während des Treffens mit dem Ministerpräsidenten der DDR am 29. April 1990 in Moskau unmißverständlich, daß die Kriegsfolgen und die Grenzen, wie sie im Zuge des Potsdamer Abkommens festgelegt wurden, nicht mehr zur Disposition stünden.

Am gleichen Tage überreichte der Minister für auswärtige Angelegenheiten, Eduard A. Schewardnadse, dem damaligen Außenminister der DDR ein Aide-mémoire, in dem diese Position unter Ziffer 3 ausdrücklich festgeschrieben war.

Die Unantastbarkeit der von der Sowjetunion in der ehemaligen SBZ verhängten Sanktionen (einschließlich der Enteignungsmaßnahmen) wurde in allen Beamtenrunden des 2 + 4 -Prozesses thematisiert. Dieser Sicht der Sowjetunion wurde in den Verhandlungen, ungeachtet der Haltung der drei anderen Siegermächte, nicht widersprochen.

In der siebten Beamtenrunde der 2 + 4 -Gespräche schließlich wurde vereinbart, daß jeder Beteiligte das Recht haben sollte, für die achte Beamtenrunde einen eigenen Vertragsentwurf vorzulegen. Nur die Sowjetunion machte von dieser Möglichkeit Gebrauch und legte einen Entwurf mit Datum vom 1. 9. 1990 vor. In Artikel 9 weist sie explizit auf die in Folge des Zweiten Weltkrieges getroffenen Beschlüsse der Vier Mächte und stellt u. a. fest: „Die Rechtmäßigkeit dieser Beschlüsse, darunter auch in Vermögens- und Bodenfragen, wird nicht revidiert."

In den Verhandlungen wurde der Versuch unternommen, diesen Artikel 9 mit dem Argument zu streichen, es handle sich nicht um einen äußeren Aspekt der Einigung Deutschlands und er gehöre somit nicht auf die Tagesordnung der 2 + 4 - Verhandlungen. Es setzte sich jedoch die Haltung der Sowjetunion durch, daß es sich bei den Enteignungen um Kriegsfolgen handele, somit wäre es ein äußerer Aspekt, der einzubeziehen wäre. Die Aufnahme der Boden- und Vermögensfragen in einem eigenen Artikel im Vertragsentwurf der Sowjetunion weist auf die Bedeutung hin, die diesen Fragen beigemessen wurde.

In der achten Beamtenrunde des 2 + 4 -Prozesses schließlich stimmte die Sowjetunion dem Kompromiß zu, einen von beiden deutschen Außenministern unterzeichneten Brief an die vier Außenminister zu übergeben, der u. a. die Vermögens- und Bodenfragen unter Ziffer 1 für nicht revidierbar erklärt. Dieser Kompromiß war für die Sowjetunion möglich, weil am 31. 8. 1990 der Einigungsvertrag, der dieses Problem löste, durch die Vertreter der beiden deutschen Regierungen unterzeichnet worden war, worauf im Brieftext ausdrücklich Bezug genommen wird.

Zusammenfassend kann festgestellt werden, daß der 2 + 4 -Prozeß ohne Einbeziehung der Vermögens- und Bodenfragen mit der Sowjetunion nicht hätte erfolgreich zu Ende geführt werden können. Auf diesen Umstand haben Vertreter der Sowjetunion in Gesprächen nicht nur mit Mitgliedern der ehemaligen DDR-Regierung unmißverständlich hingewiesen."

ROMAN HERZOG
Das Bodenreform-Urteil des Bundesverfassungsgerichts

Die Wiedervereinigung Deutschlands, die am 3. Oktober 1990 rechtlich vollzogen worden ist, hat, wie zu erwarten war, eine große Zahl schwieriger Probleme mit sich gebracht. Nicht alle von ihnen sind rechtlicher, gar verfassungsrechtlicher Natur, viele spielen aber zumindest in das Verfassungsrecht herein, beschäftigen daher auch das Bundesverfassungsgericht (oder werden es noch beschäftigen) und belasten die Mitglieder dieses Gerichts – weit über die selbstverständlich hinzunehmende arbeitsmäßige Belastung hinaus – auch menschlich und moralisch zutiefst. Daß 45 Jahre Unrecht auch vom sorgfältigsten und großzügigsten Rechtsstaat nicht mehr ausgeglichen oder wiedergutgemacht werden können, ist eine Binsenweisheit, die einem Juristen in ruhigen Zeiten ziemlich flott aus der Feder fließt. Muß er aus ihr dann aber im konkreten Fall Konsequenzen ziehen, dann sieht die Sache ganz anders aus. Gleichwohl muß er entscheiden, wie es das geltende Recht von ihm verlangt und wie vor allem seine Vorgänger aus guten Gründen ähnliche Situationen schon zu lösen versucht haben.

Das Verfassungsgerichts-Urteil vom 23. April 1991, in der Publizistik teils hoch gelobt teils – und besonders natürlich von Betroffenen – scharf kritisiert, ist ein eindrückliches Beispiel für die geschilderte Lage. Zusammen mit dem am 24. April 1991 verkündeten Urteil zur Behandlung der öffentlichen Dienstnehmer der untergegangenen DDR hat es dem Bundesverfassungsgericht die Chance gegeben, erste Schneisen in das Dickicht verfassungsrechtlicher Fragen zu schlagen, die dieser Unrechtsstaat hinterlassen hat. Zugleich zeigt es aber, wie unmöglich es ist, diese Hinterlassenschaft nach den Spielregeln des normalen rechtsstaatlichen Alltags

aufzuarbeiten, ohne neue Wirrnisse und vor allem neues Unrecht zu schaffen.

I. Eine zugespitzte Problemstellung

Daß auf dem Boden der damaligen sowjetischen Besatzungszone zwischen 1945 und 1949 (und selbstverständlich auch danach) vielfach bitteres Unrecht geschehen ist, wird niemand bestreiten, dem auch nur ein Quentchen an historischer Wahrheit liegt, und ebenso wird leicht Einigkeit darüber zu erreichen sein, daß die Wiedergutmachung dieses Unrechts dringend zu wünschen wäre. Hier liegt die Schwierigkeit des Sachverhalts also nicht. Sie beginnt an einer ganz anderen Stelle, und sie äußert sich in drei untereinander höchst verschiedenen Aspekten.

Erstens sind in den 40 bzw. 45 Jahren, die seither ins Land gegangen sind, vor allem hinsichtlich enteigneter oder sozialisierter Sachgüter neue Rechte entstanden, die nicht in jedem Falle und von vornherein als illegitim bezeichnet werden können. Daraus entstehen Ausgleichsprobleme, die in concreto noch lange nicht bewältigt sind. Da sie im Verfahren über die sogenannte Bodenreform zwischen 1945 und 1949 keine besondere Rolle gespielt haben, mag dieser Fragenkomplex hier aber ausgeklammert bleiben.

Zweitens ist der Entschädigungsbedarf, den das kommunistische Unrechtssystem hinterlassen hat, so groß und sind die materiellen Werte, die übriggeblieben sind, so bestürzend klein, daß eine volle Entschädigung der Unrechtsopfer, so dringend sie zu wünschen wäre, schon aus wirtschaftlichen

Gründen nicht möglich sein wird – ganz abgesehen von den unübersehbaren Kosten, die der Wiederaufbau des gesellschaftlichen und wirtschaftlichen Systems der untergegangenen DDR noch auf lange Zeit verursachen wird.

Drittens sind die objektiven Gegebenheiten, die der gescheiterte Staat geschaffen hat, untereinander so verschieden, daß daran auch der redlichste Versuch, ihnen durch Entschädigung auch nur halbwegs gerecht zu werden, seinerseits zum Scheitern verurteilt ist. Es ist objektiv unmöglich, die Mißhandelten, die Haftopfer, die Nachkommen der Ermordeten, die jungen Menschen, denen man aus Klassengründen einen etwas anspruchsvolleren Beruf verweigert hat, die Familien, die durch Zwangsadoptionen auseinandergerissen worden sind, so zu entschädigen, daß von einer Wiedergutmachung mit einigem Anspruch auf Redlichkeit gesprochen werden könnte. Bei enteigneten – großen oder kleinen – Grundbesitzern wäre es dagegen möglich, weil die „Unrechtsbeute", wie es ein Prozeßbevollmächtigter vor dem Verfassungsgericht so plastisch ausgedrückt hat, an sich ja noch vorhanden ist und sich überwiegend sogar noch in der Hand des Staates befindet. Aber ist es gerecht, einen kleinen Teil der Unrechtsopfer voll zu entschädigen, wenn man weiß, daß es bei allen anderen nicht mehr möglich ist?

Zwischen diesen Grenzsteinen hatte sich das Bundesverfassungsgericht zurechtzufinden und werden in den zahlreichen Einzelprozessen, die noch folgen werden, auch die Fachgerichte ihren Weg suchen müssen. Es wäre besser, hier nicht von Grenzsteinen zu sprechen, sondern von Scylla und Charybdis.

II. Die angegriffene Regelung

Zunächst mag allerdings noch einmal genau gesagt werden, über welche Bestimmungen das Bundes-

verfassungsgericht bei seiner Normenkontrolle zu entscheiden hatte. Nur dann wird nämlich klar, worüber es entschieden hat und worüber nicht.

Ausgangspunkt ist die Gemeinsame Erklärung zur Regelung offener Vermögensfragen, die die Regierung der Bundesrepublik Deutschland und die Regierung der DDR am 15. Juni 1990 abgaben. In ihrer Ziffer 1 enthielt sie die folgenden Sätze: „Die Enteignungen auf besatzungsrechtlicher bzw. besatzungshoheitlicher Grundlage (1945 bis 1949) sind nicht mehr rückgängig zu machen... Die Regierung der Bundesrepublik Deutschland... ist der Auffassung, daß einem künftigen gesamtdeutschen Parlament eine abschließende Entscheidung über etwaige staatliche Ausgleichsleistungen vorbehalten bleiben muß."

Diese Gemeinsame Erklärung ist Bestandteil des Einigungsvertrages vom 31. August 1990 geworden, dessen Art. 41 in seinem ersten Absatz folgendermaßen lautet: „Die von der Regierung der Bundesrepublik Deutschland und der Regierung der Deutschen Demokratischen Republik abgegebene Gemeinsame Erklärung vom 15. Juni 1990 zur Regelung offener Vermögensfragen (Anlage III) ist Bestandteil dieses Vertrages."

Den dritten Schritt in dieser Beziehung macht schließlich der neugefaßte Art. 143 Abs. 3 des Grundgesetzes: „Unabhängig von Absatz 1 und 2 haben Artikel 41 des Einigungsvertrages und Regelungen zu seiner Durchführung auch insoweit Bestand, als sie vorsehen, daß Eingriffe in das Eigentum auf dem in Artikel 3 dieses Vertrags genannten Gebiet (d. h. dem Gebiet der früheren DDR; der Verf.) nicht mehr rückgängig gemacht werden." Da diese Regelung unter ausdrücklichem Hinweis darauf, daß das Grundgesetz durch sie geändert werden solle, mit Zweidrittelmehrheiten in Bundestag und Bundesrat beschlossen wurde, ist die Gemeinsame Erklärung in dem hier interessierenden Teil damit so weit wie möglich auch verfassungsrechtlich abgesichert worden.

Selbstverständlich war im Streit um die Bodenreform auch umstritten, ob dieses Verfahren seinerseits mit den Verfassungsbestimmungen über Änderungen des Grundgesetzes vereinbar gewesen sei; angegriffen wurde insbesondere, daß Art 143 GG n. F. in einen umfassenden, für Nichtspezialisten kaum mehr überschaubaren Vertrag eingebunden war und von den gesetzgebenden Körperschaften in jenem Gesetz beschlossen wurde, dessen der Bundespräsident nach Art, 59 Abs. 2 GG bedarf, um einen internationalen Vertrag zu ratifizieren. Das Bundesverfassungsgericht hat alle diese Einwände geprüft und für nicht stichhaltig erklärt.

Nach Ansicht des Verfassers wäre selbst diese genaue Prüfung verfassungsrechtlich nicht erforderlich gewesen. Er pflegt sich in solchen Fragen an den Text der Verfassung zu halten, und dieser verlangt nur, daß eine Änderung des Grundgesetzes in Form eines Gesetzes erfolgt, daß dieses Gesetz den Wortlaut des Grundgesetzes ausdrücklich ändert bzw. ergänzt und daß es von den gesetzgebenden Körperschaften jeweils mit Zweidrittelmehrheit beschlossen wird. Das war im vorliegenden Falle zweifelsfrei gegeben. Im übrigen wußten alle Mitglieder beider Kammern, daß der Einigungsvertrag auch einige Verfassungsänderungen enthielt und daß sich eine von diesen auf die sogenannte Bodenreform von 1945 bis 1949 bezog.

III. Die Verfassungsmäßigkeit der Verfassungsänderung

War die Verfassungsänderung aber formal in Ordnung, so mußte nunmehr untersucht werden, ob sie sich inhaltlich mit der „Ewigkeitsklausel" des Art. 79 Abs. 3 GG vereinbaren ließ. Weder mit Zweidrit-

telmehrheit noch einstimmig dürfen Bundestag und Bundesrat nämlich jede beliebige Änderung des Grundgesetzes vornehmen; bestimmte Grundprinzipien der geltenden Verfassung sind auch ihnen in diesem Fall entzogen. Also kam es nunmehr darauf an, ob der neu beschlossene Art. 143 Abs. 3 GG „die in den Artikeln 1 und 20 niedergelegten Grundsätze" berührte. Daß dem Bundesverfassungsgericht damit nur eine sehr begrenzte Kontrollbasis zur Verfügung stand, wird jeder einsehen, der sich klarmacht, daß die „Ewigkeitsklausel" nicht Art. 1 *bis* 20, sondern nur Art. 1 *und* 20 GG für unantastbar erklärt und daß die in unserem Falle in Frage stehenden Eigentumsfragen zunächst einmal von der Eigentumsgarantie des Art. 14 GG aus zu beantworten wären.

Das Bundesverfassungsgericht hat sich mit dieser nüchternen Feststellung aus gutem Grunde allerdings nicht begnügt, sondern es hat – wie auch schon in früheren Entscheidungen – genau untersucht, ob Art. 1 GG, der die Menschenwürde und die Menschenrechte garantiert, und Art. 20 GG, der die fundamentalen Prinzipien deutscher Staatlichkeit festlegt, nicht doch auch Grundsätze enthalten, anhand deren die Verfassungsänderung von 1990 wenigstens in ihrem Kern überprüft werden könnte. Die entscheidende Passage des Urteils zu dieser Frage lautet: „Ebenso wie der originäre Verfassungsgeber... darf auch der verfassungsändernde Gesetzgeber... grundlegende Gerechtigkeitspostulate nicht außer acht lassen. Dazu gehören der Grundsatz der Rechtsgleichheit und das Willkürverbot... Ebenso sind grundlegende Elemente des Rechts- und des Sozialstaatsprinzips, die in Art. 20 Abs. 1 und 3 GG zum Ausdruck kommen, zu achten. Bei alledem verlangt Art. 79 Abs. 3 GG allerdings nur, daß die genannten Grundsätze nicht berührt werden. Er hindert den verfassungsändernden Gesetzgeber dagegen nicht, die positiv-rechtliche Ausprägung dieser Grundsätze aus sachgerechten

Gründen zu modifizieren…" (BVerfGE 84, 90 [121]; die Auslassungen im vorstehenden Text beziehen sich lediglich auf Hinweise in früheren Entscheidungen, in denen die hier erwähnten Grundsätze bereits festgelegt worden sind.)

An den so herausgearbeiteten Maßstäben mußte nunmehr geprüft werden, ob es zulässig war, die Opfer der sogenannten Bodenreform nicht durch Rückgabe der ihnen entzogenen Grundstücke und Sachgüter, d. h. *in natura*, zu befriedigen. Mehr enthält die angegriffene Regelung nicht, und mehr war daher auch nicht zu entscheiden.

1. Fortbestand des seinerzeit entzogenen Eigentums?

Wäre den Opfern der Bodenreform ihr Eigentum seinerzeit nicht endgültig entzogen worden, sondern hätte es die 40 Jahre der SED-Herrschaft – gleichsam als nudum ius – überdauert, so wäre der Rechtsbruch nicht nur von der sowjetischen Besatzungmacht und den Behörden der entstehenden DDR vorgenommen worden, sondern auch von den gesetzgebenden Körperschaften der Bundesrepublik Deutschland, die es durch Gemeinsame Erklärung, Einigungsvertrag und Art. 143 Abs. 3 GG n. F. dann erst endgültig vernichtet hätten. Daß das ein verfassungsrechtlich höchst bedenklicher Vorgang gewesen wäre, braucht hier wohl nicht besonders betont zu werden, und deshalb behaupten die Beschwerdeführer vor dem Bundesverfassungsgericht natürlich auch, der Enteignungsvorgang sei weder in der SBZ noch in der DDR jemals zum vollen Abschluß gekommen. Nicht sehr viel anders wäre es gewesen, wenn den Enteigneten wenigstens ein Rest an völkerrechtlichen Rechtspositionen geblieben wäre.

Beides ließ sich – gewissermaßen beim besten Willen – nicht diagnostizieren. Die Frage, ob jemandem eine bestimmte Rechtsposition zusteht, kann – so führte das Bundesverfassungsgericht aus – nur im Blick auf eine *konkrete Rechtsordnung* beantwortet werden. Nach der Rechtsordnung in SBZ und DDR bestand eine solche Position nicht mehr, nachdem die sogenannte Bodenreform einmal vollzogen war. Den Betroffenen sollte ihr Eigentum vollständig und endgültig genommen werden; die zu diesem Zweck geschaffenen Rechtsgrundlagen wurden, dem politischen System entsprechend, in vollem Umfang als rechtmäßig angesehen. Rechtsmittel dagegen gab es nicht und konnten die Verfahren daher auch nicht in der Schwebe halten, auch nicht in Fällen, in denen selbst über die gegebenen Rechtsgrundlagen hinausgeschossen worden war. Vor dem Zusammenbruch des SED-Regimes hätte man auf das alles die Probe aufs Exempel machen können, indem man solche – angeblichen – Rechtspositionen auf einem freien Markt zum Verkauf angeboten hätte: Niemand hätte auch nur einen Pfennig dafür geboten, und so wäre es auch mit ähnlichen Rechtspositionen gewesen, die man – zumindest der Idee nach – aus dem Völkerrecht oder aus dem in Westdeutschland geltenden internationalen Enteignungsrecht hätte herleiten können. Das Urteil soll insoweit nicht näher referiert werden, um diese Darstellung nicht unnötig auszudehnen.

2. Verantwortung der Bundesrepublik für die Bodenreform?

Auch die Frage, ob die Maßnahmen der sogenannten Bodenreform nicht auf andere Weise dem Verantwortungsbereich der an das Grundgesetz gebundenen Bundesrepublik zugerechnet werden könnten, war mit einem klaren Nein zu beantworten. Die Bundesrepublik hat sich, so führte das Verfassungsgericht aus, zwar seit je für das ganze Deutschland verantwortlich gefühlt, ihre Staatsgewalt beschränkte sich aber rechtlich wie tatsächlich nur auf die im alten Art. 23 GG aufgeführten Länder, d. h. nicht auf die DDR. Für Rechts- oder auch Willkürakte der DDR – oder gar der Besatzungsorgane haftet sie deshalb genausowenig wie für Maßnahmen anderer Staaten oder auch der westlichen Besatzungsmächte.

Auch das ist – wie das meiste im Bodenreform-Urteil – uralte, längst ausdiskutierte und anerkannte Rechtsprechung aus früheren, ganz anderen historischen Situationen. Ganz abgesehen davon konnte im Falle der Bodenreform von 1945 bis 1949 das Grundgesetz schon deshalb nicht relevant werden, weil es noch gar nicht in Kraft war, als die meisten jetzt wieder aufgegriffenen Enteignungen vorgenommen wurden.

3. Pflicht zur nachträglichen Rückgabe?

Nachdem einmal gesichert war, daß die Bundesrepublik Deutschland – durch welches Verhalten auch immer – keinen zur Rückgabe des entzogenen Eigentums verpflichtenden Eingriff in fortbestehende Rechtspositionen der früheren Eigentümer begangen hatte, konnte nur noch fraglich sein, ob sich ein solcher Rückgabeanspruch aus anderen verfassungsrechtlichen Überlegungen ableiten ließ. Art. 14 GG kam dafür nicht in Betracht, und zwar aus mehreren Gründen. Einmal ist er durch die Verfassungsänderung, die zu Art. 143 Abs. 3 GG führte, ja ohnehin aus dem Spiel geworfen. Aber selbst wenn dies nicht der Fall wäre, hätte sich ein solcher Anspruch schwerlich beweisen lassen. Doch das soll hier nicht weiter verfolgt werden.

Art. 79 Abs. 3 GG jedoch, der nach unseren früheren Ausführungen dem verfassungsändernden Gesetzgeber wenigstens eine gewisse Grenze zieht, kam zumindest insoweit in Betracht, als er, wie schon ausgeführt, immerhin die Beachtung der allgemeinen Gebote der Rechts- und Sozialstaatlichkeit verlangt.

Aber diese Gebote sind bekanntlich außerordentlich vage, und das Bundesverfassungsgericht hätte es als eine schwere Last empfunden, gerade aus den ihm vorgetragenen Fällen dazu eine neue Judikatur zu entwickeln. Das war aber auch nicht nötig; denn die Bundesrepublik erlebt solche Konflikte ja bedauerlicherweise nicht zum ersten Mal. Die frühere Rechtsprechung des Bundesverfassungsgerichts ist voll von Entscheidungen, die sich zwar nicht mit dem wirtschaftlichen Zusammenbruch der DDR zu befassen hatten, wohl aber mit einem ähnlich gelagerten Fall: dem Zusammenbruch des Deutschen Reiches im Jahre 1945.

Das Stichwort lautete also „Kriegsfolgen-Rechtsprechung", und zwar nicht deshalb, weil etwa der Zusammenbruch der DDR noch eine Folge des Zweiten Weltkrieges gewesen wäre, sondern weil die Folgen vergleichbar waren; das tertium comparationis heißt nicht „Kriegsfolge", sondern „Zusammenbruch eines ganzen politischen Systems", kürzer „Staatsbankrott". Im „Warteschleifen-Urteil" hat sich das ganz deutlich gezeigt.

Das Bundesverfassungsgericht hat in seiner Kriegsfolgen-Judikatur, auf die insoweit zurückzugreifen war, wiederholt entschieden, daß der Gesetzgeber der Bundesrepublik nach dem Maßstab des Grundgesetzes, vor allem des Sozialstaatsprinzips, verpflichtet ist, in solchen Fällen einen innerstaatlichen Lastenausgleich herbeizuführen. Er muß für die Folgen aber nicht in gleicher Weise einstehen, wie wenn sie unmittelbar von Staatsorganen der Bundesrepublik verursacht worden wären. „Er hat bei der Regelung eines solchen Lastenausgleichs einen weiten Gestaltungsraum und darf die Ausgleichsleistungen nach Maßgabe dessen bestimmen, was unter Berücksichtigung der übrigen Lasten und der finanziellen Bedürfnisse für bevorstehende Aufgaben möglich ist." (a.a.O., S. 125). Darüber wird es gewiß noch heftige politische Auseinandersetzungen und danach wohl auch erneute Gerichtsverfahren geben. Fest steht aber nach dem Ausgeführten schon jetzt, daß eine *volle* Entschädigung in Geld aus alledem nicht folgt und erst recht keine Pflicht zur Naturalrestitution. „Diesen Grundsätzen kann, soweit ihnen nicht schon mit den bestehenden Vorschriften des Lastenausgleichsrechts genügt ist, mit der in Nr. 1 Satz 4 (der Gemeinsamen Erklärung; der Verf.) vorbehaltenen Ausgleichsregelung hinreichend Rechnung getragen werden." (a.a.O., S. 125). Auch eine über den allgemeinen Lastenausgleich hinausgehende Wiedergutmachung ist damit – zumindest verfassungsrechtlich – noch nicht endgültig vom Tisch. Auch das soll hier nicht weiter verfolgt werden.

Wichtig ist die Feststellung, daß das Bundesverfassungsgericht auch insoweit kein „neues Recht" für die Bodenreformopfer geschaffen hat. Es hat lediglich seine – im wesentlichen bewährte – ältere Rechtsprechung wieder aufgegriffen und an sie angeknüpft.

4. Das Stichjahr 1949 und das Willkürverbot
Bei alledem darf freilich nicht aus den Augen verloren werden, daß die heute bestehende gesetzliche Regelung zu beträchtlichen Ungleichheiten zwischen den Opfern der sogenannten Bodenreform und den Opfern späterer Sozialisierungs- und Kollektivierungsmaßnahmen nach sich zieht: Bei den ersteren gilt der Grundsatz einer allenfalls mäßigen Ausgleichsleistung, bei den letzteren dagegen immer noch der Grundsatz „Rückgabe vor Entschädigung", und entscheidend ist insoweit im wesentlichen das Jahr 1949, genauer der Zeitpunkt zu dem die DDR gegründet und das sowjetische Besatzungsregime daher – zumindest formell – zu Ende ging. Das wirft Gleichheitsprobleme auf, und dagegen kann nach Ansicht des Bundesverfassungsgerichts auch nicht die Einfügung des Art. 143 Abs. 3 ins Grundgesetz ins Feld geführt werden; denn – wie schon früher entschieden – ist der verfassungsändernde Gesetzgeber bei seinen Maßnahmen an das Willkürverbot gebunden, das nach ständiger

Verfassungsrechtsprechung aus dem Gleichheitssatz herzuleiten ist.

Nun entspricht es ebenfalls ständiger und allgemein anerkannter Rechtsprechung, daß Stichtage trotz der Ungleichheiten, die sie nach sich ziehen, grundsätzlich dann mit dem Willkürverbot vereinbar sind, wenn sich für sie ausreichende sachliche Gründe angeben lassen; keine moderne Gesetzgebung könnte funktionieren, wenn ihre Wirkungen nicht auch in der Zeitdimension eingeschränkt werden könnten. Die Frage war für das Bundesverfassungsgericht also nicht, ob im vorliegenden Falle ein Stichjahr zulässig ist, sondern nur, ob sich gerade für den Zeitpunkt der formellen Beendigung des Besatzungsregimes Gründe nennen ließen, die gewichtig genug waren, die gefundene Regelung als gerechtfertigt erscheinen zu lassen.

Gründe dieser Art hätten sich wahrscheinlich aus mehreren Gesichtspunkten finden lassen. Das Bundesverfassungsgericht hat aus ihnen nur den herausgegriffen, der am deutlichsten ins Auge sprang: die Entschlossenheit der seinerzeitigen sowjetischen Regierung, den Zwei-plus-vier-Vertrag, und der seinerzeitigen DDR-Regierung, den Einigungsvertrag an dieser Frage scheitern zu lassen. Vor Gericht hat der Außenstaatssekretär Dr. Kastrup, der die Verhandlungen mit der UdSSR teilweise selbst geführt hatte und im übrigen bei ihnen anwesend war, eingehend bekundet, daß dies die Haltung der sowjetischen Verhandlungspartner von Anfang an war und daß sich das auch während der Verhandlungen, in deren Verlauf die Gesprächspartner deutschen Positionen an manchen Stellen entgegenkamen, nicht ändern ließ. Dieser Teil des verfassungsgerichtlichen Verfahrens ist bis heute umstritten und wird es wohl auch noch für einige Zeit bleiben.

Soweit es um den Vorwurf geht, die Bundesregierung habe dem Bundesverfassungsgericht insoweit etwas vorgemacht, mag das die historische Forschung weiter untersuchen. Das Bundesverfassungsgericht mußte bei seiner jahrzehntelangen Rechtsprechung bleiben, daß es die Einschätzung der Regierung zu außenpolitischen und insbesondere verhandlungstaktischen Situationen zumindest dem Grundsatz nach nicht zu überprüfen hat. Die Außenpolitik wird nach dem Grundgesetz nicht vom Verfassungsgericht, sondern von der Regierung gemacht, und das erstere hat hier richterliche Zurückhaltung zu üben, wenn es eine Position der Regierung nicht für völlig unhaltbar erachtet. Das aber war schon deshalb ausgeschlossen, weil es, soweit ersichtlich, zur Praxis aller Besatzungs- und Kolonialregime gehört, sich bei ihrer Beendigung für die Maßnahmen der Besatzungs- bzw. Kolonialzeit möglichst volle Indemnität zu sichern; das haben sogar die drei Westalliierten beim Abschluß des Besatzungssystems in der alten Bundesrepublik getan.

Selbst wenn jedoch alle gegenüber der Bundesregierung in diesem Zusammenhang erhobenen Vorwürfe richtig wären, könnte sich am Ergebnis immer noch nichts ändern. Denn der Ministerpräsident der seinerzeitigen DDR, Lothar de Maizière, hat vor dem Bundesverfassungsgericht bekundet, daß er den Einigungsvertrag nicht abgeschlossen hätte, wenn es in der Frage der Bodenreform nicht zu dem dann zustande gekommenen Ergebnis gekommen wäre, und bei ihm ging es nicht um irgendwelche Einschätzungen von Verhandlungssituationen, sondern einfach um den Willen einer mitentscheidenden Person, an deren Bekundungen doch wohl nichts vorüberführt. Dann aber gilt: Wo kein Einigungsvertrag, da keine deutsche Wiedervereinigung, zu deren Herbeiführung die Bundesregierung aber durch den alten Art. 23 Satz 2 GG verpflichtet war. Der Streit um die Verhandlungsführung der Bundesregierung ist also vielleicht geschichtlich und politisch interessant, verfahrensentscheidend ist er nicht.

Auch hier ist aber wieder zu betonen, daß das Bundesverfassungsgericht in dieser Frage auf einer jahrzehntelangen anerkannten Judikatur aufbauen konnte. Neue, gewissermaßen ad hoc „erfundene" Regeln benötigte es auch zu diesem Teil seiner Entscheidung nicht.

IV. Zur künftigen Ausgleichsregelung

Die Darstellung des Bodenreform-Urteils wäre nicht vollständig, wenn nicht noch einige Überlegungen auf das weitere Schicksal der Entschädigungsfrage verwendet würden.

Das Urteil hat dazu nur einige wenige Ausführungen gemacht, weil die gesetzliche Regelung aus naheliegenden Gründen nur so weit überprüft werden konnte, wie sie bisher selbst klar ist, und das gilt nur hinsichtlich der Regel, daß jedenfalls keine *volle* Entschädigung gewährt zu werden braucht. Aus der wieder aufgegriffenen Rechtsprechung zur Kriegsfolgenabwicklung ergibt sich aber ebenfalls, daß eine volle Entschädigung nicht gezahlt zu werden braucht. Insoweit war die Entscheidung also rasch gefunden.

Das kann aber nicht darüber hinwegtäuschen, daß dabei die Frage der Gleichbehandlung der vor und der nach 1949 enteigneten Personen bleibt. Erhält ein nach 1949 Enteigneter sein Eigentum zurück, so ist er voll entschädigt, und diejenigen, die zur gleichen Zeit wie er enteignet wurden, denen ihr Eigentum aber – aus welchen Gründen auch immer – nicht mehr zurückgegeben werden kann, können, wie auch das Bundesverfassungsgericht als Vermutung äußerte, jedenfalls nicht *wesentlich* schlechter gestellt werden. Das Gericht hat daraus den Schluß gezogen, daß die Opfer der Bodenreform unter diesen Umständen schon aus Gleichbehandlungsgesichtspunkten nicht völlig leer ausgehen dürfen (a.a.O., S.129).

147

Mehr war bei der Lage des Frühjahrs 1991 nicht zu entscheiden. Daß eine gewisse Relation zwischen den Enteignungen vor 1949 und denen nach 1949 in der Wiedergutmachungsfrage gehalten werden muß, ist klar. Alle anderen Fragen aber bedürfen zunächst der weiteren Konkretisierung durch den Gesetzgeber. Es wird sich erst noch herausstellen müssen, welchen Wert eine Rückgabe in natura für die Entschädigten wirklich haben wird (ob sie etwa Investitionsauflagen zu erfüllen haben werden oder ob ihnen gewisse Ausgleichsleistungen – etwa in einen allgemeinen „Lastenausgleichsfonds" – auferlegt werden.) Bei den nach 1949 Enteigneten, die nicht in natura zufriedengestellt werden können, wird sich weiterhin herausstellen müssen, ob sie eine volle oder nur eine angemessene Entschädigung beanspruchen können; denn immerhin garantiert schon Art. 14 Abs. 3 GG für „normale" Enteignungen nur eine angemessene – und eben keine volle – Entschädigung. Erst wenn das entschieden ist, werden auch konkretere Aussagen zur Wiedergutmachung bei den Bodenreformopfern möglich sein – und das alles stets unter dem Vorbehalt, daß auch die Bundesrepublik Deutschland aus dem Bankrott der ehemaligen DDR und angesichts der Erfordernisse ihres Aufbaus nicht mehr bezahlen kann, als sie hat, und unter dem weiteren Vorbehalt, daß keine neuen Ungerechtigkeiten gegenüber solchen Opfern des SED-Regimes entstehen dürfen, die man – wie eingangs gezeigt – praktisch mit Geldzahlungen gar nicht mehr erreicht.

Das alles wird – auch wenn es nach menschlichen Maßstäben „gelingen" sollte – zwangsläufig sehr viel Zeit in Anspruch nehmen und letzten Endes auch unbefriedigend bleiben. Aber das ist eine Folge der Geschichte. Mit der DDR ist nicht nur eine Regierung, sondern ein ganzes Staats- und Gesellschaftssystem in einem riesigen Bankrott zusammengebrochen. So etwas kann man nicht aufarbeiten, indem man auf die Schadensersatzbestimmungen des Bürgerlichen Gesetzbuches zurückgreift.

ALBRECHT GRAF VON SCHLIEFFEN

Die Wiedervereinigung Deutschlands –
Die Legende von der Vorbedingung

I. Die Bundesrepublik Deutschland weigert sich seit der Wiedervereinigung Deutschlands, ihr dabei zugefallene Gegenstände – Mobilien wie Immobilien – an die Eigentümer herauszugeben. Zur Begründung verweist sie auf den Einigungsvertrag, in dem sie mit der DDR vereinbart hatte, daß „die Enteignungen auf besatzungsrechtlicher bzw. besatzungshoheitlicher Grundlage (1945 – 1949) nicht mehr rückgängig zu machen sind", sowie auf das Bundesverfassungsgericht, das zu entscheiden hatte, ob dieses Restitutionsverbot gegen den Gleichheitssatz des Artikel 3 Grundgesetz verstößt. Das Gericht verneinte dies mit der Begründung, die UdSSR und die DDR hätten die Endgültigkeit zur Bedingung bzw. Vorbedingung für die jeweilige Zustimmung zur Wiedervereinigung gemacht, weshalb die Bundesregierung in Ausübung pflichtgemäßer Beurteilung darauf eingehen durfte, „um die Einheit Deutschlands zu erreichen" (BVerfGE 84, 127). Wie insbesondere ein erst kürzlich aufgetauchtes und dem Gericht nicht vorgelegtes sowjetisches Dokument beweist, hat es eine derartige Bedingung oder Vorbedingung jedoch in Wahrheit – und für die Bundesregierung erkennbar – nicht gegeben. Es entsprach daher nicht pflichtgemäßer Beurteilung, die Vereinbarung mit der DDR zu treffen und dafür vom Parlament sogar eine Änderung des Grundgesetzes zu verlangen, um diesen eklatanten Verfassungsverstoß zu legalisieren. Das auf dieser falschen Annahme basierende Urteil ist somit unrichtig und der Einigungsvertrag insofern verfassungswidrig. Das ergibt sich aus folgendem.

II. 1. Der 2 + 4 -Vertrag enthält eine Bedingung der UdSSR zu dieser Frage nicht. Auch durch die schriftliche Mitteilung der beiden deutschen Staaten an die vier Alliierten hat sich die Bundesrepublik Deutschland unstreitig nicht völkerrechtlich gebunden, die Gegenstände nicht zurückzugeben. Somit hat es eine vertragliche Bedingung nicht gegeben.

2. Aber auch eine außervertragliche, und sei es nur mündlich gestellte, Vorbedingung gab es nicht.

Nach den von der Bundesregierung bisher nur auszugsweise vorgelegten Dokumenten gab es im Laufe der Verhandlungen mit der UdSSR lediglich zwei Positionen, die diese für wichtig hielt. Die eine ist in ihrer Erklärung vom 27. 3. 1990 enthalten, worin sie nur fordert, „die Rechte der gegenwärtigen Besitzer von Boden in der DDR (nicht) in Abrede zu stellen, die seinerzeit mit Zustimmung der sowjetischen Seite erworben wurden," so die unrichtige Übersetzung des Auswärtigen Amtes. Der russische Text spricht demgegenüber der russischen wie der deutschen Rechtstradition entsprechend juristisch präzise von Eigentümern, nachdem das Modrow-Gesetz den Siedlern kurz zuvor, am 7. 3. 1990, volles Eigentum zugesprochen hatte. Ebenso präzise sprechen die Sowjets nur von den gegenwärtigen Eigentümern „in" der DDR. D. h. sie gingen auf die Forderung Modrows nach Schutz des Vermögens „der" DDR, des sogenannten Volksvermögens, mit bedacht nicht ein. Und bei den Eigentümern stellt sich die Sowjetunion auch nicht schützend vor deren junge, soeben von der DDR verliehenen Eigentumsrechte, sondern verlangt lediglich den Schutz der in sowjetischer Besatzungszeit erworbenen Rechte. Das aber waren unstreitig keine Eigentums-, sondern reine Nutzungsrechte. Mit der Anerkennung dieser Nutzungsrechte hätten die „Alt"-eigentümer jedoch ebensowenig Schwierigkeiten gehabt wie mit der Anerkennung der 1990 den Siedlern eingeräumten Eigentümerstellung.

Die andere Forderung der Sowjets beschränkte sich darauf, die Gesetzlichkeit aller sowjetischen Maßnahmen, die während ihrer Besatzungszeit getroffen wurden, anzuerkennen („Legitimität") und die Rechtmäßigkeit der diesen Maßnahmen zugrundeliegenden Beschlüsse nicht mehr zu überprüfen („Überprüfungsverbot"). Diese Forderung ist in ihrem Memorandum vom 28. 4. 1990 enthalten. „Nichts darf die Gesetzlichkeit der Maßnahmen in Frage stellen. Die Rechtmäßigkeit der Beschlüsse, vor allem in Besitz- und Bodenfragen, unterliegt keiner neuerlichen Überprüfung oder Revision durch deutsche Gerichte oder andere Staatsorgane". Ebensowenig wie die am 27. 3. 1990 gestellte Forderung spricht diese von einem Verbot der Rückgängigmachung oder gar der Rückgabe. Sie verlangt lediglich sicherzustellen, daß sich die UdSSR nach 45 Jahren nicht auf der „Anklagebank der Besiegten wiedergefunden hätte. Keineswegs war es sowjetische Absicht, die im Prozeß der Wiedervereinigung sich abzeichnende Eigentumsordnung in der ehemaligen DDR zu verhindern" (Fieberg/Reichenbach, VermG § 1 RN 125).

Aus beiden Forderungen der UdSSR ergibt sich also, daß die Sowjets bis Ende April 1990 auf das Ersuchen des ehemaligen Ministerpräsidenten der DDR, Dr. Hans Modrow, die „Bodenreform" bestandsfest zu machen, nicht eingegangen waren. Von einer Vorbedingung der UdSSR, der Wiedervereinigung nur zuzustimmen, wenn die konfiszierten Gegenstände ihren Eigentümern nicht zurückgegeben würden, konnte bis dahin erst recht keine Rede sein. Ganz in diesem Sinne hatte Bundeskanzler Dr. Helmut Kohl am 30. 3. 1990 die Übereinstimmung mit Präsident Michail Gorbatschow wiedergegeben, daß die innere Regelung der Vereinigung Deutschlands, also auch die Eigentumsfrage,

allein eine Sache der Deutschen sei („Die Welt" 30. 3. 1990).

Zur großen Überraschung der Betroffenen tauchte dann am 15. 6. 1990 in der Gemeinsamen Erklärung die Auffassung der beiden deutschen Staaten auf, wonach die während der Besatzungszeit durchgeführten Enteignungen „nicht mehr rückgängig zu machen sind". In diesem Zusammenhang wird auch die UdSSR zitiert, die jedoch nicht Unterzeichnerin der Erklärung war. Ist es zunächst schon eigenartig, daß in dieser nur von den beiden deutschen Staaten abgegebenen Erklärung ein Standpunkt der UdSSR überhaupt wiedergegeben wird, so verwundert es noch mehr, daß diese damit zitiert wird, als „sehe sie keine Möglichkeit, die damals getroffenen Maßnahmen zu revidieren". Denn damit wird sie mit einer Ansicht wiedergegeben, die sie bisher nicht vertreten hatte und die über ihre Forderungen vom 27. 3. und 28. 4. 1990 hinausgeht. So als wollte sie, daß eine Revision aller damaligen Maßnahmen verboten sein soll, und nicht nur bezogen auf die Besitzeinweisung, wie sie am 27. 3. 1990 gefordert wurde, sondern auch bezogen auf die Konfiskation selbst.

Eine derartige angebliche Verschärfung der Haltung der UdSSR zwischen März/April 1990 und dem 15. 6. 1990 ist jedoch sehr unwahrscheinlich und dürfte dem tatsächlichen Verlauf der Verhandlungen nicht entsprechen. Zwar hat der Staatssekretär des Auswärtigen Amtes, Dr. Dieter Kastrup, eine derartige Verschärfung dem Bundesverfassungsgericht vorgetragen, indem er auf ein am 9. 6. 1990 von der UdSSR bei einer Gesprächsrunde auf Beamtenebene vorgelegtes Papier verweist, in dem neben der Anerkennung der Legitimität auch die Unantastbarkeit der politischen und wirtschaftlichen Maßnahmen gefordert worden sei. Dieses Papier ist, soweit ersichtlich, weder veröffentlicht noch dem Gericht vorgelegt worden.

Eine derartige Verschärfung ist vor allem deshalb unglaubhaft, da bereits wenige Tage nach der Gemeinsamen Erklärung, nämlich am 22. 6. 1990, die UdSSR in einem Entwurf des 2 + 4 -Vertrages lediglich die Forderung nach Anerkennung der Legitimität und nach einem Überprüfungsverbot wiederholt, und zwar ohne daß zwischen dem 9. und dem 22. 6. 1990 erneut verhandelt worden wäre. Auch dieses Papier ist, soweit ersichtlich, dem Bundesverfassungsgericht nicht vorgelegt und erst im Dezember 1992 bekannt geworden. Es zeigt außerdem, daß der Vortrag Kastrups vor dem Bundesverfassungsgericht, zunächst sei es der UdSSR nur um die Anerkennung der Legitimität gegangen und erst später im Laufe der Verhandlungen auch um die faktische Unumkehrbarkeit, nicht frei von Widersprüchen ist.

Aus alledem kann nur gefolgert werden, daß das in der Gemeinsamen Erklärung enthaltene – angeblich generelle – sowjetische Rückgabeverbot mit der UdSSR nicht abgestimmt und schon gar nicht von ihr gefordert worden war, geschweige denn eine „conditio sine qua non" für ihre Zustimmung zur Wiedervereinigung darstellte. Dieses angebliche Restitutionsverbot war ausschließlich eine deutsche Erfindung, die nur dadurch mehr Gewicht erhalten sollte, daß man sie als eine sowjetische deklarierte. Dieser erst jetzt bekannt gewordene sowjetische Vertragsentwurf vom 22. 6. 1990 war nach Angaben des Auswärtigen Amtes das letzte wesentliche Papier vor dem Abschluß des 2 + 4 - Vertrages am 12. 9. 1990, in dem die UdSSR ihre Forderungen schriftlich geltend gemacht hat. Keines dieser Schriftstücke aber enthält eine politische Vorbedingung, wonach die Zustimmung zur Wiedervereinigung verweigert worden wäre, wenn die konfiszierten Gegenstände ihren Eigentümern zurückgegeben worden wären.

Auch in nur mündlicher Form hat es eine derartige sowjetische Vorbedingung nicht gegeben. Zunächst einmal wäre es mehr als ungewöhnlich, wenn eine so weitreichende Forderung nur in mündlicher Form erhoben worden wäre. Die Bundesregierung hätte in einem solchen Fall, z. B. aus Beweisgründen, geradezu auf einer schriftlichen Bestätigung bestehen müssen. Daß sie dies nicht versucht hat oder nur erfolglos, ist ein weiteres Indiz dafür, daß es eine mündliche Forderung nicht gab. Die UdSSR hätte bei einer nur mündlichen Forderung keine Veranlassung gehabt, sie nicht auch schriftlich zu bestätigen. Aber dazu war sie nicht einmal auf ausdrückliches Verlangen von Modrow hin bereit. Außerdem belegen folgende Tatsachen, daß es eine mündlich vorgetragene Vorbedingung seitens der UdSSR nicht gab.

Ausweislich der dem Vizepräsidenten des Deutschen Bundestages, Hans Klein, vom Bundeskanzleramt gegebenen Auskunft hat es bei den 2 + 4 -Verhandlungen drei Gesprächspaare gegeben. Das waren Gorbatschow und Kohl, die Außenminister Eduard Schewardnadse und Hans-Dietrich Genscher sowie Botschafter Juri Kwizinskij und Staatssekretär Kastrup. Nach Auskunft des Bundeskanzleramtes hat es zu den Fragen der Behandlung der Enteignungen „zwischen Kohl und Gorbatschow Gespräche nicht gegeben" (Zitat nach Klein vom 10. 5. 1991).

Wenn es jedoch nicht einmal Gespräche über dieses bedeutsame Thema zwischen den Regierungsverantwortlichen gegeben hat, dann kann ausgeschlossen werden, daß Gorbatschow die Wiedervereinigung in Gesprächen mit irgendwelchen Dritten von einer so weitreichenden Vorbedingung abhängig gemacht hat. Dasselbe gilt für das Verhandlungspaar Genscher – Schewardnadse. Auch in deren Verhandlungen ist eine sowjetische Vorbedingung nicht erhoben worden. Das ergibt sich zunächst einmal daraus, daß in den ausführlichen Erinnerungen Schewardnadses davon keine Rede ist. Es ist jedoch nicht anzunehmen, daß er eine Vorbedingung mit so außergewöhnlich weitreichenden rechtlichen wie wirtschaftlichen Konsequenzen, die im übrigen dem von ihm beschworenen Geist der Freiheit widersprechen würde, erhoben haben sollte, davon aber in seinen Memoiren nichts erwähnt hat. Außerdem sagt er nach Abschluß des 2 + 4 - Vertrages am 20. 9. 1990 vor dem Obersten Sowjet nur, daß Deutschland „an der Rechtmäßigkeit… keinen Zweifel erheben wird". Dabei spricht er diesbezüglich weder von einer entsprechenden vertraglichen Abrede noch gar von einem Restitutionsverbot als einer Vorbedingung für die Wiedervereinigung. Zusätzlich hat Genscher bestätigt, daß es diese Vorbedingung nicht gab.

Zwar erfolgte die Bestätigung noch nicht öffentlich, wohl aber wenigstens einem Bundesminister sowie einem Vorstandsmitglied einer Bank gegenüber. Schließlich hat auch der ehemalige sowjetische Botschafter Kwizinskij bestätigt, daß es keine Bedingungen der UdSSR für die Wiedervereinigung gab (FAZ 12. 10. 1992). Dasselbe haben inzwischen zahlreiche hohe deutsche und ehemals sowjetische Beamte, die bei den Verhandlungen anwesend waren, bestätigt, davon einige schriftlich. Die ganze Frage sei kein Stein des Anstoßes gewesen, geschweige denn eine Vorbedingung, deren Nichterfüllung die sowjetische Verweigerung der Zustimmung zur Wiedervereinigung zur Folge gehabt hätte. Dasselbe räumen mittlerweile ebenfalls ein amtierender Bundesminister und auch die Justizministerin Sabine Leutheusser-Schnarrenberger ein. Lediglich auf Beamtenebene sowie bei Finanzminister Dr. Theo Waigel und einigen Abgeordneten, vor allem aus den neuen Bundesländern, gibt es noch hartnäckigen Widerstand.

Schließlich verpflichtete sich die UdSSR sogar in dem zugleich mit dem 2 + 4 -Vertrag verhandelten und am 9. 11. 1990 mit Deutschland geschlossenen

„Vertrag über gute Nachbarschaft", alle Kunstgegenstände an Deutschland zurückzugeben. Die UdSSR gibt also alle Kunstgegenstände zurück, aber gleichzeitig soll sie verlangt haben, daß Deutschland die ihm zugefallenen konfiszierten Gegenstände nicht an seine eigenen Bürger zurückgeben darf, und sie soll davon sogar die Wiedervereinigung abhängig gemacht haben? Das ist völlig unglaubhaft. Auch ist nicht bekannt, daß in anderen osteuropäischen Staaten „irgendein sowjetischer Einspruch die Restitution zu stoppen versucht hätte" (Schrameyer, WIRO 92 288).

Daß es eine Vorbedingung seitens der UdSSR zur Aufrechterhaltung der Eigentumssituation nicht geben konnte, wird auch daraus deutlich, daß die UdSSR ein handfestes Motiv hatte, sich unter keinen Umständen zu der von der DDR und westdeutschen Kreisen (wie der SPD, an der Spitze deren Vorsitzender Dr. Hans-Joachim Vogel, aber auch Teilen der CDU) gewünschten Forderung drängen zu lassen. Denn dies hätte ihr erneut den Vorwurf der Verletzung der Haager Landkriegsordnung eingetragen (§ 46 II HLKO „Das Privateigentum darf nicht eingezogen werden"). 1945 hatte sie diesen Vorwurf vermieden, indem sie die Enteignungen nicht selbst vornahm, sondern deren Ausführung durch die deutschen Länder tolerierte. Nur weil deren Verordnungen keine gesetzliche Grundlage hatten, unterlegte sie diese nachträglich mit SMAD-Befehlen, die entsprechend dem Potsdamer Abkommen Gesetzeskraft hatten. Damit war sie jedoch bedenklich nahe an § 46 II HLKO geraten oder hatte sogar dagegen verstoßen. Mit Bedacht beschloß sie daher 1954, „alle Befehle aufzuheben, die von der SMAD in den Jahren 1945 bis 1953 erlassen worden waren". Angesichts des klaren Wortlauts dieses Beschlusses wird deutlich, daß auch Befehle mit Maßnahmecharakter aufgehoben wurden, d. h. solche, die ihre Wirkung bereits entfaltet hatten. In jedem Fall gehörte dazu auch der sehr weit gefaßte

Befehl vom 22. 10. 1945, der ganz unspezifisch alle früher erlassenen Verordnungen „für gesetzeskräftig erklärte".

Diese Aufhebung wäre rechtlich gesehen nicht einmal erforderlich gewesen, da die DDR als mittlerweile souveräner Staat selbst dazu befugt gewesen wäre. Dadurch aber, daß die UdSSR selbst es noch für nötig hielt, die Befehle aufzuheben, wird deutlich, wie sehr ihr daran lag, eventuelle Makel selbst zu beseitigen. Nur so konnte sie sicher sein, den Vorwurf der Verletzung des Völkerrechts wieder loszuwerden. Diesen Erfolg konnte und wollte sie sich unter keinen Umständen nehmen lassen, wie sehr Modrow sie auch darum gebeten hatte. Sie war nicht dazu zu bewegen, eine derartige Forderung in den 2 + 4 -Vertrag hineinzunehmen oder sie als Vorbedingung zu erheben. Es ist im übrigen der Souveränitätsaspekt, der es der UdSSR verbot, Forderungen oder Vorbedingungen bezüglich der Behandlung von Eigentumsfragen eines von ihr seit 1953 als souverän erklärten Staates zu stellen. Dies wäre ein Rückfall in die Ära der „Breschnew-Doktrin" gewesen, den sie sich unter keinen Umständen leisten konnte. Deshalb hatte sie sich am 22. 6. 1990 auf die insofern unbedenkliche Legitimitätsforderung sowie das Überprüfungsverbot beschränkt. Es wäre obendrein widersprüchlich gewesen, der DDR bereits 1954 freie Hand in den Eigentumsfragen zu lassen, 1990 diesbezüglich jedoch weitestreichende Bedingungen zu stellen.

Aus alledem folgt, daß es eine politische Vorbedingung der UdSSR im Sinne eines Rückgabeverbotes bezüglich der besatzungsrechtlichen bzw. besatzungshoheitlichen Enteignungen nicht gegeben hat und daß daher der Sachvortrag von Kastrup und dem damaligen Staatssekretär im Justizministerium Dr. Klaus Kinkel vor dem Bundesverfassungsgericht insofern objektiv unrichtig war und daß dessen Urteil somit auf falschen Tatsachen beruht.

III. Auch die DDR hat eine Bedingung bzw. Vorbedingung bezüglich der Festschreibung der Konfiskationen von 1945 bis 1949 nicht gestellt. Selbst wenn sie jedoch derartiges gefordert hätte, wäre dies aus verfassungsrechtlichen Gründen unerheblich.

1. Zum einen war die DDR zum Zeitpunkt der Beitrittsverhandlungen politisch und wirtschaftlich nicht mehr in der Lage, den allgemein geforderten Beitritt an irgendwelche Bedingungen zu knüpfen. Es ist ganz unvorstellbar, daß die Wiedervereinigung, für die das Volk eindrucksvoll gekämpft hatte, an der – in diesem Zusammenhang zweitrangigen – Frage gescheitert wäre, ob den „Alt"eigentümern die konfiszierten Gegenstände, z. B. unter Aufrechterhaltung der Pachtverhältnisse und Anerkennung von redlichem Erwerb, zurückgegeben werden, so wie es für die vor 1945 und nach 1949 enteigneten Gegenstände vorgesehen ist.

Schon der Brief Modrows an Gorbatschow, in dem jener die UdSSR um Unterstützung in dieser Frage bittet, zeigt, daß Modrow die politische Kraft nicht mehr hatte, diese Forderung allein durchzusetzen. Und das, obwohl er ein noch voll funktionsfähiges SED-Parlament hinter sich hatte. Auch Ministerpräsident Lothar de Maizière hatte nicht die Macht, die Wiedervereinigung an dieser Frage scheitern zu lassen, nachdem er die Wahlen am 18. 3. 1990 deshalb so eindrucksvoll gewonnen hatte, weil er versprochen hatte, den Beitritt nach Art. 23 Grundgesetz – also in Übereinstimmung mit und nicht im Widerspruch zur Verfassung – so bald wie möglich zu vollziehen. Ein Bruch dieses Versprechens mit der Begründung, die Wiedervereinigung könne nicht oder erst zu einem späteren Zeitpunkt stattfinden, da die Bundesrepublik Deutschland verlange, die 1945 bis 1949 konfiszierten Gegenstände ebenso zurückzugeben wie die vorher und nachher weggenommenen, hätte trotz mancher vollmundiger Beteuerungen einiger Volkskammerabgeordneter keine DDR-Regierung überstanden. Für eine so einschneidende, verfassungswidrige Forderung brauchte er daher die Macht der UdSSR. Diese aber hatte auf einen entsprechenden Antrag Modrows hin, wie dargelegt, nicht wunschgemäß reagiert. Es war de Maizière daher auch klar, daß eine erneute schriftliche Bitte um sowjetische Rückendeckung zwecklos war. Er stellte sie deshalb auch nicht, sondern ging einen anderen Weg. Er behauptete nämlich am 3. 5. 1990 Kinkel gegenüber – wie dieser dem Verfassungsgericht sagte –, daß sich die Sowjets, ebenfalls nur mündlich, „definitiv gegen jegliche Veränderung ausgesprochen (hätten). Dies hätten ihm Gorbatschow und Schewardnadse nochmals persönlich bestätigt" (Plädoyer von Kinkel, S. 5). Unterstellt man einmal, daß Kinkel dabei de Maizière richtig wiedergibt, so muß die Richtigkeit dieser angeblichen sowjetischen Aussagen jedoch ernsthaft bezweifelt werden. Es ist nämlich gänzlich unwahrscheinlich, daß die UdSSR am 28. 4. 1990, also fünf Tage vor dem Gespräch zwischen de Maizière und Kinkel, wie dargelegt, in schriftlicher Form lediglich die Anerkennung der Gesetzlichkeit gefordert hatte, die obersten Sowjetführer, die nicht einmal mit Kohl und Genscher darüber gesprochen, geschweige denn eine entsprechende Vorbedingung gestellt hatten, de Maizière gegenüber jedoch am selben Tage eine weit darüberhinausgehende Vorbedingung mündlich erklärt haben sollen. Man muß also davon ausgehen, daß der Vortrag de Maizières und Kinkels die wahren sowjetischen Absichten nicht wiedergibt.

Aber selbst wenn man glauben wollte, Gorbatschow und Schewardnadse hätten de Maizière am 28. 4. 1990 die Vorbedingung mitgeteilt, so wäre diese im Laufe der Verhandlungen weggefallen. Dies ergibt sich vor allem aus dem sowjetischen Vertragsentwurf vom 22. 6. 1990, in dem eine diesbezügliche Bedingung nicht enthalten ist.

2. Daß die DDR die Vorbedingung nicht gestellt hat, wird zum anderen auch aus dem Vortrag von Kinkel vor dem Bundesverfassungsgericht selbst deutlich. Zwar spricht er an einer Stelle (S. 6) von unverzichtbarer Vorbedingung seitens der DDR, aus dem Gesamtzusammenhang ergibt sich jedoch, daß es nicht mehr als ein Drängen gewesen ist. Denn zum einen sagt er, de Maizière habe ihm am 3. 5. 1990 von der angeblichen sowjetischen Bedingung erzählt und sich daher als nicht verhandlungsfähig bezeichnet, da er „kein Mandat habe". Daraus darf doch wohl geschlossen werden, daß der, der sagt, er habe kein Mandat, auch keine eigenen Bedingungen stellt. Zum anderen verweist Kinkel ausdrücklich auf die UdSSR. Es „war das Entscheidende (sic!), daß die Thematik bei den äußeren Aspekten des Einigungsprozesses eine zentrale Rolle spielte. Die Sowjetunion hatte wiederholt mit Nachdruck gefordert, daß die Unantastbarkeit der Enteignungen zwischen 1945 und 1949 als völkerrechtliche Verpflichtung in das abschließende Dokument über die 2 + 4 -Verhandlungen aufgenommen werden müsse. Es war immer derselbe Druck der Sowjetunion." Wichtig ist an dieser Stelle, daß die Bundesregierung den angeblichen Druck der UdSSR als das Entscheidende angesehen hat, d. h. daß das, was die DDR immer gefordert haben mag, nicht entscheidend war, es also eine Vorbedingung der DDR nicht gegeben hat. (Daß Kinkel, wenn er von Unantastbarkeit spricht, die UdSSR falsch zitiert, sei an dieser Stelle nur am Rande bemerkt, denn oben wurde bereits nachgewiesen, daß die UdSSR keineswegs die Unantastbarkeit verlangte, sondern allein die Anerkennung der Gesetzlichkeit).

3. Schließlich ist noch auf folgendes hinzuweisen, was ebenfalls gegen eine Vorbedingung seitens der DDR spricht. Die DDR hatte sich nämlich, wie der damalige Innenminister Dr. Wolfgang Schäuble in seinem Buch „Der Vertrag" (S. 255 f.) hervorhebt,

in der gemeinsamen Erklärung damit einverstanden erklärt, daß dem „gesamtdeutschen Parlament eine Entscheidung über etwaige staatliche Entschädigungsleistungen vorbehalten bleiben muß". Rechtlich betrachtet war sie also damit einverstanden, daß Entschädigung im Sinne von Artikel 14 Grundgesetz, d. h. gemäß dem Verkehrswert der konfizierten Gegenstände, zu zahlen gewesen wäre. Wirtschaftlich betrachtet hätte das in der Praxis eine wenigstens überwiegende Rückgabe bedeutet, da es völlig unmöglich ist, die konfizierten Gegenstände – u. a. ca. 20 000 qkm Land sowie Zehntausende von Immobilien – zum Verkehrswert zu entschädigen. Gegen eine Entschädigungsregelung hätten die „Alt"eigentümer jedoch nichts einzuwenden gehabt, da sie de facto zur Rückgabe des noch Verfügbaren geführt hätte. Diese Entschädigungsregelung wollte jedoch die CDU nicht akzeptieren. Schäuble, der sich, wie er schreibt, „lustig" gemacht hat über das Interesse der „Alt"eigentümer an ihren vorenthaltenen Gegenständen, rühmt sich in seinen Erinnerungen, daß er das Wort „Entschädigung" aus fiskalischen Interessen in letzter Minute gegen „Ausgleich" getauscht habe. Das ermöglicht es dem Staat heute, die Betroffenen mit einer lächerlichen Summe abzuspeisen und sich die Differenz zum Verkaufserlös einzuverleiben. Wer sein Buch liest, sieht, wie die Akzente in der Frage einer gerechten Lösung der „Bodenreform" in Wahrheit verteilt waren. Die CDU, oder wenigstens Schäuble, wollte die Rückgabe nicht. Auch der damalige FDP-Wirtschaftsminister Dr. Helmut Haussmann war dagegen, da er, wie er im April 1990 sagte, mit dem Erlös aus dem volkseigenen, d. h. überwiegend gestohlenen Vermögen die Wiedervereinigung finanzieren wollte. Als Argument mußten die „durch eine Bodenreform in gutem Glauben" erworbenen Grundstücke „für den Bau einer Datscha" (S. 103) herhalten sowie das „Totschlagsargument": „Wer wolle, daß jetzt alles, was der Sozialismus angerichtet habe, rückgängig gemacht werde, der werde allein damit weitere 40 Jahre beschäftigt sein und die historische Chance verpassen, jetzt ein Deutschland und ein Europa in Freiheit, Einheit und Frieden zu bauen" (a. a. O.). Das sind zu große Worte im Verhältnis zu dem, worum es geht. Nämlich zum einen keineswegs darum, „alles rückgängig" zu machen, sondern nur das, was sich der Staat einverleibt hat. Die Anerkennung redlich erworbener Rechte ist den Betroffenen selbstverständlich. Zum anderen geht es nur um gut 10 000 Fälle im Vergleich zu weit über eine Million von Fällen von Wegnahmen vor 1945 und nach 1949, die selbstverständlich rückgängig gemacht werden und den Aufbau Europas in „Freiheit, Einheit und Frieden" ebenfalls nicht stören. Weil diese Behauptungen nicht wahr sind, wird in Bonner Kreisen, darunter auch von einem Kabinettsmitglied, bestätigt, daß nicht die DDR einer gerechten Lösung im Wege stand, sondern daß es Bonner Kreise waren, einschließlich der SPD.

Für die Frage der rechtlichen Haltbarkeit des Urteils des Bundesverfassungsgerichts ist auf der Tatsachenseite jedenfalls festzustellen, daß es keinen vernünftigen Zweifel darüber geben kann, daß die DDR sich nicht geweigert hätte, der Bundesrepublik Deutschland beizutreten, wenn diese auf der Rückgabe der konfizierten Gegenstände bestanden hätte, jedenfalls soweit sich der Staat diese angeeignet hat. Eine DDR-Vorbedingung hat es somit ebensowenig gegeben wie eine sowjetische. Auch kann es keinem Zweifel unterliegen, daß es nicht pflichtgemäßer Beurteilung entsprach, wenn ein Bundesminister, nachdem die DDR mit Entschädigung einverstanden war, die Festschreibung der „Bodenreform" in tatsächlicher Hinsicht durch die Auswechslung dieses Rechtsbegriffes durch das Wort Ausgleich vornahm. Hierfür gab es keinen sowjetischen Druck und, wie man von Schäuble weiß, auch keinen der DDR. Hierfür waren ausschließlich westdeutsche Fiskalinteressen maßgebend.

155

4. In rechtlicher Hinsicht sei noch erwähnt, daß es eigentlich gar nicht darauf ankommt, ob die DDR die besagte Bedingung gestellt hat oder nicht. Selbst wenn sie sie gestellt hätte, wäre das weder für sie noch für die Bundesregierung von Nutzen gewesen, da eine darauf basierende Regelung von ihr allein (d. h. ohne eine entsprechende sowjetische Bedingung) im Einigungsvertrag verfassungswidrig gewesen wäre. Nach der Rechtsprechung des Bundesverfassungsgerichts darf nämlich notfalls in einem völkerrechtlichen Vertrag eine grundgesetzwidrige Regelung vereinbart werden, wenn höherrangige Ziele, z. B. der Beitritt von deutschem Staatsgebiet, nur so erreicht werden können, und das auch nur „für eine Übergangszeit" (Urteil zum Saarvertrag mit Frankreich). Keinesfalls aber darf ein innerdeutscher Staatsvertrag, der nach deutscher Rechtsauffassung kein völkerrechtlicher Vertrag ist, eine derartige Regelung enthalten, die ja außerdem keineswegs für eine Übergangszeit gedacht ist. Auch aus diesem Grunde mußte de Maizière stets die UdSSR als Kronzeugin für das Restitutionsverbot benennen. Seine gleichlautende eigene Forderung allein hätte die Hürde deutschen Verfassungsrechts nicht übersprungen. Das wußte selbstverständlich auch Kinkel, der daher ebenso wie de Maizière mit Bedacht stets die angebliche Sowjetbedingung hervorhob; sie war das Entscheidende. Daß de Maizière vor dem Gericht – anders als am 3. 5. 1990 Kinkel gegenüber – auch von einer angeblichen DDR-Bedingung sprach, ist daher unerheblich, wenngleich unschädlich, quasi colorandi causa.

IV. Nachdem zwischenzeitlich mehrere Bundesminister, Staatssekretäre, Parlamentarier und eine Vielzahl der auf beiden Seiten an den Verhandlungen Beteiligten bestätigt haben, daß es die als entscheidungserheblich gewertete Vorbedingung nicht gegeben hat (s. auch Dr. Klaus Peter Krause, FAZ vom 10. 12. 1992), stellt sich die Frage, wie es dann mit der pflichtgemäßen Beurteilung der Bundesre-

gierung bestellt war. Das Gericht hatte seine Ablehnung nämlich darauf gestützt, die Regierung habe „unter diesen Umständen davon ausgehen (dürfen), daß die Chance zur Herstellung der Einheit Deutschlands nicht hätte genutzt werden können, wenn auf diese Bedingung nicht eingegangen worden wäre. Die Einschätzung dessen, was nach der Verhandlungslage erreichbar war, unterlag dabei der eigenverantwortlichen, pflichtgemäßen Beurteilung der Bundesregierung und entzieht sich der verfassungsgerichtlichen Nachprüfung" (BVerfGE 84, S. 128). Wie gezeigt, waren die Umstände und die Verhandlungslage nicht so, daß es der vom Gericht der Regierung eingeräumten pflichtgemäßen Beurteilung entsprach, unter dieser Bedingung die Festschreibung zu vereinbaren. Denn es hat eine derartige Vorbedingung weder von Seiten der UdSSR noch der DDR gegeben. Demzufolge verletzte es den Gleichheitsgrundsatz, den Einigungsvertrag mit dem Rückgabeverbot für diese Fallgruppe abzuschließen, was ihn insofern verfassungswidrig macht.

Das Gericht hat dabei mehrfach betont, daß die Umstände objektiv vorhanden gewesen sein müssen, d. h. die Vorbedingung muß tatsächlich gestellt worden sein. Es genügt nicht, wenn westdeutsche Regierungsvertreter nur geglaubt haben, sie sei gestellt worden, oder – wie Leutheusser-Schnarrenberger für ausreichend hält – sie werde gestellt werden. Es kann daher niemals pflichtgemäß sein, wenn die Regierung, ohne bei den obersten Sowjetführern nachzufragen, ob die Behauptung de Maizières vom 3. 5. 1990 oder irgendwelcher sowjetischer Beamten, die UdSSR bestehe auf der Festschreibung, stimmte und wenn ja, ob sie noch zum Zeitpunkt des Abschlusses des 2 + 4 -Vertrages am 12. 9. 1990 zutraf, obwohl aufgrund der vorliegenden Dokumente der UdSSR davon auszugehen war, daß mehr als die Anerkennung der Legitimität sowie ein Überprüfungsverbot nicht gefordert wurden.

Auch ist es nicht pflichtgemäß, wenn die Regierungsvertreter nicht erkannten, daß die UdSSR im Laufe der Verhandlungen keineswegs stärkere, sondern – z. B. durch Verzicht auf die im März 1990 erhobene Besitzschutzforderung – weniger weitreichende Forderungen stellte. Dies bestätigt auch Schewardnadse in seinen Memoiren. Noch weniger pflichtgemäß hätte die bundesdeutsche Delegation gehandelt, wenn sie sogar erkannt hätte, daß die UdSSR die Vorbedingung nicht gestellt hatte und trotzdem, der DDR und ihren eigenen fiskalischen Interessen zuliebe, davon ausging, sie sei gestellt worden, und dies dem Gericht dann so darstellte.

Leider wird man sogar von dieser schlimmeren Hypothese ausgehen müssen. Denn Anfang Mai 1990 stand fest, daß de Maizière die Festschreibung zwar wollte, aber wußte, daß er sie ohne die Hilfe der UdSSR nicht bekommen konnte. Am 15. 6. 1990 wird in der Gemeinsamen Erklärung die angeblich unverrückbare Auffassung der UdSSR wiedergegeben, daß sie „keine Möglichkeit sehe, die Maßnahmen zu revidieren". Nur wenige Tage später aber, am 22. 6. 1990, stand dann fest, daß die UdSSR diese von de Maizière als bestehend behauptete Bedingung nicht stellte, sondern nur, wie bisher schon, die Anerkennung der Legitimität sowie das Überprüfungsverbot forderte. Das war natürlich ein Dilemma für die beiden deutschen Staaten. Mit diesem sowjetischen Dokument war ein zu erwartender Prozeß vor dem Bundesverfassungsgericht nicht zu gewinnen. Denn diese Forderungen allein hätten die entscheidungserhebliche Behauptung, die Festschreibung sei eine sowjetische „conditio sine qua non" für ihre Zustimmung zur Wiedervereinigung gewesen, nicht stützen können. Wie z. B. hätte die deutsche Regierung beweisen wollen, daß die UdSSR die Rückgabe verboten hatte, wenn im 2 + 4 -Vertrag lediglich die Forderung nach Anerkennung der Legitimität enthalten war? Und die Behauptung, die Sowjets hätten zusätzlich zur

schriftlichen Legitimitätsforderung auch, aber nur mündlich, das Restitutionsverbot gefordert, wäre sehr unglaubhaft gewesen, solange schriftlich nur die Legitimitätsforderung vorlag. Warum, so hätte jedes Gericht gefragt, sollten die Sowjets das eine schriftlich, das andere aber nur mündlich fordern? Das hätte keinem Gericht plausibel gemacht werden können.

In dieser für die beiden deutschen Regierungen mißlichen Situation gab es nur zwei Möglichkeiten. Entweder man versuchte noch einmal, die UdSSR dazu zu bewegen, eine entsprechend weitergehende Bedingung zu stellen, die die Aneignung der Gegenstände durch den deutschen Fiskus dann verfassungsfest gemacht hätte, oder man bemühte sich, den störenden, da nicht weit genug gehenden Satz aus dem 2 + 4 -Vertrag herauszuhalten. Der Versuch, von den Sowjets die Bedingung zu erlangen, durfte nicht allzu auffällig gestaltet werden. Es wäre gar nicht auszudenken, was passiert wäre, wenn sich später einmal herausgestellt hätte, daß die Bedingung nur auf ausdrücklichen Wunsch der beiden deutschen Regierungen aufgenommen wurde. Deswegen blieb es, wie berichtet wird, auch nur bei einem Versuch, einem „In-den-Mund-Legen" seitens einiger westdeutscher Verhandlungsführer. Darauf aber konnte die UdSSR nicht eingehen, weshalb dieser Versuch nicht weiter verfolgt wurde.

Also mußte man den zweiten Weg gehen und versuchen, diesen aus Sicht der beiden deutschen Regierungen unglücklichen Satz mit der schlichten Legitimitätsforderung und dem Überprüfungsverbot aus dem 2 + 4 -Vertrag herauszuhalten. Die Bundesregierung begann daher, wie sie selber sagt, „in zähen Verhandlungen" die Sowjets darum zu bitten, diesen Satz nicht in den 2 + 4 -Vertrag aufzunehmen. Daß die Verhandlungen in Wahrheit so furchtbar zäh nicht gewesen sein können, ergibt sich allerdings daraus, daß die Sowjets ihrerseits bezüglich dieser Forderung unter dem Druck der Westalliierten standen, die keineswegs damit einverstanden waren, diesen Satz – geschweige denn einen weitergehenden – in einem völkerrechtlichen Vertrag zu akzeptieren, der ja auch ihr Vertrag war und bei dem es mit der Herstellung der vollen deutschen Souveränität um Fragen ganz anderer Art und vor allem anderer Bedeutung ging. Die drei Westmächte verlangten daher von den Sowjets, daß sie diese Forderung – wenn überhaupt – bilateral mit den Deutschen regeln müßten. Diese Verhandlungsschwäche der UdSSR war der deutschen Seite, d. h. dem federführenden Auswärtigen Amt, auch bekannt. Es nutzte sie geschickt und argumentierte zusätzlich, man wolle die deutschen Gerichte in der Eigentumsfrage nicht binden; dies sei in einem Rechtsstaat letztlich ohnehin nahezu unmöglich. Unabhängig davon, ob die vom Auswärtigen Amt vorgetragene Begründung völlig richtig war oder nicht, sie war jedenfalls erfolgreich. Denn die UdSSR ist auf die Bitte des Amtes, den Satz fallenzulassen, eingegangen. Möglicherweise auch oder im wesentlichen aufgrund des Drängens der Westalliierten. Daß außerdem ein Tauschangebot für die Lösung des Problems förderlich war, ist durchaus möglich. Dieses Angebot seitens des Amtes bestand darin, anläßlich der Unterzeichnung des 2 + 4 - Vertrages den erwähnten deutschen Begleitbrief auszuhändigen, wenn die Sowjets auf die Aufnahme des kritischen Satzes in den Vertrag verzichteten. Bereitwillig ging die UdSSR auf dieses Angebot ein, half es ihr doch aus der Klemme, in die sie sich durch ihre Maximalforderung vom 22. 6. 1990 gegenüber ihren westalliierten Partnern gebracht hatte.

Einen Schönheitsfehler hatte diese Lösung für die Sowjets allerdings. Er besteht darin, daß die völkerrechtliche Verbindlichkeit ihrer Forderung nunmehr nicht gegeben ist, ja daß man sie als von den Sowjets überhaupt als aufgegeben ansehen muß.

Denn der Begleitbrief verweist lediglich auf einen innerdeutschen Vertrag, der trotz seiner derzeitigen Verfassungsfestigkeit jederzeit durch den deutschen Gesetzgeber geändert werden kann, wenn die entsprechende Mehrheit im Parlament und die neuen Bundesländer zustimmen. Für das Auswärtige Amt wird zusätzlich zu dem störenden Charakter der Legitimitätsforderung als solcher auch das Wegverhandeln ihrer völkerrechtlichen Verbindlichkeit aus dem 2 + 4 -Vertrag ein Motiv gewesen sein, zumal es auch eine Forderung der Westalliierten darstellt, hinter denen es nicht zurückstehen durfte.

Den Sowjets war die Geringwertigkeit des einseitigen Begleitbriefes natürlich bekannt. Im Gegensatz zu der ursprünglichen Forderung nach einer völkerrechtlich verbindlichen Regelung hatte die UdSSR nun nicht mehr als eine einseitige Information der Deutschen erhalten, d. h. nicht einmal wenigstens deren einseitige Verpflichtungserklärung, die Rechtmäßigkeit nicht in Frage zu stellen, geschweige denn, keine Änderung des zwischen den beiden deutschen Staaten vereinbarten Restitutionsverbotes vorzunehmen. Daß die sowjetischen Diplomaten das auch so gesehen haben, zeigen die oben erwähnten Äußerungen Schewardnadses. Im Ergebnis steht daher fest, daß die Sowjets auf die aus Sicht der Geschädigten ohnehin recht harmlose, da einer Rückgabe nicht entgegenstehende Forderung, verzichtet haben. Ob dafür das Inaussichtstellen des Begleitbriefes ursächlich war oder die Forderung der Westalliierten oder die Einsicht, daß das Überprüfungsverbot ohnehin nahezu unmöglich ist, oder ob alle drei oder noch andere Motive ausschlaggebend waren, kann dahinstehen. Denn selbst wenn nachweisbar nur der Erhalt des Begleitbriefes das Motiv für den sowjetischen Verzicht auf ihre Forderung gewesen wäre, so würde aus der einseitigen Information der beiden deutschen Staaten über das zwischen ihnen vereinbarte Verbot der Rückgängigmachung noch keine sowjetische Vorbedingung. Die Behauptungen, daß es so gewesen sei, sind nicht zutreffend. Das gilt vor allem für die von Kastrup, zunächst sei es den Sowjets um die Legitimität gegangen und erst später auch um die Unumkehrbarkeit. Das läßt sich mit dem Dokument vom 22. 6. 1990 nicht mehr halten und schon gar nicht mit dem völligen Verzicht der Sowjets auf ihre Forderung im endgültigen 2 + 4 -Vertrag.

Den Umständen entsprechend zufrieden waren natürlich auch das für die Prozeßführung vor dem Bundesverfassungsgericht zuständige Justizministerium sowie das für die Finanzierung der Einheit zuständige Finanzministerium, das sich, nachdem der störende Satz wegverhandelt war, für den bevorstehenden Rechtsstreit vor dem Verfassungsgericht in einer gesicherten Position bezüglich des gestohlenen Volksvermögens fühlen konnte.

Denn die Bundesregierung war – allerdings nur scheinbar – aus dem Dilemma heraus, das das Papier vom 22. 6. 1990 bewirkt hatte, da der Widerspruch zwischen dem, was die UdSSR darin wirklich gefordert hatte (Legitimität/Überprüfungsverbot), und dem, was zum Gewinnen des Verfassungsgerichtsprozesses nötig war (Bedingung), nicht mehr sichtbar war. Im Gegenteil: Durch den Begleitbrief sollte der Anschein erweckt werden, als sei man mit der Festschreibung der „Bodenreform" im Einigungsvertrag einer sowjetischen Forderung gefolgt. Die Wahrheit sieht anders aus und kommt mehr und mehr ans Licht.

V. Mittlerweile behauptet auch die Bundesjustizministerin nicht mehr, daß eine Vorbedingung gestellt worden sei. Aber sie klammert sich immer noch an den Begleitbrief und behauptet, daß es Geschäftsgrundlage für den 2 + 4 -Vertrag gewesen sei, daß die deutschen Staaten miteinander vereinbaren, ihren Bürgern die von 1945 bis 1949 konfiszierten Gegenstände nicht zurückzugeben, und deswegen dürfe

der deutsche Fiskus die Gegenstände wegen des im Völkerrecht geltenden Grundsatzes des „Verbots widersprüchlichen Verhaltens" nicht herausgeben.

Zunächst einmal ist es fraglich, ob hier überhaupt ein Fall der Geschäftsgrundlage im Völkerrecht vorliegt, denn auch dort gilt nur das als Geschäftsgrundlage, worüber nicht verhandelt wurde und was trotzdem nach den – unausgesprochenen – Vorstellungen der Parteien für den Vertragsschluß wesentlich war. Hier aber ist über den Komplex „besatzungsrechtliche Enteignungen" intensiv verhandelt worden. Damit dürfte die Theorie von der Geschäftsgrundlage bezüglich des Restitutionsverbotes als solche bereits in sich zusammenfallen. Auch aus einem anderen Grund kann man nicht von Geschäftsgrundlage sprechen, denn diese liegt nur dann vor, wenn beide Seiten das Nichtvereinbarte gewollt haben. An dieser Beidseitigkeit fehlt es jedoch in jedem Fall, da nicht einmal die Bundesregierung behauptet, daß sie das Restitutionsverbot gewollt habe. Es mag für manchen der genannten Politiker ein wünschenswertes Ziel gewesen sein, aber offiziell wollen durfte es außer Modrow niemand. Und Motive sind auch im Völkerrecht unbeachtlich. Deshalb könnte man allenfalls von einer auch im Völkerrecht unerheblichen „Geschäftsgrundlage sui generis" sprechen. Gänzlich unzweifelhaft ist es jedoch, daß eine derartige Geschäftsgrundlage mit der UdSSR – und nur auf die kommt es an – mit dem Inhalt eines Restitutionsverbots nicht dadurch entstehen kann, daß die deutschen Regierungen den Sowjets einen Brief schreiben und diese darin über einen Vertrag informieren, den sie mit einem gänzlich anderen Inhalt geschlossen haben als der Forderung, die die Sowjets zuletzt am 22. 6. 1990 erhoben hatten. Inhaltlich aber haben die wegverhandelte Legitimitätsforderung und das Restitutionsverbot nichts miteinander zu tun: Wer Anerkennung der Legitimität und ein Überprüfungsverbot fordert, braucht nichts gegen Restitution zu haben, und wer Restitution verbietet, garantiert nicht, daß die andere Seite nicht auf die Anklagebank gesetzt wird.

Insgesamt gesehen ist es ungewöhnlich, daß die Regierung nach Übermittlung des Vertragsentwurfs vom 22. 6. 1990 den sie störenden – aus Sicht der Betroffenen jedoch harmlosen – Satz wegverhandelt, dann aber, nachdem ihr dies gelungen ist, behauptet, eine materiell viel weitergehende Regelung in einem anderen Vertrag sei Geschäftsgrundlage gewesen, d. h. auch für die Bundesrepublik Deutschland und die Westalliierten (!), so daß man – zum Bedauern der Regierung – die Gegenstände nicht zurückgeben, sondern nur verkaufen dürfe. Solange also von der Bundesregierung nicht Dokumente vorgelegt werden – unter Umständen nur den Gerichten, wenn, wie regierungsseitig behauptet wird, mit der UdSSR Geheimhaltung vereinbart wurde (was allerdings nach dem Auftauchen der Unterlagen auch unglaubhaft geworden ist) –, die belegen, daß die zunächst von Kinkel und nunmehr von Leutheusser-Schnarrenberger behauptete Geschäftsgrundlage erst nach dem 22. 6. 1990 entstanden ist, und solange die erwähnten Zeitzeugen ihre Aussagen nicht widerrufen, solange muß davon ausgegangen werden, daß sich die Geschäftsgrundlage nach dem 22. 6. 1990 nicht im Sinne eines Restitutionsverbotes zulasten der Enteigneten verschlechtert hatte. Dies bestätigte auch der Staatssekretär beim Ministerpräsidenten der DDR, Dr. Klepel, noch am 23. 8. 1990: In der Grundeigentumsfrage habe es keinen Druck aus Moskau gegeben. (Dohna, „Bodenreformen in Deutschland", S. 34). Selbst wenn man aber einmal unterstellte, das Justizministerium hätte mit seiner Theorie von der Geschäftsgrundlage recht, so wäre diese jedoch mittlerweile weggefallen, da die UdSSR, die sie gefordert haben soll, weggefallen ist und keiner ihrer Nachfolgestaaten fortfährt, derartige sozialistische Forderungen zu erheben. Nach Wegfall der Geschäftsgrundlage

muß ein verfassungsgemäßer Zustand wiederhergestellt werden, so daß die Zurückhaltung der Gegenstände durch den Staat auch aus diesem Grunde rechtswidrig wäre. Und nur so wird widersprüchliches Verhalten des Staates vermieden. Wer die angeblich aufgedrängte Bereicherung so zäh zu verhindern versucht hatte, handelt widersprüchlich, wenn er die Gegenstände heute entgegen seiner in den zähen Verhandlungen zum Ausdruck gekommenen Absicht behält. Der Staat muß sich daher heute genau so verhalten, wie er es selbst der UdSSR gegenüber angeblich gefordert hatte, d. h. er muß die Gegenstände zurückgeben.

VI. Ob das Bundesverfassungsgericht diese Sachlage hätte erkennen können und damit zu einer anderen Entscheidung kommen müssen, ist hier nicht zu untersuchen. Aber bei pflichtgemäßer Beurteilung der Vielzahl neuer Tatsachen und der Aussagen der erwähnten Zeugen sollte es zu einer Überprüfung seiner – auch in rechtlicher Hinsicht – vielfach angezweifelten Entscheidung kommen, auch um die international in Frage stehende Reputation wieder zu verbessern. So schrieb z. B. J. J. Doyle im Michigan Journal of International Law (1992 Vol. 13, Nr. 4 S. 862), daß "its effects on the future jurisprudence of Germany are thus incalculable". Das ist wohl das Schlimmste, was von der Entscheidung eines Verfassungsgerichts gesagt werden kann.

VII. Unabhängig jedoch von einer eventuellen neuen Entscheidung des Bundesverfassungsgerichts kann es nicht als pflichtgemäß bezeichnet werden, wenn die Regierung nach mehr als zwei Jahren die Gegenstände noch immer nicht zurückgibt, obwohl deren Einbehaltung nicht einmal vom Gericht gefordert wurde. Dieses spricht vielmehr vom Erfordernis der Wiedergutmachung und verweist dabei ausdrücklich auf die Möglichkeit des Rückerwerbs. Dabei könnte – soweit heute im Eigentum der öffentlichen Hände befindlich – wertmäßig ein Viertel des Konfiszierten kostenlos zurückgegeben werden. Damit würde man der vom Gericht für gerecht erachteten Kostentragungspflicht entsprechen: Ein Viertel der Kosten war nämlich der Bundesrepublik Deutschland auferlegt worden, obwohl sie obsiegt hatte. Für den Rest könnte man ein Rückkaufsrecht vorsehen, bei dem der Kaufpreis mit dem Ausgleichsanspruch für das nicht mehr Rückgebbare verrechnet werden könnte. Daß dabei bestehende Pacht- und Mietverhältnisse auch langfristig beachtet werden müssen, ist selbstverständlich, ebenso wie die zeitlich zu staffelnde Leihpflicht bei Kunstgegenständen. Nur so kann das von den Betroffenen erbrachte und für die Wiedervereinigung angeblich erforderliche Sonderopfer Rechtsfrieden stiftend ausgeglichen werden, und nur so kann noch vermieden werden, daß der Beginn der deutschen Einheit mit einem schweren Verfassungsverstoß belastet bleibt. Nur so können weitere gigantische Kosten vermieden werden, die das gegenwärtige Modell von Waigel u. a. dadurch verursacht, daß es Landvermessung und Flurbereinigung erforderlich macht (Prof. Schaefer-Kehnert, FAZ 29. 12. 1992).

Gegenwärtig fühlen sich die Betroffenen diskriminiert. Die Rückgabe ihres Eigentums wird ihnen verweigert, die Gegenstände vor ihren Augen von der öffentlichen Hand an Dritte verkauft. Die Betroffenen sind ohnmächtig, da sie nach deutschem Recht beweisen sollen, aber nicht beweisen können, was zum Greifen naheliegt, daß die sowjetische Vorbedingung eine Legende ist. Die Dokumente, mit denen sie den Nachweis der Legende glauben erbringen zu können, werden ihnen bis heute (Januar 1993) vorenthalten. Das ist eines Rechtsstaates nicht würdig. Das Vertrauen in die dafür Verantwortlichen, Institutionen wie Personen, ist zur Zeit auf das Stärkste erschüttert.

THEO WAIGEL

Aspekte der Tätigkeit der Bundesfinanzverwaltung in den neuen Ländern

In Mecklenburg-Vorpommern faszinieren nicht nur das Meer und die vielen Seen, die Besucher werden auch beeindruckt von den Kirchen der Backsteingotik und den zahlreichen Burgen und Schlössern. Der vorliegende Band kommentiert anschaulich die große Vielfalt und den kulturellen Reichtum, der in den Schlössern, Burgen und Gutshäusern in Mecklenburg-Vorpommern zum Ausdruck kommt. Trotz der Zerstörungen des Krieges und der Mangelverwaltung in der sozialistischen Planwirtschaft konnte in Mecklenburg-Vorpommern ein großes kulturelles Erbe erhalten bleiben.

Kultur ist ein Stück Heimatgefühl. Daher ist die Erhaltung der kulturellen Substanz in den jungen Bundesländern gerade in einer Zeit des Umbruchs und der Unsicherheit besonders wichtig. Und neben der gemeinsamen Sprache waren und sind Kunst und Kultur ein entscheidendes Bindeglied für die Einheit der Nation. Nicht zuletzt daraus resultierte auch die Wiedergewinnung der staatlichen Einheit Deutschlands, an die bis vor einigen Jahren nur wenige geglaubt hatten.

Die Renovierung dieser historischen Schmuckstücke mag für viele Menschen heute nicht als vordringliche Aufgabe bei der Vollendung der Deutschen Einheit erscheinen. Doch in einigen Jahren könnte der weitere Verfall zu unwiederbringlichen Verlusten führen. Es wäre ein großer Fehler und falsch verstandene Sparsamkeit, die Pflege von Kulturdenkmälern aus Kostengründen zu unterlassen. Daher hat der Bund auch in Zeiten großer finanzpolitischer Herausforderungen erhebliche Fördermittel

zum Erhalt der Kulturgüter in den neuen Bundesländern bereitgestellt.

Nach der Ordnung unseres Grundgesetzes ist der Erhalt der kulturellen Identität der Länder und Regionen aus guten Gründen Sache der Bundesländer. Dennoch unterstützt der Bund diese wichtige Aufgabe nicht nur duch finanzielle Förderung im Bereich der Denkmalpflege. Soweit der Bund nach dem Einigungsvertrag Eigentümer von Schlössern und anderen kulturellen Zwecken dienenden Gebäuden geworden ist, habe ich mich für einen Haushaltsvermerk eingesetzt, der es ermöglicht, die genannten Liegenschaften in erster Linie den Ländern, aber auch den Kommunen unentgeltlich zu übertragen. Dies entspricht meiner Auffassung von einer richtig verstandenen föderalen Ordnung.

Damit werden Ausnahmen vom Grundsatz des § 63 Abs. 3 Bundeshaushaltsordnung zugelassen, der eine Veräußerung von Vermögen des Bundes nur zum vollen Wert zuläßt. Das Verbilligungsprogramm erlaubt in den neuen Bundesländern, einschließlich des Ostteils von Berlin, Preisabschläge von bis zu 80 Prozent vom vollen Wert beim Verkauf entbehrlicher bundeseigener Grundstücke vor allem für soziale Zwecke wie den sozialen Wohnungsbau, den Bau von Studenten- und Altenheimen, Kinder- und Jugendhilfeobjekte, Beratungsstellen für Suchtgefährdete, Einrichtungen für geistig und körperlich Behinderte sowie für Frauenhäuser.

Dazu kommt die unentgeltliche Abgabe von bundeseigenen Schlössern, Burgen, sakralen und kulturellen Bauten sowie von Sportanlagen und Wohnungen der früheren sowjetischen Streitkräfte. Die Wohnungen der ehemaligen Nationalen Volksarmee sollen zu 50 Prozent unter Wert veräußert werden. Einige der bisher schon bestehenden Verbilligungsregelungen sind auch für die alten Bundesländer vorgesehen.

Die Verbilligungen gelten auch für das vom Bund treuhänderisch verwaltete Finanzvermögen nach Art. 22 Abs. 1 des Einigungsvertrages, sofern die neuen Länder und Berlin, denen dieses Vermögen wirtschaftlich zur Hälfte gehört, zustimmen. Darunter fallen beispielsweise auch Grundstücke in Rechtsträgerschaft der früheren Parteien und Massenorganisationen.

Das neue Verbilligungskonzept ist eine deutliche Erweiterung der bereits seit 1992 geltenden Regelungen. Damit ist ein weiterer Schritt zur Belebung des Grundstücksmarktes in den neuen Bundesländern getan.

Die kostenlose Abgabe bestimmter Objekte wie z. B. Burgen und Schlösser verfolgt einen anderen Zweck. Der örtliche Bezug dieser Objekte ist meist stark ausgeprägt. Vielfach bestimmen sie das Ortsbild. Daher sollten die Gebäude der Stadt oder Gemeinde oder dem Land gehören, mit der oder dem das betreffende Bauwerk in Verbindung gebracht wird.

In der Bevölkerung hatte die kostenlose Abgabe von Burgen, Schlössern und ähnlichen Bauten ein großes Echo gefunden. Mich erreichten zahlreiche Eingaben von Bürgern, die für die genannten Objekte großes Interesse zeigten.

Im Einzelfall soll auch ermöglicht werden, die genannten Bauten an Privatleute zu übertragen. Dies setzt allerdings voraus, daß der Erwerber ein langfristiges, finanziell abgesichertes Konzept vorlegt, das den Erhalt des Bauwerks sicherstellt. Ich halte diese Lösung für sinnvoll, weil so Privatleute einen Beitrag zum Denkmalschutz leisten und überdies Kulturliebhabern die Möglichkeit zur Erhaltung von historischen Gebäuden gegeben wird.

In diesem Zusammenhang möchte ich einen Punkt des Einigungsvertrages ansprechen, der viel Enttäuschung, ja zum Teil Verbitterung ausgelöst hat. Bei den sogenannten 2+4-Verhandlungen, die den Weg zur Deutschen Einheit eröffneten, konnte keine Korrektur der Enteignungen unter sowjetischer Besatzung erreicht werden. In Ziffer 1 der „Gemeinsamen Erklärung" der Regierungen der Bundesrepublik Deutschland und der Deutschen Demokratischen Republik zur Regelung offener Vermögensfragen vom 15. Juni 1990 wurde akzeptiert, Enteignungen auf besatzungsrechtlicher bzw. besatzungshoheitlicher Grundlage (1945 – 1949) nicht mehr rückgängig zu machen. Für viele Menschen, die in dieser Zeit schweres Unrecht erlitten hatten, bedeutete diese Regelung das Ende einer still gehegten Hoffnung. Gewiß, der materielle Schaden wird durch Entschädigung jedenfalls teilweise ausgeglichen, der ideelle Verlust bleibt jedoch. Ich befürworte, daß den Enteigneten zumindest die Möglichkeit des Rückerwerbs eingeräumt wird. Im Bereich der Land- und Forstwirtschaft wurden Sonderbedingungen geschaffen, die den ehemaligen Eigentümern den Rückerwerb erleichtern.

Wichtig erscheint mir, das für öffentliche Zwecke nicht benötigte ehemals volkseigene Vermögen zu privatisieren. Nur mit Privatinitiative und dem Einsatz von Privatkapital kann der wirtschaftliche Aufbau in den neuen Ländern gelingen. Der Staat ist gar nicht in der Lage, dies allein zu tun. Wer das bestreitet, folgt den Anhängern der Planwirtschaft, deren Scheitern sich in der ehemaligen DDR eindrucksvoll offenbart hat.

Im Übrigen sehe ich bei der Privatisierung nicht nur ökonomische Aspekte. Eigentum ist nach unserer Verfassung auch ein Grundrecht, das zur Selbstverwirklichung des Menschen dient.

An dieser Stelle will ich auch ein klares Bekenntnis zum Privatisierungsauftrag der Treuhandanstalt ablegen, der ihr vom Gesetzgeber gestellt worden ist. Durch Privatisierung konnten mittlerweile annähernd 1,4 Mio Arbeitsplätze gesichert und Investitionen in Höhe von 65,1 Mrd DM vereinbart werden. Damit hat die Treuhandanstalt in kurzer Zeit einen bemerkenswerten Erfolg erzielt.

Privatisiert werden muß nicht nur das industrielle Vermögen, sondern privatisiert werden müssen auch die umfangreichen Liegenschafen, die der Einigungsvertrag Bund, Ländern und Kommunen zugewiesen hat und die für öffentliche Zwecke entbehrlich sind. Die Bundesvermögensverwaltung ist bemüht, die ihr unterstehenden Objekte im Einvernehmen mit den öffentlichen Stellen einer zweckmäßigen Nutzung zuzuführen. Oft müssen dabei unkonventionelle Lösungen gefunden werden, weil die besonderen Probleme in den neuen Ländern es erfordern.

Der Liegenschaftsbestand des Bundes in den neuen Ländern ist zu einem erheblichen Teil früheres Reichsvermögen, das dem Bund gemäß Einigungsvertrag zusteht. Der Rechtsansicht, Teile des Reichsvermögens stünden den Ländern zu, vermag ich mich nicht anzuschließen. Art. 21 Abs. 3 und Art. 22 Abs. 1 Satz 7 des Einigungsvertrages ordnen das ehemalige Reichsvermögen eindeutig dem Bund zu. Für die Aufteilung des früheren Preußenvermögens ist ebenfalls ausschließlich der Einigungsvertrag maßgebend. Eine Sonderrechtsnachfolge der Bundesländer für das auf ihrem Gebiet belegene Vermögen des früheren Freistaates Preußen ist meines Erachtens juristisch nicht zu begründen.

Der Bund ist durch den Einigungsvertrag Eigentümer großer Waldflächen in den neuen Ländern geworden. Dabei handelt es sich um ca. 290 000 ha Forstbetriebsfläche, also Wald im herkömmlichen Sinne, sowie ca. 170 000 ha Freigelände (in der Regel Brachflächen auf Truppenübungsplätzen). Ein Großteil des in Mecklenburg-Vorpommern belegenen bundeseigenen Forstes befindet sich in den Nationalparks Müritz und Vorpommersche Bodenlandschaft. Zur Verwaltung und Bewirtschaftung dieser Flächen wurden 33 Bundesforstämter sowie 214 Forstreviere eingerichtet. Ein Großteil der Forsten ist derzeit noch militärisch genutzt. Es handelt sich dabei um Übungsplätze der ehemaligen NVA oder der Westgruppe der Streitkräfte der ehemaligen Sowjetunion. Wenn der Bundesminister der Verteidigung über die Freigabe dieser militärisch genutzten Flächen entschieden hat, können sie verwertet werden. Es ist geplant, diese Flächen an Länder und Kommunen sowie interessierte Privatleute zu veräußern.

Ein besonderes Problem stellen die Liegenschaften der GUS-Streitkräfte in den neuen Ländern dar. Auf Kasernen und Übungsplätzen sind erhebliche Umweltschäden registriert worden. Die Werthaltigkeit der belasteten Grundstücke wurde häufig von der Militärverwaltung der GUS-Streitkräfte nicht richtig eingeschätzt. Ein Verkauf scheiterte daher vielfach an den mit den Altlasten verbundenen Bewertungsfragen.

Die im Dezember vergangenen Jahres in Moskau abgegebene Gemeinsame Erklärung zwischen dem Bundeskanzler und dem Präsidenten der Russischen Föderation hat gegenüber den bis dahin geltenden Bestimmungen des Überleitungsvertrages die Verwertung der von der Westgruppe der ehemaligen sowjetischen Streitkräfte genutzten Liegenschaften wesentlich erleichtert. Damit entfallen die Probleme, die bei dem Verkauf solcher Objekte an private und öffentliche Investoren bisher bestanden haben. Zudem werden wichtige Verbesserungen für die zivile Infrastruktur in Städten und Gemeinden ermöglicht.

Eine besondere Bedeutung für die Entwicklung in den neuen Ländern hat die Zuordnung des ehemaligen volkseigenen Vermögens. Der Einigungsvertrag hat materiell geregelt, welches Vermögen Bund, Länder, Gemeinden und andere Träger der öffentlichen Verwaltung sowie die Treuhandanstalt erhalten. Das Verfahren ist im Vermögenszuordnungsgesetz geregelt, das die Präsidentin der Treuhandanstalt für die der Treuhandanstalt übertragenen Vermögenswerte sowie die örtlich zuständigen Präsidenten der Oberfinanzdirektion für das übrige volkseigene Vermögen als Zuordnungsstelle bestimmt hat. Inzwischen ist ein erheblicher Teil der vorliegenden Anträge, insbesondere auf Übertragung von Kommunaleigentum, bereits abschließend erledigt. Damit sind in vielen Fällen die rechtlichen Voraussetzungen für das Umsetzen geplanter Investitionen geschaffen.

Dieses Buch soll möglichst viele Menschen anregen, ein schönes Stück Deutschland zu entdecken und auf diese Weise einen Beitrag zur Herstellung der inneren Einheit der Nation zu leisten.

GÜNTER REXRODT

Auftrag und Gestaltungsrahmen der Treuhandanstalt bei der Privatisierung land- und forstwirtschaftlicher Flächen in den neuen Ländern

Die Treuhandanstalt, die mit dem Treuhandgesetz vom 17. 6. 1990 in ihrer jetzigen Form geschaffen wurde, ist eine bundesunmittelbare Anstalt des öffentlichen Rechts. Sie hat die Aufgabe, das ehemals volkseigene Vermögen der früheren DDR zu privatisieren.

Dieses Vermögen besteht im wesentlichen aus enteignetem Grund und Boden nebst aufstehenden Baulichkeiten und desweiteren aus neu entstandenen Unternehmen der früheren DDR sowie aus früher staatlichen oder kommunalen Vermögenswerten.

Enteignungen haben stattgefunden vor 1945 in der Zeit der nationalsozialistischen Diktatur, ferner auf besatzungsrechtlicher oder besatzungshoheitlicher Grundlage durch die sowjetische Administration in Deutschland zwischen 1945 und 1949 sowie nach 1949 aus unterschiedlichen Gründen durch die Regierung der damaligen DDR.

Für den Bereich der Land- und Forstwirtschaft in den neuen Bundesländern hat die Treuhandanstalt den Auftrag erhalten, sogenannte ehemalige volkseigene Betriebe der ersten Verarbeitungsstufe, die ehemals volkseigenen Güter (VEG), landwirtschaftliche, forstwirtschaftliche sowie fischereiwirtschaftliche Nutzflächen zu privatisieren.

Dabei ist nach dem Gesetz zur Regelung offener Vermögensfragen ein großer Teil dieses enteigneten land- und forstwirtschaftlichen Vermögens den früheren Eigentümern zurückzuerstatten. Ausgenommen hiervon sind vor allem die Enteignungen, die zwischen 1945 und 1949 auf der Grundlage von besatzungsrechtlichen und besatzungshoheitlichen Entscheidungen durchgeführt worden sind.

Obwohl die Treuhandanstalt grundsätzlich berechtigt ist, über Vermögen aus den Enteignungen auf besatzungsrechtlicher und besatzungshoheitlicher Grundlage der sowjetischen Militäradministration in Deutschland zwischen 1945 und 1949 zu verfügen, hat sie bislang keine Verkäufe oder langfristige Verfügungen getroffen, wenn nicht nach dem Gesetz über besondere Investitionen dringliche Vorhaben vorliegen, z. B. die Schaffung von Arbeitsplätzen insbesondere in Gewerbebetrieben, im Wohnungsbau und in der Infrastruktur.

Der Treuhandanstalt sind auch hoheitliche Aufgaben zugeordnet wie Erfassung, Aussonderung der Flächen, Vermögenszuordnung sowie Investitionsvorrangentscheidungen.

Es bleibt aber abzusehen, daß sich die Privatisierung der land- und forstwirtschaftlichen Flächen über einen Zeitraum von mehreren Jahrzehnten erstrecken wird. Diese Aufgabe hat die Bodenverwertungs- und -verwaltungsgesellschaft mbH (BVVG) übernommen.

Einen weiteren Schwerpunkt der Privatisierungsarbeit der Treuhandanstalt bildet die Umformung der sogenannten volkseigenen Güter in privatwirtschaftlich organisierte Formen. Es handelt sich hierbei um 514 Unternehmen mit mehr als 1 400 Teilbetrieben, die auf einer Fläche von insgesamt rund 290 000 ha wirtschaften. 104 dieser Güter waren nach derzeitigen Erkenntnissen vor dem 8. Mai 1945 zweifelsfrei Eigentum von Gebietskörperschaften; sie sind an diese zurückzuübertragen.

Die Privatisierung und auch die Reprivatisierung an restitutionsberechtige Alteigentümer erweist sich im besonderen Maß als schwierig; der Grund hierfür liegt in der sehr unterschiedlichen Herkunft der Vermögenswerte, die in diesen Gütern zusammengefaßt sind. Es handelt sich hierbei um Flächen, die aus Privatbesitz stammen, der zwischen den Jahren 1945 und 1949 enteignet wurde, als auch um Werte, die aus anderen Enteignungen stammen. Während die ersteren Enteignungen bestandskräftig sind, sind die letzteren rückgängig zu machen. Zum anderen handelt es sich, wie bereits erwähnt, um Eigentum von Gebietskörperschaften, die ebenfalls einen Restitutionsanspruch haben. Überlagert wird diese Eigentumsproblematik von Entflechtungsansprüchen ehemaliger landwirtschaftlicher Produktionsgenossenschaften bzw. jenen ihrer Rechtsnachfolger. In allen diesen Fällen müssen Entflechtungsbilanzen erstellt werden zur Abgrenzung und Ausgleichung der unterschiedlichen vermögensrechtlichen Ansprüche. Die Zuordnung der in diesen Betrieben aufgelaufenen Altschulden und die laufenden Verluste sowie die Kosten des erforderlichen Personalabbaus stellen weitere Hemmnisse bei der zügigen Umsetzung des gesetzlichen Treuhandauftrages dar.

Gut 2 Millionen ha ehemaliger Volkswald sind neben den ebenfalls rund 2 Millionen ha landwirtschaftlicher Flächen zu privatisieren bzw. an Bund, Länder und Gemeinden mit gesetzlichen Rückgabeansprüchen zu übertragen. Etwa 1,3 Millionen ha dieses Waldes gehen an die vorgenannten Gebietskörperschaften zurück, so daß ca. 700 000 ha für die eigentliche Privatisierung bzw. Reprivatisierung zur Verfügung stehen.

Neben dem privatwirtschaftlich organisierten und nach privatrechtlichen Regeln durchzuführenden Privatisierungsgeschäft, d. h. der Veräußerung von Grundstücken und Vermögenswerten sowie auch der Verpachtung, hat die Treuhandanstalt als Anstalt öffentlichen Rechts auch eine Reihe hoheitlicher Aufgaben in diesem Zusammenhang zu erledigen. Zu den umfangreichen und auch für den Fortgang des Geschäfts bedeutendsten Aufgaben zählen die Mitwirkung bei der Rückgabe von Vermögenswerten an Privatpersonen und die formelle Vermögenszuordnung durch Bescheid als Grundlage für die Eintragung der berechtigten Eigentümer in die neu- bzw. wiederanzulegenden Grundbücher.

Angesichts der großen Zahl von mehr als 3 Millionen Flurstücken, deren eigentumsrechtliche Vergangenheit bis 1933 zurückverfolgt und abgeklärt werden muß, bevor eine derartige Vermögenszuordnung erfolgen kann, ist allein schon nachzuvollziehen, daß diese Aufgabe nicht im Handumdrehen zu erledigen ist. Hinzu kommt als wesentliches Hemmnis die nach wie vor bestehende Schwierigkeit, überhaupt an verläßliche Unterlagen der Tatbestände heranzukommen. Hier muß in Einzelfällen im wahrsten Sinne des Wortes detektivische Kleinarbeit geleistet werden.

Eine ähnliche Problematik sowohl von der Menge als auch von der Komplexität der Vorgänge stellt sich für den Bereich der Rückgabe von Vermögenswerten an frühere Eigentümer. Hier ist zwar die Treuhandanstalt nicht das entscheidende Organ. Der eigentliche Rückübertragungsakt und im Regelfall auch die Klärung der Eigentumsverhältnisse werden von den Ämtern zur Regelung offener Vermögensfragen und bei Unternehmensrückgaben durch die Landesämter zur Regelung offener Vermögensfragen durchgeführt. Die Treuhandanstalt muß jedoch bei der tatsächlichen Abgrenzung der Vermögenswerte und Übergabe an die alten und wieder neuen Eigentümer mitwirken und in gesetzlich bestimmten Fällen Ausgleichsforderungen und

-zahlungen für Verschlechterungen oder Verbesserungen der Vermögens- oder Ertragslage enteigneter Unternehmen feststellen und abwickeln.

Große Erleichterung für die weitere Arbeit der Treuhandanstalt wird die flächendeckend in Angriff genommene Erfassung und Kartierung aller Treuhandliegenschaften mit sich bringen. Sie wird aber auch jedermann plastisch vor Augen führen, daß es sich bei den großen Wirtschaftseinheiten in Wahrheit um Streubesitz verschiedener Eigentümer und Anspruchsberechtigter handelt.

Da die Privatisierung der land- und forstwirtschaftlichen Flächen auf die Bodenverwertungs- und verwaltungsgesellschaft mbH übertragen wurde, hat die Treuhandanstalt zur Gewährleistung einer einheitlichen Verfahrenweise nach ihren gesetzlichen Vorgaben hierzu eine Richtlinie erlassen, die nach Abstimmung mit der Bundesregierung und den neuen Bundesländern grundsätzlich auch auf die von der Treuhand selbst privatisierten ehemaligen volkseigenen Güter angewendet wird. Auch die forstwirtschaftlichen Flächen sollen trotz ihrer Besonderheiten, soweit möglich, nach dieser Vorgehensweise behandelt werden.

Auf dieser Grundlage besteht nunmehr ein breiter politischer Konsens darüber, daß zunächst in der Regel landwirtschaftliche Grundstücke langfristig verpachtet werden und Verkäufe im größeren Umfang einer späteren Phase (ab dem Wirtschaftsjahr 1995/96) vorbehalten sind. Der Verkauf von landwirtschaftlichen Flächen zu außerlandwirtschaftlichen Verwendungszwecken ist allerdings nach wie vor möglich.

Die Interessenten sollen einen Zuschlag für eine langfristige Pachtung nur dann bekommen, wenn ihre berufliche Qualifikation und das betriebliche Konzept eine sinnvolle Nutzung gewährleisten er-scheinen lassen. Liegen für dieselben Flächen mehrere gleichwertige Angebote vor, ist der Zuschlag nach folgender Reihenfolge zu erteilen, sofern der übliche Pachtzins geboten wird: Zunächst sind Wiedereinrichter mit und ohne Restitutionsanspruch sowie deren Erben sowie ortsansässige Neueinrichter, die entweder am 3. Oktober 1990 ortsansässig waren oder deren Pachtantrag sich auf Flächen bezieht, die sie zum Zeitpunkt der Antragstellung bereits bewirtschaften, begünstigt.

Beteiligt sich ein Wiedereinrichter, dem Vermögenswerte durch Enteignungen auf besatzungsrechtlicher oder besatzungshoheitlicher Grundlage entzogen worden sind, oder dessen Erbe am Bieterverfahren, so ist er im Sinne eines Interessenausgleichs zu berücksichtigen, wenn sein Betriebskonzept mit dem anderer Bieter der vorstehenden Kategorie gleichwertig ist.

Erst in zweiter Linie kommen LPG-Nachfolgeunternehmen für einen Pachtzuschlag in Frage und an dritter Stelle rangieren solche Neueinrichter, die am 3. Oktober 1990 noch nicht ortsansässig waren, aber bereits ein Unternehmen bewirtschaften und zusätzliche Flächen pachten möchten.

Führt die Verpachtung nach diesen Kriterien dazu, daß die Existenz anderer Betriebe durch den Entzug bisher bewirtschafteter Flächen ernsthaft gefährdet wäre, so sind die Betriebe so zu berücksichtigen, daß ihre wirtschaftliche Existenz weiterhin gesichert ist.

Die Pächter sind zur Selbstbewirtschaftung verpflichtet; davon kann allerdings aus triftigen persönlichen Gründen für eine Übergangszeit im Einzelfall eine Ausnahmegenehmigung erteilt werden.

Es besteht die erklärte politische Absicht, in einer späteren Phase mit einem Landerwerbs- und Siedlungsprogramm die breite Eigentumsbildung in der Hand natürlicher Personen zu fördern. Begünstigte werden aller Voraussicht nach solche Personen sein, die am oder vor dem 3. Oktober 1990 in den neuen Bundesländern ortsansässig waren und selbständig wirtschaftende, persönlich haftende Inhaber landwirtschaftlicher Unternehmen sind.

Zugunsten früherer Eigentümer landwirtschaftlicher Flächen, die infolge von Enteignungen Ausgleichs- oder Entschädigungsansprüche gegen den Entschädigungsfonds haben, soll diese Unterstützung statt durch Geldleistung auch durch Übereignung landwirtschaftlicher Flächen einschließlich aufstehender Gebäude erbracht werden können.

Es bleibt dem Gesetzgeber vorbehalten, Eckdaten dieser Förderprogramme festzulegen.

Eine vollständige Darstellung der Spezifika des landwirtschaftlichen Privatisierungsauftrages der Treuhandanstalt sprengt den Rahmen dieses Beitrags. Es sei der Vollständigkeit halber, weil für den Titel dieses Buches von Bedeutung, darauf hingewiesen, daß der vermutlich größte Teil der bedeutenden Schlösser und Herrenhäuser dieses Landes trotz seiner landwirtschaftlichen Herkunft nicht der landwirtschaftlichen Unternehmensgruppe der Treuhandanstalt zugeordnet ist. Zahlreiche herausragende Objekte sind heute dem kommunalen Eigentum zugeordnet oder befinden sich in der Obhut der Gremien, die über das Sondereigentum der Massenorganisationen und das sonstige Finanzvermögen des Bundes zu entscheiden haben. Die jeweilige Zugehörigkeit richtet sich nach den zwischenzeitlichen Nutzungen, z. B. als Ferienobjekt des Gewerkschaftsbundes oder seiner Zuordnung zum Vermögen der Parteien, des Ministeriums für Staatssicherheit oder der Nationalen Volksarmee.

Anmerkung:
Der Autor hat den Beitrag noch in seiner Funktion als Mitglied des Vorstandes der Treuhandanstalt verfaßt.

UWE LÜHR
Die Enteignungen von 1945 bis 1949 aus heutiger Sicht

Die Enteignungen, die auf dem Gebiet der ehemaligen DDR nach 1945 vorgenommen worden sind, waren und bleiben schwerwiegendes Unrecht. Die F.D.P. hat von Anfang an erklärt, daß die Forderung, die Enteignungen der Jahre 1945 bis 1949 unangetastet zu lassen, für sie nicht akzeptabel ist. Für Liberale ist Eigentum eine wesentliche Voraussetzung für die Verwirklichung von Freiheit. Enteignungen sind – wenn überhaupt – nur in wenigen, genau begründeten Einzelfällen zulässig. Sie müssen rechtsstaatlich durchgeführt und mit angemessenen Entschädigungszahlungen verbunden werden. Alle diese Voraussetzungen trafen bei den Enteignungen unter sowjetischer Besatzungshoheit nicht zu. Sie wurden unter den Bedingungen einer kommunistischen Diktatur vollzogen. Die dabei erlittenen menschlichen Opfer und die gravierenden Menschenrechtsverletzungen der Nachkriegsjahre sind für Liberale ohnehin niemals hinnehmbar gewesen. Die F.D.P. hat daher während des Vereinigungsprozesses deutlich gemacht, daß sie eine wie immer geartete nachträgliche Legitimierung der Besatzungspolitik für problematisch hielt. Freilich: die Verhandlungen über den Einigungsvertrag fanden nicht im luftleeren Raum statt. Die Haltung der Regierungen der Sowjetunion und der DDR – keine Wiedervereinigung, wenn die Bundesregierung weiter auf einer Revision der Bodenreform besteht – ließ keinen Spielraum zu. Da das Einigungswerk an dieser Frage nicht scheitern durfte, hat die F.D.P. letztlich aus politischen Gründen schweren Herzens dem Verhandlungsergebnis zugestimmt, nachdem auf ihren Druck hin eine Passage über Ausgleichsleistungen vereinbart worden war.

Die bundesdeutsche Delegation strebte ein Restitutionsmodell an, das sich auch auf die Enteignungen unter sowjetischer Besatzungshoheit erstrecken sollte. Die damalige Regierung der DDR dagegen wollte von einer Restitution zunächst überhaupt nichts wissen; und zwar weder für die Enteignungen aus der Zeit des Besatzungsregimes noch für die übrigen Fallgruppen. Zu den Enteignungen vor 1949 verwies sie darauf, daß hier die Verantwortlichkeit der Besatzungsmacht berührt sei, so daß die Sowjetunion, die sich bereits dezidiert für eine Aufrechterhaltung der Eigentumsordnung ausgesprochen habe, insoweit das enscheidende Wort zu sagen haben würde.

Die DDR hatte von Anfang an die gewünschte Rückendeckung von Seiten der Sowjetunion. Die Gründe dafür liegen klar auf der Hand. Die Sowjetunion wollte nicht, daß 45 Jahre nach Kriegsende von deutscher Seite über Maßnahmen zu Gericht gesessen wird, die in ihren Verantwortungsbereich fallen.

Den Vertretern der Bundesregierung blieb nichts anderes übrig, als dies zur Kenntnis zu nehmen. Das einzige, was sie erreichen konnten, war das Zugeständnis zu der im letzten Satz der Ziffer 1 der Gemeinsamen Erklärung enthaltenen Öffnungsklausel – also der Ausgleichsleistungen –, die von der DDR-Seite zunächst gleichfalls abgelehnt worden war.

Das Bundesverfassungsgericht hat mit seiner Entscheidung vom 23. April 1991 die im Einigungsvertrag getroffene Eigentumsregelung bestätigt. Damit steht fest, daß sich die Bundesregierung beim Aushandeln des Einigungsvertrages im Rahmen des Grundgesetzes gehalten hat.

170

Von großer Bedeutung ist, daß das Bundesverfassungsgericht die besondere außenpolitische Zwangslage, in der sich die Bundesregierung bei den Verhandlungen zum Einigungsvertrag befand, anerkannt hat. Das Gericht hat damit erneut den Gestaltungsspielraum der Bundesregierung bestätigt, der bei außenpolitischem Handeln unabdingbar ist.

Die einschlägigen Regelungen des Einigungsvertrages haben als solche keinen enteignungsgleichen Charakter im Sinne des Art. 14 Grundgesetz. Die unmittelbar nach dem Krieg durchgeführten Enteignungen liegen lange zurück, und doch leiden viele der Betroffenen noch heute an den dadurch erfahrenen persönlichen Verlusten. Sie stammen aus einer Zeit, als es noch nicht einmal die DDR gab. Sie sind von der Bundesrepublik Deutschland nicht zu verantworten. Eine grundrechtlich geschützte Rechtsposition, die den Betroffenen durch den Vertrag hätte abgeschnitten werden können, gab es und gibt es nicht. Das Grundgesetz ist für den Bereich der früheren DDR am 3. Oktober 1990 in Kraft getreten. Für den vorausgegangenen Zeitraum entfaltet es keine Rechtswirkungen. Dies gilt auch dann, wenn vor dem Inkrafttreten des Grundgesetzes vollzogene Eingriffe als fortwirkende Rechtsbeeinträchtigungen in die Gegenwart hineinwirken. Ich weiß, daß diese nüchterne Auffassung für viele schmerzlich ist. Aber diese rechtlichen Tatsachen darf man nicht übersehen, wenn man nach einer Lösung sucht, die wenigstens ein Mindestmaß an Fairneß zuläßt.

Die Bundesregierung hat sich in der Gemeinsamen Erklärung letztlich mit der Tatsache abgefunden, daß die Enteignungen der Jahre 1945 bis 1949 als solche auch künftig nicht rückgängig gemacht werden. Sie hat diese Tatsache zur „Kenntnis" genommen.

Die Kenntnisnahme bedeutet keine moralische Billigung, sondern die Hinnahme der gegebenen Realitäten unter den Bedingungen des politisch Möglichen, verbunden mit der Zusage, diese Realitäten als solche künftig nicht in Frage zu stellen. Die Notwendigkeit dazu ergab sich aus dem übergeordneten Verfassungsziel der Wiedervereinigung, dessen Verwirklichung das historische Gebot der Stunde war. Die Entwicklungen in der ehemaligen Sowjetunion seit dem Herbst 1990 haben übrigens gezeigt, daß die Bundesregierung gut beraten war, den 2+4-Vertrag und den Einigungsvertrag nicht hinauszuzögern.

Die F.D.P. hatte als einzige Partei schon von Anfang an deutlich gemacht, daß der Geist des Grundgesetzes Ausgleichsregelungen auch für die vor 1949 erfolgten Enteignungen notwendig macht. Auf ihre Veranlassung hin war eine entsprechende Passage in die Gemeinsame Erklärung aufgenommen worden. Genau zu diesen Ausgleichsleistungen hat das Bundesverfassungsgericht den Gesetzgeber in seinem Urteil verpflichtet.

Bei der Schaffung der entsprechenden Regelungen ist folgendes zu beachten: Die Enteignungen der Jahre 1945 bis 1949 sind Teil eines vielschichtigen Komplexes von Kriegs- und Besatzungsfolgen. Eine Befriedigung daraus sich ergebender Ansprüche kann notwendig nur nach dem Maß des Möglichen erfolgen. Dabei sind vor allem die Auswirkungen auf das gesamte, in sich ausgewogene System der Kriegsfolgen-, Kriegsschäden- und Lastenausgleichsgesetzgebung zu berücksichtigen. Die Bundesrepublik Deutschland hat für die Vermögensschäden der Kriegs- und Nachkriegsereignisse eine umfassende und abschließende Regelung getroffen. Der Gesetzgeber hat dabei aus Gleichbehandlungsgründen die ihm zustehende Gestaltungsfreiheit dahin ausgeübt, einheitlich auf der Grundlage steuerlicher Einheitswerte zu entschädigen. Dies betraf die Reparationsschäden, die Vertreibungsschäden, die Kriegssachschäden einschließlich der Plünderungsschäden durch Besatzungsmächte wie auch die Ostschäden und die Wegnahmeschäden in der ehemaligen Sowjetischen Besatzungszone, zu denen auch die Schäden infolge der Bodenreform gehören.

Jeder Eingriff in dieses Gefüge kann unabsehbare finanzielle Konsequenzen auslösen. Sobald hier ein Stein herausgebrochen wird, gerät das ganze Gebäude ins Wanken. Denn es würde schon politisch kaum plausibel gemacht werden können, einen Teil der Kriegsgeschädigten wesentlich besser zu stellen als alle anderen.

All dies gilt es zu bedenken, wenn man Aussagen zu Art und Umfang der hier in Frage kommenden Ausgleichsleistungen nach dem Maß des Möglichen machen will.

Inzwischen hat eine vom Deutschen Bundestag eingesetzte Kommission Eckwerte für das zu schaffende Entschädigungsgesetz vorgelegt. Auf der Grundlage dieser Eckwerte hat das Bundesfinanzministerium einen Referentenentwurf erarbeitet, der jetzt zwischen den Ressorts abgestimmt werden muß.

Der Entwurf sieht u. a. vor, daß bewegliche Güter grundsätzlich zurückgegeben werden. Darüber hinaus sollen die Opfer der Bodenreform, Restitutionsberechtigte und aus der landwirtschaftlichen Produktionsgenossenschaft Ausscheidende sowie früher selbständige Landwirte durch ein Wiedereinrichtungsmodell beim Landrückerwerb und durch staatliche Hilfen erheblich begünstigt werden. Das ist sicherlich keine optimale Lösung, aber mehr als noch im Herbst 1990 manchem erreichbar schien.

Die F.D.P. wird bei den Beratungen noch einmal ihre Positionen deutlich machen. Der Gesetzgeber darf mit diesem überaus wichtigen Vorhaben nicht länger in Verzug bleiben. Die F.D.P. wird alles in ihrer Möglichkeit Stehende tun, damit das Gesetz so bald wie möglich in Kraft treten kann.

INGRID MATTHÄUS-MAIER
Zum Grundsatz Rückgabe vor Entschädigung

Die von der Bundesregierung mit der Regierung der DDR vereinbarte und im Einigungsvertrag festgeschriebene politische Grundsatzentscheidung, zu DDR-Zeiten geschehenes Unrecht in Form von Enteignungen oder des Entzugs von Vermögenswerten durch reale Rückgabe wiedergutzumachen und nur in Ausnahmefällen auf Entschädigungen auszuweichen, ist nach wie vor eines der gravierenden Hindernisse für den wirtschaftlichen Aufbau in den neuen Bundesländern.

Die Regelung führt darüber hinaus aber auch selbst zu neuem Unrecht und zu oft unvertretbaren Ergebnissen. So sollen zum Beispiel diejenigen, die aufgrund spezieller Ausnahmevorschriften von Gesetzes wegen auf die Entschädigung anstelle der Rückgabe verwiesen werden, nach den derzeitigen Plänen der Bundesregierung wertmäßig wesentlich weniger erhalten. Dieses Schicksal trifft insbesondere auch alle zwischen 1945 und 1949 Enteigneten, die sogenannte Ausgleichsleistungen erhalten sollen. Es ist aber gerade diese Ungleichbehandlung, die die Betroffenen nur schwer akzeptieren können.

Oder man denke an die unzähligen Opfer der Unterdrückungsmaßnahmen des DDR-Regimes: die Verfolgten, die politisch Gefangenen oder die, deren Berufslaufbahn durch Zwangsmaßnahmen zerstört wurde. Eine Haftentschädigung für erlittene unrechtmäßige Gefängnishaft beträgt maximal 550 DM pro Monat, also bei fünfjähriger Haft zum Beispiel 33 000 DM. Eine solche „Aufarbeitung" des DDR-Unrechts, die eine möglichst vollständige Restitution bei Vermögenswerten anstrebt und Einbußen bei anderen, persönlichkeitsnahen Grundwerten vergleichsweise billig abfindet, steht mit den

Wertkategorien unseres Grundgesetzes nicht in Einklang. Oberstes Gebot ist danach die Würde des Menschen und die Unverletzlichkeit seiner Person, während das – gleichfalls grundrechtlich geschützte – Eigentum doch ausdrücklich einer Sozialpflichtigkeit unterworfen wird.

Und ein letztes Beispiel: Wer heute als über Fünfzigjähriger nach 30 Jahren Tätigkeit aus einem der zahllosen DDR-Staatsbetriebe entlassen wird, hat zumeist kaum Aussichten auf einen neuen attraktiven Arbeitsplatz. Als Abfindung erhält er in der Regel einen Betrag in der Größenordnung von ein paar Tausend DM. Er steht damit am Ende seines Arbeitslebens mit oft leeren Händen da. Wie paßt hierzu die Bevorzugung derjenigen, die – vielleicht gar noch aus einer gesicherten Position im Westen heraus – ein Grundstück erben und denen damit aufgrund der Rückgaberegelung des Einigungsvertrages ein möglicherweise erhebliches Vermögen in den Schoß fällt?

Ich habe diese Beispiele gewählt, um folgendes deutlich zu machen: Wir können das Unrecht, das den Bürgern während der 40jährigen DDR-Herrschaft geschehen ist, nicht wiedergutmachen bzw. voll entschädigen, sondern allenfalls lindern. Auch das Bundesverfassungsgericht hat in seinem Urteil vom 23. 4. 1992 ausdrücklich festgestellt, daß der Gesetzgeber der Bundesrepublik Deutschland grundsätzlich nicht trotz des Schutzes des Eigentums in Artikel 14 Grundgesetz verpflichtet ist, Eigentumsverletzungen wiedergutzumachen, die in einem Gebiet außerhalb seiner Staatsmacht erfolgten. Wer den Bürgern der neuen Bundesländer wirklich helfen will, die fortwirkenden Nachteile und

Widrigkeiten des untergegangenen DDR-Staates möglichst schnell zu überwinden, der muß vielmehr dafür sorgen, daß bestehende Hindernisse beseitigt und die Voraussetzungen dafür verbessert werden, daß der oft vorhandene Wille zum Engagement auch zügig in die Tat umgesetzt werden kann.

Die vor über zweieinhalb Jahren getroffene Grundfestlegung „Rückgabe vor Entschädigung" mag aus politischen aber auch aus rechtlichen und verwaltungsmäßigen Gründen heute nicht mehr gänzlich zur Disposition zu stellen sein, jedenfalls liegt es nicht in der Macht der Opposition im Deutschen Bundestag. Umso wichtiger ist es, im Rahmen der aktuell anstehenden weiteren politischen Entscheidungen und der Rechtsanwendung im konkreten Verwaltungsvollzug vor allem darauf abzustellen, was dem möglichst raschen Aufbau der Wirtschaft in den neuen Bundesländern dient bzw. wie zu erreichen ist, daß sich die vorhandenen Kräfte entfalten können und potentielles Engagement Platz greifen kann. Die Wiedergutmachung erlittenen Unrechts und erlittener Schäden muß demgegenüber zurückstehen.

Notwendig ist danach zunächst, daß das drohende Ungleichgewicht zwischen Rückgabe und Entschädigung durch das längst überfällige und leider erst in Form eines Referentenentwurfs des Bundesfinanzministers vorliegende Entschädigungsgesetz abgebaut wird. Nur wenn die Entschädigungsleistungen hoch genug angesetzt sind, besteht die Chance, daß von dieser Möglichkeit mehr Gebrauch gemacht wird und die Abwicklung der Eigentumsfragen wenigstens auf mittlere Sicht weitgehend abgeschlossen werden kann. Gleichzeitig muß die Vermögensabgabe auf zurückgegebenes Eigentum so hoch bemessen werden, daß die Einnahmen zur Finanzierung der angemessenen Entschädigungsleistungen ausreichen. Dies ist im Hinblick auf die kritische öffentliche Finanzlage unerläßlich und würde sich auch in den Rahmen der sonstigen Entschädigungen für erlittenes Unrecht einfügen. Soweit es derzeit beurteilt werden kann, genügt der vorliegende Referentenentwurf diesen Anforderungen leider noch bei weitem nicht.

Soweit es um den Verwaltungsvollzug der gesetzlichen Regelungen – insbesondere des Gesetzes zur Regelung offener Vermögensfragen – geht, so muß hier grundsätzlich die Schaffung von Arbeitsplätzen und Wohnungen absoluten Vorrang haben. Allerdings gibt es auch andere öffentliche Interessen, die zu beachten sind, etwa der Natur- und Denkmalschutz. Gerade der vorliegende Band macht deutlich, wie wichtig diese Aufgaben sind und welch riesiger Sanierungs- und Erhaltungsbedarf sich hier seit dem Zweiten Weltkrieg – oft sogar seit der Weltwirtschaftskrise – aufgestaut hat. Dabei handelt es sich zudem nur um einen Ausschnitt der auf den Denkmalschutz wartenden Aufgaben, wenn man z. B. an Altstadtsanierungen oder die Kirchen- und Industriedenkmäler denkt. Es ist offenkundig, daß der Staat angesichts der dringenden sonstigen öffentlichen Aufgaben hier nur einen begrenzten Beitrag wird leisten können und daß dem Engagement privater Investoren allergrößte Bedeutung zukommt.

Die Tatsache, daß der Staat im Rahmen der Wiedervereinigung nun in den Besitz zahlloser Schlösser und Burgen geraten ist, sollte also keinesfalls dazu verleiten, diese auch alle halten und selbst nutzen zu wollen. Vielmehr sollte sich die öffentliche Hand unbedingt auf diejenigen Objekte beschränken, die wegen ihrer historischen, kunstgeschichtlichen oder kulturellen Bedeutung von wirklich hervorragendem Interesse sind und die der Öffentlichkeit in größerem Umfang zugänglich gemacht werden sollen oder für die ein ganz konkretes und denkmalgerechtes öffentliches Nutzungskonzept vorliegt. Dabei ist auch an die große Last der laufenden Ausgaben für

174

Unterhaltung und Instandhaltung zu denken! Es macht herzlich wenig Sinn, zunächst in ein solches öffentliches Nutzungskonzept und entsprechende bauliche Maßnahmen größere Finanzsummen zu investieren, wenn das Objekt später wegen der hohen laufenden Kosten nicht oder nur unzureichend genutzt werden kann. Sind hier erst einmal öffentliche Gelder fehlinvestiert worden, so wird dadurch zusätzlich auch eine anderweitige denkmalgerechte Verwendung oft genug erschwert. Denn der innere Wert eines Denkmals ist mit der äußeren Sanierung allein nicht zu bewahren.

Für die Mehrzahl der meisten Denkmäler in staatlichem Besitz muß also versucht werden, private Investoren zu finden und durch entsprechende Auflagen dafür zu sorgen, daß ihre bauliche Sanierung und Nutzung unter Wahrung des Denkmalcharakters erfolgt. Außerdem lassen sich durch öffentliche Zuschüsse gezielt denkmalpflegerische Maßnahmen fördern. Soweit diese Zuschüsse zusätzlich an den Einsatz privater Finanzmittel gebunden werden, ergibt sich zugleich auch eine Mobilisierung privaten Kapitals und mit dem privaten Mitinvestor eine weitere Kontrollinstanz für den möglichst effizienten Einsatz der Gelder.

Damit stellt sich allerdings das weitere Problem, wie die betreffenden Objekte privatisiert werden sollen. Der größte Teil dürfte in den Händen der Gemeinden und Landkreise liegen, aber auch die Treuhandanstalt-Liegenschaftsverwaltung ist Besitzerin einer ansehnlichen Anzahl. Speziell ihr wird der Vorwurf gemacht, ihre Forderungen seien angesichts der regelmäßig auferlegten Instandsetzungsverpflichtungen und Nutzungsbeschränkungen im Interesse der Öffentlichkeit oft völlig unrealistisch hoch. Tatsächlich ist die Treuhandanstalt sogar gesetzlich darauf festgelegt, möglichst wertschöpfend zu veräußern. Dies findet u. a. auch darin seine Begründung, daß der Erlös später an denjenigen ausgekehrt werden muß, dem eigentlich ein Rückgabeanspruch zugestanden hätte. Kehrseite dieser Verfahrensweise ist freilich, daß der Aspekt des Denkmalschutzes und des Erhalts als Denkmal in seiner Gesamtheit zur Nebensächlichkeit gerät bzw. dem Ziel der Erlösmaximierung geopfert wird, womit letztlich auch den neuen Bundesländern nicht gedient sein dürfte.

Nachdem der Finanzminister für seine dem Bund unmittelbar unterstehenden entsprechenden Objekte beschlossen hatte, diese notfalls an Kommunen oder Private zu verschenken, wäre zu überlegen, wie vielleicht auch die bisherige Treuhandpolitik stärker darauf ausgerichtet werden könnte, die beiden öffentlichen Interessen des Denkmalschutzes und der Staatsfinanzen besser miteinander in Einklang zu bringen.

Zu bedenken ist in diesem Zusammenhang auch, daß insbesondere in den neuen Bundesländern für denkmalbedingte Aufwendungen hohe steuerliche Erleichterungen in Anspruch genommen werden können. So sehr diese dem Erhalt derartiger Gebäude zugute kommen mögen – die Gefahr von primär an Abschreibungen orientierten Konzepten und Sanierungen ist nicht gering zu achten. Deshalb wäre es auch sicher zielgerichteter, durch die Umstellung auf einen Abzug von der Steuerschuld hier einer Überförderung im einzelnen vorzubeugen und so die Finanzmittel effizienter einzusetzen. Bei der derzeitigen Ausgestaltung „lohnt" sich ein Denkmal für denjenigen am meisten, der am meisten Steuern zahlt; was sicher kein sinnvoller Förderansatz sein dürfte.

Da von den rein kommerziellen Vorhaben abgesehen ein privates Engagement regelmäßig auch ein entsprechendes denkmalpflegerisches Interesse voraussetzen dürfte, erscheint es durchaus denkbar, daß zu dem Kreis der an einem Erwerb Interessierten gerade auch diejenigen Eigentümer zählen könnten, die im Zeitraum von 1945 bis 1949 enteignet wurden und die zum Teil bereit sind, ihr selbst vom übrigen Grundbesitz losgelöstes Gutshaus oder Schloß unter Anrechnung der Ausgleichszahlungen wieder zurückzukaufen, nachdem eine Rückgabe rechtlich nicht möglich ist. Es gibt eine Vielzahl positiver Beispiele dafür, wie sich betroffene Familien aufgrund ihrer inneren Verbundenheit wieder in ihrer ursprünglichen Heimat niedergelassen haben und sich dort für einen Wiederaufbau aktiv einsetzen.

Mehr als drei Jahre nach dem Fall der Mauer sind der damaligen Euphorie Mißmut im Westen und weitgehende Enttäuschung im Osten gefolgt. Neben falschen Einschätzungen über das Ausmaß der bevorstehenden Schwierigkeiten und entsprechend falschen Versprechungen ist hierfür vor allem ursächlich, daß selbst Ansätze eines selbsttragenden Aufschwungs in den neuen Bundesländern noch immer nicht sichtbar sind. Eine der hierfür maßgeblichen politischen Fehlentscheidungen ist die sogenannte Eigentumsregelung im Grundlagenvertrag und ihre bisherige Handhabung. Es bleibt unser aller Aufgabe, daran mitzuarbeiten, den eingetretenen Schaden so gering wie möglich zu halten und zu versuchen, vor allem im Verwaltungsvollzug zu retten, was noch zu retten ist.

ALBRECHT VON DEM BORNE

Kultur und Geschichte, Eigentum und Familienbindung – Zur inneren Wiedervereinigung

Geschichte und Kultur Mecklenburg-Vorpommerns sind ohne die historischen Bauwerke, Schlösser, Klöster und Kirchen nicht vorstellbar; sie schaffen Heimatbewußtsein, Bindungen und das Gefühl von Aufgehoben-Sein. So hat der mecklenburg-vorpommersche Ministerpräsident und Bundesratspräsident Dr. Seite in seiner Rede am „Tag der Deutschen Einheit" im Schloß Schwerin die kulturelle Bedeutung des mitteldeutschen Raums herausgestellt und daran erinnert, daß den Wert der Heimat stets diejenigen am besten umschrieben, die sie verloren hätten, die aus ihrer Heimat verdrängt und vertrieben worden seien. An die zu DDR-Zeiten bewußt abgeschafften oder totgeschwiegenen, jahrhundertealten regionalen und historischen Traditionen müßten, so fordert der Ministerpräsident weiter, die jungen Länder wieder anknüpfen, um selbstbewußte Gliedstaaten mit eigener Identität zu werden.

Jede dieser Forderungen wie auch die weiteren Empfehlungen seiner eindrucksvollen Rede wird man billigen. Sie stimmen zuversichtlich, denn sie zeigen auf, daß im Osten Zukunft hat, was in der Werteordnung des westlichen Teils des vereinten Deutschlands, im Staat des Grundgesetzes, seit jeher selbstverständlich ist. Die Rede weist damit auch den Weg zur „inneren" Wiedervereinigung, die nach Mauerfall und staatlich beschlossener Einheit erst noch vollzogen werden muß.

Der Ministerpräsident ist, wie er hervorhob, in der ehemaligen DDR aufgewachsen und nun Bürger des vereinten Deutschlands. Seine Rede beweist, daß es Grundwerte gibt, die in 45 Jahren kommunistischer Geschichte auf deutschem Gebiet nicht ausgelöscht werden konnten, daß wichtige Gemein-

samkeiten erhalten blieben trotz jahrzehntelanger Trennung, Spaltung, Gehirnwäsche, Erziehung zu Haß und zu Feindschaft gegen den „Klassenfeind im Westen". Nach 45 Jahren Spaltung wird an gute Gemeinsamkeiten angeknüpft.

Die Worte zum „Tag der Einheit" in Schwerin, der Hauptstadt des Landes Mecklenburg-Vorpommern, des Landes der Burgen, Schlösser und Gutshäuser, denen dieses Buch, dieses Projekt gewidmet ist, haben auch jene Menschen gehört und nachgelesen, die drei Jahre nach den berauschenden Tagen und Ereignissen in Dresden, Leipzig und anderswo immer noch „Außenseiter" sind, die immer wieder spüren, ja anhören müssen, sogar von prominenten östlichen Stimmen am Rande einer Agrarministerkonferenz im Juni 1992, daß man sie nicht haben wolle, daß man auf sie keinen Wert lege. Dabei gehören gerade die zu solchen „Außenseitern", deren Vorfahren die lange Geschichte Mecklenburg-Vorpommerns, die Kulturlandschaft, den Reichtum der Naturschönheiten mitgestaltet und bewahrt haben, bis es im Herbst 1945 zur Vertreibung kam und all ihr Besitz einschließlich ihrer persönlichen Habe konfisziert wurde. Sie möchten heute in ihre Heimat zurückkehren, aber zwei Jahre nach der Vollendung der staatlichen Wiedervereinigung stellen sich ihnen immer noch politische und gesellschaftliche Kräfte entgegen, verwehren ihnen Teile des ihnen weggenommenen Eigentums, sogar ihrer persönlichen Habe wie Bilder, Möbel und andere Einrichtungsgegenstände, oder bereiten größte Schwierigkeiten bei der Rückgabe.

Es fällt nicht schwer aufzuzeigen, daß es all das, was der Ministerpräsident so eindrucksvoll beschrieben hat, ohne die vom Eigentumsgedanken ausgehenden Bindungswirkungen, ohne ein Bewußtsein von Familienbesitz nicht gäbe, auch und besonders nicht in dem durch die Land- und Forstwirtschaft geprägten Mecklenburg-Vorpommern. Eigentum in der Generationenfolge bürgt für den Fortbestand von Tradition und Kultur, und deswegen gehört es zum Selbstverständnis unseres Staates, daß die Verfassung, das Grundgesetz, dieses Eigentumsrecht im Grundrechtekatalog, gleichberechtigt mit anderen Grundrechten wie Religions-, Meinungs- und Berufsfreiheit, unter besonderen Schutz gestellt hat. Daraus kann – nein – muß der Staat die Verpflichtung ableiten, daß konfisziertes Gut, soweit Dritten kein Unrecht getan wird, zurückgegeben und daß damit auch die Rückkehr der alten Eigentümer gefördert wird. Durch nichts, auch nicht durch das Bundesverfassungsgericht im sogenannten „Bodenreformurteil", sind die Regierenden daran gehindert. Einen Rechtsanspruch auf Restitution haben die ehemaligen Eigentümer zwar nicht mehr, er wurde wirklichen oder angeblichen Zwängen im Wiedervereinigungsprozeß geopfert, nun aber ist es an der Zeit, auch hier die wiedergewonnene Souveränität zu nutzen, Selbstbewußtsein zu zeigen und den weiten gesetzgeberischen Gestaltungsspielraum voll auszufüllen, um den ehemaligen Eigentürmern echte Voraussetzungen für eine Rückkehr in ihre Heimat zu schaffen. Deswegen verdienen auch diejenigen Pläne Unterstützung, welche eine Art von „Bodenfonds" vorsehen, aus dem Alteigentümer wenigstens Teile des ihnen weggenommenen Grund und Bodens als „Ausgleichsleistung" oder „Entschädigung" zurückerhalten sollen. Damit wird kein Unfrieden in den Dörfern geschaffen. Es gibt genug Land auch für andere, die ernsthaft nach Eigentum streben. Auch können gesetzliche Rahmenbedingungen Vorsorge treffen, indem sie die legitimen Belange der Menschen in den Dörfern der jungen Länder sichern. Nicht um Verdrängen, sondern um „Zusammenwachsen", geht es, das wissen

diejenigen (ehemaligen) Eigentümer am besten, die selbst vertrieben worden sind.

Ohne eine Rückkehr der alten bodenständigen Familien wird es zu einer wirklichen inneren Einheit schwerlich kommen, vor allem aber wird es keine verläßliche Eigentumsordnung mehr geben; und es wird sich dies dann noch weiter zu Lasten der ohnehin schwer geschädigten historischen Bausubstanz und Kulturlandschaft auswirken.

Was sollen nun allerdings die „Alteigentümer" davon halten, wenn sie ihre Schlösser, Gutshäuser, Herrenhäuser und Höfe in Katalogangeboten der Treuhandanstalt (THA) ausmachen, wenn sie in weltweit verbreiteten Anzeigen lesen müssen, daß Immobilienhändler „Güter in reizvoller Landschaft" offerieren, geschlossene Ensembles mit Park und Wiesen mit einer Fülle von seltenen Bäumen und Pflanzen anpreisen? Welch ein Gefühl muß etwa in jener Familie aufkommen, die die deutsche Bundesflagge auf dem hohen Dach jenes prächtigen, an ein englisches Castle erinnernden Schlosses wehen sieht, aus dem sie 1945 radikal und unter schweren Opfern vertrieben wurde, um dessen Rückerwerb sie sich heute vergeblich bemüht und das zum wiederholten Male in den Immobilienteilen der großen Zeitungen offeriert wurde? Die wehende Flagge wirkt wie das Zeichen des Siegers, des Eroberers; bittere Gedanken kommen auch auf, wenn unten am Pförtnerhaus neben dem Eingangstor zum Park auf einem Aufkleber die „Gesellschaft für Eigentumsschutz mbH" bekundet, daß sie mit der Bewachung des Anwesens beauftragt ist. Diese Familie kann sich des Gedankens nicht erwehren, daß hier die Gesellschaft für Eigentumsschutz nicht den Schutz der rechtmäßigen Eigentümer wahrnimmt.

Der Ministerpräsident von Mecklenburg-Vorpommern hat die positiven historischen Werte sicherlich nicht zufällig an den Anfang seiner Ansprache am Tag der Einheit gesetzt und damit zu Recht ein besonderes Signal dafür gegeben, daß es ihm um in langer Geschichte gewachsene Ideale und um die Identität des schönen nordöstlichen Bundeslandes geht. Nüchterne, kühl kalkulierende, aus der Fremde angeworbene Unternehmer ohne familiäre Wurzeln und Bindungen eignen sich weit weniger zur Wiederbelebung dieser Werte, die das Wesen der Region mitprägen. Arbeitsplätze und Investitionen gehören selbstverständlich auch zum Wiederaufbau und zur Stärkung des Landes, aber ohne der Region immer noch verbundene Menschen, wie die Alteigentümer, wird es schwieriger werden und länger dauern, bis erreicht ist, was der Ministerpräsident so eindrucksvoll aussprach. Den Menschen darf nicht kurzerhand entgegengehalten werden, 45 Jahre Spaltung könnten nicht rückgängig gemacht werden. Vielmehr trifft auch auf sie zu, daß gerade nach 45jähriger Spaltung an Gutes und Gemeinsames anzuknüpfen ist.

Auch der Bundesfinanzminister hat nun Schlösser und andere Kulturgüter in die Schlagzeilen von Medien gebracht, als er hohe Preisnachlässe und zum Teil sogar kostenlose Abgabe von Bundesvermögen in Aussicht stellte, u. a. um den Grundstücksmarkt in den neuen Ländern zu beleben. Schlösser und Burgen will er sogar verschenken. Er sollte aber Sorge tragen, daß diese „Privatisierung" des staatlichen, bis zur Wende kommunistischen Volkseigentums nicht an den Alteigentümern vorbeiläuft. Auch sollte er berücksichtigen, daß historische Bauten nur auf wirtschaftlicher Grundlage tragbar sind, daß die riesigen Unterhaltskosten erwirtschaftet werden müssen. Östliche Staaten, beispielsweise die ehemalige Tschechoslowakei haben es vorgemacht: Sie haben land- und forstwirtschaftlichen Grundbesitz den Enteigneten mit den Häusern zurückgegeben. Ein eindrucksvolles Vorbild für die Mächtigen in Deutschland!

Die Ansprache am Tag der Deutschen Einheit in Schwerin könnte indes Mut machen, ja es gibt sogar Anzeichen dafür, daß verantwortliche Politiker all dies einsehen und die Alteigentümer nicht vergessen, selbst dann nicht, wenn sich Investoren aus vieler Herren Länder die Rosinen herauspicken wollen. Denn dann würde nicht gelingen, was der Ministerpräsident gefordert und gepriesen hat.

Eigentum ist ein elementares Menschenrecht, das wichtigste Grundrecht im vermögensrechtlichen Bereich; deswegen schützt es der Staat, wie die Verfassung es fordert. Solange aber kommunistisches Unrecht an Eigentum und Eigentümern nur halbherzig oder gar nicht wiedergutgemacht wird, womit Un- und Halbwahrheiten Legitimationsversuche zur Festschreibung von Eigentumsunrecht der Vergangenheit unternommen werden, kann sich Vertrauen in die Bereitschaft des Staates zum Schutz des Eigentums nicht bilden – auch zum Nachteil der Landschaft.

Die zuständigen Organe werden Beschlüsse zur Wiedergutmachung, zum Landerwerb und zur Rückgabe von persönlicher Habe einschließlich Kunstgegenständen fassen. Politische Ankündigungen enthalten positive Aspekte, aber auch Gefahren, die sich etwa aus der Verschiebung des Landerwerbs bis in die Jahre 1995/96 oder aus den Bedingungen ergeben, von denen die Rückgabe von Kunstgegenständen abhängig gemacht werden sollen.

Sollten sich die gegenwärtigen Fakten, Anliegen und Probleme zugunsten von Eigentümern und Eigentum weiterentwickeln und befriedigend gelöst werden, dienen diese Ausführungen der Erinnerung an eine politische Auseinandersetzung der deutschen Vereinigung. Kommt es dagegen zu negativen Staatsentscheidungen, wirken sie als Mahnung und Klage fort.

HARALD MARTIN

Burgen, Schlösser, Gutshäuser in Mecklenburg-Vorpommern –
Überlegungen nach viereinhalb Jahrzehnten sozialistischer Gesellschaftsordnung

Bereits 1862 formulierte der Landrat Ferno aus Ost-Klüne in seinem Verwaltungsbericht des Usedom-Wollinschen Kreises eine Erkenntnis, die sehr nachdenklich stimmt:
„Was einmal neu war, wird alt; man wirft es weg, und ein junges Geschlecht treibt sein muthwillig Spiel mit dem ehrwürdigen Erbe seiner Väter und bauet einen neuen Bau. Denn der Lebende hat Recht, das Werdende und Seiende haben ihre Berechtigung, wie das Gewesene sie hatte. Aber dasselbe Los trifft die neuen Schöpfungen, wenn ihre Zeit auf dem Rade der Menschheit-Entwicklung abgelaufen ist. Wehe dann aber denen, die den Fall erleben müssen und das Alte noch im Herzen tragen!"

Ob wir die Fehldeutungen und Zweckinterpretationen, denen viele Deutsche in den letzten beiden Generationen erlegen sind, überwinden und mit dem uns überkommenen materiellen und geistigen Erbe verantwortungsvoll umzugehen wissen, wird ausschlaggebend für unsere Zukunft sein. Es gilt, Pseudowerte von tatsächlich Vorwärtsweisendem zu unterscheiden. Wie dieser Tatbestand offiziell in der DDR bewertet wurde, ist beispielsweise aus dem Vorwort des „Kunstführers durch die DDR" von 1969 ersichtlich, das auch den weiteren Auflagen des Werkes vorangestellt ist:
„Als im Mai 1945 der Kanonendonner verhallte, lebten wir in einer Welt der Trümmer… Heute erinnert so gut wie nichts mehr an die Jahre des Krieges und die harten Zeiten unseres Neubeginns. Wir haben die Trümmer hinweggeräumt, auch die Trümmer in den Köpfen. Neue Städte sind entstanden. Dörfer haben sich verjüngt – und in ihnen wohnen Menschen, die in geistiger und moralischer Hin-

sicht einen völlig neuen Typ verkörpern… Zum erstenmal in der deutschen Geschichte haben sie Muße, sich mit Dingen zu beschäftigen, die früher, in der Epoche der kapitalistischen Ausbeutung, außerhalb ihres Gesichtskreises lagen. Zu diesen Dingen, die sich das Volk jetzt erobert, gehört auch die Kunst… Wer jedoch Schlösser und Kirchen besucht, die nicht museal genutzt werden, hat meist nur die Möglichkeit, auf eigene Faust langwierige Ermittlungen anzustellen. Doch gerade Schlösser, Burgen, Herrenhäuser und vor allem Kirchen bilden den größten Teil unseres Denkmalbestandes. Dies ist keineswegs verwunderlich, wenn man bedenkt, daß nahezu alle Bauten der herrschenden Klasse aus widerstandsfähigem Stein errichtet wurden, während nur sehr wenige der aus Holz gebauten mittelalterlichen Bürger- und Bauernhäuser die Zeitläufe überdauert haben…"

Wie sehr derartige Äußerungen unerlaubte Vereinfachungen enthalten, die Tatbestände auf Schlagwortkomplexe reduzieren und auf diese Weise Fehlinterpretationen hervorrufen, ist offensichtlich. Die pauschale Diffamierung von Werten, die jahrhundertelang Staat und Gesellschaft tatsächlich geprägt hatten, führte zunächst zu systematischer Zerstörung von allem, das an „feudalistische und kapitalistische Verhaltensweisen" erinnerte. Neben Veraltetem wurde auch Erprobtes und Bewährtes rücksichtslos vernichtet. Die Zahl der erst nach 1945 demolierten Herrenhäuser, verramschten Schloßbibliotheken, ohne Notwendigkeit abgeholzten Parks und zerstörten Kunstwerke aller Art ist bemerkenswert hoch. Besonders schwerwiegend war aber die Vertreibung der Schloß- und Gutsbesitzerfamilien. Gerade in Mecklenburg und Vorpommern hatte das landwirtschaftlich strukturierte Wirtschaftspotential auch auf großen Gütern im Laufe der Jahrhunderte ein bäuerliches Gemeinwesen entstehen lassen, das nur in Zusammenarbeit aller Beteiligten lebensfähig war. Ein bedeutender Teil der ehemaligen herrschaftlichen Familien wollte nach Kriegsende die Heimat gar nicht verlassen, sondern zeigte sich bewußt bereit, am Aufbau einer neuen Ordnung aktiv mitzuwirken. Hierüber existiert aussagekräftiges Urkundenmaterial, das so gut wie nicht in der Öffentlichkeit bekannt wurde und noch immer auf Auswertung wartet.

Wenn alte Dorfbewohner erzählen, wie „der Graf" von den neuen Machthabern aus dem Schloß gewiesen wurde und mit seinem kleinen Koffer zu Fuß die Dorfstraße ein letztes Mal entlangging, während die meisten Menschen aus Angst vor Denunziation nur verstohlen hinter der Gardine ihm nachschauten, dann bedarf dies keines Kommentars. Auf jeden Fall wurde den alten Eigentümern ein Mitspracherecht am Neuaufbau verweigert; ihre fachlichen und menschlichen Erfahrungen stufte man als wertlos und entbehrlich ein – die Funktionäre der „ersten Stunde" fühlten sich kompetent genug, selbst wenn die Mehrzahl von ihnen mangelndes Fachwissen durch ideologische Lautstärke auszugleichen versuchte.

Daß an den hinterlassenen Gebäuden verschiedene technische Veränderungen stattfanden, um sie neuen Zwecken zuzuführen, war nur folgerichtig. Fehlende Materialien und allgemeine Sparsamkeit bestimmten häufiger als der Verwendungszweck den Umfang der Maßnahmen. So erhielten die auf diese Art entstandenen Wohnungen, Altersheime und Verwaltungsgebäude etwas Provisorisches und Stilloses, das ihnen bis heute anhaftet.

Als später die größte wirtschaftliche Not überwunden war und denkmalpflegerische Gesichtspunkte das Geschehen zu bestimmen begannen, kam die Rettung oft zu spät. Vieles Unersetzliche war unwiederbringlich dahin, und verspätete Einsichten konnten nur noch einen – immerhin ansehnlichen – Rest des alten Kulturgutes vor der Wiederholung bisheriger Fehler bewahren.

Inzwischen hatte eine neue Generation junger Menschen erlebt, wie begrenzt die vielgerühmten „Produktionserfolge" in Wirklichkeit waren, und daraufhin andere Wertvorstellungen entwickelt. Verschüttete Erkenntnisse galten plötzlich wieder als aktuell. Geschichtliche Dimensionen erschöpften sich nicht mehr in Schlagworten, sondern gewannen Gestalt und Profil. Man bemerkte, daß Schlösser und Paläste hierzulande seit Beginn des 16. Jahrhunderts gleiches Gewicht gewannen wie die bereits im Nordosten vorhandenen Kirchengebäude und diese in der Bedeutung zeitweise sogar übertrafen. Bis gegen Mitte des 19. Jahrhunderts bewahrte das Schloß seine traditionellen Formen. Nach 1830 entstand dann kein neuer gültiger Schloßtypus mehr. Währenddessen eroberte der „englische Garten" seit 1760 auch Norddeutschland. Bedeutende Künstler entfalteten unsichere Frühformen zu großartigen Konzeptionen. Gegen Schluß der Epoche – ebenfalls um 1830 – wurden ganze Landstriche in Naturparks umgelegt. Die „Parkomanie", von der Fürst Hermann von Pückler-Muskau sprach, wirkte sich fast bis zum letzten Rittergut aus. Das neue Verhältnis von Mensch und Natur führte zu einer neuen Kunstauffassung und läßt sich noch jetzt aus den vorhandenen Trümmern verwilderter oder verstümmelter Parks rekonstruieren. Urtümliches, wie z. B. die mehr als tausendjährigen Eichen von Ivenack, illustriert das Phänomen. Nachdem 1788 Kants „Kritik der praktischen Vernunft" mit dem berühmten Satz von dem moralischen Gesetz in uns und dem gestirnten Himmel über uns erschienen war, glaubten die Zeitgenossen den Schlüssel zu sachgemäßer Deutung zu besitzen. Nun galt eine Wertordnung als festgelegt, die nach menschlichem Ermessen Jahrhunderte überdauern würde.

Auch wenn derartige Ideen spätestens seit 1918 nur noch Vergangenheit waren – im Bewußtsein vieler Menschen haben sie erstaunlicherweise die gesellschaftlichen Wandlungen des 20. Jahrhunderts bis jetzt überlebt. Als 1990 die deutsche Wiedervereinigung geographische, politische und geistige Grenzen öffnete, zeigte sich auch, daß den persönlichen Kontakt vieler ehemaliger Guts- und Schloßbesitzer zu ihren früheren Beamten, Angestellten und Arbeitern nichts zu erschüttern vermocht hatte. Von Weihnachtspäckchen bis zu Rentnerreisen hatte eine breite Skala von Möglichkeiten Wege gefunden, die offiziell ein für allemal abgetan zu sein schienen. Die Ursachen reichen mit ihren Wurzeln Jahrhunderte zurück. Das „Schloß" im Dorf, – so die volkstümliche Bezeichnung aller Arten von Herrenhäusern, – bildete von jeher den Sammelpunkt für die Bevölkerung des Umkreises. Im Zusammenwirken mit Kirche und Schule hatte hier auch die vorindustrielle bäuerliche Dorfgemeinschaft eine strukturierte Lebensform entwickelt, die so funktionstüchtig war, daß sie im Weltbild vieler alteingesessener Landleute noch immer einen erheblichen Stellenwert verkörpert. Man lebte, arbeitete, feierte gemeinsam und stellte so eine Art Schicksalsgemeinschaft dar. Pflanzen, Tiere, Umwelt bildeten ein so verbindendes Ganzes, daß dadurch das flache Land vor geistiger Verödung bewahrt blieb.

Ja, man gewinnt sowohl aus den zahlreichen Aufzeichnungen in den noch vorhandenen alten Kirchenbüchern, die oft bis ins 16. Jahrhundert zurückreichen, als auch aus den Gesetzen der mecklenburgischen Herzöge und Großherzöge sowie aus den regelmäßig in den Kirchen zu verlesenden Edikten der Preußenkönige Friedrich Wilhelm I. und Friedrich II. den Eindruck, daß die für uns oft unvorstellbare Härte der Zeiten bis zum Beginn des 19. Jahrhunderts die ländliche Gemeinschaft konsolidierte.

Freilich: abusus non tollit usum. Trotz Dienstzwang und harter Behandlung vieler Bauern, Militärzwang, Flucht und Auswanderung der Leibeigenen, Kriegsnotstand, fehlender Finanzen, trotz Wild- und Jagdschäden, Wilddieberei, Hofdienst und Mißernten, allgemeiner Unsicherheit im Lande, weithin mangelhafter Armenversorgung und rauher Sitten zeigten die unvollendeten Reformen von Stein und Hardenberg positive Auswirkungen. Recht und Unrecht zogen sich quer durch alle Stände.

Wo aber Gutsherren Kirchen- und Schulpatronat sorgsam verwalteten, blühte das Gemeinwesen. Auch darüber gibt es mancherlei Quellenmaterial und glaubwürdige Zeugnisse. Die Kirchenbücher erzählen von Vermittlungsversuchen der Patronatsfamilien zwischen lutherischen und reformierten Eiferern, von privaten Initiativen zum Aufbau leistungsfähiger Dorfschulen, von der Verpfändung persönlicher Wertgegenstände zur Beschaffung von Saatgut für die Leute während des Dreißigjährigen Krieges, von der Gründung und Ansiedlung einfacher Industrien wie Herstellung und Verkauf von Holzkohle, von der Urbarmachung der Moore und dem Seßhaftmachen von Einwanderern, von der Toleranz gegenüber religiös Verfolgten wie Hugenotten und vertriebenen Salzburgern, von der Pferdezucht und den damit verbundenen Arbeitsplätzen, von wohltätigen Stiftungen verschiedenster Art für hilfsbedürftige Personen. Ein sang- und klangloses Umkommen von Menschen nach anonymer Art der modernen Großstadt gab es praktisch nicht.

Manche Erscheinungsformen bleiben uns als Nachfahren freilich fremd. Erkennbar sind auf jeden Fall die großen Entwicklungslinien. Weil alles Aufgebaute und Geschaffene gegen Anfeindung und Zerstörung geschützt werden muß, geht der Kampf um Recht und Gerechtigkeit durch alle Zeiten und tritt in den eigenartigsten Formen zutage. Doch es gilt: Haltung im Leben kann nur zeigen, wer auch einen Halt besitzt. Eindrucksvolle Belege von Persönlichkeiten aus Burgen, Schlössern und Gutshäusern dieses Landes zeigen das. Der Spannungsbogen reicht dabei von alter Zeit über die Schwedenherrschaft und die Befreiungskriege bis hin zu Persönlichkeiten des Widerstandes vom 20. Juli 1944.

Die Deutschen müssen wieder zueinander finden, um gemeinsam den Anforderungen der Zukunft gewachsen zu sein. So bleibt zu prüfen, wo sich in allem bisher Gesagten vorwärtsweisende Momente finden. Daß jede Zeit die sie bedrängenden Fragen nur mit dem Maß ihres eigenen Verständnisses zu lösen versuchen kann, ist genauso einleuchtend wie die alte Weisheit des Augustinus, die er vom antiken geistigen Erbe übernommen hatte, daß derjenige seine Vergangenheit verdammt ist zu wiederholen, der nichts aus ihr und seinen Fehlern gelernt hat. Ein Beitrag solchen Lernens möchte dieser Aufsatz sein.

Weil die Eigentumsfragen sich noch immer nicht befriedigend klären lassen und daher eine Reihe begrüßenswerter Initiativen der früheren Eigentümer gegenwärtig nicht realisiert werden kann, ist die Suche nach brauchbaren Lösungen weiterhin dringend.

Unberührt hiervon ist die Notwendigkeit einer geistigen Aufarbeitung. Dabei sei hingewiesen auf eine lange Zeit belächelte und vielfach totgeschwiegene Einstellung, die im preußischen Altvorpommern, aber auch für das frühere schwedische Neuvorpommern und die alten mecklenburgischen Großherzogtümer seit langem Geltung hatte: Die Achtung „preußischer Tugenden". Bei der Interpretation dieses Begriffes gehen die Überlegungen in drei Richtungen.

1. Menschen, die sich gegen Widerstände durchsetzen mußten und mit eigenen Erkenntnissen und Erfahrungen gegen übergestülpte Klischees anzu-kämpfen hatten, zeigen mehr Widerstandsfähigkeit gegen die Gefahren eines oberflächlichen Zivilisationskomforts mit seinen Billiglösungen als andere Leute. Anspruchsdenken und Besinnung aufs Wesentliche mit Überlegung der einzelnen zu unternehmenden Schritte schließen einander weithin aus. Ohne eine klare Entscheidung in diesem Punkt gibt es kein Vorwärtskommen und möglicherweise auch keine zukunftsweisende Perspektive.

2. Der bewußt im Nordosten Deutschlands lebende und wirkende Mensch wird auch heute noch in seinem Wesen von der Weite der Landschaft mitgeprägt. Sein Empfinden für Werte und Wertlosigkeiten, für Erhebliches und Unwichtiges ist anders als bei einer Persönlichkeit, die meint, inmitten der modernen Massengesellschaft ihre wahre Existenz zu finden und nur dort ihrer eigentlichen Bestimmung leben zu können. Denn in einer Welt, die Einfachheit und Kargheit nicht ohne weiteres als Mängel, sondern auch als motivierende Werte empfindet, hat man für hemmungslose Bedarfsweckung und Bedarfsausweitung wenig Sinn, da man deren Gefahren deutlich erkennt. Dadurch wird man veranlaßt, einer Aushöhlung persönlichkeitsbildender menschlicher Werte aktiv entgegenzuwirken. Eine Sinnentleerung des Lebens, woran die „moderne Welt" zu zerbrechen droht, findet hier ein ernstzunehmendes parteienübergreifendes Gegengewicht.

3. Daß man mit solchen Ansichten erheblich gegen den Trend der Zeit verstößt, weithin isoliert ist und in der eigenen Persönlichkeit gefestigt sein muß, ist selbstverständlich. Anders aber können die verschiedenen Probleme in den neuen – und auch wohl in den alten – Bundesländern nicht gelöst werden. Fundament solcher Haltung ist ein lebensnaher Realismus, der alle romantisch-utopischen Vorstellungen übertrifft. Denn ihn bestimmt Pflichterfüllung. Leistung muß sein. Die weithin aus pommerschen Gutshäusern stammenden altpreußischen

Staatsbeamten wußten: Jedes Gemeinwohl erfordert immer auch ein wesentliches Stück Selbstverleugnung. Derartige Äußerungen sind heute vollkommen unzeitgemäß, aber notwendig. Paradoxerweise ist gerade hiermit eine aussichtsreiche Chance für eine lohnende Zukunft verknüpft.

Wesentlich ist in diesem Zusammenhang noch, was der Archivrat Witte aus Schwerin 1911 im Vorwort zu seinem Werk „Kulturbilder aus Alt-Mecklenburg" bemerkt:

„Die Dinge reden ja für sich. Der Geschichtsschreiber darf sie nur nicht daran hindern. Sonst handelt er gegen das Allerhöchste, den Geist der Wahrheit. Er darf auch nicht vor dem zurückschrecken, was unerfreulich, unserem Empfinden peinlich ist. Sonst wird das gezeichnete Bild verzerrt, unwahr und wertlos. Und wenn wir nicht einmal den Mut haben, die Schäden der Vergangenheit klaren Auges zu ergründen und freimütig zu bekennen, wie soll es uns da gelingen, ihre bis in unsere Tage reichenden Nachwirkungen zu bekämpfen und zu heilen?"

HERMANN J. ABS
Forderung nach Rückgabe des 1945 konfiszierten Grundvermögens

Mit größter Sorge verfolge ich seit den Verhandlungen zum Einigungsvertrag die Haltung des deutschen Staates und insbesondere der Bundesregierung zu Fragen des Eigentums. Ich habe mich während meines ganzen Lebens nachdrücklich für die Stärkung des Eigentumsrechtes als der entscheidenden Voraussetzung für die staatliche Freiheit und wirtschaftliche Prosperität eingesetzt und bin daher alarmiert darüber, daß durch den Einigungsvertrag die zwischen 1945 und 1949 von Stalinisten veranlaßten Enteignungen festgeschrieben wurden und obendrein ein so einschneidender Vorgang durch eine Änderung unserer Verfassung sanktioniert wurde. Hier wurde gröbstes Unrecht legalisiert und damit dem Prinzip des Eigentums sowie des Rechtsstaates schwerer Schaden zugefügt. Dies kann auch nicht durch Verweis auf das Urteil des Bundesverfassungsgerichts gerechtfertigt werden, nachdem nunmehr feststeht, daß die Sowjetunion ihre Zustimmung zur Wiedervereinigung nicht verweigert hätte, wenn die seinerzeit konfiszierten Gegenstände ihren rechtmäßigen Eigentümern zurückgegeben würden.

Dessen jedoch ungeachtet, ist es unakzeptabel, daß der Staat innerhalb von nahezu zwei Jahren seit dem Urteil des Bundesverfassungsgerichts nicht in der Lage war, eine den weiten Spielraum dieses Urteils ausnutzende Regelung zu finden, die das Unrecht, das durch den Einigungsvertrag verursacht wurde, so weit wie möglich behebt.

Der in dieser Angelegenheit federführende Finanzminister hat es bisher versäumt, der Bundesregierung zustehende Möglichkeiten rasch und vollständig auszuschöpfen, um das Recht wiederherzu-stellen und in wirtschaftlicher Hinsicht ein Klima des Vertrauens für die insbesondere im Osten unseres Landes erforderlichen Investitionen zu schaffen. Das persönliche Engagement der führenden Politiker aller Parteien Deutschlands ist in dieser Frage gefordert, wenn weiterer Schaden im In- und Ausland abgewendet werden soll. Alle bisherigen Ansätze zur Lösung der Probleme auf der Ebene angeblicher Experten, vor allem auf Beamtenebene, haben eine derartige Perspektive vermissen lassen.

Mein Vorschlag zur Lösung besteht darin, den Geschädigten die Möglichkeit zum Rückerwerb der ihnen konfiszierten Immobilien, soweit sie sich in Staatshand befinden, einzuräumen. Dabei sollte dem Fingerzeig des Bundesverfassungsgerichts gefolgt werden, das der Bundesregierung trotz ihres Obsiegens in dem Verfassungsrechtsstreit 25 % der Verfahrenskosten auferlegt hatte; das heißt, den Betroffenen sollten ebenfalls 25 % ihres ehemaligen Vermögens kostenlos zurückgegeben werden. Der eventuelle Rest sollte ihnen zum Rückkauf angeboten werden. Als Kaufpreis hierfür könnte der Ausgleichsbetrag so festgesetzt werden, daß bei 50%iger Rückerwerbsmöglichkeit der Kaufpreis mit dem Ausgleichsanspruch aufgerechnet wird. Wer mehr zurückerwerben kann, zahlt entsprechend in einen Ausgleichsfonds; wer nur weniger zurückerwerben kann, erhält Zahlungen aus diesem Fonds. Für den Staat wird dieses Modell haushaltsneutral sein, da er etwa die Hälfte der konfiszierten Gegenstände besitzt.

Die Haushaltsneutralität wird auch dadurch gewahrt, daß keine Ausgleichszahlungen an diejenigen gewährt werden, die die Möglichkeit zum Rückerwerb nicht nützen. Daß die Alteigentümer bereit sind, bestehende Pachtverträge anzuerkennen und weitere mit LPG-Nachfolgern abzuschließen sowie auf die eigenbedarfsbedingte Kündigungsmöglichkeit von Mietverträgen zu verzichten, ist mir vielfach bezeugt worden und kann daher ohne weiteres verlangt werden. Dasselbe gilt für eine begrenzte Verfügungssperre ebenso wie für das Fortbestehen von Jagdrechten. Dadurch würde der soziale Friede vor Ort gewährleistet. Ebenso kann vom Alteigentümer verlangt werden, daß er seinen ehemaligen Besitz nur zur Gänze zurückkauft, wodurch ausgeschlossen wird, daß eine „Filetierung" stattfindet und der Staat auf den unbrauchbaren Flächen sitzenbleibt.

Gegenüber diesem Vorschlag haben die bisher vorgelegten Entwürfe den entscheidenden Nachteil, daß zunächst eine außergewöhnlich aufwendige Vermessung der gesamten Bodenreformflächen und eventuell sogar eine Flurbereinigung stattfinden müßten. Der hier vorgelegte Vorschlag vermeidet diese mit unendlichen Kosten verbundenen Verwaltungsaufwendungen, da die Alteigentümer die Grenzen ihres Landes noch sehr genau kennen. Die Flurbereinigung, die wegen der Parzellierung durch die Siedlerflächen erfolgen muß, würde in diesem Modell auf privatem Wege, das heißt ebenfalls haushaltsneutral, durch die Alteigentümer vorzunehmen sein.

Ein sinngleiches Modell sollte für die konfiszierten Gewerbebetriebe sowie Industrieunternehmen gefunden werden, so daß die Betroffenen ihr Engagement in den Dienst des Aufschwungs Ost stellen könnten. Auch in diesem Bereich kenne ich viele engagierte Alteigentümer, die kein Verständnis dafür haben, daß ihnen eine Rückerwerbsmöglichkeit zu günstigen Bedingungen nicht eingeräumt und somit ihre Investitionsbereitschaft nicht genützt wird.

Mit Sorge betrachte ich bei allem den zunehmenden Einfluß des Staates. Dieser ist jedoch in der Gefahr,

sich zu übernehmen. Er sollte vielmehr die Eigeninitiative der an ihrem ehemaligen Besitz hängenden Geschädigten nutzen und mehr den privaten Unternehmergeist fördern und weniger den Apparat von Treuhandanstalt, Bundesvermögensverwaltung und ähnlichen Verwaltungsgiganten.

Mit Sorge aber sehe ich auch, daß der Entwurf des Entschädigungsgesetzes des Finanzministeriums noch hinter den allzu bescheidenen Ansätzen des parlamentarischen Ausschusses zurückbleibt, indem er lediglich eine unakzeptabel geringe und bezüglich des Zahlungstermins obendrein noch vage Ausgleichsleistung vorsieht. Und mit Sorge stelle ich weiter fest, daß es auch das Kabinett bei der Verabschiedung dieses Entwurfes am 31. März 1993 versäumt hat, eine gerechte Rückgabelösung vorzusehen, obwohl es vor der USA-Reise des Kanzlers am 25./26. März 1993 noch verkünden ließ, in dieser Frage müsse mit dem Finanz- und dem Justizministerium nochmals gesprochen werden, und obwohl mehrere Minister (z. B. Jochen Borchert) sowie der CDU/CSU-Vorsitzende Dr. Wolfgang Schäuble ausdrücklich eine gesetzlich geregelte Rückgabepflicht fordern. Mit allem Nachdruck ist daher kurzfristig eine Lösung zu erarbeiten, die eine überfällige, wirtschaftlich vernünftige, den Rechtsfrieden herstellende Regelung vorsieht, um das auch im Ausland stark beeinträchtigte Ansehen unseres Staates, seiner Organe sowie seiner Parteien wiederherzustellen. Dabei sollte sich vor allem das Finanzministerium zum Vorreiter einer die wirtschaftlichen Impulse im Osten weckenden Lösung machen und nicht bürokratische Hürden aufbauen, die derartigen Impulsen im Wege stehen; und das Justizministerium sollte sich endlich als Vorreiter einer gerechten Lösung bereitfinden und anerkennen, daß die Rückgabe des in öffentlicher Hand befindlichen Grundvermögens geboten ist und daß es eine sie verwehrende sowjetische Vorbedingung nicht gab.

Objekte der Ausstellung

Alt-Schwerin, Gutshaus
(6 km nordwestlich von Malchow/Mecklenburg)

14. Jh. Erste, von Wassergraben umgebene Anlage
1330 Lehen der Familie von Gamm
1700 Um die Jahrhundertwende Ankauf durch die Familie von Wangelin
1733 Errichtung des schlichten zweigeschossigen Backsteinbaus, 11 Achsen, mit ausgebautem Mansardwalmdach, übergiebeltem Mittelrisalit und zweiläufiger Treppe
1786 Kauf durch die Familie von Flotow, danach häufiger Eigentümerwechsel
1901 Eigentum des Johannes Schlutius
1945 Enteignung der Familie Schlutius, Nutzung als Altenheim

Am Hofeingang ist ein prachtvolles schmiedeeisernes Tor aufgestellt, das um 1890 entstanden ist und sich ehemals in Vollrathsruhe befand. Hinter der Gartenfront erstreckt sich ein kleiner Landschaftspark mit einem See.
(heute: Altenheim)

Bad Doberan/Mecklenburg, Palais der Großherzöge

1171   Gründung des Zisterzienserklosters Doberan   erstes Kloster in Mecklenburg

1806-09 Anstelle des ehemaligen klösterlichen
Hopfenhofes Errichtung des langgestreckten zweigeschossigen Putzbaus, 13 Achsen,
für Herzog Friedrich Franz I. von Mecklenburg-Schwerin durch Carl Theodor
Severin; Gliederung des klassizistischen
Gebäudes durch Seitenrisalite und eine
durch beide Geschosse gehende Portalnische mit vier ionischen Säulen; die Mitte
der Gartenseite als vortretendes Halboval
gebildet

1945   Umbenennung in Stalin-Haus und Einrichtung als Kulturhaus bei weitgehender
Wahrung des ursprünglichen Zustands

Von der Ausstattung im Stil des Empire sind im
ovalen Gartensaal die um 1820 entstandenen, von
der Pariser Firma Dufour nach Entwürfen von
Louis Lafitte und Mary Blondel gedruckten französischen Tapeten in Grisaille-Manier erhalten. Sie
stellen die Geschichte von Amor und Psyche des
Lucius Apuleius dar. Die gesamte klassizistische
Anlage Bad Doberans einschließlich der Prome-
nade, Kamp genannt, mit deren Bebauung der
Baukondukteur Johann Christoph Heinrich von
Seydewitz begonnen hatte – u. a. mit dem Logier-
haus (1793), dem Salongebäude (1802), dem Chinesischen Pavillon (1808-09) sowie dem Großen und
dem Kleinen Palais (1821-22) –, entstand nach den
Plänen Severins und hat für Mecklenburg die gleiche Bedeutung wie Putbus für Pommern.

(heute: Büros und Musikschule)

Basedow, Schloß
(7 km südwestlich von Malchin/Mecklenburg)

1337	Belehnung von vier Brüdern Hahn mit Basedow durch Fürst Johann III. von Werle-Goldberg
1349	Belehnung des ältesten Bruders Nikolaus; seither bis 1945 Basedow Eigentum der späteren Grafen von Hahn
14. Jh.	Bau einer ersten Burg durch Nikolaus von Hahn
16. Jh.	Errichtung eines neuen Hauses für Joachim von Hahn, Rat und Hofmarschall der Herzöge von Mecklenburg-Schwerin; aus dieser Zeit Stuckdecken im ersten Obergeschoß
1552	Jahreszahl eines Treppenturmes im dreigeschossigen Mittelbaus; heute ältester Teil der Anlage
17. Jh.	Neuer zweigeschossiger Flügel; seine Räume zum Teil im 18. Jahrhundert stuckiert
1837-38	Bau eines Torhauses durch Friedrich August Stüler; 1945 zerstört
1844	Errichtung eines neugotischen Wirtschaftsgebäudes an der Auffahrt
1892-95	Anstelle eines älteren Gebäudeteils Errichtung des aufwendig gestalteten Südflügels im Neurenaissancestil nach einem Entwurf von Albrecht Haupt; Verwendung

von Terrakotten des 16. Jahrhunderts aus der Werkstatt des Statius von Düren; Eingangshalle erhalten; angeschlossen die Orangerie mit Dekor im Stil der von Dürenschen Terrakotten

1945   Enteignung der Familie von Hahn; Nutzung des Schlosses als Wohnungen

1951   Basedow unter Denkmalschutz

Der weitläufige Schloßpark, angelegt zwischen 1835 und 1852, ist eine der bedeutendsten Gartenschöpfungen Peter Joseph Lennés in Mecklenburg. Die Sichtachsen des Landschaftsparks sind weitgehend auf Bauten ausgerichtet, die größtenteils nach Entwürfen von Stüler errichtet wurden, darunter die Vierflügelanlage des Marstalls (1838), das Landhaus (1842), der Turm (1845) der gotischen Backsteinkirche, die Brauerei (um 1850) sowie der Hundezwinger und das Haus des Sekretarius (beide um 1865).

(heute: Wohnhaus)

Boldevitz, Gutshaus

(6 km nordwestlich von Bergen/Vorpommern)

14. Jh.	Boldevitz Eigentum der Familie von Rotermund
1635	Errichtung des Kernbaus des dreigeschossigen verputzten Backsteinbaus, 5 Achsen auf quadratischem Grundriß, für Philipp Gützlaff von Rotermund, Kapitän in schwedischen Diensten und von 1620 bis 1660 ritterschaftlicher Landrat auf Rügen
18. Jh.	Umbau im Inneren und Erweiterung durch zweigeschossige Seitenflügel mit 5 Achsen; großer Festsaal mit Stukkaturen und Leinentapeten
1744	Kauf von Boldevitz durch Graf Moritz Ulrich von Putbus
1762	Verkauf an den Stralsunder Regierungsrat Adolf Friedrich Olthof, Abgeordneter der schwedisch-pommerschen Ritterschaft in Stockholm
1762-64	6 Felder auf den Leinentapeten im Festsaal, von Philipp Hackert mit Ideallandschaften bemalt
1780	Verkauf an Friedrich Christian von der Lancken
1784	Vollendung des mittleren Hauptportals mit Inschrifttafel und Wappen sowie des doppelläufigen Treppenaufgangs
1922	Restaurierung der Anlage
1945	Enteignung der Familie von der Lancken, Betrieb als volkseigenes Gut der DDR, Nutzung des Gutshauses als Wohnungen
1991	Verpachtung durch die Treuhandanstalt

Umgestaltung des Parks um 1750; darin Erbbegräbnisstätte (1838) und Kapelle (1839).

(heute: Wohnhaus)

Bülow, Schloß

(8 km östlich von Crivitz/Mecklenburg)

13. Jh.   Urkundliche Ersterwähnung des Dorfes und des Gutes Bülow

1262   Besitzungen des Hinrich von Rolstede in Bülow

1500   Eigentum der Familie von Barner

1746   Fertigstellung des zweigeschossigen Barockbaus von 13 Achsen mit dreiachsigem Mittelrisalit für Magnus Friedrich III. von Barner; Ausgestaltung der Innenräume durch italienische Handwerker mit Marmor- und Stuckarbeiten; Festsaal mit Doppelpilastern und Stuckdekorationen

19. Jh.   Umbau des Schlosses in der ersten Hälfte des Jahrhunderts

1936-38   Restaurierung der Innenräume

1945   Enteignung der Familie von Barner; Nutzung als Wohnungen

Der ursprünglich im französischen Stil angelegte Park wurde im Laufe der Zeit in einen Landschaftspark verwandelt. Teile der Hofgebäude und des Parks wurden im Zuge der sogenannten Bodenreform aufgesiedelt und zerstört.
(heute: Kindergarten und Wohnungen)

Burg Schlitz, Schloß
(10 km südlich von Teterow/Mecklenburg)

1420   Karstorf Eigentum der Familie von der Osten

1791   Erwerb des Gutes Karstorf durch die Familie von Labes

1793   Adoption des Freiherrn Hans von Labes durch seinen Schwiegervater, den preußischen Minister Graf von Schlitz, genannt Goertz; Umbenennung des Gutes in Burg Schlitz

1806-24   Klassizistische Anlage mit zweigeschossigem Mitteltrakt, dreigeschossigem halbrunden Vorbau, einem von Kolossalsäulen getragenem Altan und breiter Freitreppe, ausgeführt von Friedrich Adam Leiblin unter starker Beteiligung des Bauherrn, Graf Hans von Schlitz, nach Plänen von Otto Hirt; eigenwilliges Bauensemble mit gotisierender Kapelle; im Inneren ge-

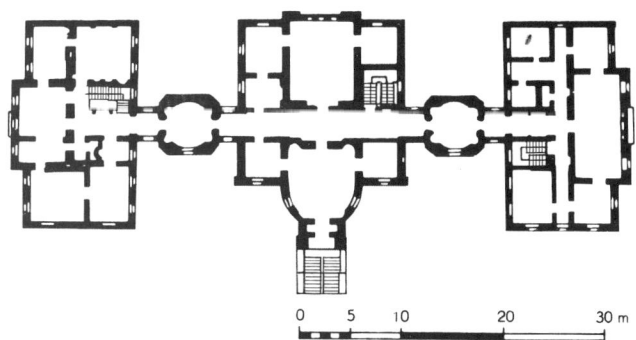

malte Tapeten und Porzellanöfen nach Entwürfen von Karl Friedrich Schinkel; neben dem Vestibül der Gartensaal, der im neugotischen Stil gestaltete Rittersaal und u. a. das geräumige Gesellschaftszimmer in den durch niedrige Verbindungsflügel angeschlossenen zweigeschossigen Pavillons

1831	Durch Erbschaft Eigentum der Grafen von Bassewitz
1930	Eigentumswechsel auf den Berliner Bankier Emil Georg von Stauss
1945	Enteignung der Familie von Stauss und Unterbringung von Flüchtlingen, anschließend Pflegeheim
1951	Burg Schlitz unter Denkmalschutz
1954	Renovierung der Anlage

Im großartigen Park – entworfen von dem Bauherrn und von Hirt –, an dessen höchstem Punkt das Schloß steht, sind insgesamt 36 Denkmäler und Gedenkstätten in Form von Obelisken, Säulen, Grotten u. ä., teilweise mit Inschriften, aufgestellt. Die gesamte Anlage spiegelt in hervorragender Weise die Zeit wider, in der sie angelegt wurde. Nördlich des Schlosses liegt die neugotische Kapelle von 1822. Weiterhin steht im Park der Nymphenbrunnen mit drei in Bronze gegossenen Nymphen, 1903 von Walter Schott geschaffen, und eine Gruppe zweier spielender Bären, 1939, von Emil Manz in Bronzeguß.
(heute: Pflegeheim)

Burg Stargard/Mecklenburg, Burg

1236 Abtretung des Landes Stargard von Pommern an Brandenburg

13. Jh. Mitte des Jahrhunderts Errichtung einer Burg aus Backstein auf älterer Grundlage, bestehend aus Haupt- und Vorburg, umgeben von Gräben; landesherrliche Residenz der Markgrafen von Brandenburg, nach Rückübertragung von 1299 bis 1603 genutzt von den Herzögen von Mecklenburg; erhalten auf der Vorburg das Torhaus als Ruine, darin im Obergeschoß ehemals die Kapelle, und der Marstall sowie auf der Hauptburg das Torhaus (südlich des heutigen Torhauses), ursprünglich im Obergeschoß ebenfalls eine Kapelle, sowie der mächtige runde Bergfried

1271 Urkundliche Ersterwähnung der Burg; ältester landesherrlicher Sitz des späteren Landes Mecklenburg-Strelitz

15. Jh. Veränderungen der Anlage, so Einbeziehung des Torhauses der Hauptburg in das Alte Herrenhaus, Nutzung auch des umgebauten Durchfahrtsgeschosses als Kapelle; seit dieser Zeit Zugang zur Hauptburg durch das spitzbogige Tor im Alten Herrenhaus, heute ebenfalls Ruine

16. Jh. Bau des Neuen Oberen Tores; Veränderung des Krummen Hauses, der mittelalterlichen Kemenate, im Renaissancestil und Aufstockung um ein drittes Stockwerk, seit 1919 Ruine

18. Jh. Errichtung der Pförtnerei als Fachwerkbau

1745-49 Unterbringung der Münzprägestelle des Herzogs von Mecklenburg-Strelitz in der Hauptburg

19. Jh. Instandsetzung der größtenteils ruinösen Burg und Ergänzungen aus Fachwerk oder Backstein, so die Burgschänke, das ehemalige Stallhaus und das Amtsschreiberhaus

1821-23 Bekrönung des Bergfrieds mit einem Zinnenkranz durch Friedrich Wilhelm Buttel, Aufmauerung eines neuen Helmkegels; Erschließung des Inneren durch Treppen und Zwischenpodeste

20. Jh. Erneute Instandsetzung der Anlage; nach dem Zweiten Weltkrieg Unterbringung von Hengsten aus Redefin, später Schulungsstätte der SED; anschließend Jugendherberge

1966 Restaurierung der Anlage

(heute: Zur Zeit archäologische Ausgrabungen; eine Wohnung, ansonsten leerstehend)

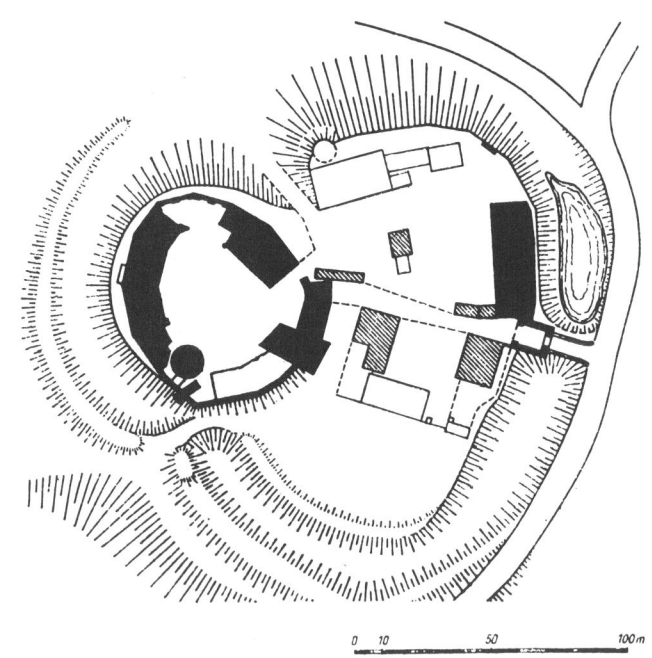

0 10   50   100 m

Dargun/Mecklenburg, Schloßruine

1172 Gründung des Zisterzienser-Klosters

1552 Aufhebung des Klosters

1556 Nebenresidenz der Herzöge von Mecklenburg-Güstrow

1600 Ausbau zum Schloß um die Jahrhundertwende

1637 Zerstörung durch den kaiserlichen General Gallas

1654 Beginn des Wiederaufbaus durch Herzog Gustav Adolf unter Beteiligung des Architekten Charles Philippe Dieussart

1712 Aufenthalt der Zarin Katharina I., Gemahlin Peters des Großen

1756 Ende der Nutzung als Witwensitz der Herzogin Magdalene Sibylla und ihrer Tochter Auguste, danach Wohn- und Amtssitz fürstlicher Beamter

1806 Lazarett und Stabsquartier des französischen Marschalls Murat, danach erneut Verwaltungsgebäude

20. Jh. Zu Beginn des Jahrhunderts Einrichtung einer Landwirtschaftsschule

1945 Nach Brand Ruine

1992 Beginn der Sicherungsarbeiten an der Schloßruine

Schloß Dargun zählte zu den bedeutendsten mecklenburgischen Schlössern. Von der großzügigen vierflügeligen Anlage mit runden Ecktürmen und

Hofarkaden, die die Klosterkirche – einen Backsteinbau des 13. und 15. Jahrhunderts – einschloß, sind nur noch die Umfassungsmauern teilweise erhalten. Besonders eindrucksvoll ist die Westfassade mit 19 Achsen und dreiachsigem, übergiebeltem Mittelrisalit. Die Innenausstattung ging insgesamt verloren. Es existieren lediglich einige Nebengebäu-de: Das Kornhaus, ein verputzter Backsteinbau des 13./16. Jahrhunderts; ehemalige Wirtschaftsgebäude mit gotischen Mauerteilen und die Ruine des ehemaligen Pforthauses mit einer Kapelle vom Ende des 13. Jahrhunderts; das Gelbe Tor aus dem 17. Jahrhundert und das oktogonale Teehaus, um 1700 erbaut.

Demmin/Vorpommern, Haus Demmin

1127	Erwähnung der pommerschen Fürstenburg als "Alte Burg"
1512	Geschenk von Herzog Bogislaw X. an Peter von Podewils
1648	Zerstörung der Burg durch die Schweden
1840	Errichtung des spätklassizistischen Gutshauses für die Familie von Podewils; zweigeschossiger Putzbau mit einem dreieinhalbgeschossigen Mittelteil
1881	Kauf durch die Familie von Rohr
1945	Enteignung der Familie von Rohr
1948-86	Internat der Goethe-Oberschule Demmin

Erhalten blieben in einem der Zimmer 5 auf Pappe gemalte Wandbilder, die das Gutshaus und seine Vorgängerbauten zeigen (zur Zeit deponiert).

(heute: Leerstehend)

Dreilützow, Schloß

(5 km nordöstlich von Wittenburg/Mecklenburg)

1333   Eigentum des Burchard von Lützow, Verbleib bei dessen Familie

1725   Erwerb Dreilützows durch den Geheimen Rat und kurhannoverschen Premierminister Andreas Gottlieb Freiherr von Bernstorff

18. Jh.   Vor der Jahrhundertmitte Vollendung des Herrenhauses durch den gleichnamigen Enkel; Gartenfront mit 17 Achsen, stattlicher zweigeschossiger Backsteinbau über einem Sockelgeschoß mit kurzen, dreigeschossigen Seitenflügeln mit 5 Achsen; Ehrenhof flankiert durch 2 eingeschossige Wirtschaftsgebäude, eines mit 1759 datiert

1929   Verkauf des Gutes durch die Familie von Bernstorff bis auf das Nebengut Horst, Aufsiedelung des Gutes

1945   Enteignung der Familie von Bernstorff mit Horst; Nutzung des Schlosses Dreilützow als Altenheim

Der ehemals im französischen Stil angelegte Park wurde nach 1800 zum Landschaftspark umgestaltet. Von den Kleinarchitekturen im Park ist das Teehaus erhalten. Dreilützow verfügt u. a. über ein Torhaus, was typisch für holsteinische, aber selten für mecklenburgische Güter ist.
(heute: Behindertenheim)

Faulenrost, Schloß
(13 km nördlich von Waren/Mecklenburg)

13. Jh.   Faulen-Rostock Eigentum der Familie von Rostock oder Rostke

1494   Das Gut Faulenrost gelangt an die Familie von Hahn

17. Jh.   Gegen Ende des Jahrhunderts Umbenennung in Faulenrost

18. Jh.   Faulenrost Sommersitz der Grafen von Hahn-Remplin

1760-64   Für Klaus Ludwig von Hahn nach französischen Vorbildern Neubau eines zweigeschossigen Hauptgebäudes, 7 Achsen, mit zum Ehrenhof hin gelegenen, seitlich flankierenden eineinhalbgeschossigen Kavaliershäusern sowie zwei schlichten Torhäusern

20. Jh.   In den zwanziger Jahren Aufsiedelung des Gutes

1945   Enteignung der Familie von Hahn; Nutzung durch den Rat der Gemeinde und als Wohnungen

1951   Faulenrost unter Denkmalschutz

1969   Brand des Hauptgebäudes und Abtragung

Das Schloß war ehemals von einem großen Park umgeben.

(heute: Wohnhaus und Getreidelager)

Friedrichsmoor, Schloß
(10 km nördlich von Neustadt-Glewe/Mecklenburg)

1612   Einrichtung eines Jagdschlosses im ehemaligen Ordenshaus der Johanniter-Komturei in Kraak für Herzog Adolf Friedrich I. von Mecklenburg

18. Jh.   Bau zweier weiterer Jagdhäuser für die mecklenburgischen Herzöge

1780   Errichtung eines neuen Jagdschlosses als eingeschossige Dreiflügelanlage in Fachwerk für Herzog Friedrich von Mecklenburg-Schwerin nach einem Entwurf von Johann Christoph Heinrich von Seydewitz

1791   Vollendung der Anlage unter Herzog Friedrich Franz I. von Mecklenburg-Schwerin

1965   Im Gartensaal Anbringung einer 1815 in Paris bei Dufour gedruckten farbigen Bildtapete „Jagd im Wald von Compiègne" nach Entwürfen von Charles Vernet, ursprünglich im Schloß Friedrichsthal bei Schwerin; Nutzung zunächst als Forstamt, später durch die Universität Rostock

Die Lewitz, ein weites Moor und feuchtes Wiesen- und Waldgebiet war ein beliebtes Jagdgebiet der Herzöge von Mecklenburg-Schwerin.

(heute: Restaurant und Pension)

210

Gadebusch/Mecklenburg, Schloß

1181	Urkundliche Ersterwähnung der Burg
1571	Errichtung des Schlosses auf dem Platz der ehemaligen Burg unter Verwendung mittalterlicher Bauteile durch den Baumeister Christoph Haubitz für Herzog Christoph von Mecklenburg, Bischof von Ratzeburg
19. Jh.	Abtragung einiger Gebäudeteile, darunter das Torhaus
1903	Restaurierung der verbliebenen Anlage
1945	Nutzung als Internat; später Einrichtung eines Heimatmuseums in einem Seitenflügel

Erhalten ist das dreigeschossige Hauptgebäude mit Friesen, Pilastern sowie Fenster- und Portaleinrahmungen aus Terrakotta, die aus der Werkstatt des Niederländers Statius von Düren in Lübeck stammen. Die Gliederung der Fassade ähnelt der am Fürstenhof zu Wismar. An der Hofseite steht das reich mit Terrakotta-Schmuck, auch mit szenischen Reliefs, überzogene Treppenhaus mit seinen beiden Portalen. Im Inneren finden sich einige sehr reich gerahmte Terrakotta-Portale. Bei der Restaurierung 1903 wurden einige der Terrakotten ersetzt, doch ist die Anzahl der Originale noch immer stattlich. *(heute: Leerstehend)*

212

Goldenbow, Gutshaus

(14 km südwestlich von Wittenburg/Mecklenburg)

13. Jh.	Eigentum der Familie von Goldenbow
1389	Übergang auf die Familie von Lützow
1696	Errichtung des stattlichen, niederländisch beeinflußten Backsteinbaus, 7 Achsen, mit 2 Geschossen über einem hohen geböschten Granitsockel für die Familie von Lützow
1797	Goldenbow Eigentum der Familie von Schilden
1852	Erbe des Jaspar von Bülow, Oberhofmarschall des Herzogs von Mecklenburg-Schwerin
1862	Restaurierung und Umbau des Gutshauses
1945	Enteignung der Familie von Bülow und weitgehender Verlust der von Henning von Bülow im 20. Jahrhundert aufgebauten wertvollen Bibliothek; Nutzung des Herrenhauses als Wohnungen
1984	Leerzug und Beginn des Verfalls

Das barocke Gutshaus Goldenbow gehört zu den wenigen Herrenhäusern des 17. Jahrhunderts in Mecklenburg.

(heute: Leerstehend und verfallen)

Granitz, Jagdschloß

(12 km nordöstlich von Putbus/Vorpommern)

1726   Bau eines barocken Jagdhauses

1836   An dessen Stelle Errichtung des verputzten Backsteinbaus im Stil der Tudorgotik durch den Berliner Architekten Johann Gottfried Steinmeyer für den Fürsten Wilhelm Malte I. von Putbus; annähernd quadratische Anlage mit 4 runden Ecktürmen um einen Lichthof; Betonung der Vorderfront durch eine breite Freitreppe, der Rückfront durch einen apsisartigen Anbau mit dem Marmorsaal im ersten Obergeschoß

1844   Einbau eines 38 m hohen Aussichtsturms in den ehemaligen Lichthof nach einem Entwurf von Karl Friedrich Schinkel

Die 4 Seiten des Schlosses sind mit einem plastischen Konsolfries geschmückt, die Ecktürme mit kräftig vorkragenden Zinnenfriesen bekrönt. Im Erdgeschoß befinden sich Räume mit gekachelten Wänden und ornamentierten Stuckdecken. Auch der Marmorsaal zeigt eine kassettierte Stuckdecke. Im Aussichtsturm umläuft eine Wendeltreppe auf Konsolen einen weiten leeren Kern. Die Stufen mit ihren durchbrochenen Ornamenten sind aus Gußeisen.

(heute: Museum)

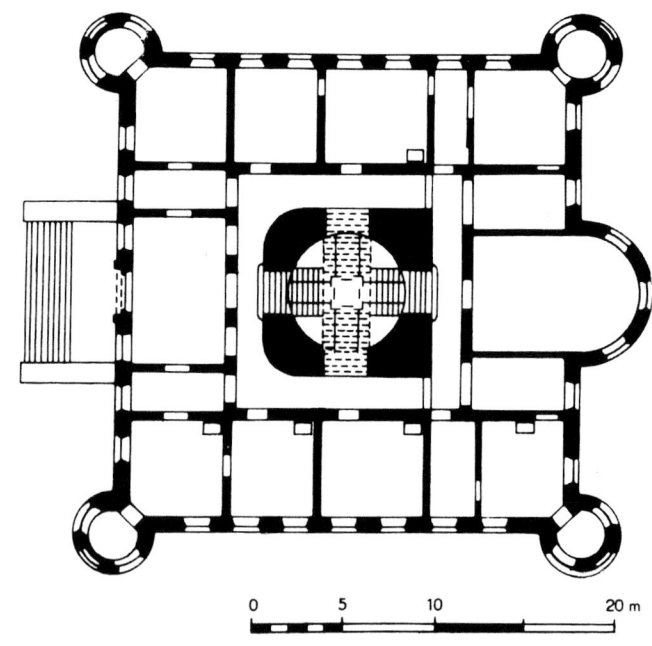

Groß Schwansee, Gutshaus
(12 km nordwestlich von Klütz/Mecklenburg)

14. Jh. Eigentum der Familie von Both

1745 Errichtung des dreigeschossigen Putzbaus von 11 Achsen mit Walmdach für Wilhelm Ludwig Hartwick von Both; beiderseits dreiachsiger Mittelrisalit mit Dreieckgiebel

1780 Verkauf an die Grafen von Brockdorff

1850 Nach verschiedentlichem Eigentümerwechsel Kauf durch die Hamburger Bankierfamilie von Schröder

1945 Enteignung der Familie von Schröder; Nutzung u. a. als Schule

Im Inneren des heute ruinösen Gebäudes ist in einigen Räumen, insbesondere im Gartensaal, feingliedriger Stuckdekor erhalten sowie mehrere Öfen aus der Erbauungszeit.

(heute: Leerstehend)

Güstrow/Mecklenburg, Schloß

1307   Ersterwähnung der mittelalterlichen Burg, an der Stelle eines slawischen Burgwalles errichtet

14./15. Jh.   Güstrow Regierungssitz der Fürsten von Güstrow-Werle, danach einer der Landsitze der nachmaligen Herzöge von Mecklenburg

1556   Residenz der Herzöge von Mecklenburg-Güstrow

1557   Zerstörung des Südflügels durch Brand

1558-65   Neubau des Südflügels mit dem großen Treppenturm und Errichtung des Westflügels mit der Tordurchfahrt anstelle eines baufälligen Vorgängerbaus unter der Leitung von Franz Parr; Vollendung des Innenausbaus durch Hans Strol und dessen Gehilfen Jacob Barolt

1586   Brand des Nordflügels

1587-91   Durch Philipp Brandin und Claus Midow auf der Grundlage der Pläne von Parr Errichtung des neuen Nordflügels, dreigeschossig mit eingeschossiger Galerie und Schloßkapelle

1594   Bau des Ostflügels

1628/29   Güstrow Residenz Wallensteins

1654   Erneute Bautätigkeit unter dem schwedischen König Gustav Adolf

1671   Bau des Torhauses im Stil des flämischen Frühbarocks durch Charles Philippe Dieussart

1695   Nach dem Erlöschen der Linie Mecklenburg-Güstrow das Schloß nur noch Nebenresidenz der Herzöge von Mecklenburg

1701   Güstrow an die herzogliche Linie von Mecklenburg-Schwerin

1795   Abbruch des Ost- und von Teilen des Nordflügels

1813   Zunächst Kriegslazarett, danach Landarbeiterhaus

19. Jh.   Mehrfache Restaurierungen

1945-63   Altersheim, später Kulturzentrum

1964-82   Umfangreiche Restaurierungsarbeiten

Die heute dreiflügelige Anlage aus verputztem Backstein mit Rustikaquaderung besteht aus den architekturgeschichtlich besonders bedeutsamen Süd- und Westflügeln von Parr mit ihren reichen plastischen Fassadengliederungen, die durch die Hangsituation außen fünf- und im Innenhof dreigeschossig sind, und dem schlichteren Nordflügel von Brandin und Midow. Der Südflügel ist im Innenhof mit einem mächtigen Treppenturm und einer dreigeschossigen Arkadenhalle zusätzlich gestaltet. Das Innere dieses Flügels ist mit figürlichem und ornamentalem Stuck ausgestattet, insbesondere das erste Obergeschoß mit dem Festsaal (Hirschfries von 1569-71 von Christoph Parr, Bruder von Franz Parr) und der Kassettenstuckdecke mit Jagdszenen von Daniel Anckermann aus dem Jahre 1620. Südlich des Schlosses liegt der seit 1978 rekonstruierte Renaissancegarten. Das Schloß zählt zu den kunstgeschichtlich bedeutsamsten Renaissanceschloßbauten Norddeutschlands. Es vereinigt in seltener Weise Elemente der deutschen, französischen und niederländischen Schloßbauarchitektur.

(heute: Kulturelle Einrichtungen, Verwaltung und gastronomische Nutzung)

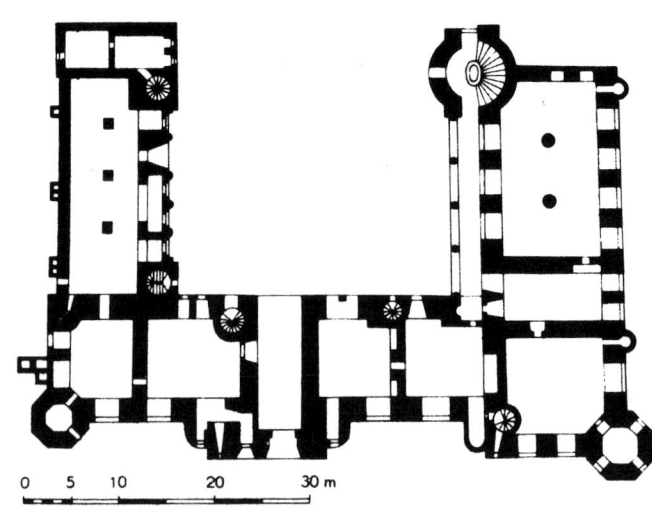

0 5 10   20   30 m

Hohen Luckow, Gutshaus

(16 km nordwestlich von Schwaan/Mecklenburg)

1308	Hohen Luckow Eigentum der Familie von Bassewitz
1707-08	Errichtung des zweigeschossigen Putzbaus von 9 Achsen mit flachem, übergiebeltem Mittelrisalit und Walmdach für Christoph von Bassewitz
1810	Eigentum der Familie von Stenglin
1830	Kauf durch Johann Friedrich Helms
1840	Eigentumswechsel auf die Familie von Brocken, später auf die Familie von Langen
19. Jh.	Gegen Ende des Jahrhunderts Erweiterung um den Vorbau mit Balkon und Freitreppe sowie gartenseitig um die beiden Ecktürme
1945	Enteignung der Familie von Langen; Nutzung als VEG-Büro
1989	Beginn von Restaurierungsarbeiten

Im Inneren finden sich mehrere Räume mit reichen Stukkaturen, vermutlich von italienischen Meistern. Der Rittersaal im Obergeschoß verfügt über eine aufwendig stuckierte Kamineinrahmung mit dem Bildnis des Erbauers, zahlreiche bronzefarbige mythologisch-allegorische Wandreliefs und auf dem umlaufenden Wandpaneel über eine gemalte Ahnenprobe. Nördlich des Gutshauses liegt ein kleiner Landschaftspark.

(heute: Gutsverwaltung, teilweise leerstehend)

Hohenzieritz, Schloß

(12 km nördlich von Neustrelitz/Mecklenburg)

1170	Urkundliche Ersterwähnung des Gutes Hohenzieritz
1274	Belehnung der Familie von Peckatel mit Hohenzieritz
18. Jh.	Nach verschiedentlichem Eigentümerwechsel an die Familie von Fabian
1746-51	Errichtung eines eingeschossigen Backsteinbaus
1768	Eigentum der Herzöge von Mecklenburg-Strelitz
1776	Bau zweier eingeschossiger Seitenpavillons mit Mansarddächern
1790	Aufstockung des Schlosses, 13 Achsen, um ein weiteres Geschoß und Umgestaltung der Fassade durch Kolossalpilaster, einen stattlichen Dreiecksgiebel und das hohe Walmdach
1802	Bau zweier ins Hochparterre führender breiter Freitreppen auf der Hof- und der Gartenseite

1. *Schloß mit seitlichen Kavaliershäusern*
2. *Rundkirche mit freistehendem
   Glockenstuhl*
3. *Luisentempel*
4. *Denkmal von 1789*
5. *Sportplatz*

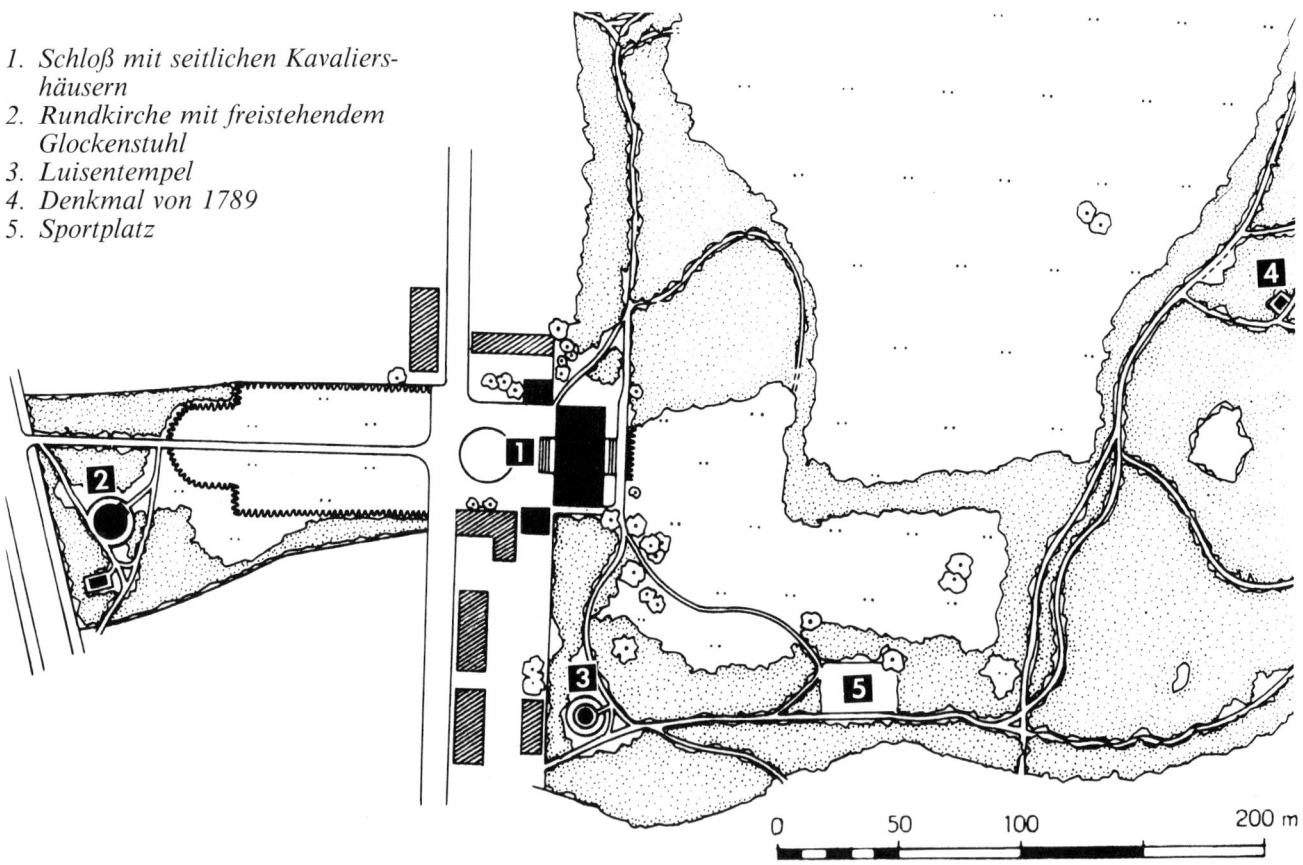

0   50   100   200 m

1810   Sterbeort der Königin Luise von Preußen
1919/20 Im Zuge der Fürstenentschädigung Privat-
        eigentum der Großherzoginwitwe Elisa-
        beth von Mecklenburg-Strelitz und Über-
        tragung des Schlosses auf ihren Enkel
        Ernst August Prinz zur Lippe
1945   Enteignung des Prinzen zur Lippe; Nut-
        zung zunächst als Kulturhaus, später als
        landwirtschaftliches Institut
1951   Hohenzieritz unter Denkmalschutz
1961-63 Restaurierung der Anlage

Die äußerst reiche Innenausstattung des Schlosses ging nach dem Zweiten Weltkrieg verloren. Auch das Sterbezimmer der Königin Luise von Preußen ist nicht mehr erhalten.
Der englische Landschaftspark von 1771 wurde 1806 umgestaltet. Im Park stehen ein Denkmal für die beiden Gemahlinnen Herzog Karls II. von Mecklenburg-Strelitz von Rudolph Kaplunger aus Ludwigslust (1789) und ein kleiner Rundtempel von Christan Philipp Wolff (1815).
(heute: Verwaltung für mehrere Landgemeinden)

Ihlenfeld, Gutshaus

(5 km nordöstlich von Neubrandenburg/Mecklenburg)

1466	Urkundliche Erwähnung der Familie von Ihlenfeld
1694	Ihlenfeld Eigentum der Familie von Arnim, danach der Familie von Rieben
18. Jh.	Bau eines eingeschossigen Hauses mit Mansarddach gegen Ende des Jahrhunderts
1810	Eigentumsübergang auf die Familie von Michael
1850	Umbau im Stil englischer Gotik durch Friedrich Wilhelm Buttel, Ergänzung um 4 Ecktürme und Anbringung eines Obergeschosses vor der Mansarde; Bekrönung der Ecktürme, des Obergeschosses und des dreigeschossigen Mittelrisalits durch Zinnen
1945	Enteignung der Familie von Michael; Nutzung als Wohnungen

(heute: Ruine)

Ivenack, Schloß

(5 km nordöstlich von Stavenhagen/Mecklenburg)

13. Jh.	Ivenack Eigentum der Familie von Stove
1252	Stiftung an die Zisterzienser-Nonnen
1555	Aufhebung des Klosters, Ivenack an die Herzöge von Mecklenburg
16. Jh.	Errichtung des heutigen Mittelbaus auf den Fundamenten des alten Klosters gegen Ende des Jahrhunderts
1709	Durch Tauschvertrag an die Familie von Koppelow
1740	Durch Heirat an die Familie von Plessen
1761	Erbe des Helmut Freiherrn von Maltzahn genannt Graf von Plessen
1709	Erweiterung und Umgestaltung des Schlosses; Mittelrisalit mit Portal und Balkon
1810	An der zweigeschossigen Hauptfront der Hofseite Anbau von dreigeschossigen Seitenflügeln mit rundbogigen Reliefdekorabschlüssen; Schloßanlage nunmehr über H-förmigem Grundriß
1945	Enteignung der Familie von Maltzahn von Plessen; Nutzung als Altersheim

Im Inneren haben nur das Treppenhaus und Teile des Wandpaneels der Bibliothek die Zeiten überdauert. Nördlich des Schlosses steht der zweigeschossige, pilastergegliederte Marstall mit halbkreisförmigen Seitentrakten aus der Mitte des 18. Jahrhunderts. Um 1800 wurde der barocke Schloßgarten zu einem Landschaftsgarten umgestaltet. In Seenähe steht das um 1750 errichtete Teehaus. Der Park von Ivenack war weithin bekannt für seine tausendjährigen Eichen, von denen einige erhalten sind. Auch die zweigeschossige Orangerie mit Mansarddach stammt aus der Zeit um 1750. Das Schloß, der Park, die Kirche und die Wohnhäuser der ehemaligen Gutsarbeiter sind ein besonders typisches Beispiel eines mecklenburgischen Gutsdorfes. Die Güter Ivenack und Zierow waren weltberühmt für ihre mecklenburgische Vollblutzucht.

(heute: Pflegeheim)

Johannstorf, Schloß

(14 km nördlich von Schönberg/Mecklenburg)

1743   Anstelle einer ehemaligen Wasserburg Errichtung des zweigeschossigen Backsteinbaus mit Stuckgliederung und Walmdach wahrscheinlich nach Entwürfen des schwedischen Architekten Rudolph Matthias Dallin für die Familie von Buchwaldt; Schloß umgeben von einem Wassergraben; Hervorhebung des dreiachsigen Mittelrisalits an der Hofseite durch Freitreppe, Portalbekrönung, Kolossalpilaster und wappengeschmückten Dreiecksgiebel

1786   Verkauf von Johannstorf an die Familie Eckermann

1945   Enteignung der Familie Eckermann; Nutzung als Wohnungen

Im Inneren sind ein zentrales Treppenhaus mit doppelläufiger Treppe und im Erdgeschoß, besonders im Gartensaal, Rokokodekorationen – geschnitzte Wandpaneele und Stuckdecken – sowie Kamine erhalten. Das unter Denkmalschutz stehende Haus lag unmittelbar an der ehemaligen innerdeutschen Grenze.

(heute: Wohnungen, teilweise leerstehend; geplant Tagungsstätte)

Karlsburg, Schloß

(17 km nordwestlich von Anklam/Vorpommern)

16. Jh. Mitte des Jahrhunderts Kauf der Ortschaft Gnatzkow durch die Familie von Normann des bis dahin gemeinschaftlichen Besitzes der Familien von Horn, von Schwobe und von Buckow

1679 Durch Heirat an die Familie von Bohlen

1732 Vernichtung der alten Gutsgebäude durch Feuer; Baubeginn des zweigeschossigen Putzbaus von 9 Achsen für Carl Heinrich Behrend von Bohlen; Mittelrisalit an der Hoffront dreigeschossig mit Dreiecksgiebel, Portalnische mit schönem Rokokogitter; Zugang zum Hochparterre über eine Freitreppe, dahinter kleines Vestibül; Gartenfront sehr schlicht; Ausführung nur des linken Flügelbaus; Verbindung mit dem Haupthaus durch eine niedrige zehnachsige Galerie; Haupt- und Flügelbau mit Mansarddächern

1757 Abschluß der Bauarbeiten

1771 Besuch des schwedischen Königs Gustav III.; Umbenennung von Gnatzkow in Karlsburg

1828 Durch Erbschaft an die Familie von Bismarck-Bohlen

1945 Enteignung der Familie von Bismarck-Bohlen; Nutzung als Diabetiker-Sanatorium

Die ursprüngliche Aufteilung des Erdgeschosses im Mittelbau blieb erhalten, ebenso im Gartensaal die Stuckdecke mit Régence-Motiven und der Wandschmuck. Das Jagdzimmer ist mit spätklassizistischen Wand- und Deckenmalereien ausgestattet. Weiterhin befinden sich im Schloß einige barocke Bildnisse. In der Nähe des Schlosses steht der barocke Marstall, ein zweigeschossiger Backsteinbau mit Mittelrisalit und Dreiecksgiebel. Näher an das Schloß herangerückt wurde ein prächtiges schmiedeeisernes Neurokokogitter, das ursprünglich das Eingangtor zum Schloßbezirk bildete. Der nördliche Parkteil ist im französischen Barockstil angelegt, der südliche als englischer Landschaftsgarten. Schloß Karlsburg gehört zu den schönsten Schöpfungen des pommerschen Hochbarocks.

(heute: Forschungsinstitut, Verwaltung und Konzertsaal)

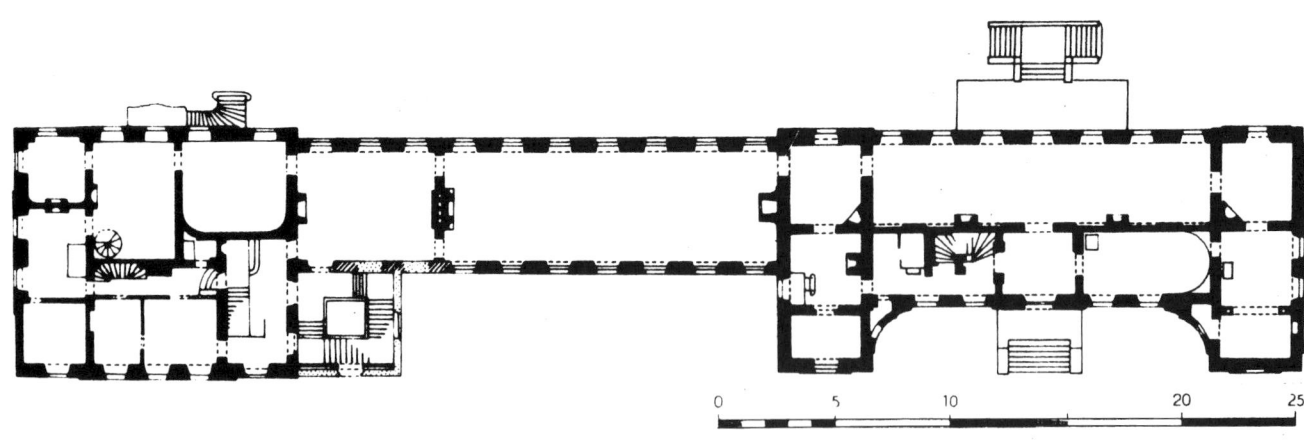

Karow, Gutshaus
(10 km nördlich von Plau/Mecklenburg)

13. Jh.   Karow Eigentum einer gleichnamigen Familie

5. Jh.   Eigentum der Familie von Hahn, anschließend häufiger Eigentümerwechsel

19. Jh.   Bau des zweigeschossigen klassizistischen Herrenhauses mit Dreiecksgiebeln

1812   Eigentum der Familie Kleve

1899   Kauf durch Johannes Schlutius

1906   Errichtung eines zweiten, ebenfalls zweigeschossigen Hauses im neubarocken Stil durch den Hofarchitekten Ernst von Ihne aus Berlin; Neubau höher als das klassizistische Haus, beide Gebäude unmittelbar nebeneinander liegend und miteinander verbunden

1927   Wegen der Wirtschaftskrise Aufgabe des Herrenhauses als Wohnhaus

20. Jh.   Während des Zweiten Weltkrieges Unterbringung von Schülern des Rostocker Arndt-Gymnasiums, danach von Flüchtlingen aus dem Osten, anschließend Betriebsberufsschule

(heute: Schule, Arbeitsamt und Restaurant)

Kittendorf, Schloß

(7 km südlich von Stavenhagen/Mecklenburg)

1338   Erwähnung Kittendorfs als Lehen der Familie von Voss, danach Eigentum der Familien von Breide, von Maltzan und von Blücher

1751   Eigentum der Familie von Oertzen

1860   Errichtung eines zweigeschossigen, asymmetrischen Putzbaus im Tudorstil für Hans Friedrich von Oertzen durch den Berliner Architekten Friedrich Hitzig; Bekrönung des Herrenhauses mit Zinnen und Türmchen, an der Südseite schlanker achteckiger Turm

1945   Enteignung der Familie von Oertzen; Nutzung als landwirtschaftliche Schule und Internat

Ausgedehnte Terrassen und Treppen leiten über zu einem großen Landschaftspark.

(heute: Leerstehend)

Klütz/Mecklenburg, Schloß Bothmer

14. Jh. Eigentum der Familie von Plessen (Güter Arpshagen, Grundshagen, Hof zum Felde)

1722 Verkauf an den hannoverschen Minister Hans Kasper Graf von Bothmer

1726-32 Errichtung der großzügigen, von Wassergräben umgebenen Anlage für die Grafen von Bothmer durch Johann Friedrich Künnecke; zweigeschossiger elfachsiger Mittelflügel mit Mansarddach, hofseitiger Freitreppe und dreiachsigem Risalit mit wappengeschmücktem Dreieckgiebel; seitlich um den etwa 200 m breiten Ehrenhof 2 zweigeschossige Kavaliershäuser mit Zeltdächern, verbunden mit dem Haupthaus durch eingeschossige Galerien sowie zwei Eckpavillons, ehemals der Marstall und die Kapelle.

1945 Enteignung der Familie von Bothmer

1948 Nutzung als Alten- und Pflegeheim, zeitweilig ein Seitentrakt als Fachhochschule

Im Inneren des Mittelflügels sind reiche Stuckdekorationen, gefertigt von italienischen Künstlern um 1750, erhalten. Besonders reich stuckierte Andrea Maini den Festsaal. Vom Vorwerk Holzumfelde führt eine Lindenallee auf das Schloß zu. Der weitläufige barocke Park wurde im 19. Jahrhundert zu einem Landschaftsgarten im englischen Stil umgestaltet. In den 1980er Jahren wurde der Garten weitgehend in seiner barocken Gestalt wiederhergestellt. Schloß Bothmer ist der größte barocke Schloßkomplex Mecklenburgs.

(heute: Altenheim)

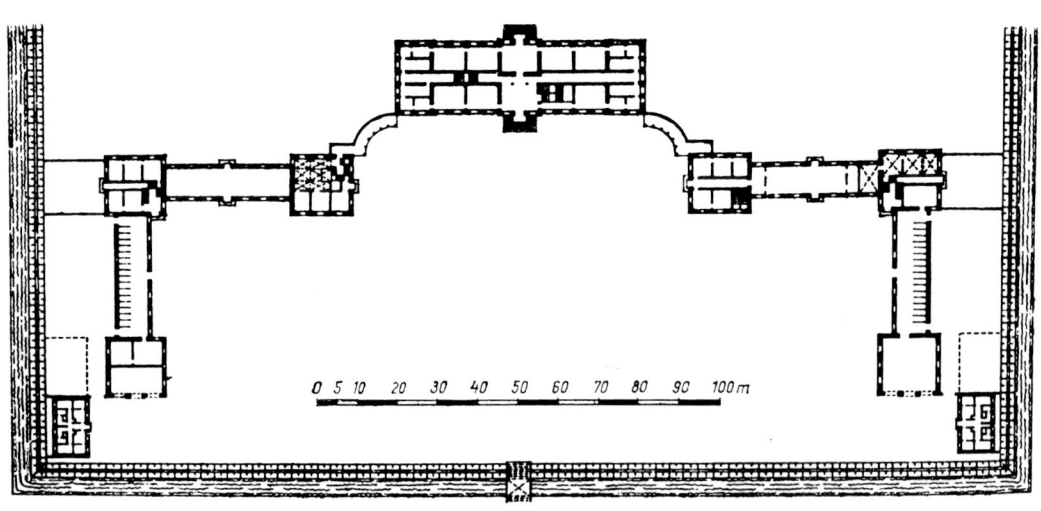

0 5 10 20 30 40 50 60 70 80 90 100 m

Kummerow, Schloß

(7 km nordöstlich von Malchin/Mecklenburg)

1733   Errichtung des zweigeschossigen elfachsigen Hauptgebäudes mit übergiebelten dreigeschossigen Mittelrisaliten, Pilastergliederung und Mansarddach auf dem jahrhundertealten Familienbesitz für den Landrat Albrecht Freiherr von Maltzahn; seitlich über eingeschossige Verbindungstrakte verbundene zweigeschossige Eckpavillons; Bau mehrerer Wirtschaftsgebäude, zum Teil später verändert

1945   Enteignung der Familie von Maltzahn; Nutzung als Schule und Gemeindebüro

1964   Restaurierung der Anlage

Im Inneren des heute ruinösen Hauptgebäudes sind aus der Erbauungszeit das Treppenhaus mit einer zweiläufigen Treppe und mehrere Räume mit Deckenstuck, darunter auch der Festsaal im ersten Obergeschoß, erhalten; von den Gartenanlagen existieren noch barocke Lindenalleen. Zwischen dem Schloß und dem See breitet sich ein Landschaftspark aus.

(heute: Leerstehend)

Löcknitz, Burg

(17 km südöstlich von Pasewalk/Vorpommern)

14. Jh.   Vermutlicher Baubeginn der ursprünglich pommerschen Burg

15. Jh.   Vermutete Errichtung des achteckigen Bergfrieds aus Backstein mit quadratischem Unterbau

1479   Zugehörigkeit als landesherrliche Burg zu Brandenburg

16. Jh.   Festungsartige Erweiterung der Anlage mit Kasematten und Ringmauer

1557   Errichtung des schlichten dreigeschossigen Renaissanceschlosses mit Treppenturm und Portalgewände mit Sitznischen über winkelförmigem Grundriß

1851   Nutzung als Wohnungen und für eine Brauerei

1985   Abbruch des seit drei Jahrzehnten leerstehenden Schlosses

(heute: In den Resten Wohnung und Garagen)

Ludwigsburg, Schloß

(15 km nordöstlich von Greifswald/Vorpommern)

1577   Errichtung des schlichten dreigeschossigen Gebäudes mit kurzen Querflügeln und hohen Satteldächern über dem Grundriß eines lateinischen Kreuzes als Witwensitz für Herzogin Hedwig Sophie von Pommern-Wolgast

17. Jh.   Portalrahmung des Südeinganges mit seitlichen Karyatiden und Rollwerkkartuschen über der Gebälkzone

19. Jh.   Umbau des Schlosses; spätere Nutzung als Wohnungen

Im Erdgeschoß des heute ruinösen Gebäudes ist eine große Halle mit einem Kreuzgratgewölbe auf toskanischen Säulen, im ersten Obergeschoß sind schöne Balkendecken und ein Saal mit stilisiertem figürlichem Deckenschmuck aus der Erbauungszeit erhalten. Dieser Stuckdekor ist der älteste im ehemaligen vorpommerschen Gebiet. Der große Landschaftspark ist im Kern eine barocke Parkanlage mit einer Lindenallee, Hainbuchenhecken und einem Rundtempel.

(heute: Leerstehend; Restaurierung)

Ludwigslust/Mecklenburg, Schloß

1724	Im Dorf Klenow erstes Jagdhaus mit Park für Herzog Christian Ludwig II. von Mecklenburg-Schwerin
1754	Umbenennung Klenows in Ludwigslust
1756	Bestimmung von Ludwigslust als Residenz durch Herzog Friedrich von Mecklenburg-Schwerin
1764	Verlegung der Residenz nach Ludwigslust
1772-76	Bau des sandsteinverkleideten Backsteinbaus von 17 Achsen über E-förmigem Grundriß mit 3 Vollgeschossen und einem Mezzaningeschoß sowie dem überhöhten Mittelbau nach Entwürfen von Johann Joachim Busch; auf der Attika zwischen Ziervasen 40 überlebensgroße Personifikationen von Wissenschaften, Künsten und Tugenden von Rudolph Kaplunger; gleichzeitig Ausbau von Ludwigslust als Residenzstadt durch Johann Joachim Busch
1837	Rückverlegung der Residenz nach Schwerin
1945	Nach der Abdankung des Großherzogs 1918 diente Schloß Ludwigslust bis zum Ende des Zweiten Weltkrieges der großherzoglichen Familie als Wohnsitz; danach Sitz von Verwaltungen

Im Inneren ist die ursprüngliche Raumgliederung erhalten: Im Mitteltrakt seitlich des Vestibüls die beiden Treppenhäuser und der Gartensaal mit seiner Ausstattung von 1880, im ersten Obergeschoß der über 2 Geschosse reichende Goldene Saal mit reichem Dekor im Stil des ausgehenden Rokoko, dieser zum Teil aus Pappmaché, hergestellt in der Ludwigsluster Manufaktur. Einige Räume in den zwei Obergeschossen wurden in den Jahren 1810 bis 1830 im Stil des Empire umgestaltet. Weitere Räume sind mit Berliner und venezianischen Veduten als Supraporten und mit Kaminen aus Berliner Porzellan oder heimischem geschliffenem Gestein aus-

gestattet. Teile des ursprünglichen Mobiliars sind noch vorhanden.

Vor dem Schloß steht das 1869 von Albert Wolff geschaffene Bronzestandbild des Großherzogs Friedrich Franz I. Den Platz begrenzt die steinerne

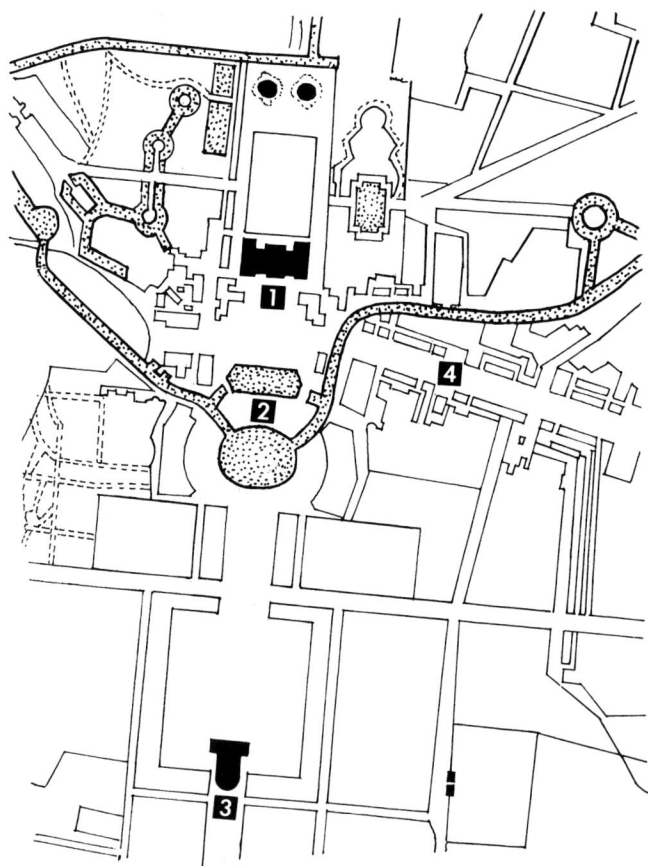

1. Schloß
2. Kaskade
3. Schloßkirche
4. Schloßstraße

Kaskade (1775) mit den Figurengruppen (1780) von Rudolph Kaplunger. Zum unmittelbaren Schloßbereich gehören das ehemalige Kavaliershaus von Johann Joachim Busch (um 1780), sowie das Spritzenhaus und der Kleine Marstall von Johann Georg Barca ((1814/15 und 1821). Gegenüber der Hoffront in der Schloßachse steht die 1765 bis 1770 von Johann Joachim Busch errichtete Schloßkirche.
Der älteste Teil des Schloßparks mit dem Parterre, der Lindenallee und dem Johannisdamm enstand um 1730. Johann Joachim Busch erweiterte den Park um 1760 um die Partien am Großen Kanal (1760), der das Wasser der Kaskade bis zur Rögnitz leitete, mit mehreren Wasserspielen, um einen Landschaftsteil mit der Brücke über den Kanal (1780), mit einer künstlichen Ruine (1788), dem Schweizerhaus (1789) und dem Herzog-Friedrich-Denkmal von Rudolph Kaplunger (1785). Peter Joseph Lenné faßte 1852 geschickt die älteren Teile

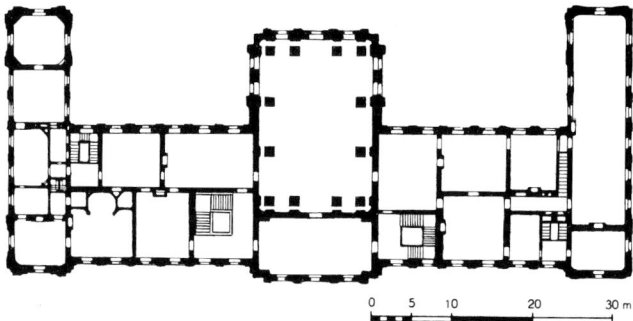

durch die Einfügung einer Teichkette und der großen Nord-West-Sichtachse zusammen. Im Park stehen einige Kleinarchitekturen: Die katholische St.-Helena-Kirche von Johann Christoph Heinrich von Seydewitz (1803-09), der erste neugotische Kirchenbau in Mecklenburg; der frei davor stehende Glockenturm aus Backstein in neugotisch-klassizistischen Mischformen nach einem Entwurf von Jo-

hann Georg Barca (1817); das klassizistische Mausoleum für die Erbprinzessin Helene Pawlowna von Joseph Christian Lillie (1806) und ein Mausoleum für die Herzogin Luise von Johann Georg Barca (1809). Den Eingang zum Schloßgarten flankieren vier Laternenträger (Kopien) von Rudolph Kaplunger. Der 120 ha große Schloßpark von Ludwigslust ist die größte Parkanlage Mecklenburgs.

(heute: Museum mit Café)

Mellenthin, Schloß
(8 km nordöstlich von Usedom/Vorpommern)

1288   Erwähnung der Familie von Neuenkirchen in Mellenthin

1575-80   Errichtung des von einem Wassergraben umgebenen zweigeschossigen Schlosses für Rüdiger von Neuenkirchen; an der Hofseite Flankierung des mittig vorgezogenen Treppenhauses durch 2 dreigeschossige Erker, an der Gartenseite vorgezogener Mittelteil

1648   Mellenthin Eigentum des schwedischen Reichsgrafen Oxenstierna, Sohn des schwedischen Reichskanzlers Axel Oxenstierna; danach mehrfacher Eigentümerwechsel, u. a. Familien Möller von der Lühne, von Myenn, Mitlichow, von Brese und von Bredow

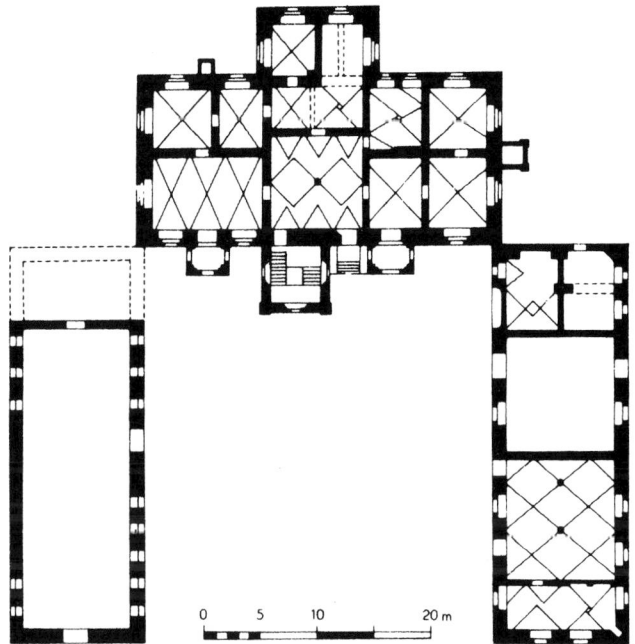

1959   Restaurierung des Ostflügels des als Wohnungen genutzten Schlosses

Die Räume des Schlosses besitzen Kreuzgratgewölbe. In der Erdgeschoßhalle steht ein Kamin mit reichem Figuren- und Reliefdekor von 1613 (restauriert 1961). Den Hof begrenzen zwei Seitenflügel, die ehemals den Marstall und die Kapelle bargen.

(heute: Gemeindeamt, Kindergarten und Wohnung)

Mirow/Mecklenburg, Schloß

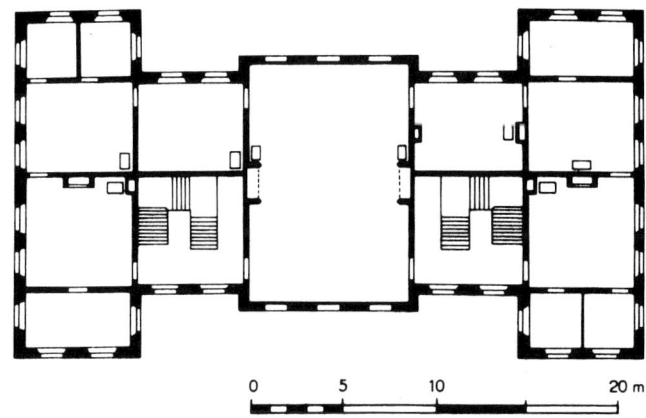

1227 Niederlassung der Johanniter und Gründung einer Komturei und Kirche

1587 Mirow Eigentum der Herzöge von Mecklenburg

1588 Errichtung eines zweigeschossigen Torhauses

1749-60 Ausbau der Komturei zum Schloß durch die Herzöge von Mecklenburg-Strelitz; zweigeschossiger massiver Putzbau über H-förmigem Grundriß mit beidseitig leicht vorgezogenen Mittelrisaliten, diese wie die Seitentrakte dreigeschossig

1945 Nach dem Zweiten Weltkrieg Altersheim

1949-52 Restaurierung der Anlage

Die Räume sind symmetrisch angelegt. Von der Eingangshalle führen zwei Treppen zum Obergeschoß. Die Türflügel des Hauptportals von 1751 zeigen gut erhaltenes ornamentales Schnitzwerk.

Die meisten Räume sind mit Deckenstukkaturen und geschnitztem Rahmenwerk an Wänden und Türen versehen. Besonders hervorzuheben sind im Erdgeschoß der Gartensaal mit seinen Rokokostukkaturen und dem Fayence-Kamin und der Rote

Salon mit einer Seidenbespannung an den Wänden und dem reichgeschnitzten, vergoldeten Rankenwerk. Im Obergeschoß nimmt der Festsaal den Bereich zwischen den Risaliten ein. Er ist ausgestattet mit einer korinthischen Pilastergliederung aus farbigem Marmor, an der Decke und den Wänden mit Stuckdekorationen, Putten, Wappen und Reliefmedaillons zwischen üppigem Rankenwerk. In einigen Räumen sind gemalte Tapeten, zum Teil im chinesischen Stil, erhalten. Dem Schloß gegenüber liegt das Kavaliers- und Küchengebäude von 1758. Der englische Landschaftspark ist in Resten erhalten. Auf einer Insel liegt das Grabmal des letzten Großherzogs Adolf Friedrich VI. (gest. 1918). Die Familiengruft der Herzöge und Großherzöge von Mecklenburg-Strelitz befindet sich in der Johanniter-Komtureikirche.

(heute: Restaurierungsarbeiten; geplant Museum und kulturelle Einrichtungen)

Neustadt-Glewe/Mecklenburg, Alte Burg

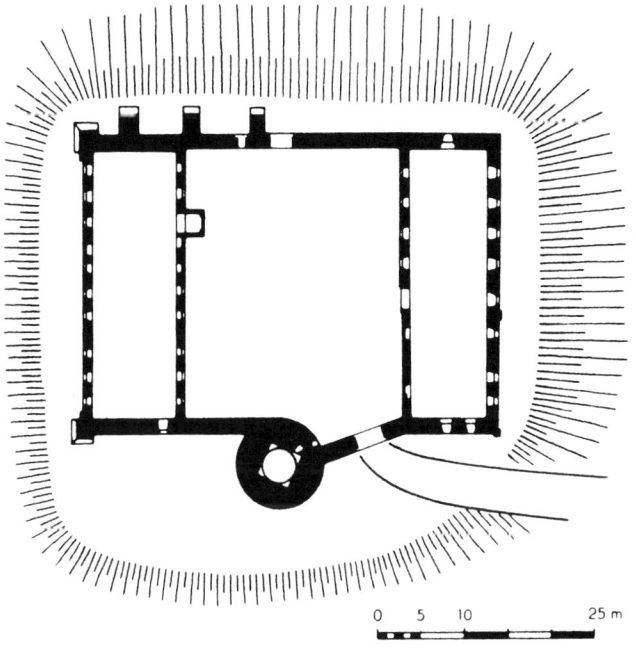

13. Jh.	Baubeginn der annähernd rechteckigen Anlage auf künstlichem Hügel durch die Grafen von Schwerin; untere Teile des Bergfrieds erhalten
14./15. Jh.	Hauptbauzeit, errichtet u. a. seitlich an den Bergfried ansetzende, bezinnte Ringmauern, Wehrgang, Tor im östlichen Mauerteil und 2 zweigeschossige Gebäude (vielfach umgebaut)

Den Herzögen von Mecklenburg diente die Burg auch als Wohnung, wenn sie in dieser Gegend zur Jagd weilten. Sie ist eine der wenigen erhaltenen Wehranlagen Mecklenburgs.

(heute: Teilweise Wohnungen)

251

Neustadt-Glewe/Mecklenburg, Neues Schloß

1619 Baubeginn nach Plänen von Ghert Evert Piloot für Herzog Adolf Friedrich I. von Mecklenburg

1622 Fertigstellung des Rohbaus; Unterbrechung durch Dreißigjährigen Krieg

1711-17 Wiederaufnahme der Bautätigkeit und Vollendung durch Leonhard Sturm; zweigeschossige Dreiflügelanlage mit Ehrenhof in den Formen des niederländischen Barocks; Vorderseite mit von Kolossalsäulen flankiertem Mittelrisalit, Rückseite mit Portikus, hohes Mansarddach

1725 Wohnsitz des Prinzen Christian Ludwig von Mecklenburg-Schwerin und seiner Familie

1735 Zeitweise Nutzung für Jagdaufenthalte, später als Verwaltungsgebäude

1945 Vor Ausbruch des Zweiten Weltkrieges Aufnahme umfangreicher Restaurierungsarbeiten; Nutzung nach dem Krieg als Schule

1992 Verkauf an Herbert Hillebrand

Im Inneren sind im Gartensaal und einigen Kabinetten reiche Stuckarbeiten (um 1715) an Decken und Kaminen der italienischen Stukkateure Giuseppe Mogia und Andrea Maini erhalten. Von dem Schloßpark sind nur noch Reste vorhanden.

(heute: Restaurierungsarbeiten; geplant Hotel)

Neustrelitz/Mecklenburg, Schloßpark

1712 Brand des Schlosses der Herzöge von Mecklenburg-Strelitz in Strelitz

1726-31 Ausbau des nördlich der Stadt gelegenen Jagdhauses Glieneke als neue landesherrliche Residenz; schlichte dreigeschossige Dreiflügelanlage von Julius Löwe; spätere Veränderungen durch Christian Philipp Wolff, Friedrich Wilhelm Buttel und Friedrich August Stüler

1732 Entwurf einer barocken Gartenanlage zwischen Schloß und Zierker See durch den herzoglichen Kunstgärtner Christoph Julius Löwe

1733 Im Auftrage von Herzog Adolf Friedrich III. von Mecklenburg-Strelitz Ausbau von Neustrelitz als neue Residenzstadt nach Plänen von Christoph Julius Löwe

1945 Brand des Schlosses und Abtragung der Ruinen

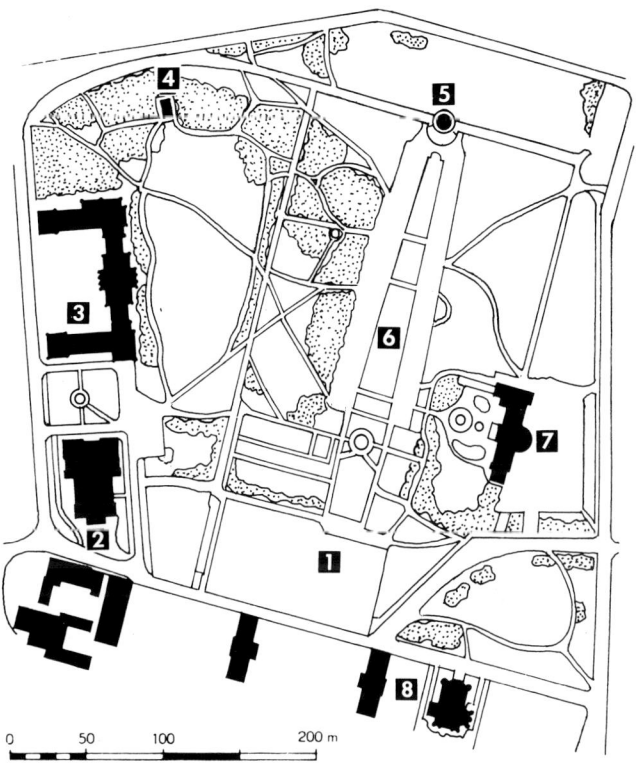

Im ehemaligen Schloßbereich stehen das klassizistische Marienpalais (um 1850), das neugotische Carolinenpalais (um 1850), das klassizistische Bassewitzsche Palais (Anfang 19. Jh.) und die neugotische Schloßkirche (1855-59).

Zwischen 1790 und dem Anfang des 20. Jahrhunderts wurde der Schloßpark mehrfach verändert und erweitert, u. a. sind nach 1852 auch Vorschläge von Peter Joseph Lenné bei der Umgestaltung zum Landschaftspark berücksichtigt worden. Die barocke Hauptachse zwischen Schloß und See blieb erhalten. Im Park stehen der Luisentempel (1891) und der Hebetempel (1840) in Form eines antiken Monopteros mit einer Kopie der Hebefigur von Antonio Canova, davor eine Zinkgußkopie der Victoria von Leuthen von Christian Daniel Rauch und wei-

1. *Standort des ehemaligen Schlosses*
2. *Theater*
3. *Marstall*
4. *Luisenstempel*
5. *Tempel der Hebe*
6. *barocke Gartenachse*
7. *Orangerie*
8. *Schloßkirche*

tere Bildwerke, Vasen und Brunnen, nordöstlich davon in der Götterallee mehrere kopierte barocke Gartenplastiken des 18. Jahrhunderts. Die 1755 von A. Seydel am Parkrand als schlichter barocker Zweckbau errichtete Orangerie wurde 1840-42 auf Empfehlung von Karl Friedrich Schinkel durch Friedrich Wilhelm Buttel und Christian Daniel Rauch zu einem klassizistischen Gartensalon umgestaltet. Der eingeschossige Bau von 19 Achsen mit zweigeschossigem, übergiebeltem, von Pilastern gegliedertem Mittelbau enthält im Inneren 3 prächtige Säle mit Deckengemälden im pompejanischen Stil von Bernhard Rosendahl und Abgüsse antiker und zeitgenössischer Plastiken, u. a. von Rauch. Die Orangerie wurde 1937 durch einen stadtseitigen Vorbau und 1975 durch einen Wirtschaftsflügel verändert. Im 19. Jahrhundert wurde neben der barokken eine weitere Götterallee angelegt. Weitere Architekturen im Park sind die Gedächtnishalle von 1891 für die aus dem Haus Strelitz stammende Königin Luise von Preußen mit einer von Albert Wolff angefertigten Marmorkopie der Rauchschen

Grabfigur auf dem Sarkophag in Berlin-Charlottenburg von Albert Wolff und der ehemalige Marstall, erbaut um 1870 von Friedrich Wilhelm Buttel. In unmittelbarer Nähe steht das von Max Littmann 1926-28 erbaute Theater. Südlich des Schlosses liegt der 1721 angelegte Tiergarten mit dem Hauptportal von Friedrich Wilhelm Buttel (1824-26), dessen Hirschplastiken von Christian Daniel Rauch stammen, und der klassizistische Wildhof von Christian Philipp Wolff (1818).

(heute: Restaurant in der Orangerie)

Passow, Gutshaus

(6 km nördlich von Lübz/Mecklenburg)

1324	Lehen der Familie von Plessen
1456	Eigentum der Familie von Passow
1672	Eigentumsübergang auf die Familie von Koppelow, danach auf die Familie Schlottmann, später von Freiberg genannt
1797	Eigentum der Familie von Behr-Negendanck
1830	Für Hortarius von Behr-Negendanck Errichtung des zweigeschossigen, fünfachsigen Putzbaus mit Walmdach; Hoffront mit mittiger Portalnische, Obergeschoßloggia und von 2 Säulen getragenem Giebel
1918	Eigentum der Familie Beese
1945	Enteignung der Familie Beese
1957	Nutzung als Kulturhaus

Im Inneren wird das über 2 Geschosse reichende Vestibül mit einer Galerie im Obergeschoß durch eine gläserne Kuppel im Dach beleuchtet. Das Treppenhaus liegt seitlich davon. Die um 1835 von Giuseppe Anselmo Pellicia im pompejanischen Stil vorgenommene Ausmalung des Vestibüls wurde im Obergeschoß freigelegt und restauriert. Das Gutshaus wird seitlich von viertelkreisförmigen, eingeschossigen Flügeln flankiert. Weiterhin umfaßt die Hofanlage einige Wirtschaftsgebäude, die wie die Flügelgebäude verändert sind. Der sich zum nahen See erstreckende englische Park ist in seinen Grundzügen erhalten.

(heute: Bürgermeisteramt, Bibliothek, Kindergarten und Gaststätte)

259

Plüschow, Schloß
(10 km südöstlich von Grevesmüheln/Mecklenburg)

1335 Erwähnung Heinrich von Bülows; Plüschow Stammgut der Familie von Bülow

1760 Verkauf an den Hamburger Kaufmann Philipp Heinrich Freiherr von Stenglin; Errichtung des zweigeschossigen Backsteinbaus mit übergiebeltem Mittelrisalit und Walmdach

1803 Ankauf durch den Erbprinzen Friedrich Ludwig von Mecklenburg

1945 Enteignung der großherzoglichen Familie

1990 Nutzung als Kunstgalerie

Im großen zweiläufigen Treppenhaus und in einigen Räumen sind Rokokostuckdecken erhalten.

(heute: Künstlerhaus)

Prebberede, Schloß

(20 km nordwestlich von Teterow/Mecklenburg)

1228 Urkundliche Ersterwähnung

1385 Kauf durch Gerd von Bassewitz

1772-78 Für Karl Friedrich Graf von Bassewitz Errichtung des zweigeschossigen, elfachsigen Backsteinbaus mit gartenseitigem dreiachsigem Mittelrisalit, Pilastergliederung und Mansarddach durch den Güstrower Baumeister Sidon

1945 Enteignung der Familie von Bassewitz; Nutzung als Gemeindeamt und als Wohnungen

1951 Prebberede unter Denkmalschutz

1959-60 Restaurierung des Schlosses

Im Inneren blieben das asymmetrisch gelegene Treppenhaus, die Küche mit dem großen Rauchfang und im Obergeschoß der Festsaal mit reichem stuckiertem Rokokodekor erhalten. Im angrenzenden englischen Park steht die neugotische Gutskapelle, 1861-62 erbaut. Vom Gutshof haben – leicht verändert – zwei barocke Marstallgebäude und die Gutsschmiede vom Ende des 18. Jahrhunderts die Zeiten überdauert.

(heute: Lebensmittelgeschäft, jedoch überwiegend leerstehend)

Putbus/Vorpommern, Schloßpark

13. Jh. Erste Urkundliche Nennung der Herren von Putbus auf Rügen

1371 Erwähnung eines Steinernen Hauses; später wiederholte Veränderungen und Erweiterungen zu einer dreiflügeligen Schloßanlage

1725 Erneuerung des Schlosses und Gestaltung des barocken Schloßparks

1805-25 Anstelle des barocken Lustgartens Anlage eines weitläufigen Landschaftsparks

1807 Erhebung des Grafen Wilhelm Malte von Putbus in den Fürstenstand durch den schwedischen König; Bestätigung der Würde durch den preußischen König

1808-23 Ausbau von Putbus als Residenz und als Badeort nach dem Vorbild von Bad Doberan und Heiligendamm

1825 Baubeginn des klassizistischen Residenzschlosses nach Plänen des Berliner Architekten Johann Gottfried Steinmeyer unter Verwendung wesentlicher Teile des barokken Vorgängerbaus

1854 Erlöschen der Fürstenfamilie von Putbus in direkter Linie

1867 Nach Brand des Schlosses umfassende Veränderungen im Stil des Historismus durch J. Pawelt

1945 Bis zum Ende des Zweiten Weltkrieges Wohnsitz der jeweils gefürsteten Erben der Herren von Putbus; Enteignung des Hauses Putbus; beginnender Verfall des Schlosses

1949 Abbruch des Mittelteils des Schlosses; Nutzung der Flügel als Düngemittellager

1960 Politisch motivierte Sprengung und Beseitigung der Reste

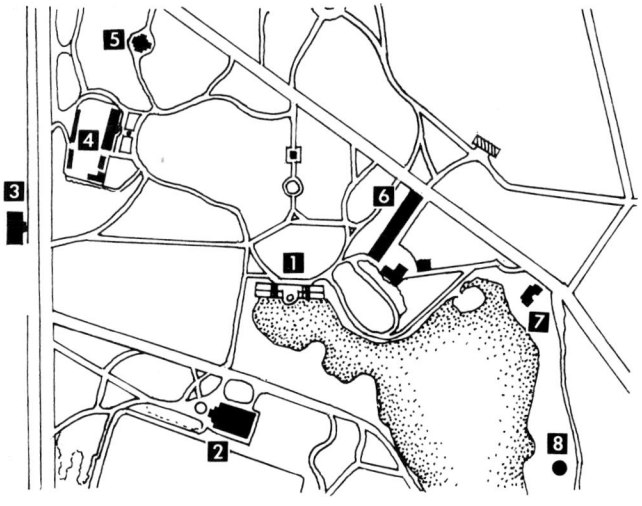

1. Standort des ehemaligen Schlosses
2. Schloßkirche
3. Theater
4. Orangerie
5. Mauseleum
6. Marstall
7. Affenhaus
8. Fasanenhaus

263

Im Schloßpark wurden auf Wunsch des Fürsten Wilhelm Malte I. von Putbus seltene Bäume und Sträucher gepflanzt sowie Teiche und verschlungene Wege angelegt. Durch den Park führen zwei gerade Alleen. Im Park wurden mehrere klassizistische Gebäude errichtet, die zum Teil auch den Gästen des Badeortes dienten: Der Marstall (1821-24), die Orangerie (1824 angeblich nach einem Entwurf von Karl Friedrich Schinkel, 1853 verändert), das Gar-

tenhaus, die spätere Villa Löwenstein, heute Parkcafé (1828-29 nach einem Entwurf von Johann Gottfried Steinmeyer), das Affenhaus (um 1830), das Vogelhaus (um 1835) und das Gärtnerhaus (vor 1815). Um die Mitte des 19. Jahrhunderts wurde im Stil der historistischen Frühgotik ein kleines Mausoleum erbaut. In der Parkachse vor dem ehemaligen Schloß steht das 1859 von Johann Friedrich Drake geschaffene Denkmal für Fürst Wilhelm

Malte I. von Putbus. Weiterhin steht im Schloßpark der 1844/46 nach Plänen von Friedrich August Stüler und Johann Gottfried Steinmeyer errichtete Kursalon, der 1891-92 zur Schloßkirche umgebaut wurde. Um 1833 wurde westlich des Schloßparks ein Tiergarten angelegt. Am Rande der Parkanlage liegt das 1819-21 nach einem Entwurf von W. Steinbach errichtete klassizistische Theater, das 1835 umgebaut wurde.

(heute: Ausstellungsräume in der Orangerie)

Quilow, Schloß

(10 km nordwestlich von Anklam/Vorpommern)

16. Jh. In der zweiten Jahrhunderthälfte errichteter zweigeschossiger Putzbau; vor der Hoffront Treppenturm und 2 an die Ecken herangeschobene Zwerchgiebel mit Gliederung durch kräftige Gesimse und Halbsäulen

1958-67 Restaurierung der Anlage

Die Räume im Keller und im Erdgeschoß besitzen Tonnengewölbe. In der Eingangshalle blieb ein Renaissancekamin erhalten. Das Innere wurde für die Nutzung als Gemeindebüro und Wohnhaus stark umgebaut.
(heute: Gemeindeverwaltung und Wohnungen; geplant ein Kulturzentrum)

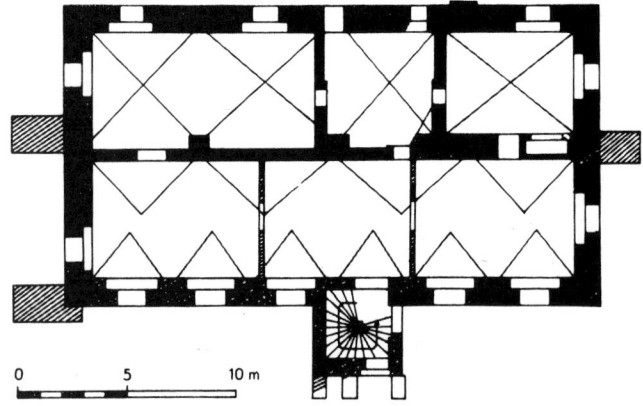

0   5   10 m

Quitzin, Gutshaus

(9 km westlich von Grimmen/Vorpommern)

1607 Errichtung des dreigeschossigen Baus mit vorspringendem Mittelteil mit wappengeschmücktem Dreiecksgiebel und beidseitigen eingeschossigen Flügelbauten

18. Jh. Veränderungen des Gebäudes während zweier Jahrhunderte

1945 Enteignung des Burghard von Veltheim

1972 Notdürftige Restaurierung

(heute: Wohnungen, verfallen)

Ralswiek, Schloß

(8 km nördlich von Bergen/Vorpommern)

12. Jh. Ralswick Tafelgut der dänischen Bischöfe von Roeskilde; Zentrum der kirchlichen Verwaltung der Insel Rügen

14. Jh. Bau des Probsteihofes als festes Gebäude

1480 Übertragung der kirchlichen Verwaltung auf weltliche Personen, zunächst auf Henning von Normann und anschließend auf dessen Sohn, danach auf die Familie von Barnekow

16. Jh. Umbau des ehemaligen mittelalterlichen Probsteigebäudes

1536 Ralswiek erbliches Lehen der Familie von Barnekow

1656 Übertragung des Besitzes durch den schwedischen König auf seinen Feldmarschall Graf Carl Gustav von Wrangel, danach auf den schwedischen General Graf Otto Wilhelm von Königsmarck; unter

Wrangel Verlängerung des Gutshauses um einen Anbau mit abgestuftem Renaissancegiebel

1679 Ralswiek erneut Eigentum der Familie von Barnekow

1890 Abriß des mittelalterlichen Teils des Hauses und Wiedererrichtung in Anlehnung an den Vorgängerbau

1891 Kauf von Ralswiek durch Graf Hugo-Scholto Douglas; Errichtung eines stattlichen Gebäudes im Neurenaissancestil mit 2 runden Ecktürmen an der Vorderfront

1945 Enteignung der Familie Douglas; Nutzung als Wohnungen

Der Landschaftspark, angelegt um 1810, ist um 1900 großzügig erweitert worden.

(heute: Behindertenheim)

Retzow, Gutshaus

(7 km nordwestlich von Mirow/Mecklenburg)

1601	Retzow an Christoph von Barnewitz als nicht eingelöstes Pfand des Carsten von Retzow
1786	Kauf von Retzow durch Friedrich Werner Ludwig von Hammerstein
19. Jh.	Zu Beginn des Jahrhunderts Umbau einer älteren Anlage zu einem klassizistischen zweigeschossigen Putzbau von 17 Achsen und mit Walmdach; hofseitig viersäuliger übergiebelter Portikus
1917	Enteignung eines erheblichen Teils des Besitzes für den Bau eines Flugplatzes
1926	Verkauf des Restbesitzes
1935	Erweiterung des Flugplatzes
1945	Nutzung als Altenheim
1992	Restaurierung des Schlosses

(heute: Altenheim)

271

Rossewitz, Schloß
(9 km südwestlich von Laage/Mecklenburg)

14. Jh.   Erwähnung einer Burg
1360   Eigentum der Familie von Moltke, danach der Familie von Normann
1450   Rossewitz Eigentum der Familie von Vieregge
1657-80   Errichtung des neunachsigen Schlosses mit 2 rückwärtigen einachsigen Flügeln und Walmdach nach einem Entwurf von Charles Philippe Dieussart für den dänischen Generalmajor Joachim Heinrich von Vieregge; Wechsel von 2 Haupt- und 2 Mezzaningeschossen durch kräftiges Gurtgesims getrennt; leicht vorgezogener dreiachsiger Mittelrisalit
1760   Konkurs des Kammerherrn Victor August von Vieregge
1780   Ankauf von Rossewitz durch die herzogliche Kammer, seitdem Domäne

20. Jh.   Kauf durch die Familie Voß
1945   Enteignung der Familie Voß; Nutzung als Wohnungen

Im Inneren über der Eingangshalle liegt ein hoher Festsaal mit illusionistischer Architekturmalerei (nach 1660) von italienischen Künstlern. Über den Türen befinden sich Medaillons mit arkadischen Landschaftsbildern (1781-84) von Johann Friedrich Fechhelm. Die stark beschädigte Freskomalerei wurde 1975 restauriert. Heute ist der Bau jedoch äußerst ruinös, die Malereien sind stark beschädigt. Von den Stuckdecken des Erdgeschosses sind nur noch Reste vorhanden. Auch der Park ist nur in seinen Grundzügen erhalten. Rossewitz ist der früheste barocke Schloßbau Mecklenburgs.

(heute: Leerstehend, verfallen)

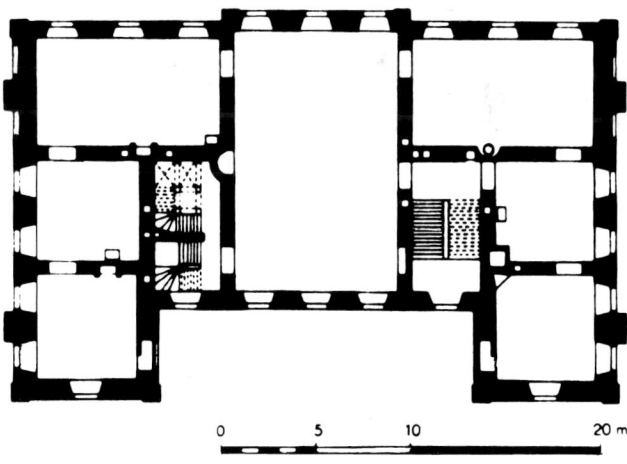

0   5   10   20 m

273

Rostock/Mecklenburg, Palais

12. Jh.   Slawische Burg und Siedlung am rechten Warnowufer, gegen Ende des Jahrhunderts Anfänge deutscher Siedlung am linken Hochufer

1218   Verleihung des lübischen Stadtrechts durch Fürst Heinrich Borwin I.

1419   Gründung der Universität Rostock, der ältesten Nordeuropas

16. Jh.   Bau eines dreigeschossigen Seitenflügels in Backstein mit Staffelgiebel an der südlichen Schmalseite

1702   Ankauf von Universitätsgebäuden im Auftrage des Herzogs Karl Leopold von Mecklenburg

1702-05   Rostock vorübergehend Residenz der Herzöge von Mecklenburg

1714   Unter Nutzung älterer Bausubstanz Errichtung eines dreigeschossigen Putzbaus mit Walmdach durch Leonhard Christoph Sturm für das herzogliche Haus

1750   Nach Plänen von Jean Laurent Legeay Errichtung eines siebenachsigen Saalbaus, angrenzend an das Palais

1966-67   Restaurierung der Anlage

Im Gebäude von 1714 sind aus dem Vorgängerbau u. a. die tonnengewölbten Keller und im Erdgeschoß eine Stuckdecke mit antiker Thematik sowie eine Stuckdecke des 18. Jahrhunderts im zweiten Obergeschoß erhalten. Im Obergeschoß des Saalbaus liegt der barocke Festsaal mit dem hölzernen Spiegelgewölbe, geschnitzten Festons und Fürstenbildnissen an den Wänden; die sonstige Ausstattung wurde barockisierend erneuert.
(heute: Bibliothek der Universität Rostock und Konzertsaal)

276

Schwerin/Mecklenburg, Schloß

8./9.Jh. Auf heutiger Schloßinsel eine der Hauptburgen der slawischen Obotriten

1018 Urkundliche Ersterwähnung der Burg

1160 Zerstörung der slawischen Burg durch Heinrich den Löwen; Neubau als Sitz eines Statthalters

1167 Sitz der Grafen von Schwerin; Gründung der deutschen Stadt Schwerin; Verlegung des Bischofssitzes von der Burg Mecklenburg nach Schwerin

1358 Ende des Geschlechts der Grafen von Schwerin; Verlegung der Residenz der Herzöge von Mecklenburg von Wismar nach Schwerin

16. Jh. Ausbau der Burg

1553-55 Errichtung des dreigeschossigen Großen Neuen Hauses; Putzbau mit Terrakottadekor aus der Werkstatt des Statius von Düren; Bau des Bischofshauses

1560-63 Bau der Schloßkapelle durch Johann Baptista Parr

1643 Überformung der Schloßkapelle und des Hauses über der Schloßküche im Stil der Renaissance

1843-45 Abbruch sämtlicher Gebäudeteile bis auf das Große Neue Haus, das Bischofshaus und die Schloßkapelle; Neubauten entsprechend Umbauplan des Georg Adolph Demmler unter Verarbeitung älterer Entwürfe von Gottfried Semper und Friedrich August Stüler: so Hauptturm, Burggarten-, Burgsee- und Schloßgartenflügel von Demmler, reiche Ausstattung des Stadtflügels und Kuppel von Stüler

1855 Erweiterung der Schloßkapelle durch einen neugotischen Chor von Ernst Friedrich Zwirner

1913 Durch Brand Verlust von Teilen der Innenarchitektur, u. a. des Festsaales.

1918 Verzicht des Großherzogs Friedrich Franz IV. von Mecklenburg-Schwerin auf seine Kronrechte

1945 Nahezu vollständiger Verlust der beweglichen Ausstattung

1948 Sitz der Landesregierung Mecklenburg; Einrichtung eines Plenarsaales mit Sitzungszimmern im 1913 ausgebrannten Flügel

1974 Beginn von Restaurierungsarbeiten

1990 Neben musealer Nutzung Sitz des Landtages von Mecklenburg-Vorpommern

Von der ursprünglichen Ausstattung der Schloßkapelle sind erhalten: Das hofseitige Portal mit Kreuztragungsrelief im Aufsatz von Hans Walther, die zylindrische Kanzel mit Reliefs von Simon Schröter und 6 neutestamentliche Reliefs niederländischer Meister. Die wichtigsten Teile der Neuausmalung von 1855 schuf Carl Gottfried Pfannschmidt. Für die Ausgestaltung der Innenräume in der Mitte des 19. Jahrhunderts durch Berliner Künstler und Werkstätten im Stil der nachschinkelschen Ära zeichnete Stüler verantwortlich. Auf ihn ist auch die Gestaltung der Schloßbrücke mit den 1874/76 von Christian Genschow geschaffenen Rossebändigergruppen und der dem Schloß seeseitig vorgelagerten Orangerieterrassen zurückzuführen. Das Schweriner Schloß ist eine der interessantesten Schöpfungen des Historismus in Deutschland; seine Wirkung wird durch die Einbindung in die Landschaft, insbesondere durch die Insellage, noch gesteigert. Unter Einbeziehung älterer Bauteile (Renaissancebastionen) schuf um 1857 der Hofgärtner Theodor Klett den Burggarten beim Schloß. Südlich der Schloßinsel liegt der ältere Teil des Schloßgartens. Im Stil der französischen Gärten schuf ihn von 1748-56 der Architekt Jean Laurent Legeay. Die zentrale Achse bildet der Kreuzkanal, der von

14 Sandsteinplastiken von 1720 (heute Kopien) aus der Werkstatt des Balthasar Permoser flankiert wird. Der südliche Bereich des Gartens mit den Kaskaden blieb unvollendet. Durch die Anlage der Laubengänge und das Aufstellen des Reiterdenkmals Friedrichs Franz II. von Mecklenburg-Schwerin von Ludwig Brunnow wurde der nördliche Teil des Gartens im späten 19. Jahrhundert verändert. Um 1840 war der Schloßgarten um den im Stil der englischen Landschaftsparks gehaltenen Grünhausgarten beim Sommerhaus des Großherzogs erweitert worden. An dieser Planung war auch Peter Joseph Lenné beteiligt. Der kleine Pavillon im Park, heute Café, entstand 1818. Das Marmor-

denkmal der Großherzogin Alexandrine schuf 1907 Hugo Berwald.
Im Umfeld des Schlosses liegen folgende Bauten: Altes Palais von 1791, erweitert 1799; Regierungsgebäude I, 1825-34 nach Entwürfen von Carl Heinrich Wünsch und Georg Adolph Demmler, Regierungsgebäude II, 1890 von Georg Daniel errichtet; Museumsgebäude, 1842 als großherzogliches Palais begonnen, 1877-82 von Hermann Willebrand als Galeriegebäude vollendet; Theater 1882-86 von Georg Daniel und Marstall 1838-43 von Georg Adolph Demmler gebaut.
(heute: Landtag, Museum und gastronomische Nutzung)

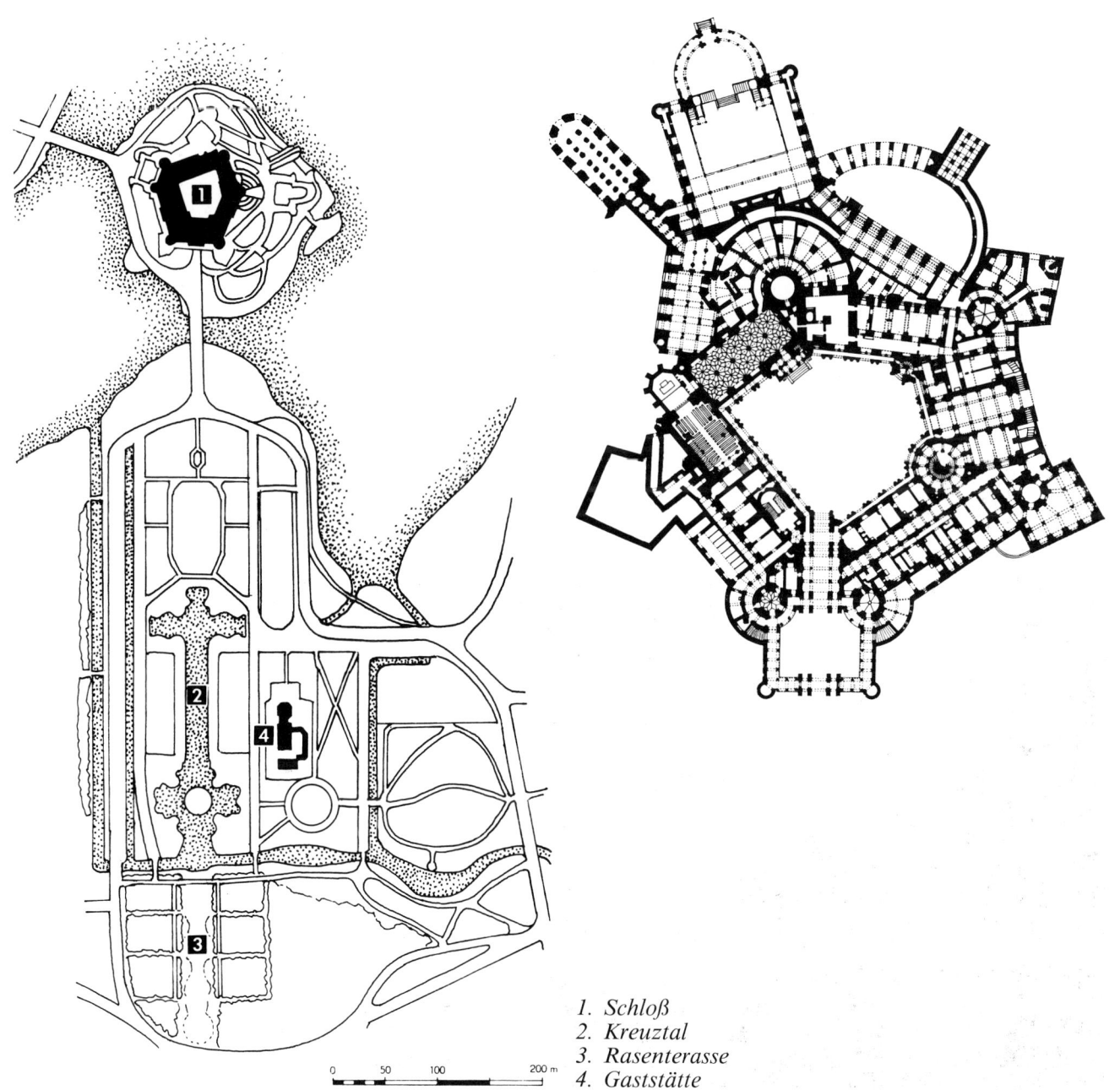

1. Schloß
2. Kreuztal
3. Rasenterasse
4. Gaststätte

Spantekow, Schloß
(15 km südwestlich von Anklam/Vorpommern)

1315	Spantekow gemeinsamer Besitz der vier Söhne des Werner von Schwerin
1558-67	Bau der Veste Spantekow für Ulrich von Schwerin auf dem Gelände einer mittelalterlichen Burg
1578	Sprengung der Hauptgebäude durch Truppen des Großen Kurfürsten
1677	Weitgehende Abtragung der Befestigungsanlage; Errichtung von Wohn- und Wirtschaftsgebäuden an Längsseiten des Schloßhofes
1720	Spantekow an die preußische Krone
1748	Niederbrennen der Schloßkirche
19. Jh.	Spantekow wieder Eigentum der Familie von Schwerin
1908	Umbau der Anlage; Erhöhung des Wohnhauses um drittes Geschoß; Bau des achtseitigen oberen Turmgeschosses mit geschweifter Haube

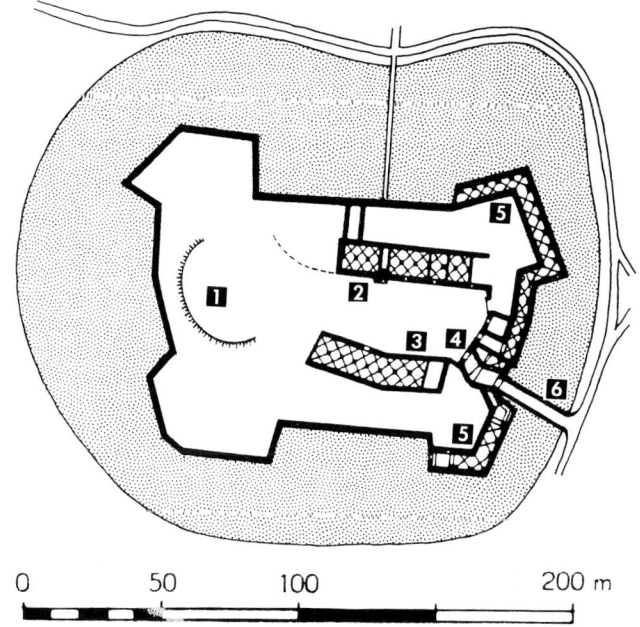

1. *Reste der mittelalterlichen Burg*
2. *Schloß*
3. *Wirtschaftsgebäude*
4. *Tordurchfahrt*
5. *Kasematten*
6. *Brücke*

281

Die ursprüngliche Gestalt der ein unregelmäßiges Viereck bildenden Befestigungsanlage blieb durch Wassergräben, Eckbastionen und Kasematten erhalten. Über dem Festungstor ist eine Steintafel mit einer Inschrift und dem fast lebensgroßen Reliefbild des Bauherrn und seiner Frau, gerahmt von einer flachen Pilasterarchitektur und Wappenschmuck, eingelassen. Die am Schloßhof stehenden Wohn- und Wirtschaftsgebäude stammen aus dem 16. bis 19. Jahrhundert. Auf der Hofseite vor dem langgestreckten zweigeschossigen Wohnhaus aus dem 16. Jahrhundert steht mittig ein Treppenturm. Im Inneren des Gebäudes ist der Remter erhalten, dessen Tonnengewölbe auf einem zentralen Pfeiler ruht. Der Kamin mit einem Renaissancegiebel ist datiert 1576. Weitere Keller- und Erdgeschoßräume haben Tonnengewölbe. Spantekow ist der erste Renaissanceschloßbau Pommerns.

(heute: Wohnungen)

Spyker, Schloß
(4 km nordwestlich von Sagard/Vorpommern)

14. Jh.	Spycker Eigentum der Familie von Kulpen	1830	Einbau des Treppenturmportals in gotisierenden Formen
1400	Durch Heirat an die Familie von Jasmund		
um 16. Jh.	Gegen Ende des Jahrhunderts Errichtung des dreigeschossigen verputzten Backsteinbaus mit 2 runden Ecktürmen an der Seeseite für die Familie von Jasmund	1945	Enteignung der Fürsten von Putbus
		1967	Umbau zum Erholungsheim; Anbringung der restaurierten Stuckdecken zum Teil an anderer Stelle
1649	Belehnung des Feldmarschalls Carl Gustav von Wrangel durch den schwedischen König mit Spycker; Umbau und Ergänzung um die beiden rückwärtigen Ecktürme, den rechteckigen Treppenturm vorn und um welsche Turmhauben sowie ein einheitliches Dach mit geschweiften seitlichen Giebeln		
1676	Tod von Graf Wrangel auf Spycker		
1817	Verkauf an Fürst Wilhelm Malte I. von Putbus		

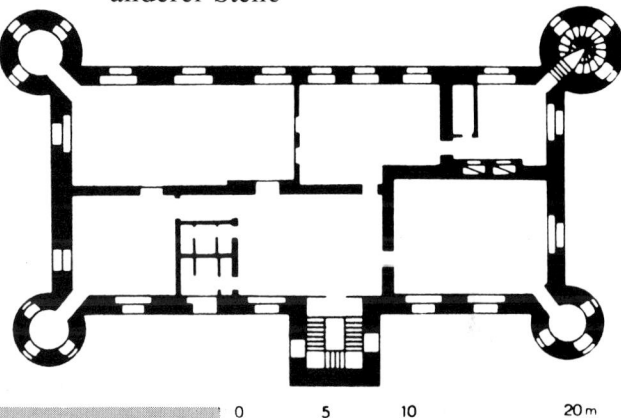

Im Erdgeschoß sind 2 geschnitzte Eichenholztüren, architektonisch gegliedert mit figürlichem Beiwerk, aus dem 17. Jahrhundert erhalten. Im Obergeschoß gibt es noch 2 Räume mit gut erhaltenen Stuckdecken von Antonius Lohr und Nils Eriksson. Sie zeigen schwere pflanzliche und figürliche Ornamente und in großen Medaillons beinahe vollplastische Darstellungen von Perseus und Andromeda, der vier Elemente, des Parisurteils und der vier Jahreszeiten. Von dem großen Schloßpark blieb nichts erhalten.

(heute: Hotel)

Tützpatz, Schloß
(8 km nordwestlich von Altentrepow/Vorpommern)

1775   Übernahme von Tützpatz von der Familie von Maltzahn durch Karl Friedrich von Linden

1779   Errichtung des eingeschossigen, fünfzehnachsigen Baus; zweigeschossiger, dreiachsiger Mittelrisalit mit wappengeschmücktem Segmentgiebel, einachsige Seitenrisalite und Walmdach

1786   Durch Erbschaft an die Familie von Heyden-Linden

1908   Nach Brand Wiederherstellung

1945   Enteignung der Familie von Heyden-Linden; Nutzung zunächst als Tierzuchtschule, dann als agrarökonomisches Institut; Ersetzen des Wappens im Giebel durch Hammer und Sichel; Renovierung der Anlage in den fünfziger Jahren

Der große Vorplatz mit Rondell wird seitlich von Kavaliershäusern eingefaßt. Vor der Gartenseite erstreckt sich ein Landschaftspark des frühen 18. Jahrhunderts. Tützpatz ist eine typische Gutsdorfanlage mit eingeschossigen Traufhäusern aus Fachwerk und Backstein aus dem 18./19. Jahrhundert.

(heute: Leerstehend)

285

Ueckermünde/Vorpommern, Schloß

1284   Urkundliche Ersterwähnung der deutschen Burg Ueckermünde; wahrscheinlich schon älterer fürstlicher Sitz

1295   Tützpatz Eigentum der Herzöge von Pommern

1546   Neubau eines vierflügeligen Jagdschlosses durch Herzog Philipp I. von Pommern-Wolgast; Nordflügel mit herzoglichen Wohnräumen, Ostflügel mit Kapelle, Westflügel mit Marstall und Kanzlei, Südflügel mit Gästekammern; Aufsetzen des Obergeschosses auf den runden mittelalterlichen Bergfried

1720   Abbruch des Schlosses bis auf den Südflügel, ein zweigeschossiger, verputzter Ziegelbau von 7 Achsen, mit der Tordurchfahrt und dem Bergfried

1908   Brand der Anlage; Erneuerung der Haube auf dem Bergfried

Das Obergeschoß des erhaltenen Südflügels ist gegliedert mit kleeblattbogigen Blendenreihen. Im Erdgeschoß sind aufwendige Netzgewölbe erhalten. Am Westende des Flügels steht ein quadratischer Turm mit einer Wendeltreppe um eine gewundene Spindel mit einer reizvollen Staffelung der Fenster. Über dem rundbogigen Turmportal ist eine Steintafel von Hans Schenk gen. Scheußlich mit dem Bildnis des Bauherrn eingelassen. Nach wechselnder Nutzung diente das Schloß als Gerichtsgefängnis.

(heute: Stadtverwaltung und Heimatmuseum)

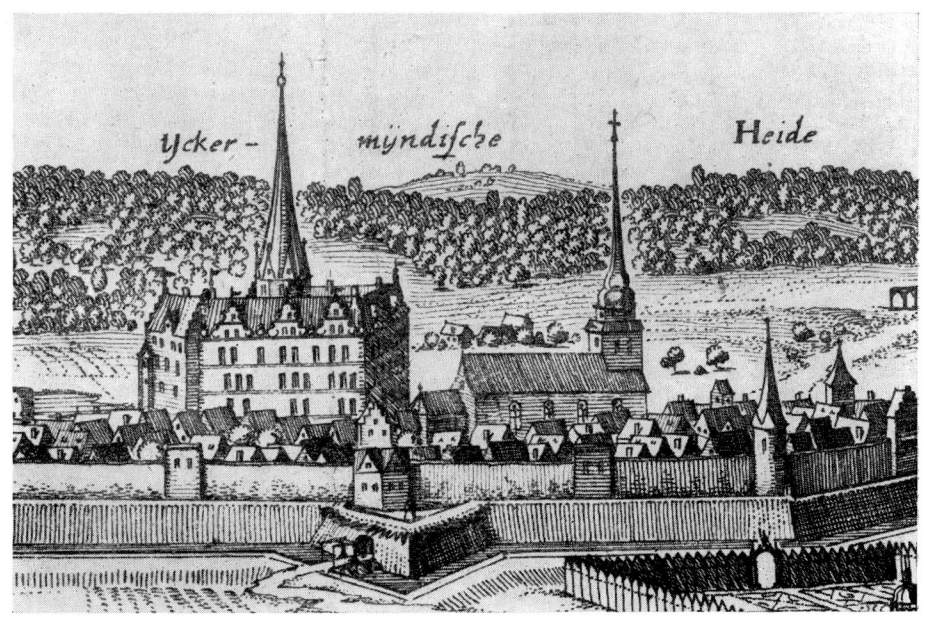

Ulrichshusen, Schloß
(16 km nördlich von Waren/Mecklenburg)

1562 Auf altem Familienbesitz Bau einer zweiflügeligen Anlage unter Nutzung älterer Reste durch Ulrich von Maltzan; dreigeschossiger Hauptbau mit hofseitigem rundem Treppenturm; ehemals von Graben umgeben

1626 Nach Brand Erneuerung und Anfügen seitlicher Schweifgiebel

1700 Verkauf von Ulrichshusen an den Baron von Erlencamp

1776 Rückerwerb durch den Landmarschall Lüdeke von Maltzan

1841 Ulrichshusen Eigentum der Grafen von Hahn

20. Jh. Letzte Eigentümer Familie von Bassewitz

1945 Enteignung der Familie von Bassewitz

1987 Zerstörung des Schlosses durch Brand, seither Ruine

Von der ursprünglichen Raumgliederung sind Teile, darunter die Küche mit Rauchfang, erhalten. Am Turm und am angrenzenden Torhaus sind Terrakottatafeln mit Medaillons und Wappen (nach 1550) aus der Werkstatt des Statius von Düren angebracht. Ulrichshusen ist eines der wenigen erhaltenen Landschlösser aus der Renaissancezeit.

(heute: Ruine)

Vanselow, Gutshaus

(10 km südöstlich von Demmin/Vorpommern)

1332	Eigentum der Familie von Maltzahn
1871	Vollendung des heutigen Gutshauses für den Landschaftsrat Hans Ludwig von Maltzahn durch den Schweriner Hofbaumeister Georg Daniel
1945	Enteignung der Familie von Maltzahn; Nutzung als Wohnungen
1991	Pachtvertrag der Familie von Maltzahn mit der Treuhandanstalt

1992   Restaurierung des Gutshauses

Neben den noch heute existierenden Landarbeiterhäusern ließ der Landschaftsrat Hans-Ludwig von Maltzahn einen Wirtschaftshof erbauen, der ehemals aus vier großen sich gegenüberliegenden reetgedeckten Stallgebäuden bestand und der inzwischen zur Hälfte abgerissen wurde.

(heute: Hotel und Wohnungen)

Varchentin, Gutshaus

(18 km nordöstlich von Waren/Mecklenburg)

1333   Eigentum des Warener Bürgermeisters von dem Berge; danach Eigentumsanteile bei den Familien von Heydebrech, Kruse, von Rostke und bei den Landesherren

1693   Varchentin insgesamt an die Familie Ferber

1836   Kauf durch den Hamburger Kaufmann Gottlieb Jenisch

1847   Errichtung des mehrflügeligen Komplexes aus ein- bis dreigeschossigen Putzbauten sowie Türmen im Stil der Tudorgotik nach Plänen von August de Meúron

1875   Durch Erbschaft an Graf Adolf von Grote

1945   Enteignung der Familie von Grote; Nutzung als Hotel- und Schulungsbetrieb

Der malerische Gesamteindruck der Anlage wird wesentlich geprägt durch die Staffelung der Baukörper, den umlaufenden Zinnenkranz sowie die Terrassen und Freitreppen. Reste der ursprünglichen Ausstattung sind erhalten. An der Planung des Landschaftsparks zwischen Schloß und See war auch Peter Joseph Lenné beteiligt. Im Park steht ein Mausoleum in aufwendigen Neurenaissanceformen von 1895.

(heute: Hotel)

Verchen, Gutshaus

(12 km südwestlich von Demmin/Vorpommern)

1700   Um die Jahrhundertwende Errichtung eines zweigeschossigen, neunachsigen Putzbaus mit Mansarddach und asymmetrisch angeordnetem Risalit

Zum Schloß gehört ein englischer Landschaftspark.

(heute: Landschulheim)

Vietgest, Gutshaus
(15 km östlich von Güstrow/Mecklenburg)

15. Jh. Eigentum der Familie von Oldenburg
1792-94 Errichtung des zweigeschossigen, elfachsigen Putzbaus mit dreiachsigem, übergiebeltem Mittelrisalit und Mansarddach; an Schmalseiten eingeschossige Galeriebauten als Überleitung zu zweigeschossigen quadratischen Eckpavillons

1841 Ankauf durch den Fürsten von Schaumburg-Lippe in Bückeburg

1945 Enteignung des Hauses Schaumburg-Lippe

1985-90 Restaurierung der Anlage; Wiederherstellung des Festsaals mit Pilastergliederung und Wandstuck im Obergeschoß; langjährige Nutzung als Ferienheim der Ost-CDU

Im Zuge der Restaurierungsarbeiten wurde auch der kleine Barockgarten südlich des Hauses erneuert.

(heute: Hotel)

Wedendorf, Schloß

(9 km nördlich von Gadebusch/Mecklenburg)

1255	Eigentum des Johann von Bülow
1680	Verkauf an den Geheimrat Andreas Gottlieb von Bernstorff, Zusammenlegung mit dem benachbarten Stammgut Bernstorf
1697	Zweigeschossiger barocker Bau, errichtet für Andreas Gottlieb von Bernstorff, braunschweigisch-cellescher und hannoverscher Premierminister
1805	Beginn des Umbaus unter der Leitung von Friedrich Rabe aus Berlin; Aufstockung und klassizistische Umgestaltung des siebenachsigen, jetzt dreigeschossigen verputzten Haupthauses und Anfügen zweiachsiger, übergiebelter Seitenflügel an der Hof- und Gartenseite
1931	Konkurs des Grafen Hermann von Bernstorff, Erwerb von Wedendorf durch den Lübecker Konsul Hagen
1945	Enteignung der Familie Hagen; Nutzung als Gewerkschaftsschule
1966	Restaurierung des Gebäudes
1980/81	Restaurierungsarbeiten an der Ausmalung

In einigen Räumen sind Reste der nach 1815 von Giuseppe Anselmo Pellicia im pompejanischen Stil geschaffenen Ausmalung, darunter allegorische Deckengemälde und Grisaillen, erhalten geblieben.

(heute: Leerstehend)

Weisdin, Gutshaus

(6 km nordöstlich von Neustrelitz/Mecklenburg)

1387   Eigentum der Familie von Peckatel

1749   Errichtung des zweigeschossigen, neunachsigen Putzbaus mit übergiebeltem dreiachsigem Mittelrisalit und Walmdach für Gotthard Friedrich von Peckatel

1761   Verkauf des Schlosses und des Gutes an Herzog Adolph Friedrich IV. von Mecklenburg

1918   Übergang des Privateigentums der großherzoglichen Familie auf das Staatsdomanium

Erhalten sind das geräumige Treppenhaus mit doppelläufiger Treppe, der Festsaal und in mehreren Räumen ornamentaler Deckenstuck aus der Erbauungszeit. Das Schloß ist Teil der nach einem Brand 1740 neu entstandenen Dorfanlage. Eine rechtwinklig zur Straße gelegene breite Hauptachse wird im Norden von der Kirche und im Süden vom Schloß begrenzt. An beiden Seiten der Achse liegen die Wirtschaftsgebäude.

(heute: Wohnung und Restaurant)

Wismar/Mecklenburg, Fürstenhof

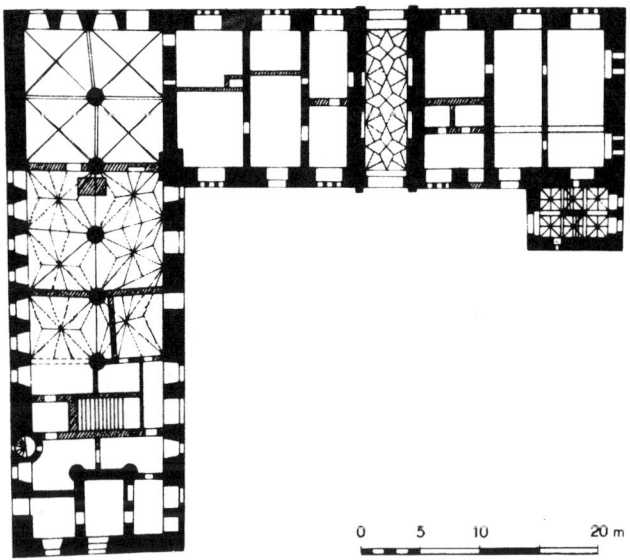

1512-13 Anstelle eines älteren landesherrlichen Anwesens Errichtung des dreigeschossigen Alten Hauses durch Herzog Heinrich von Mecklenburg

1553-55 Bau des dreigeschossigen Neuen langen Hauses von Gabriel von Aken und Valentin von Lira für Herzog Johann Albrecht I. von Mecklenburg; außen geputztes Backsteingebäude mit breiter mittlerer Durchfahrt und Treppenturm am südöstlichen Ende der Hoffront; Gliederung der Fassade durch ornamentierte Pilaster und Friese aus Terrakotta des Statius von Düren mit Ergänzungen durch entsprechende Rahmen, Fenster und kleinere Portale

17. Jh. Einrichtung des obersten schwedischen Gerichts im Fürstenhof in der zweiten Hälfte des Jahrhunderts

1781 Brand der oberen Stockwerke des Alten Hauses

1877-78 Erneuerung und zum größeren Teil Veränderungen des Terrakottaschmucks; Italie-

nisierung der niederländischen Stiltenden-
zen

1934   Äußerliche Restaurierung des Alten Hauses

1951-52   Restaurierung des Fürstenhofes; Nutzung
als Kreisgericht und Stadtarchiv

Der im Erdgeschoß des Alten Hauses gelegene zwei-
schiffige Saal besitzt Vorhangbogenfenster und
über gedrungenen Säulen Kreuzrippen- und Stern-

gewölbe. Die zwischen Erd- und Obergeschoß gelegenen Friese aus Kalkstein am Neuen langen Haus
zeigen die Geschichte des Trojanischen Krieges und
das Gleichnis vom verlorenen Sohn (jüngst durch
Kopien ersetzt). Auch die Portalrahmungen der
netzgewölbten Durchfahrt mit Gestalten des Alten
Testaments, Satyrn und Grotesken sind aus Kalkstein.

(heute: Amtsgericht und Stadtarchiv)

Zettemin, Schloß

(8 km südwestlich von Stavenhagen/Mecklenburg)

18. Jh. Um die Jahrhundertmitte Bau des symmetrisch angelegten Komplexes von Backsteinbauten; zweigeschossiger, siebenachsiger Mittelbau mit übergiebeltem Mittelrisalit und Walmdach sowie sich viertelkreisförmig anschließende eingeschossige Nebenflügel

19. Jh. Kauf Zettemins durch die Grafen von Schwerin

1945 Enteignung der Familie von Schwerin; starke Veränderungen des linken Flügels; Nutzung als Wohnungen und für Kinderkrippe

Gut Zettemin lag bis kurz vor dem Zweiten Weltkrieg als Enklave Vorpommerns auf mecklenburgischem Gebiet.

(heute: Mittelbau leerstehend; Nebenflügel Wohnungen)

Zühr, Schloß
(8 km südwestlich von Wittenburg/Mecklenburg)

14. Jh.   Eigentum der Familie von Züle

18. Jh.   Zu Beginn des Jahrhunderts Errichtung des zweigeschossigen Baus mit übergiebelten Mittelrisaliten und Walmdach, die Hofseite in Fachwerk, die Gartenseite in Backstein durch den sächsisch-polnischen Feldmarschall Thomas Friedrich von Züle

1830   Kauf durch die Familie von Graevenitz

1867   Umbau des Schlosses

1930   Verkauf Zührs durch die Familie von Graevenitz an eine Siedlungsgesellschaft

1933-45   Nutzung durch den Bund Deutscher Mädel

(heute: Altenheim)

Weitere Objekte

Die in Klammern angegebenen Namen sind die nächstgelegenen größeren Orte

Alt Käbelich, Gutshaus (Woldegk/Mecklenburg)

Eingeschossiger klassizistischer Bau aus der Zeit kurz nach 1800.

Alt Plestlin, Gutshaus (Demmin/Vorpommern)

Zweigeschossiger Bau, um 1850, bis 1945 Eigentum der Familie von Langen-Keffenbrinck.

Alt Vorwerk, Gutshaus (Teterow/Mecklenburg)

Bau von 1859/61.

Ankershagen, Gutshaus (Penzlin/Mecklenburg)

Zweigeschossiges Gutshaus, in den ältesten Teilen zurückgehend auf die erste Hälfte des 16. Jahrhunderts, mit Veränderungen des 18. und des frühen 20. Jahrhunderts

Auerose, Schloß (Anklam/Vorpommern)

1848/49 für die Familie von Borcke im Stil des Neobarock errichteter zweigeschossiger Putzbau.

Bad Doberan, Gutshaus Kammerhof (Mecklenburg)

1786 von Johann Christoph von Seydewitz im Stil des Rokoko errichteter Bau.

Badow, Gutshaus (Wittenburg/Mecklenburg)

Anstelle eines Gebäudes des 18. Jahrhunderts Neubau, um 1900.

Balow, Gutshaus (Grabow/Mecklenburg)

Langgestreckter eingeschossiger Fachwerkbau aus dem 18. Jahrhundert.

Barth, Schloß (Stralsund/Vorpommern)

Anstelle des ursprünglich herzoglichen Schlosses das 1733 gegründete ehemalige adelige Fräuleinstift.

Bellin, Schloß (Güstrow/Mecklenburg)

Schloß nach einem Entwurf von Paul Korff aus Laage von 1912; Torhaus und Wirtschaftsgebäude aus der Mitte des 18. Jahrhunderts.

Benz, Gutshaus (Hagenow/Mecklenburg)

Neubau in eigenwilligen Formen mit Außenwänden aus Raseneisenstein, um 1830, von 1814 bis 1945 Eigentum der Familie von Truenfels.

Bernstorf, Gutshaus (Grevesmühlen/Mecklenburg)

Seit 1237 urkundlich erwähnt und bis 1945 Eigentum der Familie von Bernstorff; 1879-82 nach Plänen von Georg Daniel errichteter zweigeschossiger Neubau mit zwei Flügeln und einem Turm im Neurenaissancestil.

Beseritz, Gutshaus (Friedland/Mecklenburg)

Zweigeschossiger Bau von 1881 im neugotischen Stil, von 1880 bis 1945 Eigentum der Familie von Bernstorff.

Blücherhof, Schloß (Waren/Mecklenburg)

Bau und Gutsnebengebäude im neubarocken Stil, nach 1900.

Boddin, Gutshaus (Teterow/Mecklenburg)

Bau des 19. Jahrhunderts.

Bömitz, Gutshaus (Anklam/Vorpommern)

Barocker eingeschossiger Putzbau mit Seitenflügeln in Fachwerk.

Bohlendorf, Gutshaus (Altenkirchen/Vorpommern)

Eingeschossiger verputzter Backsteinbau von 1794/96, 1923 restauriert, mit seitlichen Kavaliershäusern.

Borkow, Gutshaus (Sternberg/Mecklenburg)

Eingeschossiger Putzbau, um 1800.

Brahlstorf, Gutshaus (Hagenow/Mecklenburg)
Zweigeschossiger Putzbau im Stil der englischen Neugotik, um 1850.

Bredenfelde, Gutshaus (Feldberg/Mecklenburg)
Bau aus der Mitte des 19. Jahrhunderts.

Breesen, Gutshaus (Neubrandenburg/Mecklenburg)
1735 errichteter, später vielfach veränderter Bau.

Bristow, Gutsanlage (Teterow/Mecklenburg)
Gutsanlage um 1800, Herrenhaus 1919 abgebrannt, Kirche aus dem 16. Jahrhundert und Gutsgebäude erhalten, bis 1815 Eigentum der Grafen Hahn, von 1845 bis 1945 der Grafen von Bassewitz.

Broda, Belvedere (Neubrandenburg/Mecklenburg)
Für die Großherzogin Marie von Mecklenburg-Strelitz am Tollensesee 1823 nach Plänen von Friedrich Wilhelm Buttel in Gestalt eines kleinen griechischen Tempels errichtetes Sommerhaus.

Brohm, Gutshaus (Friedland/Mecklenburg)
Gutshaus aus dem 18. Jahrhundert mit späteren Anbauten, bis 1945 Eigentum der Familie von Oertzen.

Broock, Gutshaus (Demmin/Vorpommern)
Zweieinhalbgeschossiger neugotischer Bau, um 1850.

Brunn, Gutshaus (Neubrandenburg/Mecklenburg)
Zweigeschossiger klassizistischer Putzbau aus der Zeit kurz nach 1800.

Bülow, Gutshaus (Teterow/Mecklenburg)
Eingeschossiger klassizistischer Putzbau, um 1800.

Bützow, Schloß (Mecklenburg)
Ursprünglich bischöfliche Burg des 13. Jahrhunderts, davon kreuzrippengewölbte Kapelle erhalten; Umbau zum Renaissanceschloß im 16. Jahrhundert mit Fries aus Terrakottaplatten aus der Werkstatt des Statius von Düren von 1555; Restaurierung der Anlage 1910/11.

Cambs, Gutshaus (Schwerin/Mecklenburg)
Eingeschossiger Putzbau, um 1800.

Camin, Gutshaus (Hagenow/Mecklenburg)
Klassizistischer Backsteinbau des 19. Jahrhunderts.

Charlottenthal, Gutshaus (Krakow/Mecklenburg)
1843 im Stil der Neugotik errichtetes Gutshaus, von 1896 bis 1945 Eigentum der Familie von Schmidt-Pauli, die hier ein Vollblutgestüt betrieb.

Cölpin, Schloß (Neubrandenburg/Mecklenburg)
Zweigeschossiger barocker Putzbau von 1780 mit eingeschossigem Marstall aus Backstein, bis 1945 Eigentum der Familie von Dewitz.

Cosa, Gutshaus (Friedland/Mecklenburg)
Eingeschossiger Bau im neugotischen Stil, nach 1850, bis 1945 Eigentum der Familie von Oertzen.

Cramon, Gutshaus (Schwerin/Mecklenburg)
Zweigeschossiges Gutshaus, um 1850, nach Plänen des dänischen Architekten Christian Frederic Hansen für die Hamburger Kaufmannsfamilie von Böhl errichtet.

Dalwitz, Gutshaus (Tessin/Mecklenburg)
Zwei rechtwinklig aneinanderstoßende Flügel, ein- und zweigeschossig, von 1726, 1855 umgebaut im neugotischen Stil, bis 1945 Eigentum der Grafen von Bassewitz.

Dammereez, Gutshaus (Hagenow/Mecklenburg)
Zweigeschossiger verputzter Fachwerkbau, nach 1750, mit Veränderungen von 1864.

Damshagen, Gutshaus (Klütz/Mecklenburg)
Seit dem 14. Jahrhundert Hauptsitz der Familie von Plessen; zweigeschossiges Gutshaus mit Säulenportikus von 1914.

Daskow, Gutshaus (Ribnitz-Damgarten/Vorpommern)
Bau des 19. Jahrhunderts.

Deven, Gutshaus (Waren/Mecklenburg)
Zweigeschossiger klassizistischer Putzbau, um 1820.

Diekhof, Schloß (Laage/Mecklenburg)
Reste des 1945 zerstörten, um 1736 erbauten Barockschlosses, darunter der südliche Seitenflügel und die nunmehr frei stehende Kapelle von 1768.

Divitz, Gutshaus (Barth/Vorpommern)

Malerische unregelmäßige Anlage; zweigeschossiger Nordflügel, im Kern aus der zweiten Hälfte des 16. Jahrhunderts, der langgestreckte Ostflugel mit zwei Portalen datiert 1729 und 1743, bis 1945 Eigentum der Familie von der Groeben.

Dömitz, Festung (Ludwigslust/Mecklenburg)

Hervorgegangen aus einer vor 1237 angelegten Burg; Ausbau von 1559 bis 1565 nach italienischem Vorbild von Francesco a Bornau aus Brescia, Veränderungen kurz nach 1600 durch Ghert Evert Piloot und Erneuerungen 1851-65.

Dolgen, Gutshaus (Laage/Mecklenburg)

Nach 1700 errichteter Bau, vor 1900 erneuert und erweitert, von 1824 bis 1945 Eigentum der Familie von Plessen.

Dranske, Gutshaus Lancken (Altenkirchen/Vorpommern)

Zweigeschossiger Backsteinbau mit Gartenanlage, um 1720/30.

Drönnewitz, Schloß (Wittenburg/Mecklenburg)

Zweigeschossiges barockes Schloß, von 1793 bis 1945 Eigentum der Grafen von Hardenberg.

Dummerstorf, Gutshaus (Rostock/Mecklenburg)

Haupthaus mit zwei Seitenhäusern aus der Zeit kurz nach 1700.

Eichhorst, Gutshaus (Friedland/Mecklenburg)

Zweigeschossiges, zur Gartenseite dreigeschossiges klassizistisches Gutshaus von 1821, bis 1945 Eigentum der Familie von Schwerin.

Feldberg, Drostenhaus (Neustrelitz/Mecklenburg)

Zweigeschossiger verputzter Fachwerkbau von 1781/82, über den Resten des 1700 abgebrochenen Schlosses errichtet.

Fincken, Gutshaus (Röbel/Mecklenburg)

Zweigeschossiger Putzbau, um 1800, mit gartenseitigem Anbau von 1850 im Stil der Tudorgotik.

Franzburg, Schloß (Stralsund/Vorpommern)

Lediglich ein zweieinhalbgeschossiger Wirtschaftsflügel aus dem 16./17. Jahrhundert erhalten.

Friedrichsruhe, Gutshaus (Crivitz/Mecklenburg)

Eingeschossiger Putzbau, um 1800.

Friedrichsthal, Jagdschloß (Schwerin/Mecklenburg)

In Fachwerk errichtete Anlage mit zweigeschossigem Hauptgebäude von 1790 und seitlich anschließenden eingeschossigen Kavaliershäusern von 1798; ebenfalls 1798 angelegte, auf das Schloß zuführende Lärchenallee.

Galenbeck, Burg (Friedland/Mecklenburg)

Reste des runden Bergfrieds aus dem 15. Jahrhundert.

Galenbeck, Gutshaus (Friedland/Mecklenburg)

Zweigeschossiger Fachwerkbau aus dem 18. Jahrhundert.

Ganzkow, Guthaus (Neubrandenburg/Mecklenburg)

Eingeschossiger Bau mit seitlichen Flügeln aus dem 18. Jahrhundert; der Mittelbau von Friedrich Wilhelm Buttel, 1920 verändert.

Gelbensande, Jagdschloß (Ribnitz-Damgarten/Mecklenburg)

1886/87 nach Entwürfen von Gotthilf Ludwig Möckel für die Großherzöge von Mecklenburg-Schwerin errichteter malerischer Bau aus gelbem Backstein mit Fachwerkpartien im Obergeschoß.

Genzkow, Gutshaus (Friedland/Mecklenburg)

Eingeschossiger Bau, kurz vor 1800.

Gersdorf, Gutshaus (Neubukow/Mecklenburg)

1864 im neugotischen Stil errichtetes zweigeschossiges Gutshaus, bis 1945 Eigentum der Familie von Bodecker.

Gnemern, Gutshaus (Bützow/Mecklenburg)

Zwischen 1682 und 1685 errichteter zweigeschossiger Bau, von 1661 bis 1945 Eigentum der Familie von Meerheimb.

Göhren-Lebbin, Schloß (Malchow/Mecklenburg)

Zweigeschossiger Putzbau mit zwei Türmen von 1914/15, nach Plänen der Berliner Architekten Ernst und Günther Paulus errichtet.

Goldenitz, Gutshaus (Hagenow/Mecklenburg)

Zweigeschossiger Putzbau im neugotischen Stil, um 1880.

Gottesgabe, Gutshaus (Schwerin/Mecklenburg)

Bau des 17. Jahrhunderts mit Veränderungen des 19. Jahrhunderts; letzter Aufenthalt (vor seinem Tod) des sächsischen Freiheitsdichters Theodor Körner.

Grambow, Gutshaus (Schwerin/Mecklenburg)

Zweigeschossiges neubarockes Gutshaus, errichtet 1903 für den Großherzog von Mecklenburg-Schwerin.

Granskevitz, Gutshaus (Trent/Vorpommern)

Zweigeschossiger Renaissance-Backsteinbau des 17. Jahrhunderts, unter Verwendung von Resten des 15. Jahrhunderts errichtet, mit Anbauten des 18. Jahrhunderts.

Gremmelin, Gutshaus (Güstrow/Mecklenburg)

Ursprünglich um 1800 errichtetes zweigeschossiges klassizistisches Gutshaus, 1928 abgebrannt und im alten Stil neu errichtet, von 1803 bis 1945 Eigentum der Familie von Pentz.

Gresse, Gutshaus (Boizenburg/Mecklenburg)

Unregelmäßige Anlage mit einem Turm im Stil der englischen Neugotik, um 1850.

Griebenow, Schloß (Greifswald/Vorpommern)

Zweigeschossiger barocker Putzbau, errichtet 1709 für den schwedischen Reichsrat Karl Gustav von Rehmskiöl; Fachwerkbau der Schloßkapelle, um 1650, bis 1945 Eigentum der Familie von Langen-Keffenbrinck.

Großenhof, Schloß (Grevesmühlen/Mecklenburg)

Zweigeschossiger Fachwerkbau, um 1650.

Großen Luckow, Gutshaus (Teterow/Mecklenburg)

Zweigeschossiger Bau im Tudorstil von 1842, bis 1945 Eigentum der Familie von Maltzan Freiherren zu Wartenberg und Penzlin.

Groß Gievitz, Gutshaus (Waren/Mecklenburg)

Zweigeschossiger Barockbau, um 1730, mit freistehenden Seitengebäuden, im 19. Jahrhundert neugotisch überformt, bis 1945 Eigentum der Familie von Voß.

Groß Kussewitz, Gutshaus (Rostock/Mecklenburg)

Zweigeschossiger Putzbau, kurz vor 1800.

Groß Lüsewitz, Gutshaus (Rostock/Mecklenburg)

Umfangreiche Gutsanlage mit malerisch gruppiertem gründerzeitlichem Herrenhaus mit hohem Turm.

Groß Lukow, Gutshaus (Penzlin/Mecklenburg)

Zweigeschossiger Putzbau im Rundbogenstil, um 1850.

Groß Markow, Gutshaus (Teterow/Mecklenburg)

Eingeschossiger Putzbau von 1829.

Groß Miltzow, Schloß (Strasburg/Mecklenburg)

Zweigeschossiger Putzbau aus dem 18. Jahrhundert, heutiges Aussehen um 1840; Seitenflügel, um 1760 und um 1880 errichtet.

Groß Plasten, Gutshaus (Waren/Mecklenburg)

Im Stile des Berliner Neubarocks veränderter Bau.

Groß Schoritz, Gutshaus (Garz/Vorpommern)

Eingeschossiger verputzter Backsteinbau, zur Gartenseite Fachwerkbau, um 1750; Geburtshaus von Ernst Moritz Arndt.

Groß Vielen, Gutshaus (Penzlin/Mecklenburg)

Bau von 1905; Torhaus ursprünglich 1740, erneuert 1882.

Groß Wüstenfelde, Gutshaus (Teterow/Mecklenburg)

Zweigeschossiger Fachwerkbau, um 1700, umgeben von einem mittelalterlichen Ringwall.

Grünberg, Gutshaus (Pasewalk/Vorpommern)

Eingeschossige ehemalige Dreiflügelanlage, um 1800, linker Flügel abgebrochen, mit zwei freistehenden Kavaliershäusern.

Grüssow, Gutshaus (Malchow/Mecklenburg)

Eingeschossiger Putzbau, um 1820.

Gültz, Gutshaus (Demmin/Vorpommern)

Zweigeschossiger Putzbau von 1868/72, bis 1945 Eigentum der Familie von Maltzahn.

Gützkow, Gutshaus (Greifswald/Vorpommern)

Klassizistischer Bau aus dem 19. Jahrhundert mit älterem Landschaftspark.

Gützkow, Schloß (Altentreptow/historisch zu Mecklenburg)

Langgestrecktes eingeschossiges Gebäude von 1777.

Harkensee, Gutshaus (Klütz/Mecklenburg)

Zweigeschossiger Putzbau, um 1860, bis 1945 Eigentum der Familie Kersten.

Hasenwinkel, Schloß (Waren/Mecklenburg)

Zweigeschossiger Putzbau des frühen 20. Jahrhunderts.

Hoppenrade, Gutshaus (Güstrow/Mecklenburg)

Im Stil der Neurenaissance errichteter zweigeschossiger Bau von 1853, bis 1945 Eigentum der Familie Müller.

Janow, Gutshaus (Anklam/Vorpommern)

Eingeschossiger Putzbau von 1814/16, bis 1945 Eigentum der Familie von Schwerin.

Kaarz, Schloß (Sternberg/Mecklenburg)

Zweigeschossiger Putzbau von 1873.

Kalkhorst, Schloß (Klütz/Mecklenburg)

Umfangreicher neugotischer Komplex von 1860/70, umgeben von einem großen Landschaftspark, bis 1945 Eigentum der Hamburger Stiftung FVS.

Kapelle, Schloß (Gingst/Vorpommern)

Zweigeschossiger Bau von 1843/44 mit Umbauten von 1914.

Karin, Gutshaus (Kröpelin/Mecklenburg)

Eingeschossiger Putzbau, um 1830.

Karnitz, Jagdschloß (Putbus/Vorpommern)

Zweigeschossiger verputzter Backsteinbau im Stil der Tudorgotik von 1834/35.

Kartlow, Schloß (Demmin/Vorpommern)

1857 bis 1860 nach Plänen des Berliner Architekten Friedrich Hitzig errichtetes Schloß in neugotischem Stil mit ausgedehntem Landschaftspark, bis 1945 Eigentum der Familie von Heyden.

Kartzitz, Gutshaus (Bergen/Vorpommern)

Eingeschossiges verputztes Backsteingebäude, um 1750,

mit eingeschossigen Kavaliershäusern und Parkanlage, bis 1945 Eigentum der Familie von Schinkel.

Katelbogen, Gutshaus (Bützow/Mecklenburg)

Eingeschossiger Bau des 18. Jahrhunderts sowie kurz vor 1900 im Stil der Neugotik erbautes schloßartiges Gebäude, beide bis 1945 Eigentum der Familie von Busch-Haddenhausen.

Keez, Gutshaus (Schwerin/Mecklenburg)

Zweigeschossiger Putzbau des 18. Jahrhunderts mit späteren Veränderungen, bis 1945 Eigentum der Familie von Alvensleben.

Klein Kubbelkow, Gutshaus (Bergen/Vorpommern)

Zweigeschossiger Fachwerkbau von 1908 mit großem Park.

Klein Plasten, Gutshaus (Waren/Mecklenburg)

Barockes Gutshaus aus dem 18. Jahrhundert mit Umbauten und achteckigem Turm von 1899, bis 1945 Eigentum der Familie von Blücher.

Klein Trebbow, Schloß (Schwerin/Mecklenburg)

Neurenaissanceschloß von 1865 nach Plänen von Hermann Willebrand mit einem Landschaftspark aus der Erbauungszeit, bis 1945 Eigentum der Familie von Barner.

Klempenow, Burg (Altentreptow/Vorpommern)

Von der mittelalterlichen Burg, verändert im 16. Jahrhundert, der nordöstliche Eckturm mit Kegelhelm und Teile des zweigeschossigen Palas erhalten.

Klevenow, Gutshaus (Grimmen/Vorpommern)

Zweigeschossiger Bau des 17. Jahrhunderts mit Veränderungen des 20. Jahrhunderts, bis 1945 Eigentum der Familie von Lancken-Wakenitz.

Klink, Schloß (Waren/Mecklenburg)

Im Stil der französischen Renaissance 1896-98 von Hans Grisebach errichteter Bau.

Klockow, Gutshaus (Friedland/Mecklenburg)

Zweigeschossiger Putzbau von 1853, errichtet von Friedrich Wilhelm Buttel.

Körchow, Gutshaus (Neubukow/Mecklenburg)

1822 errichteter Bau, bis 1945 Eigentum der Familie Lent.

Kotelow, Gutshaus (Friedland/Mecklenburg)
Eingeschossiger Putzbau von 1773.

Krassow, Gutshaus (Wismar/Mecklenburg)
Zweigeschossiger Putzbau des 19. Jahrhunderts.

Kreckow, Gutshaus (Woldegk/Mecklenburg)
Bau von 1744.

Krienke, Schloß (Wolgast/Vorpommern)
Zweigeschossiger Bau, um 1920, bis 1945 Eigentum der Familie von Borcke.

Krukow, Gutshaus (Penzlin/Mecklenburg)
Zweigeschossiger Putzbau in historisierenden Formen, um 1850.

Krumbeck, Gutshaus (Woldegk/Mecklenburg)
Eingeschossiger Bau, vor 1800, mit Anbau und Turm von 1905, bis 1945 Eigentum der Familie von Dewitz.

Kuchelmiß, Gutshaus (Teterow/Mecklenburg)
Fachwerkbau, um 1800.

Kurzen Trechow, Gutshaus (Bützow/Mecklenburg)
Renaissancebau mit Erneuerungen von 1814, bis 1945 Eigentum der Familie von Plessen.

Landskron, Veste (Anklam/Vorpommern)
Ruine des 1576 von Ulrich von Schwerin angelegten Festen Hauses mit Wall und Graben.

Leezen, Gutshaus (Schwerin/Mecklenburg)
Zweigeschossiges gotisierendes Gutshaus aus der Mitte des 19. Jahrhunderts, erbaut für Carl Detlef Evers.

Lehsen, Gutshaus (Wittenburg/Mecklenburg)
Zweigeschossiger klassizistischer Putzbau von 1822.

Leisten, Gutshaus (Plau/Mecklenburg)
Eingeschossiger Bau, um 1800, bis 1945 Eigentum der Familie Schlutius.

Leppin, Gutshaus (Burg Stargard/Mecklenburg)
Zweigeschossiges Gutshaus mit eingeschossigen Flügeln,

um 1750, insgesamt um 1850 im neugotischen Stil umgestaltet, bis 1945 Eigentum der Familie Kolbe.

Libnow, Gutshaus (Anklam/Vorpommern)
Gotisierender Backsteinbau mit zweigeschossigem Mitteltrakt und niedrigeren Seitenteilen, um 1860.

Lichtenberg, Gutshaus (Feldberg/Mecklenburg)
Vor 1850 im Stil der Neurenaissance ausgebautes Gutshaus.

Liepen, Gutshaus (Neubrandenburg/Mecklenburg)
Zweigeschossiger Putzbau von 1867.

Liessow, Gutshaus (Schwerin/Mecklenburg)
Zweigeschossiger Putzbau, um 1800, mit späteren Veränderungen.

Lietzow, Schlößchen (Bergen/Vorpommern)
Wohnhaus von 1868; Kopie des 1839 bei Reutlingen erbauten Schlosses Lichtenstein.

Löcknitz, Schloß (Pasewalk/Vorpommern)
Um 1557 fertiggestelltes Renaissanceschloß, dreigeschossiger Putzbau mit Treppenturm.

Ludorf, Gutshaus (Röbel/Mecklenburg)
1698 errichteter zweigeschossiger Bau mit großem Landschaftspark.

Lübbenow, Gutshaus (Strasburg/Mecklenburg)
Zweigeschossiger Bau von 1738 mit Veränderungen des 19. Jahrhunderts.

Lübbersdorf, Gutshaus (Friedland/Mecklenburg)
Um 1800 errichtetes, 1839 erweitertes und 1891 umgebautes Gutshaus.

Lübz, Eldenburg (Mecklenburg)
Lediglich erhalten der sogenannte Amtsturm aus dem 14. Jahrhundert.

Lühburg, Schloß (Gnoien/Mecklenburg)
Anlage um 1700, restauriert 1885, eine der ersten Dreiflügelanlagen mit einem Ehrenhof nach französischem Vorbild in Mecklenburg, vom 14. Jahrhundert bis 1945 Eigentum der Familie von Bassewitz.

Lütgenhof, Gutshaus (Grevesmühlen/Mecklenburg)
Bau kurz vor 1900 in klassizistischem Stil.

Lützow, Schloß (Gadebusch/Mecklenburg)
Historisierender Bau von 1876 mit ausgedehntem Park.

Luplow, Gutshaus (Penzlin/Mecklenburg)
Zweigeschossiges Haupthaus, um 1730, verbunden durch niedrige Flügel mit pavillonartigen Eckbauten.

Mallin, Gutshaus (Penzlin/Mecklenburg)
Neurenaissancebau des späten 19. Jahrhunderts, flankiert von Türmen.

Manderow, Gutshaus (Wismar/Mecklenburg)
Putzbau, um 1910.

Marienhof, Gutshaus (Güstrow/Mecklenburg)
Bau mit Putz und Backstein, vor 1900.

Matgendorf, Gutshaus (Teterow/Mecklenburg)
1856 Errichtung eines schloßähnlichen Neubaus im Stil der Neurenaissance durch den Schweriner Hofbaurat Hermann Willebrand, vom 17. Jahrhundert bis 1945 Eigentum der Familie von der Kettenburg.

Mildenitz, Schloß (Woldegk/Mecklenburg)
Um 1800 errichtetes, 1852 neugotisch überformtes Schloß, bis 1945 Eigentum der Familie von Schwerin.

Mirow, Unteres Schloß (Mecklenburg)
Zweigeschossiger Putzbau von 1766, umgebaut 1848, später verändert.

Möllenbeck, Gutshaus (Ludwigslust/Mecklenburg)
1695 errichteter, 1862 erneuerter Bau.

Moltzow, Gutshaus (Waren/Mecklenburg)
Dreigeschossiger Backsteinbau im Stil der Tudorgotik, nach 1850.

Müggenburg, Schloß (Anklam/Vorpommern)
Zweigeschossiger Backsteinbau von 1889/91 im neugotischen Stil mit Turm der mittelalterlichen Wasserburg.

Neddemin, Gutshaus (Altentreptow/Vorpommern)
Zweigeschossiger spätklassizistischer Backsteinbau, nach 1850.

Neetzow, Schloß (Anklam/Vorpommern)
1855 bis 1860 nach Plänen des Berliner Architekten Friedrich Hitzig im historisierenden Stil englischer Landsitze erbautes Schloß mit ausgedehntem Landschaftspark, bis 1945 Eigentum der Familie von Kruse.

Nehringen, Schloß (Grimmen/Vorpommern)
Eingeschossiger Putzbau, nach 1750, flankiert von eingeschossigen Wohnbauten; im Schloßgarten Ruine eines mittelalterlichen Burgturms.

Neuenhagen, Gutshaus (Klütz/Mecklenburg)
Zweigeschossiger Bau des 16. Jahrhunderts.

Neu Luckwitz, Gutshaus (Wittenburg/Mecklenburg)
1939/40 durch den Hamburger Kaufmann Perlbach neu errichteter Bau.

Neu Tellin, Gutshaus (Demmin/Vorpommern)
Bau aus der Mitte des 19. Jahrhunderts.

Neverin, Gutshaus (Neubrandenburg/Mecklenburg)
Zweigeschossiger Putzbau, um 1800.

Oberhof, Gutshaus (Wismar/Mecklenburg)
Zweigeschossiger Putzbau, um 1900.

Olgashof, Gutshaus (Wismar/Mecklenburg)
Zweigeschossiger Putzbau, vor 1900, mit älterem Kern.

Pansevitz, Gutshaus (Gingst/Vorpommern)
Anlage über U-förmigem Grundriß, im Kern um 1600 mit Umbauten des Haupthauses und des linken Seitenflügels im 18. Jahrhundert; rechter Seitenflügel und das Haupthaus 1859-70 im Stil der deutschen Renaiccance überformt; eingeschossiges Kavaliershaus um 1800 errichtet; Landschaftspark.

Peckatel, Gutshaus (Neustrelitz/Mecklenburg)
Ursprünglich eingeschossiger Bau, um 1700, mit Umbauten des 19. Jahrhunderts, von 1795 bis 1945 Eigentum der Familie von Maltzan.

Penkun, Schloß (Pasewalk/Vorpommern)

Anstelle der 1190 erwähnten bischöflichen Burg gegen Ende des 16. Jahrhunderts Errichtung eines Renaissanceschlosses, dreigeschossig und unregelmäßig dreiflügelig, für Joachim von der Schulenburg nach Plänen des italienischen Baumeisters Thaddäus Paglion.

Penzlin, Alte Burg (Waren/Mecklenburg)

Nach 1500 Errichtung zweier winklig aneinanderstoßender zweigeschossiger Flügel auf den Resten einer mittelalterlichen Burg, bis 1945 Eigentum der Familie von Maltzan Freiherrn zu Wartenberg und zu Penzlin.

Penzlin, Gutshaus (Waren/Mecklenburg)

1804 neben der Alten Burg errichteter zweigeschossiger Bau, bis 1945 Eigentum der Familie von Maltzan Freiherren zu Wartenberg und zu Penzlin.

Plau, Burg (Mecklenburg)

Lediglich der 1456 erbaute zylindrische Bergfried von der seit dem 14. Jahrhundert existierenden Burg erhalten.

Plennin, Gutshaus (Ribnitz-Damgarten/Vorpommern)

Bau des 19. Jahrhunderts.

Plötz, Schloß (Demmin/Vorpommern)

Zweigeschossiger Zweiflügelbau mit hohem Turm im neugotischen Stil von 1866.

Pötenitz, Gutshaus (Klütz/Mecklenburg)

Zweigeschossiger Putzbau, um 1900 errichtet nach Plänen von Paul Korff, bis 1945 Eigentum der Familie Eckermann.

Poppendorf, Gutshaus (Rostock/Mecklenburg)

Zweigeschossiges Gutshaus, bis 1945 Eigentum der mecklenburgischen Kaufmannsfamilie Rammelow.

Prillwitz, Gutshaus (Neustrelitz/Mecklenburg)

Zweigeschossiger Putzbau von 1680-1706, ehemals großherzoglicher Sommersitz.

Pritzier, Gutshaus (Lübtheen/Mecklenburg)

Zweigeschossiger Putzbau von 1820-25 nach einem Entwurf von Joseph Christian Lillie aus Lübeck mit englischem Park, bis 1945 Eigentum der Familie von Koenemann.

Puchow, Schloß (Penzlin/Mecklenburg)

Zweigeschossiger Putzbau in neubarockem Stil, nach 1900.

Pudagla, Schloß (Usedom/Vorpommern)

Zweigeschossiger Bau von 1574, herzoglich pommerscher Witwensitz.

Pustow, Gutshaus (Grimmen/Vorpommern)

Zweigeschossiger Fachwerkbau von 1724, bis 1945 Eigentum der Familie von Braun.

Putzar, Schloß (Friedland/historisch zu Vorpommern)

Zwei im rechten Winkel zueinander stehende Gebäude; älteres vom Anfang des 16. Jahrhunderts, heute Ruine; das jüngere dreigeschossig mit quadratischem Treppenturm im Kern aus dem 16. Jahrhundert, umgebaut 1753.

Quadenschönfeld, Schloß (Burg Stargard/Mecklenburg)

Zweigeschossiger Putzbau, kurz vor 1800, Obergeschoß 19. Jahrhundert, bis 1945 Eigentum der Familie von Bernstorff.

Quassel, Gutshaus (Lübtheen/Mecklenburg)

Zweigeschossiger Putzbau im neugotischen Stil, um 1840.

Quitzenow, Gutshaus (Gnoien/Mecklenburg)

Zweigeschossiger Backsteinbau, nach 1800.

Quoltitz, Gutshaus (Sagard/Vorpommern)

Zweigeschossiger verputzter Backsteinbau, um 1800.

Raben Steinfeld, Schloß (Schwerin/Mecklenburg)

Ursprünglich um 1160 deutsche Burg; 1886/87 von Hermann Willebrand im Stil der Neurenaissance errichtetes großherzogliches Schloß; englischer Landschaftspark nach Plänen von Theodor Klett aus der Mitte des 19. Jahrhunderts.

Ralow, Gutshaus (Bergen/Vorpommern)

Zweigeschossiger verputzter Backsteinbau aus dem 18. Jahrhundert mit Veränderungen des 19. Jahrhunderts.

Rattey, Gutshaus (Friedland/Mecklenburg)

Zweigeschossiger klassizistischer Bau von 1806, bis 1945 Eigentum der Familie von Oertzen.

Redefin, Gestüt (Hagenow/Mecklenburg)

Ehemaliger Stammsitz der Familie von Pentz, danach seit 1820 mecklenburgisches Landgestüt, zu DDR-Zeiten

Staatliches Hengstdepot; klassizistische Anlage mit Verwaltungsgebäude, Pferdeställen, 2 Wohnhäusern und Reithalle, ab 1820 angelegt nach Entwürfen des mecklenburgischen Oberlandbaumeisters Carl Heinrich Wünsch.

Reez, Schloß (Rostock/Mecklenburg)

Zweigeschossiger Backsteinbau, um 1825, mit Veränderungen von 1900.

Remplin, Schloß (Malchin/Mecklenburg)

1852 für die Großherzöge von Mecklenburg-Strelitz nach einem Entwurf von Friedrich Hitzig aus Berlin im Stil der französischen Renaissance errichtetes Schloß; weitgehend durch Brand im Jahre 1940 zerstört, erhalten nur der zweigeschossige Putzbau des Nordflügels sowie ein dreigeschossiger Torturm und Fachwerkgebäude des nahegelegenen Gutshofes des 18. Jahrhunderts sowie die Gutskirche des 17. Jahrhunderts; einer der bedeutendsten Barockgärten Mecklenburgs mit mehreren Lindenalleen, erweitert ab 1851 im englischen Landschaftsstil durch Peter Joseph Lenné; im Park die Ruine des 1801 erbauten Turmes der ältesten mecklenburgischen Sternwarte von 1792/93.

Renz, Gutshaus (Garz/Vorpommern)

Zweigeschossiger Putzbau mit rundem Treppenturm, um 1600.

Repnitz, Gutshaus (Gnoien/Mecklenburg)

Zweigeschossiger Bau des 17. Jahrhunderts, bis 1945 Eigentum der Familie von Oertzen.

Roggow, Gutshaus (Neubukow/Mecklenburg)

Eingeschossiger Putzbau des 18. Jahrhunderts, vom 14. Jahrhundert bis 1945 Eigentum der Familie von Oertzen.

Rothenklempenow, Burg (Pasewalk/Vorpommern)

Von der Burg lediglich der Bergfried, ein runder Backsteinturm mit Feldsteinsockel, erhalten.

Rothenklempenow, Gutshaus (Pasewalk/Vorpommern)

Mehrere um 1850/60 erbaute Wohngebäude aus Feldstein mit Backsteinbänderung und eine Fachwerkscheune, kurz nach 1800, erhalten.

Rothenmoor, Gutshaus (Malchin/Mecklenburg)

Anlage vor 1700, bis 1945 Eigentum der Familie von Tiele-Winckler.

Rothspalk, Gutshaus (Teterow/Mecklenburg)

Nach 1800 errichteter eingeschossiger Bau, bis 1945 Eigentum der Familie Schulz.

Rottmannshagen, Gutsanlage (Malchin/Mecklenburg)

Hauptgebäude von 1728-32, 1945 zerstört, Kavaliershäuser und Nebengebäude erhalten.

Rubow, Fürstenburg (Schwerin/Mecklenburg)

Geringe Reste der 1147 erwähnten obotritischen Burg.

Rumpshagen, Gutshaus (Penzlin/Mecklenburg)

Zweigeschossiger Putzbau von 1730-32; für Mecklenburg einzigartig die farbliche Nuancierung des Putzes durch eingedrückte grüne Glasscherben.

Rustow, Gutshaus (Grimmen/Vorpommern)

Klassizistischer zweigeschossiger Putzbau, nach 1800.

Schlemmin, Schloß (Franzburg/Vorpommern)

Mehrgeschossiger gotisierender Putzbau, einer mittelalterlichen Wasserburg nachgestaltet, um 1850.

Schloß Grubenhagen, Gutshaus (Teterow/Mecklenburg)

Eingeschossiger Putzbau von 1843.

Schmarsow, Gutshaus (Demmin/Vorpommern)

Zweigeschossige barocke Dreiflügelanlage, 1796 erneuert.

Schönfeld, Gutshaus (Gadebusch/Mecklenburg)

Eingeschossiger klassizistischer Bau von 1806 nach einem Entwurf von Johann Christian Lillie, bis 1945 und seit 1991 Eigentum der Familie von Plessen.

Schönhausen, Gutshaus (Friedland/Mecklenburg)

Zweigeschossiger Putzbau von 1843 nach Plänen von Friedrich Wilhelm Buttel.

Schorssow, Gutshaus (Teterow/Mecklenburg)

Zweigeschossige Dreiflügelanlage von 1808, von 1891 bis 1945 Eigentum der Familie von Tiele-Winckler.

Schwiessel, Gutshaus (Teterow/Mecklenburg)

Bau in historisierenden Formen, nach 1850.

Semlow, Schloß (Ribnitz-Damgarten/Mecklenburg)
Zweigeschossiger Putzbau, um 1830, mit späteren Anbauten.

Semper, Gutshaus (Sagard/Vorpommern)
Schloßähnliche neubarocke Anlage mit Nebengebäuden.

Serverin, Gutshaus (Parchim/Mecklenburg)
Zweigeschossiger Bau, vor 1900.

Spoitgendorf, Gutshaus (Laage, Mecklenburg)
Bau mit gelbem Backstein in gemäßigtem spätgründerzeitlichem Stil.

Sponholz, Gutshaus (Neubrandenburg/Mecklenburg)
Zweigeschossiger Bau von 1742-45 nach Plänen von Julius Löwe.

Staven, Gutshaus (Neubrandenburg/Mecklenburg)
Gutshaus von 1792 mit Veränderungen aus späterer Zeit, bis 1945 Eigentum der Familie von Köppen.

Stavenhagen, Schloß (Malchin/Mecklenburg)
Zweigeschossiger Putzbau mit kurzen niedrigeren Seitenflügeln aus der Zeit um 1740; runder Treppenturm, um 1890.

Steinmocker, Gutshaus (Anklam/Vorpommern)
Klassizistischer eingeschossiger Putzbau, nach 1800.

Stintenburg, Gutshaus (Zarrentin/Mecklenburg)
Zweigeschossiger Putzbau, nach 1800, bis 1945 Eigentum der Familie von Bernstorff.

Stolpe, Gutshaus (Neustrelitz/Mecklenburg)
Bau um 1850 errichtet, seit 1920 Staatsdomäne.

Stretense, Gutshaus (Anklam/Vorpommern)
Zweigeschossiger Putzbau von 1886 im neugotischen Stil.

Streu, Gutshaus (Schaprode/Vorpommern)
Bau des 18. Jahrhunderts mit neugotischem Umbau von 1871.

Stuer, Burgruine (Malchow/Mecklenburg)
Im Boden erkennbare Reste der Hauptburg und des Wohnturmes der mittelalterlichen Anlage.

Tentzerow, Gutshaus (Demmin/Vorpommern)
Zweigeschossiger Putzbau, nach 1800.

Tetzitz, Gutshaus (Bergen/Vorpommern)
Eingeschossiges verputztes Backsteingebäude, um 1750, 1862 restauriert.

Torgelow, Gutshaus (Waren/Mecklenburg)
Zweigeschossiger Putzbau von 1905/06.

Tressow, Gutshaus (Wismar/Mecklenburg)
Zweigeschossiger Putzbau, um 1850, bis 1945 Eigentum der Familie von der Schulenburg.

Trollenhagen, Gutshaus (Neubrandenburg/Mecklenburg)
Zweigeschossiger verputzter Fachwerkbau des 18. Jahrhunderts.

Tüschow, Gutshaus (Hagenow/Mecklenburg)
Zweigeschossiger Putzbau, um 1830, bis 1945 Eigentum der Familie von Stern.

Turow, Schloß (Grimmen/Vorpommern)
Dreiflügeliges Renaissanceschloß, teilweise mit Wassergraben, hervorgegangen aus einer Burg des 12. Jahrhunderts; in einem der beiden zweigeschossigen Flügel aus Fachwerk in der sogenannten Kapelle Stofftapete des 16. Jahrhunderts mit illusionistischen Ausblicken auf arkadische Landschaften, im Rittersaal reichdekorierte Stuckdecke aus dem 18. Jahrhundert erhalten.

Udars, Gutshaus (Gingst/Vorpommern)
Zweigeschossiger Backsteinbau, vor 1650.

Üselitz, Gutshaus (Garz/Vorpommern)
Ruine eines dreigeschossigen verputzten Backsteinbaus, vor 1600; kreuzgratgewölbte Räume im Erdgeschoß, zwei mit reichem Stuckdekor, um 1650.

Utzedel, Gutshaus (Demmin/Vorpommern)
Eingeschossiger Putzbau, um 1800.

Venz, Gutshaus (Gingst/Vorpommern)
Zweigeschossiger verputzter Backsteinbau, nach 1550.

Vogelsang, Schloß (Ueckermünde/Vorpommern)

Zweigeschossiger Putzbau von 1845/47 in neugotischem Stil, bis 1945 Eigentum der Familie von Enckevort.

Vollrathsruhe, Schloß (Waren/Mecklenburg)

Nach einem Brand im Jahre 1918 Neubau des zweigeschossigen, ehemals barocken Schlosses im alten Stil, bis 1945 Eigentum der Familie von Tiele-Winckler.

Volzrade, Gutshaus (Hagenow/Mecklenburg)

Über Jahrhunderte hinweg Stammsitz der Familie von Pentz; 1837 errichtetes, später verändertes Gutshaus.

Wardow, Schloß (Güstrow/Mecklenburg)

Asymmetrische Anlage im Stil der Tudorgotik, um 1840.

Weisin, Gutshaus (Lübz/Mecklenburg)

Ursprüngliche Burganlage Ende des 17. Jahrhunderts abgebrannt; das 1590 errichtete Gutshaus 1689 erneuert, bis 1945 Eigentum der Familie von Wolffersdorff.

Wesenberg, Burg (Neustrelitz/Mecklenburg)

Reste der Burg aus dem 13. Jahrhundert, darunter Teile der Umfassungsmauern und Unterbau eines Turmes.

Wieschendorf, Gutshaus (Grevesmühlen/Mecklenburg)

Bau um 1830 errichtet.

Wiligrad, Schloß (Schwerin/Mecklenburg)

Für die Großherzöge von Mecklenburg-Schwerin im Stil der Neurenaissance errichtete Baugruppe von 1895/97 nach Plänen von Albrecht Haupt.

Wischendorf, Gutshaus (Klütz/Mecklenburg)

Zweigeschossiger Putzbau, um 1900, bis 1945 Eigentum der Familie von Mecklenburg.

Wittenburg, Burg (Mecklenburg)

Reste des mittelalterlichen Torturmes.

Wittenhagen, Gutshaus (Feldberg/Mecklenburg)

Zweigeschossiger klassizistischer Bau, nach 1800.

Wodarg, Gutshaus (Altentreptow/Vorpommern)

Eingeschossiger Putzbau von 1733.

Woddow, Gutshaus (Pasewalk/Vorpommern)

Eingeschossiger Bau mit freistehenden quadratischen Kavaliershäusern, kurz vor 1800.

Wolfradtshof, Gutshaus (Greifswald/Vorpommern)

Eingeschossiger Putzbau, nach 1800.

Wotenick, Gutshaus (Grimmen/Vorpommern)

Eingeschossiger Putzbau, um 1840.

Wrangelsburg, Schloß (Greifswald/Vorpommern)

Zweigeschossiger Putzbau im neugotischen Stil, um 1880.

Wrechen, Gutshaus (Feldberg/Mecklenburg)

Eingeschossiger Putzbau von 1840 nach Plänen von Friedrich Wilhelm Buttel.

Wredenhagen, Burg (Röbel/Mecklenburg)

Von der gegen Ende des 13. Jahrhunderts erwähnten Burg der Fürsten von Werle große Teile des Mauerrings und zwei mittelalterliche, später veränderte Gebäude erhalten.

Wredenhagen, Gutshaus (Röbel/Mecklenburg)

Im Kern zweigeschossiges Fachwerkgebäude des 18. Jahrhunderts.

Zahren, Gutshaus (Penzlin/Mecklenburg)

Eingeschossiger Putzbau, nach 1750.

Zapkendorf, Gutshaus (Güstrow/Mecklenburg)

Zweigeschossiger Putzbau, um 1750.

Zierow, Gutshaus (Wismar/Mecklenburg)

Dreigeschossiges Gutshaus, um 1824, bis 1945 Eigentum der Familie von Biel.

Ziethen, Gutshaus (Anklam/Vorpommern)

Eingeschossiger Bau von 1922, Musiksaal-Anbau von 1905, bis 1945 Eigentum der Familie von Schwerin.

Zubzow, Gutshaus (Schaprode/Vorpommern)

Bau im Stil der Gründerjahre.

Übersichtskarte

RÜGEN

Bergen

Barth

Stralsund

Ribnitz-Damgarten

Bad Doberan

Rostock

Grimmen

Greifswald

Wolgast

USEDOM

Demmin

Wismar

Anklam

Grevesmühlen

Teterow

Güstrow

Malchin

Ueckermünde

Schwerin

Neubrandenburg

Waren

Pasewalk

Hagenow

Parchim

Boizenburg

Neustrelitz

Ludwigslust

Anhang

Glossar

Achse: Gedachte Linie durch ein Gebäude, meist Symmetrie-Achse; im Aufriß Fassadenelement, aus dessen gleichartiger Reihung sich der Fassadenaufriß ergibt

Akanthus: Pflanze (Bärenklau) mit stark gezackten Blättern, als Zierform z. B. am → korinthischen → Kapitell und seinen Abwandlungen

Arabeske: Stilisiertes Blattwerk als Schmuckmotiv

Architrav: Durchlaufender Steinbalken über der Säulenstellung; Hauptteil des → Gebälks

Arkade: Von → Säulen oder → Pfeilern getragener Bogen; Zusammenfassung mehrerer Arkaden zu Bogengängen; → Blendarkaden

Atrium: Vorhalle, Vorhof

Attika: Mauerzone über dem → Gesims der Säulenreihe

Aufgehendes Mauerwerk: Oberirdisches, d. h. sichtbares Mauerwerk

Backstein: Im Brand gehärteter Ziegel

Backsteingotik: Bauten aus → Backstein in den Formen der → Gotik, vorwiegend in Nord-, Ost- und Süddeutschland

Baluster: Kleine bauchige oder profilierte → Säule

Balustrade: Aus → Balustern gebildetes Geländer

Barbakane: Außentor einer mehrteiligen Torbefestigung

Barock: Stilbezeichnung für die Kunst und Kulturepoche von etwa 1600 bis 1750; kraftvoll bewegte, ineinandergreifende Formen

Basis: Fuß einer → Säule, Grundmauer, oft reich geschmückt

Bergfried: Hauptturm einer Burg

Bering: Mantelmauer einer Burg

Biedermeier: Kunst- und Kulturepoche insbesondere des deutschsprachigen Raums von ungefähr 1815 bis 1850

Blattkapitell: Gotisches → Kapitell, überzogen mit Blattornamenten

Blendarkade: Unmittelbar der Wand aufliegender Zierbogen; auch Blendbogen

Blende: In die Wand eingetieftes Feld oder der Wand vorgelegtes architektonisches Motiv mit der Wirkung einer Scheinarchitektur

Blendmaßwerk: Unmittelbar der Wand aufliegendes → Maßwerk

Bogenformen: Bogen zur Überbrückung größerer Spannweiten im Steinbau

Bogenfries: Ein → Fries in der Form von Rundbogen, häufig bei romanischen Bauwerken

Bosse: Unbehauener, roher Stein; unbearbeitete Steinfläche eines Quaders

Bruchstein: In seiner Rohform versetzter Stein

Dachformen: Pultdach, eine einzige, schrägansteigende Dachfläche; Satteldach, zwei schräge, gegeneinander aufsteigende Dachflächen, an den Enden durch einen Giebel begrenzt; Tätschdach, flach geneigtes Satteldach; Walmdach, Satteldach, bei dem auch die Giebelseiten mit einer Dachfläche (Walm) versehen sind; Krüppelwalmdach, Walmdach, bei dem nur der obere Giebelteil abgewalmt ist; Zeltdach, vier steil aufsteigende Dachflächen über viereckigem Grundriß

Dachreiter: Dem Dachfirst aufsitzendes Türmchen

Dienst: Plastische, im Querschnitt halb- oder dreiviertelrunde, bisweilen auch rechteckige Bauglieder, die der

Wand vorgelegt erscheinen; sie tragen die → Gewölbe, → Vorlage

Dorisch: Eine der antiken Architekturordnungen; die → Säulen haben keine → Basis; flaches → Kapitell

Ecklösung: Bewältigung ästhetischer Probleme, wie sie vor allem an Gebäude-Ecken auftreten

Emblem: Sinnbild

Enfilade: Zimmerflucht, bei der die Verbindungstüren in einer → Achse liegen

Epitaph: Wanddenkmal

Erker: In sich geschlossener vorspringender Anbau an der Außenwand eines Gebäudes

Fachwerk: Balken, als tragende Teile benutzt, gefüllt mit Lehm, Weidengeflecht oder Ziegeln

Fassade: Haupt- oder Schauseite eines Bauwerks

Fiale: Gotisches Ziermotiv, Bekrönung des Strebepfeilers in Form eines Türmchens

Figurenkapitell: → Kapitell einer → Säule, ausgearbeitet zu einer Figur

Fischblase: Flammenförmige Ornamentform im gotischen → Maßwerk

Flechtband/Flechtwerk: → Ornament mit dem Motiv ineinander verschlungener Streifen, im Frühmittelalter häufig verwendet

Fries: Schmuckstreifen zum Abschluß oder als Untergliederung einer Wand; flächig oder plastisch, mit Figuren oder mit → Ornamenten

Gaden: Eigentlich Stockwerk, Geschoß, dann auch Zone, z. B. Fensterzone

Ganerbenburg: Burg, die einer Erbengemeinschaft gehört

Gaube: Stark vortretendes Dachfenster mit eigenem Dächlein, → Zwerchhaus

Gebälk: Über der Säulenordnung durchlaufende Steinlage aus → Architrav, → Fries und → Gesims

Gesims: Vorspringender Wandabschluß

Gewölbe: Bogen- oder haubenförmiger Abschluß eines Raumes

Gewölbeformen: Tonnengewölbe, meist von halbkreisförmigem Querschnitt; Kreuzgratgewölbe, Durchdringung zweier Tonnengewölbe, die Schnittstellen sind gratig; Kreuzrippengewölbe, anstelle der Grate Rippen; Netzgewölbe, netzartige Anordnung der Rippen ohne Rücksicht auf Jocheinteilung; Sterngewölbe, sternartig verzweigtes Rippengewölbe

Gotik: Epoche der europäischen Kunst und Kultur, von der Mitte des 12. Jahrhunderts bis ins 16. Jahrhundert

Halbsäule: Nur zur Hälfte aus der Wand hervortretende, im Querschnitt halbkreisförmige → Vorlage

Halsgraben: Bei Burgen in → Spornlage die künstliche Trennung vom Landrücken; Zugang oder Zugbrücke

Haustein: Naturstein, dessen Oberfläche in Steinmetzarbeit behauen ist

Helm: Abschluß eines Turmes

Ionisch: Eine der antiken Architekturordnungen; die Säulen tragen ein → Volutenkapitell

Joch: Gleichartiges Gewölbeelement, häufig vom Grundmaß der Vierung bestimmt

Jugendstil: Nach der Münchener Zeitschrift „Jugend" benannte Stilrichtung, gewandt gegen die Übernahme alter Formen und für die Schaffung neuer, der Natur entnommener Ausdrucksformen, Schwerpunkt von 1895 bis um 1905

Kämpfer: Steinlage am Ansatz des → Bogens oder des → Gewölbes, gegebenenfalls über dem → Kapitell

Kapitell: Haupt einer → Säule oder eines → Pfeilers

Kartusche: Gerahmte Fläche, oft phantastisch ausgebildet, Träger von Wappen, Initialen, → Emblemen

Karyatide: → Gebälk tragende Figur

Kassettendecke: In rechteckige Felder unterteilte Decke

Kemenate: Heizbares Wohngemach, dann der ganze, das Wohngemach enthaltende Bau

Klassizismus: Von klassisch-antiken Vorbildern ausgehende Stilrichtung, Höhepunkt zwischen etwa 1770 und 1830

Konsole: Wandvorsprung, Balkenstütze

Korinthisch: Eine der antiken Architekturordnungen, die Säulen tragen ein → Akanthus- → Kapitell

Kragstein: Aus der Fläche vorragender Stein, meist als → Konsole oder Auflager gedacht

Kreuzgratgewölbe: → Gewölbeformen

Kreuzrippengewölbe: → Gewölbeformen

Krüppelwalmdach: → Dachformen

Laibung, Leibung : Fläche des Mauereinschnitts bei Fenstern und Türen

Laterne: Turm- oder Kuppelaufsatz in Form einer monumentalen Laterne

Laubengang: Bogengang, dem Erdgeschoß eines Baues vorgelagert

Lisene: Schwach aus der Wand vortretender senkrechter Mauerstreifen ohne → Basis und → Kapitell

Loggia: Nach außen geöffnete Säulenhalle eines Bauwerks, häufig im Obergeschoß

Lünette: Halbkreisförmiges Feld über Türen und Fenstern, oft mit Malerei oder Plastik

Manierismus: Kunststil zwischen → Renaissance und → Barock, ungefähr von 1530-1630, unter Vernachlässigung natürlicher und klassischer Formen zugunsten gewollter Künstlichkeit der Manier

Mansarde: Abgeknicktes Dach, unterer Teil steiler als der obere; gewonnener Raum ebenfalls Mansarde genannt,

Nutzung für Wohnzwecke; benannt nach dem Franzosen Jules Hardouin Mansart

Maßwerk: Gotische geometrische Zierformen, vor allem bei der Ausgestaltung von Fensterbögen; Zierbögen, auf der Wand liegend, → Blendmaßwerk

Mausoleum: Grabmal in Form eines Hauses oder Tempels

Mezzanin: Halb- oder Zwischengeschoß

Mittelrisalit: → Risalit

Muschelwerk: Zierornamente, dem Muschelmotiv nachempfunden, vor allem in der späten → Renaissance und im → Rokoko

Netzgewölbe: → Gewölbeformen

Neubarock: Reaktion auf den kühlen → Klassizismus; Wiederverwendung der Formen des → Barock im letzten Drittel des 19. Jahrhunderts, historisierender Prunkstil mit ausgeprägtem plastischen Schmuck und auffälligen Farben

Neugotik: Historisierender Kunststil, Wiederbelebung der Bauformen und Schmuckornamente der → Gotik

Obelisk: Frei stehender → Pfeiler mit quadratischem Grundriß und pyramidenförmiger Spitze

Oblong: Längsrechteckig

Oculus: Rundfenster

Oktogon: Gebäude mit achteckigem Grundriß

Orangerie: Teil barocker Schloß- und Parkanlagen, ursprünglich für die Überwinterung der während des Sommers im Freien aufgestellten Orangenbäume und anderer südlicher Gewächse

Ordensburg: Burgen des Deutschen Ritterordens, vornehmlich in Preußen und Livland; vierflügelige Anlagen mit einem Innenhof, geschützt durch starke Befestigungen; gemeinsame Unterbringung von Kloster, Garnison und Verwaltung

Ordnung: Architektursysteme der Antike, die – in sich abgewogen und typisch – in Art und Aufbau einer Regel folgen: → dorisch, → ionisch, → korinthisch, → toskanisch

Ornament: Regelmäßig sich wiederholende Zierformen

Ottonische Kunst: Kunst im Zeitalter der Ottonen (~ 950-1024)

Palas: Herrschaftlicher Wohn- oder Saalbau einer Burg

Pavillon: Meist mehreckiger oder runder Bau in Parkanlagen; bei Barock-Schlössern sehr häufig Verbindung des Hauptbaus mit davon abzweigenden Galerien durch Eckpavillons

Pfeiler: Stützglied wie die → Säule, doch von recht- oder mehreckigem Grundriß

Pilaster: → Pfeiler, aus der Wand hervortretend, mit → Basis und → Kapitell

Polygon: Vieleck

Portikus: Von → Pfeilern gestützte Vorhalle

Postament: Sockel eines Standbilds

Pultdach: → Dachformen

Putte: Nackte, engelhafte Kinderfigur in der → Renaissance, im → Barock und im → Rokoko

Quader: Behauener Block aus massivem Stein

Querschnitt: Gedachter Schnitt durch ein Gebäude zur Darstellung der Architektur

Relief: Bildhauerarbeit, bei der die Figuren halbplastisch aus der Fläche heraustreten (Holz oder Stein); je nach Stärke der Erhebung Flach-, Halb- oder Hochrelief

Renaissance: Stilbezeichnung für die bildende Kunst von ungefähr 1500 bis 1600; Ende des mittelalterlichen Weltbildes und Beginn eines an der Antike orientierten Weltbildes

Risalit: In voller Höhe des Gebäudes vortretender Bauteil

Rocaille: Muschelrand einer asymmetrischen Kartusche, Leitform des → Rokoko

Rokoko: Stilbezeichnung für die Zeit des ausgehenden → Barock etwa 1720-1770, mit eleganten, leichten, oft verspielten, vor allem ovalen Formen

Romanik: Zusammenfassende Bezeichnung für die Kunst vom 10. bis ins 13. Jahrhundert; bestimmt von Rundbogen und ruhigen Ornamenten

Romantik: Kunstrichtung zu Beginn des 19. Jahrhunderts vor allem in der Literatur, Malerei und Musik; Aufgreifen von Formen und Motiven des Mittelalters

Rotunde: Rundbau

Rustika: Mauerwerk aus Quadern, deren Stirnseite rauh geblieben oder, bisweilen kunstvoll, „roh" bearbeitet ist

Säule: Stützglied mit kreisförmigem Grundriß; Gliederung in → Basis, Schaft und → Kapitell

Sarkophag: Meist reich verzierter Sarg aus Stein, Holz oder Metall

Satteldach: → Dachformen

Schlußstein: Formal ausgebildeter Schnittpunkt der Rippen; Stein im Scheitel des Bogens

Sgraffito: Fassadendekoration in Kratzputztechnik; verschiedenfarbige Putzschichten übereinander, Zeichnung entsteht durch Einritzen oder Ausschaben

Sockel: Vorspringender unterer Teil einer Wand, eines → Pfeilers oder einer → Säule

Sohlbank: Fensterbank, nach außen meist abgeschrägt

Spiegel: Geglättete Stirn des → Quaders

Spolie: Älteres Bauglied, in neuem Zusammenhang wiederverwendet

Spornanlage: Burg auf Bergnase

Sterngewölbe: → Dachformen

Stuck: Leicht formbarer Werkstoff aus Gips, Kalk, Sand und Wasser, insbesondere im 17./18. Jahrhundert zur plastischen Ausschmückung von Innenräumen

Stukkatur: Ornamentale und figürliche → Stuck-Dekoration, insbesondere im Barock

Supraporte: Dekoratives Feld über dem Türsturz

Tätschdach: → Dachformen

Terrakotta: Gebrannte, unglasierte Tonerde

Tonnengewölbe: → Gewölbeformen

Toskanisch: Eine der Architekturordnungen, in der römischen Antike den griechischen hinzugefügt; → Ordnung

Trakt: Größerer, abgesetzter Teil eines Gebäudes; Flügel

Türsturz: Waagerechter Abschluß der Türöffnung

Tudorstil: Baustil, der Elemente der → Gotik und der → Renaissance verbindet, benannt nach der englischen Familie Tudor (etwa um 1520-1600)

Verblendung: Verkleidung von Bauteilen, die nicht sichtbar bleiben sollen

Verkröpfung: Vorziehen eines → Gesimses über einen vorstehenden Bauteil (Wandpfeiler, → Pilaster usw.)

Vollplastik: Allseits plastisch gearbeitetes Bildwerk, dagegen → Relief

Volute: Schneckenförmiges Schmuckelement

Vorlage: Der Wand zur Verstärkung und Gliederung aufliegender → Pilaster, → Dienst usw.

Walmdach: → Dachformen

Welsche Haube: Geschwungenes Haubendach für Türme, Vorläufer der → Zwiebelhaube

Wimperg: Gotische Zierform, giebelartige Bekrönung

Zahnschnitt: Friesartige Reihung klötzchenähnlicher Elemente

Zeltdach: → Dachformen

Zopfstil: Stilrichtung aus der Zeit zwischen → Rokoko und → Klassizismus, etwa 1760-1780, geprägt von strenger Ausdrucksweise

Zwerchhaus: Giebelartig ausgebildetes Dachfenster, → Gaube

Zwiebelhaube: Dach in der Gestalt einer Zwiebel

Abbildungsnachweis

Die großformatigen, aktuellen Photographien stammen von Jürgen Strauss.

Adamiak 1975: 197, 224, 232, 245, 247, 251, 255, 263, 266, 273, 279 l, 281, 283, 299

Dehio 1990: 200, 216, 220, 238, 244, 249

Hootz 1971: 279 r

Landesamt für Denkmalpflege Mecklenburg-Vorpommern, Schwerin:
Umschlaginnenseiten vorn und hinten

Sieber 1960: 189, 191, 195, 197, 200, 202, 205, 207, 209, 211, 220, 225, 228, 234, 236, 240, 245, 249, 251, 253, 256, 261, 271, 275, 278, 289, 292, 296, 299; 1963: 193, 216, 232, 247, 264, 269, 281, 283, 285, 287

Chronik Mecklenburgs und Vorpommerns

Christi Geburt um	Langobarden, Sachsen und Semnonen im Bereich der Ostsee
600 um	Besiedlung durch slawische Völker: im Westen die Obotriten, im Osten die Liutizen und auf Rügen die Ranen
782	Karl der Große dringt bis an die Peene vor
789	Feldzug Karls des Großen gegen die Wilzen
900 um	Wikinger beherrschen die Küste Vorpommerns
929	Slawenunterwerfung durch die Eroberungszüge des deutschen Königs Heinrich I.
955	König Otto I. besiegt die Obotriten
983	Der große Slawenaufstand beendet die deutsche Vorherrschaft über Vorpommern
995	Urkundliche Erwähnung der Michelenburg, südlich von Wismar, die später dem Land Mecklenburg den Namen gibt
1100 nach	Schaffung eines unter polnischer Oberherrschaft stehenden Staatswesens für die im westlichen Teil Pommerns lebenden slawischen Stämme durch Fürst Wratislaw I.
1124	Erste Missionsreise des Bischofs Otto von Bamberg nach Pommern
	Beginn der Christianisierung Pommerns
1128	Zweite Missionsreise Ottos von Bamberg nach Pommern
1140	Gründung des Bistums Wollin
1147	Wendenfeldzug
	Pommernherzöge erkennen die Lehnshoheit Heinrichs des Löwen an

1153	Gründung des Bendiktinerklosters Stolpe, erstes Kloster in Pommern
1156	Gründung des Prämonstratenserklosters Grobe/Pudagla auf Usedom
1160-67	Eroberung des Stammesgebietes der westslawischen Obotriten und Wilzen durch Heinrich den Löwen
1160	Tod des Obotritenfürsten Niklot
	Gründung der Stadt Schwerin
	Gründung der Grafschaften Schwerin, Ratzeburg und Dannenberg sowie der Bistümer Schwerin und Ratzeburg
1167	Belehnung Pribislaws, Sohn Niklots und Stammvater des mecklenburgischen Herzogshauses, mit dem Erbe des Vaters, jedoch ohne die Grafschaft Schwerin
1168	Eroberung Rügens und des südlich vorgelagerten Territoriums durch König Waldemar I. von Dänemark
	Belehnung des hier regierenden Fürsten Jaromar durch König Waldemar I. von Dänemark
1170	Verlegung des Bischofssitzes von Mecklenburg nach Schwerin
	Annahme des pommerschen Herzogstitels durch die Söhne Wratislaws
	Anschuß Pommerns an das Deutsche Reich unter brandenburgischer Lehnshoheit

322

1171	Gründung der Zisterzienserklöster Doberan und Dargun
1176	Gründung des Bistums Kammin und weiterer Klöster in Pommern
1181	Pribislaw von Mecklenburg und Bogislaw I. von Pommern werden Reichsfürsten
1184	Pommern unter dänischer Herrschaft
1200 nach	Verstärkter Zustrom deutscher Siedler, Gründung deutscher Städte und Dörfer in Mecklenburg und Pommern
1218	Gründung Rostocks
1227	Durch die Niederlage in der Schlacht von Bornhöved Verlust der Vormachtstellung Dänemarks in Mecklenburg und Teilen Vorpommerns
1228	Gründung Wismars
1229	Unter den Urenkeln Pribislaws Aufteilung Mecklenburgs in die Teilfürstentümer Mecklenburg, Parchim, Güstrow (Werle) und Rostock
1239	Gründung von Stralsund
1250	Abtretung der Uckermark an Brandenburg
1250 nach	Anschluß der mecklenburgischen Städte Wismar und Rostock sowie der pommerschen Städte Stralsund, Greifswald, Anklam und Pasewalk an die Städtehanse im Wendischen Quartier
1264	Gebiet Pommern-Stettin unter der Herrschaft von Herzog Barnim I.
1295	Teilung Pommerns unter die Linien Stettin und Wolgast durch Otto I. und Bogislaw IV., die Söhne Barnims I.
14./15. Jh.	Wiederholte kriegerische Auseinandersetzungen vor allem mit Brandenburg wegen dessen Anspruch auf Lehnshoheit und Erbfolge
1317	Durch den Templiner Frieden geht das Land Stargard endgültig auf Mecklenburg über
1325	Erlöschen des Fürstenhauses Rügen
1327	Im Erbfolgekrieg zwischen Mecklenburg und Pommern fällt Rügen an Pommern
1338	Anerkennung des Herzogtums Stettin als kaiserliches Lehen durch Brandenburg
1348	Erhebung der mecklenburgischen Fürsten zu reichsunmittelbaren Herzögen durch Kaiser Karl IV.
1352	Teilung des Landes in Mecklenburg und Stargard
1370	Friede zu Stralsund zwischen den Hansestädten und Dänemark, hierdurch Beendigung der dänischen Vorherrschaft im ganzen Ostseeraum
1376	Teilung des Herzogtums Pommern-Wolgast unter die Linien Wolgast und Barth
1389	Herzog Albrecht III. von Mecklenburg wird König von Schweden
1419	Gründung der Universität Rostock
1456	Gründung der Universität Greifswald
1464	Ende der Linie Pommern-Stettin
1471	Mecklenburg und Stargard wieder vereint
1478	Vereinigung ganz Pommerns unter Bogislaw X.
1493	Verzicht Brandenburgs auf die Lehnshoheit über Pommern, jedoch Sicherung des Rechts auf Erbfolge
1520	Beginn der Trennung der mecklenburgischen Landesteile Schwerin und Güstrow
1523	Einführung der ständischen Verfassung in Mecklenburg (hohe Geistliche, Adel und Bürger der Städte)
	Beginn der Reformation in Rostock
1529	Im Grimnitzer Vertrag Garantie des Erbfolgerechts für Brandenburg

1532	Erneute Teilung Pommerns unter die Linien Wolgast und Stettin
1534	Einführung der Reformation in Pommern durch Herzog Philipp I. von Wolgast
1549	Abschluß der Reformation in Mecklenburg
1582	Gründung der herzoglichen Druckerei in Barth
1621	Teilung Mecklenburgs in die Herzogtümer Schwerin und Güstrow
1625	Erlöschen der Herzogsfamilie Pommern-Wolgast, Pommern wieder geeint
1627-31	Exil der mecklenburgischen Herzöge
1628-30	Zeitweilige Regentschaft Albrechts von Wallenstein als Herzog von Mecklenburg
1630	Landung Gustav II. Adolfs von Schweden in Pommern
	Pommern unter schwedischer Verwaltung
1637	Erlöschen des gesamten pommerschen Herzogshauses durch den Tod Bogislaws XIV. in Stettin
	Brandenburg erhebt Erbansprüche
1648	Im Westfälischen Frieden wird die Stadt Wismar mit den Ämtern Poel und Neukloster an Schweden abgetreten, zum Ausgleich erhält Mecklenburg die säkularisierten Bistümer Schwerin und Ratzeburg
	Schweden erhält Vorpommern, Rügen und die Oderniederung als Generalgouvernement
	Brandenburg erhält Hinterpommern mit Ausnahme eines schmalen Landstreifens an der Oder
1697	Einwanderung von Hugenotten nach Pommern
1701	Nach dem Erlöschen der Linie Mecklenburg-Güstrow im Hamburger Vergleich Teilung des Landes in die Herzogtümer Mecklenburg-Schwerin und Mecklenburg-Strelitz
1720	Im Frieden von Stockholm Teilung Vorpommerns: der nordwestlich der Peene gelegene Teil einschließlich Rügens verbleibt bei Schweden, der südliche Teil mit Demmin, Altentreptow, Anklam, Pasewalk, Stettin und den Inseln Usedom und Wollin fällt an Preußen
	Erster gemeinsamer Landtag beider Mecklenburgs
1755	Der Landesgrundgesetzliche Erbvertrag regelt in Mecklenburg die Rechte von Fürst und Ständen
1757	Preußische Truppen besetzen Mecklenburg, Beginn des Siebenjährigen Krieges
1793	Heiligendamm wird erstes deutsches Seebad
1803	Für 100 Jahre Wismar mit den Ämtern Poel und Neukloster von Schweden an Mecklenburg verpfändet
1806	Aufhebung der Leibeigenschaft in Vorpommern durch Gustav IV. Adolf von Schweden, gleichzeitig Aufhebung der pommerschen und Einführung der schwedischen Verfassung
	Besetzung Fürstenbergs und später ganz Mecklenburgs durch französische Truppen unter Marschall Bernadotte
1807	Besetzung Greifswalds durch napoleonische Truppen
1808	Beitritt beider Mecklenburgs zum Rheinbund
1812	Erneute Besetzung Schwedisch-Vorpommerns durch französische Truppen
1815	Auf dem Wiener Kongreß Erhebung der Herzogtümer Mecklenburg-Schwerin und Mecklenburg-Strelitz zu Großherzogtümern
	Vereinigung Schwedisch-Vorpommerns und Rügens mit Preußen
	Teilung Pommerns in die Regierungsbezirke Stettin, Köslin und Stralsund

1818	Aufteilung Vorpommerns in die Kreise Anklam, Demmin, Randow und Ueckermünde
1820	Aufhebung der Leibeigenschaft in Mecklenburg
1823	Gesetz über die landständische Verfassung in Pommern
1825	Einführung der allgemeinen Schulpflicht in Vorpommern und Rügen
1827	Bau des ersten Leuchtturms Arkona/Rügen
1843	Eisenbahnverbindung zwischen Berlin und Stettin
1844	Beginn des Baus von Eisenbahnstrecken in Mecklenburg auf der Strecke Berlin-Hamburg
1845	Bau der Eisenbahnlinie Hagenow-Schwerin-Rostock
1848	Einführung der Pressefreiheit in Mecklenburg
1849	Mecklenburg wird konstitutionelle Monarchie
1850	Auf Betreiben der Landstände im Freienwalder Schiedsspruch Wiedereinsetzung der 1848 aufgehobenen ständischen Verfassung
1863	Bau der vorpommerschen Eisenbahnlinie Angermünde-Pasewalk-Stralsund
1864	Beide Mecklenburg treten dem Norddeutschen Bund bei
1871	Beide Mecklenburg und Pommern treten dem Deutschen Reich bei
1903	Endgültige Rückkehr der Stadt Wismar mit den Ämtern Poel und Neukloster nach Mecklenburg
	Aufnahme des Fährverkehrs Warnemünde-Gedser
1909	Eröffnung der Eisenbahnfährlinie zwischen Saßnitz und Trelleborg
1918	Abdankung des Großherzogs Friedrich Franz IV. von Mecklenburg-Schwerin
	Tod des Großherzogs Adolf Friedrich VI. von Mecklenburg-Strelitz
	Ende der ständischen Verfassung in Mecklenburg
1918/19	Bürgerlich-demokratische Regierungen in Mecklenburg-Schwerin und Mecklenburg-Strelitz
1934	Vereinigung von Mecklenburg-Schwerin und Mecklenburg-Strelitz zum Land Mecklenburg
1936	Bau des Rügendammes
1945	Abtrennung Vorpommerns vom östlich der Oder gelegenen Teil der Provinz Pommern, der der damaligen Volksrepublik Polen zugesprochen wird
	Mecklenburg mit Vorpommern und Rügen als Land Mecklenburg-Vorpommern Teil der sowjetischen Besatzungszone
1947	Entfernung des Namens Vorpommern aus der Landesbezeichnung
1952	Aufteilung des Landes Mecklenburg in die Bezirke Rostock, Schwerin und Neubrandenburg unter Einbeziehung wesentlicher Teile Vorpommerns und der zu Brandenburg gehörenden Uckermark und Westprignitz
1990	Mecklenburg-Vorpommern Bundesland der Bundesrepublik Deutschland
	Rückkehr von Uckermark und Westprignitz nach Brandenburg

Herzöge in Mecklenburg und Pommern

Stammreihe der Linie Mecklenburg-Schwerin

Niklot, Fürst der Obotriten ∞ N. N.
(um 1125-1160)

Pribislaw ∞ Woizlawa N. N.
s. 1170 Reichsfürst (gest. 1172)
(?/1160-1178)

Heinrich Burwin I. ∞ 1. Mechtild von Sachsen
Fürst zu Mecklenburg   und Bayern
(?/1179-1227)   (gest. 1219)
                       2. Adelheid N. N.
                          (gest. nach 1223)

Heinrich Burwin II. ∞ Christine von Schweden
(1172/1217-1226)   (gest. nach 1248)

Johann I. ∞ Luitgard von Henneberg
(1211/1226-1264)   (gest. 1267)

Heinrich I. ∞ Anastasia von Pommern
(?/1264-1302)   (1245-1317)

Heinrich II. ∞ 1. Beatrix von
(1267/1287-1302/1329)   Brandenburg-Stargard
                         (gest. 1314)
                      2. Anna von Sachsen-
                         Wittenberg
                         (gest. 1327)
                      3. Agnes von Lindow
                         und Ruppin
                         (gest. 1343)

Albrecht II. ∞ 1. Euphemia von Schweden
s. 1348 Herzog von   (gest. 1370)
Mecklenburg   2. Adelheid von Holstein
(1318/1329-1379)   (gest. nach 1383)

Magnus I. ∞ Elisabeth von Pommern
(?/1379-1384)   (gest. 1405)

Johann IV. ∞ 1. Jutta von Hoya
(?/1417-1422)   (gest. 1415)
                2. Katharina von Sachsen-
                   Lauenburg
                   (gest. 1448)

Heinrich IV. ∞ Dorothea von Brandenburg
(1417/1436-1477)   (1420-1491)

Magnus II. ∞ Sophie von Pommern
(1441/1477-1503)   (1468-1504)

Albrecht VII. ∞ Anna von Brandenburg
(1488/1519-1547)   (1507-1567)

Johann Albrecht I. ∞ Anna Sophie von Preußen
(1525/1547-1576)   (1527-1591)

Johann VII. ∞ Sophie zu Holstein-Gottorp
(1558/1585-1592)   (1569-1634)

Adolf Friedrich I. ∞ 1. Anna von Ostfriesland
(1588/1592-1659)   (1601-1634)
                     2. Maria Katharina zu
                        Braunschweig und
                        Lüneburg
                        (1616-1665)

Friedrich I. ∞ Christine Wilhelmine von
(1638/1658-1688)   Hessen
                   (1656-1722)

Christian Ludwig II. ∞ Karoline Gustave zu
(1683/1747-1756)   Mecklenburg
                       (1694-1748)

Ludwig ∞ Charlotte von Sachsen-
(1725-1778)   Saalfeld
              (1731-1810)

326

Friedrich Franz I.
s. 1815 Großherzog von
Mecklenburg, Fürst zu
Wenden, Schwerin und
Ratzeburg, auch Graf
zu Schwerin und der
Lande zu Rostock und
Stargard Herr
(1756/1785-1837)

⚭ Luise von Sachsen-Gotha
(1756-1808)

Friedrich Ludwig
(1778-1819)

⚭ 1. Jelena Pavlovna von
Rußland
(1784-1803)
2. Caroline von Sachsen-
Weimar
(1786-1816)
3. Auguste von Hessen
(1776-1871)

Paul Friedrich
(1800/1837-1842)

⚭ Alexandrine von Preußen
(1803-1892)

Friedrich Franz II.
(1823/1842-1883)

⚭ 1. Auguste Reuß-Schleiz-
Köstritz
(1822-1862)
2. Anna von Hessen und
bei Rhein
(1843-1865)
3. Marie von Schwarzburg
(1850-1922)

Friedrich Franz III.
(1851/1883-1897)

⚭ Anastasia Michailovna
von Rußland
(1860-1922)

Friedrich Franz IV.
(1882/1897-1918/1945)

⚭ Alexandra von Hannover,
Großbritannien und Irland,
zu Braunschweig und
Lüneburg
(1882-1963)

Durch Erbteilungen entstanden im 13. Jahrhundert die Nebenlinien zu Werle, Rostock und Parchim, die jedoch kurz nach
1300 bzw. im 15. Jahrhundert erloschen. Ebenso bildeten sich
für jeweils eine Generation im 14. Jahrhundert die Nebenlinie
zu Stargard und im 17. Jahrhundert die Nebenlinie zu Güstrow.
Nach dem Erlöschen der Güstrower Linie 1695 durch den Tod
des Herzogs Gustav Adolf fiel dieser Landesteil an den Schweriner Herzog Friedrich Wilhelm (1675/1692-1713). Mit dessen
Schwiegersohn, Herzog Adolf Friedrich II., jüngster Bruder

Herzog Friedrichs I., erfolgte 1701 eine Besitzteilung durch die
Schaffung des Herzogtums Mecklenburg-Strelitz, bestehend
aus dem Fürstentum Ratzeburg und dem Land Stargard.

Stammreihe der Linie Mecklenburg-Strelitz

Adolf Friedrich II.
s. 1701 Herzog von
Mecklenburg in
Strelitz und Ratzeburg
(1658-1708)

⚭ 1. Marie zu Mecklenburg
(1659-1701)
2. Johanna von Sachsen-
Gotha
(1680-1704)
3. Emilie von Schwarzburg-
Sondershausen
(1681-1751)

Karl I.
(1708-1752)

⚭ Elisabeth-Albertine von
Sachsen-Hildburghausen
(1713-1761)

Karl II.
s. 1815 Großherzog von
Mecklenburg, Fürst zu
Wenden, Schwerin und
Ratzeburg, auch Graf
zu Schwerin und der
Lande zu Rostock und
Stargard Herr
(1741/1794-1816)

⚭ 1. Friederike von Hessen
(1752-1782)
2. Charlotte von Hessen
(1755-1785)

Georg
(1779/1816-1860)

⚭ Marie von Hessen
(1796-1880)

Friedrich Wilhelm
(1819/1860-1904)

⚭ Augusta von Großbritannien
und Irland
(1822-1916)

Adolf Friedrich V.
(1848/1904-1914)

⚭ Elisabeth von Anhalt
(1850-1933)

Adolf Friedrich VI.
(1882/1914-1918)

Stammreihe der Herzöge von Pommern

Swatopolk
(?/1111/12-1122)

⚭ N. N.

Wratislaw I.
(?/1124/28-1153)

⚭ 1. Heila N. N.
2. Ida N. N.

Bogislaw I. zu Stettin
(um 1130-1187)

⚭ 1. Walburgia N. N.
(gest. 1172)
2. Anastasia von Polen
(gest. 1242)

Bogislaw II. zu Stettin
(um 1178/79 1220)

⚭ 1. Wjatscheslawa Jaropol-
kowna von Smolensk
2. Miroslawa von
Pommerellen
(gest. 1240)

Barnim I. zu Stettin
(um 1210/20-1278)

⚭ 1. Marianna von Schweden
(gest. 1252)
2. Margareta von Werle
(nach 1231-1261)
3. Mechtild von
Brandenburg
(gest. 1316)

Bogislaw IV. zu Wolgast
(vor 1258-1309)

⚭ 1. Mechtild von
Brandenburg
(gest.?)
2. Margareta von Rügen
(gest. um 1318)

Wratislaw IV. zu Wolgast
(um 1290-1326)

⚭ Elisabeth von Lindow-
Ruppin
(gest. 1356)

Barnim IV. zu Stolp
(um 1325-1365)

⚭ Sophie von Werle-Güstrow
(um 1320-1364)

Wratislaw VI. zu Barth
(um 1345/1377-1394)

⚭ Anna von Mecklenburg
(gest. 1397)

Barnim VI. zu Barth
(um 1365-1405)

⚭ Veronika N. N.

Wratislaw IX. zu Wolgast
(um 1400/1425-1457)

⚭ Sophia von Sachsen-
Lauenburg
(gest. 1462)

Erich II. zu Wolgast
(um 1425/?-1474)

⚭ Sophia von Pommern
(gest. 1494)

Bogislaw X. zu Wolgast
s. 1478 Herzog von
ganz Pommern
(1454/1474-1523)

⚭ 1. Margareta von
Brandenburg
(um 1450-1489)
2. Anna von Polen
(1476-1503)

Georg I. zu Wolgast
(1493-1531)

⚭ 1. Amelia von der Pfalz
(1490-1525)
2. Margareta von
Brandenburg
(1511-1577)

Philipp I. zu Wolgast
(1515/1541-1560)

⚭ Maria von Sachsen
(1516-1583)

Bogislaw XIII. zu Barth
(1544/1569-1606)

⚭ 1. Klara von Braunschweig
(1550-1598)
2. Anna von Schleswig-
Holstein
(1577-1616)

Philipp II. zu Barth
(1573/1601-1618)

⚭ Sophia von Schleswig-
Holstein
(1579-1658)

Bogislaw XIV. zu Barth
Bruder von Philipp II.
s. 1625 Herzog von
ganz Pommern
(1580/1620-1637)

⚭ Elisabeth von Schleswig-
Holstein
(1580-1653)

Durch Erbteilungen entstanden neben den aufgeführten Linien
zu Barth, Stettin, Stolp und Wolgast für jeweils eine Generation
Nebenlinien zu Demmin, Rügen und Rügenwalde. Mit dem
Tod von Bogislaw XIV. erlosch das Herzoghaus von Pommern.

Karte Mecklenburgs (1701–1918)

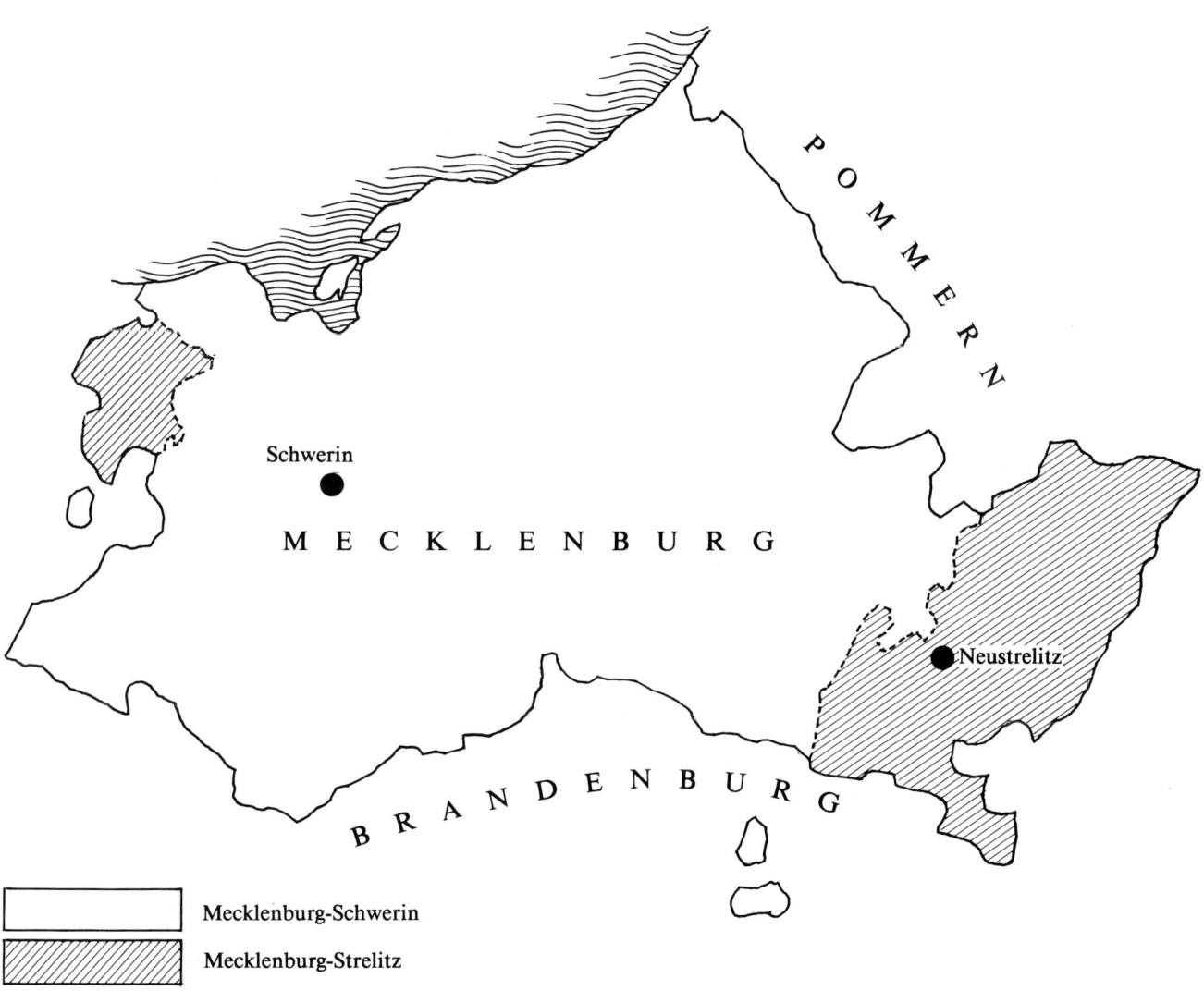

POMMERN

Schwerin

MECKLENBURG

Neustrelitz

BRANDENBURG

	Mecklenburg-Schwerin
	Mecklenburg-Strelitz

Die Herzogtümer, seit 1815 Großherzogtümer, in den Grenzen von 1701 bis 1918

Objektregister

Ortsregister

Personenregister

Bibliographie

Adamiak, Josef:
1975   Schlösser und Gärten in Mecklenburg, Leipzig 1975

Batt, Kurt (Hrsg.):
1977   Mecklenburg. Ein Lesebuch, Rostock 1977

Bellmann, Alwin (Hrsg.):
1990   Reisen durch Mecklenburg und Vorpommern, Hamburg 1990

Bernstorff, Werner Graf von:
o. J.   Die Herren und Grafen von Bernstorff. Eine Familiengeschichte, Celle o. J.

Borchert, Jürgen:
1985   Mein mecklenburgischer Zettelkasten, Rostock 1985
1988   Des Zettelkastens andrer Teil, Rostock 1988
1991   Noch 'was aus dem Zettelkasten, Rostock 1991

Brandt, Jürgen:
1925   Alt-Mecklenburgische Schlösser und Herrensitze, Berlin 1925

Bülow, Adolf von:
1914   Bülowsches Familienbuch. II. Band, Schwerin 1914

Bülow, Jacob Friedrich Joachim von:
1780   Historische, Genealogische und Critische Beschreibung des Edlen, Freyherr- und Gräflichen Geschlechts von Bülow, Neubrandenburg 1780

Dehio, Georg:
1990   Handbuch der Deutschen Kunstdenkmäler: Mecklenburg, Neubrandenburg-Rostock-Schwerin, München/Berlin 1990

Deutsches Adelsarchiv e. V. (Hrsg.):
1978   Genealogisches Handbuch der fürstlichen Häuser: Fürstliche Häuser Band X, Limburg 1978
1987   Genealogisches Handbuch der fürstlichen Häuser: Fürstliche Häuser Band XIII, Limburg 1987

Fieberg, Gerhard/Reichenbach, Harald (Hrsg.):
1992   Vermögensgesetz, München 1992

Grote, H.:
1877   Stammtafeln, Leipzig 1877

Heckmann, Hermann (Hrsg.):
1991   Mecklenburg-Vorpommern. Historische Landeskunde Mitteldeutschlands, Würzburg 1991

Hootz, Reinhardt (Hrsg.):
1971   Deutsche Kunstdenkmäler. Ein Bildhandbuch: Mecklenburg, München/Berlin 1971

Institut für Denkmalpflege. Arbeitsstelle Schwerin (Hrsg.):
1977   Denkmale in Mecklenburg. Ihre Erhaltung und Pflege in den Bezirken Rostock, Schwerin und Neubrandenburg, Weimar 1977
1990   Die Bau- und Kunstdenkmale in der DDR. Mecklenburgische Küstenregion mit den Städten Rostock und Wismar, Berlin 1990

Institut für Denkmalpflege. Außenstelle Schwerin (Hrsg.):
1973   Mitteilungen an die ehrenamtlichen Vertrauensleute der Bezirke Rostock, Schwerin, Neubrandenburg, Schwerin 1973

Krauß, Neidhardt/Fischer, Egon:
1991   Unterwegs zu Burgen, Schlössern und Parkanlagen in Mecklenburg, Rostock 1991
1991   Unterwegs zu Burgen, Schlössern und Parkanlagen in Vorpommern, Rostock 1991

Krockow, Christian Graf von (Hrsg.):
1991   Kleine Geschichten aus Pommern, Stuttgart 1991

Küster, Ulla (Hrsg.):
1990   Kleine Geschichten aus Mecklenburg, Stuttgart 1990

Lisch, Georg Christian Friedrich:
1842–   Meklenburg in Bildern redigiert und mit erläu-
1845   terndem Texte begleitet von G. C. F. Lisch, 4 Bände, Rostock 1842–1845

Mansfeld, Heinz (Hrsg.):
1952   Denkmalpflege in Mecklenburg. Jahrbuch 1951/52, Dresden 1952

Mehling, Marianne (Hrsg.):
1991   Knaurs Kulturführer in Farbe: Mecklenburg-Vorpommern, München 1991

Meier, Burkhard (Hrsg.):
1927   Pommern, Berlin 1927

Münch, Ingo von (Hrsg.):
1992   Die Verträge zur Einheit Deutschlands, München 1992

Neuschäffer, Hubertus:
1990   Mecklenburgs Schlösser und Herrenhäuser, Husum 1990

Perthes, Justus (Hrsg.):
1894   Gothaischer Genealogischer Hofkalender nebst diplomatisch-statistischem Jahrbuch, Gotha 1894

Piltz, Georg:
1992   Reise Lexikon Kunst: Mecklenburg-Vorpommern, Leipzig/Jena/Berlin 1991

Reich, Konrad, Verlag (Hrsg.):
1991   Heimkehr nach Mecklenburg. Eine Reise in die Vergangenheit, Rostock 1991

Schacht, Ulrich (Hrsg.):
1986   Letzte Tage in Mecklenburg. Erinnerungen an eine Heimat, München/Wien 1986

Schäuble, Wolfgang:
1991   Der Vertrag. Wie ich über die deutsche Einheit verhandelte, Stuttgart 1991

Schwennicke, Detlev (Hrsg.):
1980   Europäische Stammtafeln: Neue Folge. Band 1: Die deutschen Staaten, Marburg 1980
1984   Europäische Stammtafeln: Neue Folge. Band III; Teilband 1: Stammtafeln zur Geschichte der europäischen Staaten. Marburg 1984

Sieber, Helmut:
1960   Schlösser und Herrensitze in Mecklenburg, Frankfurt am Main 1960
1963   Schlösser und Herrensitze in Pommern, Frankfurt am Main 1963

Sobotka, Bruno J./Strauss, Jürgen:
1992   Burgen, Schlösser, Gutshäuser in Brandenburg und Berlin, Witten 1992

Wurlitzer, Bernd:
1992   Mecklenburg-Vorpommern, Köln 1992

Autoren

Abs, Hermann J., Kronberg
geboren 1901, Bankier, Ehrenvorsitzender der Deutsche Bank AG

Bassewitz, Dr. sc. agr. Henning Graf von, Bonn-Bad Godesberg
geboren 1923, Diplomlandwirt, im Ruhestand

Bernstorff, Dipl.-Soz. Bechtold Graf von, Hamburg
geboren 1930, Oberst a. D., Senior familiae des von Bernstorff'schen Familienverbandes und der von Bernstorff'schen Familienstiftung

Borcke, Dr. rer. hort. Wulf-Dietrich von, Iserlohn
geboren 1924, Diplom Ingenieur, im Ruhestand, Vorsitzender des Familienverbandes von Borcke e. V.

Borne, Dr. jur. Albrecht von dem, St. Augustin
geboren 1938, Geschäftsführer der land- und forstwirtschaftlichen Grundbesitzerverbände e. V.

Bothmer, Hubertus Graf von, Lauenbrück
geboren 1943, Bankkaufmann

Bülow, Detlev Werner von, Gudow
geboren 1954, Assessor jur., Land- und Forstwirt

Bülow, Niklot von, Stelle-Ashausen
geboren 1938, Versicherungskaufmann, Vorsitzender des von Bülow'schen Familienverbandes

Dänemark, S. K. H. Henrik Prinz von, Kopenhagen
geboren 1934, Präsident von Europa Nostra vereinigt mit dem Internationalen Burgen-Institut

Dollen, Dr. phil. Busso von der, Braubach
geboren 1938, Geschäftsführer der Deutschen Burgenvereinigung e. V.

Fischer, Prof. Dr. phil. Manfred F., Hamburg
geboren 1936, Leiter des Denkmalschutzamtes Hamburg, Vorsitzender der Vereinigung der Landesdenkmalpfleger in der Bundesrepublik Deutschland

Hahn von Burgsdorff, Dipl. Ing. Clemens Graf, Aschering
geboren 1938, Elektro-Diplom-Ingenieur

Herzog, Professor Dr. jur. Roman, Karlsruhe
geboren 1934, Jurist, Präsident des Bundesverfassungsgerichts

Lühr, Uwe, Halle/Saale
geboren 1949, Diplom-Ökonom, Generalsekretär der Freien Demokratischen Partei, Bundestagsabgeordneter für den Wahlkreis Halle

Maizière, Lothar de, Berlin
geboren 1940, Rechtsanwalt, Ministerpräsident a. D. der DDR

Maltzan Freiherr zu Wartenberg und Penzlin, Dipl. Ing. Christian von, Schüttorf
geboren 1929, Diplom-Ingenieur, im Ruhestand

Maltzahn Graf von Plessen, Manfred Freiherr von, Bad Ems
geboren 1920, Landwirt

Maltzahn, Margarete Freifrau von, Vanselow
geboren 1925, Betreiberin des Schloß-Hotels Vanselow

Maltzahn, Mortimer Freiherr von, Vanselow
geboren 1925, Kaufmann, Landwirt

Martin, Dr. theol. Harald, Ducherow
geboren 1940, Pfarrer, Vorsteher des Evangelischen Diakoniewerkes Bethanien in Ducherow

Matthäus-Maier, Ingrid, St. Augustin
geboren 1945, Verwaltungsrichterin, stellvertretende Vorsitzende der SPD-Bundestagsfraktion, Bundestagsabgeordnete für den Wahlkreis Rhein-Sieg

Mecklenburg, S. K. H. Christian Ludwig Herzog zu, Barkelsby
geboren 1912, Landwirt

Mecklenburg, S. H. Georg Alexander Herzog zu, Mirow
geboren 1921, im Ruhestand

Merkel, Dr. rer. nat. Angela, Berlin
geboren 1954, Physikerin, Bundesministerin für Frauen und Jugend, Bundestagsabgeordnete für den Wahlkreis Rügen, Stralsund, Grimmen

Oertzen-Briggow, Arndt Heinrich von, Hamburg
geboren 1923, Oberleutnant a. D., Landwirt, Kaufmann, internationaler Rohstoffhändler, im Ruhestand

Plessen, Dr. Christian von, Schönfeld
geboren 1939, Kaufmann, Land- und Forstwirt

Putbus, Franz von und zu, Putbus
geboren 1927, Kaufmann

Rexrodt, Dr. rer. pol. Günter, Berlin
geboren 1941, Diplom-Kaufmann, Bundesminister für Wirtschaft, zuvor u. a. Mitglied des Vorstandes der Treuhandanstalt Berlin

Rohr, Hans Joachim von, Wachtberg
geboren 1934, Ministerialrat im Bundesministerium für wirtschaftliche Zusammenarbeit und Entwicklung

Sayn-Wittgenstein-Sayn, S. D. Alexander Fürst zu, Bendorf-Sayn
geboren 1943, Betriebswirt, Präsident der Deutschen Burgenvereinigung e. V.

Schäuble, Dr. jur. Wolfgang, Bonn
geboren 1942, Vorsitzender der CDU/CSU-Bundestagsfraktion

Schlieffen, Albrecht Graf von, Stuttgart
geboren 1939, Jurist

Schwerin-Gerstenberg, Hans Graf von, Staufenberg und Sophienhof
geboren 1921, Landwirt, Kaufmann, im Ruhestand

Schwerin von Schwanenfeld, Wilhelm Graf von, Oftersheim
geboren 1929, Landwirt, Kaufmann

Seite, Dr. med. vet. Berndt, Walow
geboren 1940, Tierarzt, Ministerpräsident des Landes Mecklenburg-Vorpommern

Sobotka, Bruno J., Witten
geboren 1944, Bankkaufmann

Strauss, Jürgen, Potsdam
geboren 1954, Photograph

Waigel, Dr. jur. Theo
geboren 1939, Jurist, Vorsitzender der Christlich-Sozialen Union, Bundesminister der Finanzen, Bundestagsabgeordneter für den Wahlkreis Günzburg – Neu-Ulm

Zander, Dieter, Schwerin
geboren 1937, Architekt, Landeskonservator von Mecklenburg-Vorpommern

Hinweis auf das Projekt
„Burgen, Schlösser, Gutshäuser in den neuen Bundesländern"

Bruno J. Sobotka als Herausgeber und Jürgen Strauss als Photograph haben im Auftrag der Deutschen Burgenvereinigung e. V. die wichtige Aufgabe übernommen, eine seit der Wiedervereinigung erste Bestandsaufnahme der Burgen, Schlösser und Gutshäuser in den neuen Bundesländern zu erarbeiten. Das Ergebnis wird der Öffentlichkeit in Ausstellungen gezeigt und in Begleitbüchern publiziert. Hierin stellen Kunstwissenschaftler, Politiker, Juristen und Alteigentümer Facetten des vielschichtigen Themas in teilweise kontroversen Aufsätzen vor. Objektübersichten, aktuelle Photographien, Grundrisse, historische Darstellungen und geschichtliche Übersichten lassen das reiche kulturelle Erbe in den östlichen Bundesländern lebendig werden. Umfangreiche Register erlauben einen schnellen Zugriff.

Die fünfbändige Reihe erscheint in Kommission im Konrad Theiss Verlag Stuttgart. Bisher liegen in gleicher Aufmachung die Bände „Burgen, Schlösser, Gutshäuser in Brandenburg und Berlin", „Sachsen-Anhalt" und „Thüringen" vor. „Sachsen" folgt als nächster Band.